RELIURE SERREE
Absence de marges
intérieures

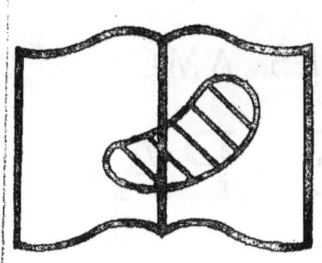

Illisibilité partielle

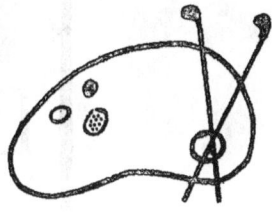

Couvertures supérieure et inférieure
en couleur

VALABLE POUR TOUT OU PARTIE
DU DOCUMENT REPRODUIT

PUBLICATIONS RÉCENTES DE LA LIBRAIRIE E. DENTU

GUSTAVE AIMARD
Œuvres complètes en 73 vol., chaque vol. se vend séparément. 3 »

F. DU BOISGOBEY
La Bande Rouge. 2 vol. 6 »
La Belle Geôlière. 2 vol. 6 »
Le Cri du sang. 2 vol. 6 »
Le Mari de la Diva. 1 vol. 3 »
Le Secret de Berthe. 2 vol. 6 »
Jean Coupe-en-deux. 1 vol. 3 »

EUGÈNE CHAVETTE
Aimé de son concierge. 1 vol. 3 »
Défunt Brichet. 2 vol. 6 »
Nous marions Virginie. 1 vol. 3 »
L'Oncle du Monsieur de Madame. 1 vol. 3 »
Si j'étais riche. 2 vol. 6 »

PAUL FÉVAL
Le Bossu. 2 vol. 7 »
Le Capitaine Fantôme. 1 vol. 3 50
Les Mystères de Londres. 1 vol. 3 50
Madame Gil Blas. 2 vol. 7 »

ÉMILE GABORIAU
L'Affaire Lerouge. 1 vol. 3 50
L'Argent des Autres. 2 v. 7 »
La Clique dorée. 1 vol. 3 50
La Corde au cou 1 vol. 3 50
Le Crime d'Orcival 1 vol. 3 50
La Dégringolade. 2 vol. 7 »
Le Dossier N° 113. 1 vol. 3 50
Les Gens de bureau. 1 vol. 3 50
Le 13e Hussards. 1 vol. 3 50
Monsieur Lecocq. 2 vol. 7 »

A. MATTHEY (Arthur Arnould)
La belle Julie. 1 vol. 3 50
Cherchez la Femme. 1 v. 3 50
Le Duc de Kandos. 1 vol. 3 50
Les deux Duchesses. 1 v. 3 50
La Fille Mère. 1 vol. 3 50
Le Roi des Mendiants. 1 vol. 3 50
Le Passé d'une Femme. 1 vol. 3 50
Thérèse Buisson. 1 vol. 3 50
La Fête de Saint-Remy. 1 vol. 3 50
La Princesse Belladone. 1 vol. 3 50
Les Noces d'Odette. 1 vol. 3 50

CHARLES MEROUVEL
Cœur de Créole. 1 vol. 3 50
Dos à dos. 1 vol. 3 50
Le Gué aux Biches. 1 y. 3 50
Solange Fargeas. 1 vol. 3 50
Les derniers Kérandal. 2 vol. 7 »
Le Divorce de la Comtesse. 1 vol. 3 50
Fleur de Corse. 1 vol. 3 50
La Maîtresse du Ministre. 1 vol. 3 50
Le Krach. 1 vol. 3 50
Le Roi Crésus. 2 vol. 7 »
La Veuve aux 100 Millions. 2 vol. 7 »
La Vertu de l'abbé Mirande. 1 vol. 3 50

XAVIER DE MONTÉPIN
La Baladine. 2 vol. 6 »
La Bâtarde. 2 vol. 6 »
La Belle Angèle 6 vol. 18 »
Le Bigame. 2 vol. 6 »
Le dernier duc d'Hallaly. 4 vol. 12 »
Le Fiacre n° 13. 4 vol. 12 »
La Fille de Marguerite. 6 vol. 18 »
Les Filles de bronze. 5 vol. 15 »
Les Filles du Saltimbanque. 2 vol. 6 »
Le Mari de Marguerite. 3 vol. 9 »
Les Maris de Valentine. 2 vol. 6 »
Sa Majesté l'Argent. 5 vol. 15 »
Le Médecin des Folles. 5 vol. 15 »
La Porteuse de Pain. 6 vol. 18 »
Son Altesse l'Amour. 6 vol. 18 »
La Sorcière rouge. 3 v. 9 »
Les Tragédies de Paris. 4 vol. 12 »
Le Ventriloque. 3 vol. 9 »
La Vicomtesse Germaine. 3 vol. 9 »
La Voyante. 4 vol. 12 »

PONSON DU TERRAIL
Œuvres complètes en 84 vol., chaque vol. 3 »

ÉMILE RICHEBOURG
Andréa la Charmeuse. 2 vol. 6 »
Un Calvaire. 1 vol.
Les deux Berceaux. 2 v.
La Dame voilée. 1 vol.
Les deux Mères. 2 vol.
Les Drames de la Vie. 3 vol.
L'Enfant du Faubourg. 2 vol.
La fille Maudite. 2 vol.
Le Fils. 2 vol.
L'Idiote. 3 vol.
Jean Loup. 3 vol.
Le Mari. 3 vol.
Les Millions de Joramie 3 vol.
La Nonne amoureuse. 1 vol.

PAUL SAUNIÈRE
A travers l'Atlantique. 1 vol.
Le Beau Sylvain. 2 vol.
Flamberge. 2 vol.
Le Legs du Pendu. 1 v.
Deux rivales. 1 vol.
Mam'zelle Rossignol. 2 vol.
La petite Marquise. 1 v.
Le Secret de la Roche-Noire. 1 vol.

LÉOPOLD STAPLEAUX
Les Amours d'une Horizontale. 1 vol.
Les Amoureux de Lazarine. 1 vol.
La Reine de la Gomme. 1 vol.
Les Corottes du grand Monde. 1 vol.
Les Belles Millionnaires 1 vol.
Le Coucou. 3 vol.
Les Compagnons du Glaive. 7 vol. à.
La Langue de Mme Z. 1 vol.
La Nuit du Mardi gras. 1 vol.
Les Viveuses de Paris. 1 vol.
Une Victime du Krach. 1 vol.
Le Capitaine Rouge. 1 v.

PIERRE ZACCONE
Les Drames du Demi-Monde. 2 vol.
Les Nuits du Boulevard 2 vol.

Bibliothèque choisie de Romans contemporains. 1 fr. le vol
Biblioth. choisie des chefs-d'œuvre franç. et étr. 26 vol. à 1

LES AMOURS DE PARIS

Saint-Amand (Cher). — Imprimerie DESTENAY

LES AMOURS
DE PARIS

PAR

PAUL FÉVAL

II

PARIS
DENTU ET Cⁱᵉ ÉDITEURS
LIBRAIRIE DE LA SOCIÉTÉ DES GENS DE LETTRE
Palais-Royal, 15, 17, 19, Galerie d'Orléans
et 3, place de Valois

1887
Tous droits réservés.

LES AMOURS DE PARIS

TROISIÈME PARTIE
LES FILLES DE MAILLEPRÉ

CHAPITRE PREMIER

VIERGE-MÈRE

Au nom du Père, du Fils et du Saint-Esprit.
Ceci est mon testament.

Telle était la suscription du cahier enfermé par Berthe de Maillepré dans sa cassette, auprès de la boucle blonde, relique chère, douloureuse, mais consolante, qui rendait des larmes à ses yeux secs et lui parlait de son enfant.

Berthe déroula lentement le cahier.

— Gaston me l'aurait gardé jusqu'au mariage de Sainte, murmura-t-elle ; — car Sainte se mariera... Elle sera heureuse quelque jour... Puisse Dieu réunir sur elle tout le bonheur qui fut refusé aux enfants de Maillepré !.... Après son mariage, Sainte aurait pu pleurer sur ma tristesse ces douces larmes des gens heureux... Elle aurait recueilli mon héritage et adopté la pauvre petite tombe où mon Edmond s'est endormi...

Elle s'arrêta sur ce nom aimé. Pour le prononcer, sa

bouche trouvait des sons qui semblaient des caresses.

— Mais Gaston n'est plus là, reprit-elle ; — encore un que je vais revoir .. Oh ! moi qui laissais engourdir mon cœur, comme j'aurai des gens à chérir quand je serai morte... mon père... ma mère... Gaston... Mais ils ne connaissent pas mon fils... voudront-ils l'aimer ?...

Berthe plongea son regard au fond du coffret où était la boucle blonde.

— Oh ! oui... pensa-t-elle ; — je lui dirai de sourire bien doucement et de leur tendre ses petits bras... ils l'aimeront. Et pourquoi, mon Dieu, le repousseraient-ils ?... Dans le ciel, on sait lire au fond des cœurs... Ce n'est que sur cette terre qu'on aurait pu me croire coupable...

Elle s'interrompit encore et parut rêver. Puis elle reprit :

— C'était le dernier !... Maillepré est mort... Dieu avait mis la force dans la main de nos pères... mais il a donné aux enfants la misère et la faiblesse,.. Il fallait bien que le nom des chevaliers s'éteignît tôt ou tard... Que faisait ici-bas Maillepré sans gloire ?...

Berthe avait toujours le front penché sur sa poitrine, mais quelque chose parlait d'orgueil dans l'amertume fière de son demi-sourire. Une lueur était sous sa paupière baissée.

Elle secoua la tête indolemment.

— Pauvre fille !... murmura-t-elle avec pitié ; — voilà que je me souviens, à l'heure où il faut oublier... Il n'est plus à nous, ce grand nom de nos aïeux... et pour tombe, Gaston, — le chef, — n'aura qu'un peu de terre avec une croix de bois où manquera la couronne ducale au-dessus de l'écusson séculaire... Ah !... Dieu nous doit beaucoup dans l'autre monde !...

Cette parole, qui, dans une autre bouche, eût été un hardi blasphème, tomba simple et convaincue des lèvres de Berthe. Elle avait tant pleuré !

— Mais il lui faut des fleurs, à mon Edmond ! dit-elle après un silence ; — Charlotte... je ne la connais plus!... Elle ne nous aimait pas... Sainte... Oh ! comme elle aimerait mon Edmond !... mais mon récit étonnerait son âme de vierge... Je ne peux pas !... je ne peux pas !... Pauvre petite tombe où nul ne viendra plus !... Pauvre petite croix où l'on ne suspendra plus de couronnes !... L'herbe grandira autour... on ne verra plus rien...

Berthe eut un tressaillement.

— Rien ! répéta-t-elle ; — tant d'amour !... tant de larmes ! tant de bonheur ! . . . .
. . . .
. . . .

Berthe était exténuée de fatigue. Cette veillé avait achevé d'épuiser ses forces. Elle ne songeait point pourtant à se reposer sur le cadre préparé pour elle auprès du lit de la vieille dame.

Berthe se sentait mourir. La vie, en elle, s'éteignait lentement, — et il y avait bien longtemps qu'elle avait la conscience de son dépérissement et qu'elle comptait avec froideur chaque pas qui la rapprochait de la tombe.

C'était une pauvre fleur à qui avait manqué la rosée du ciel. Elle se penchait fanée avant le temps. Et de même que la fleur flétrie exhale encore aux brises nocturnes ce qui reste de ses parfums affaiblis, de même il s'épandait dans sa solitude une plainte douce, un cri étouffé d'amour, dernière émanation de son âme résignée.

Elle ne voulait point reposer cette nuit, parce que ces quelques pages, écrites aux heures d'insomnie, allaient rester après elle. Ces pages étaient sa vie et son secret.

Son secret que nul n'avait pénétré, Berthe voulait le donner pour quelques larmes, pour quelques fleurs à jeter sur cette petite tombe où nous l'avons vue s'agenouiller et prier...

Elle se prit à feuilleter le cahier. C'était la suprême lecture. Il fallait voir s'il n'y avait rien à retrancher, rien à ajouter...

Au commencement de ces pages, il y avait bien des mots effacés sous des larmes, mais à mesure qu'on avançait, on voyait sa plume s'assurer. — L'œil s'était séché, sans doute...

C'était ainsi :

« La petite croix est noire. Elle porte un nom : EDMOND.

» Sous ce nom, je n'ai point mis : *Priez pour lui*, parce qu'on ne prie pas pour les anges.

» Mon fils est là sous l'herbe, le fils de Berthe.

» J'écris pour ceux qui m'ont aimée, pour Gaston, mon frère, le chef de notre maison, qui aura le droit de me juger ; pour Sainte, ma sœur, pour qui je prie, chaque fois que Dieu me laisse prier.

» Gaston et Sainte m'aimaient autrefois. Maintenant, ils m'oublient. Je ne me plains pas.

» Leur tendresse mutuelle m'a fait pleurer quelquefois, parce que, si oppressée que soit une âme, elle a besoin d'aimer autre chose qu'un souvenir.

» Mais Dieu m'avait fait cette part dans la vie d'être seule au milieu de ma famille et de mourir vivante. Je bénis le nom de Dieu...

» J'écris pour que ceux qui m'ont aimée rendent une mère à la tombe de mon fils.

» La mort attendrit, je ne sais pourquoi. Gaston et Sainte penseront à moi quand je serai morte. S'ils me pleurent, que ce soit au pied de la petite croix noire où j'ai écrit le nom de mon fils.

» Tant que Sainte sera une enfant, mon frère ne lui dira point mon histoire. Il la mènera seulement une fois à la petite tombe, et Sainte y mettra des fleurs.

» Je suis une pauvre femme, et j'ai bien souffert. Mon frère et ma sœur, faites cela pour moi...

»... Nous demeurions dans la rue de Vaugirard. Notre bonne mère était sur le lit d'où elle ne devait plus se relever. Biot tremblait la fièvre sur son grabat. Gaston faisait cette longue et cruelle maladie qui faillit doubler notre deuil.

» Charlotte et Sainte ne savaient point travailler encore.

» Moi, j'avais déjà la garde de madame la duchesse, notre vénérée aïeule.

» Un jour, le pain manqua. —Gaston avait faim. — madame ma grand'mère ordonnait de servir le dîner...

» Sainte et Charlotte pleuraient.

» Elles doivent se souvenir de ce jour.

» Nous n'avions pas comme maintenant la possibilité d'entourer ma dame la duchesse d'un semblant de luxe et de bien-être ; néanmoins elle ne voyait point notre misère de si près qu'autrefois dans la chambre unique où nous étions tous entassés chez M. Polype, au Palais-Royal. Son état continuel d'absorption et le vague de ses idées aidaient d'ailleurs à la tromper. Elle ne se doutait point de notre détresse...

» Mais ce jour nous n'avions plus rien. Notre bonne mère allait demander en vain la goutte de breuvage qui rafraîchissait son gosier en feu...

» J'allais vers madame la duchesse. Mon cœur saignait, car je croyais lui porter un coup cruel.

» Je lui dis : — Madame ma mère, vos enfants manquent de pain.

» Elle était assise sur son haut fauteuil de paille. Je vois encore son regard terne et glacé descendre lentement et peser comme un poids de plomb sur ma paupière, qui se baissa.

» — Et qu'y puis-je, ma mie? demanda-t-elle sèchement.

» Je balbutiai : — Madame ma mère, c'est à nous, je le sais, de vous servir, et vous ne nous devez rien, mais...

» — Au fait ! mademoiselle de Maillepré ! m'interrompit-elle de sa voix brève et impérieuse.

» Je n'osais plus...

» Pourtant Gaston, dans la chambre voisine, appelait Sainte et lui disait : — J'ai faim.

» Et Sainte sanglotait, la pauvre fille.

» J'entendais tout cela.

» Madame la duchesse avait sur un guéridon, auprès d'elle, sa boîte d'or émaillée, au dedans de laquelle est ce portrait dont nul d'entre nous n'a connu l'original ; — c'était tout ce qui restait de l'héritage de Maillepré.

» Je la convoitais de l'œil, car elle pouvait sauver notre mère et Gaston ; elle pouvait donner à Jean-Marie Biot, notre protection et notre ressource, le temps de se rétablir. — C'était pour nous le salut.

» Je rassemblai mon courage, et je repris :

» — Madame ma mère, cette boîte, qui vous est inutile, nous rendrait la vie...

» D'un geste prompt, la main de madame la duchesse se referma sur la boîte, qui disparut sous sa robe de soie.

» Elle me regarda d'un air défiant et irrité.

» — En sommes-nous là, mie ! dit-elle se secouant sa tête blanche, — et ne pouvez-vous attendre ma mort pour vous partager les joyaux de Maillepré ?... Que madame ma bru, votre mère, vende, si bon lui semble, le château d'Avalon, en Bourgogne, ou le manoir de Kergaz, en Bretagne, mademoiselle... qu'elle aliène l'hôtel de monsieur mon beau-père... qu'elle offre hypothèque sur Saint-Thomas-des-Dunes, sur Naye, sur Blessac... Nous ne sommes pas en peine, ma mie... Sauf le domaine de Maillepré, qui est substitué, nous pouvons faire argent de tout... Faites servir, je vous prie !...

» Je restai atterrée...

» J'entendais toujours Sainte qui pleurait...

»... En ce temps, je n'étais pas tout à fait recluse. Je vivais la même vie que vous. On me parlait comme à un être vivant.

» Il y avait dans la maison, à l'étage au-dessous, un homme dont la réputation de bienfaisance était venue jusqu'à moi. J'avais entendu parler de ses courageux efforts en faveur des pauvres. Il avait poussé le dévoûment jusqu'à braver la prison pour porter la consolation dans les classes souffrantes. — Biot parlait de lui souvent, parce qu'on lui en parlait toujours. Biot disait que cet homme généreux consacrait sa plume aux indigents et soutenait pour eux contre les riches une guerre infatigable...

» Il faut moins de courage, mon frère, pour demander l'aumône que pour voir souffrir les siens.

» Je sortis sans être aperçue, et je frappai à la porte de cet homme.

» Je veux te taire son nom. A quoi bon te léguer le malheur d'une stérile vengeance ?...

» J'entrai, j'avais le visage baigné de larmes.

» A travers mes sanglots, je dis : — Ma mère se meurt, et nous n'avons pas de pain !

» L'homme généreux me prit par la main et m'introduisit tout au fond de son appartement.

» Je le suivis sans défiance. Il fermait toutes les portes derrière nous.

» Dans la dernière pièce, il me fit asseoir auprès de lui et me dit que j'étais belle

» En ce moment, une voix s'éleva au dedans de moi,

qui m'avertit de fuir. La figure de cet homme me repoussait et m'effrayait. — Mais ceux que j'aimais avaient tant besoin de mon courage !... et puis, on m'avait répété si souvent les louanges de cet homme compatissant, dont la plume désintéressée ne flattait que l'indigence !...

» Ce furent d'abord de paternelles paroles. Il me remercia d'être venue vers lui. Il me dit de longues phrases sur la bienfaisance et sur le contentement qu'il éprouvait à faire des heureux.

» Je trouvais cela beau, mais j'avais peur, parce que ses yeux hardis me dévoraient et qu'il me disait toujours que j'étais belle.

» Il me prit les mains. — Ceux que vous aimez, me dit-il, ma fille, auront du pain désormais. Je ne suis pas riche. Je sors de la prison où m'ont conduit mes efforts en faveur des malheureux... Mais il n'est si pauvre homme qui ne puisse trouver l'obole implorée... Vous avez bien fait de venir, ma fille...

» Je me souviens de ces paroles, parce qu'elles me réchauffèrent le cœur. J'eus honte d'avoir douté d'un homme si bon...

» Mon frère et ma sœur, ce qui suit est toute la vérité :

» L'écrivain généreux fit un mouvement. Je crus qu'il se levait pour aller chercher le secours promis, — et j'étais bien impatiente, car vous m'attendiez, et il me semblait entendre vos plaintes au-dessus de ma tête.

» ..... Je sentis mes bras liés à mes reins par une étreinte brutale. — Je poussai un cri...

» Un seul cri, parce qu'une bouche infâme se posa comme un lourd bâillon sur ma bouche...

» J'étais forte encore alors. Je luttai. Dieu a mis en nous autres femmes une prescience du danger. J'ignorais tout, et, en ce moment affreux qui précéda ma chute, tout m'était révélé.

» Le misérable se lassait, rugissait. Sa face rouge écrasait mon visage ; son souffle brûlant m'étouffait...

» Je résistais toujours.

» Il râlait, vaincu. Ses yeux sanglants sortaient de leurs orbites...

» Il tomba sur ses genoux. Je me crus sauvée.

» Mais il se releva, écumant et blasphémant... Son

poing fermé frappa trois fois ma poitrine. La mort passa sur mes yeux...

» Mon frère, il y a bien longtemps que j'ai pardonné à cet homme, chaque jour je prie pour lui.

»... Je fus quinze jours agonisante. Vous ne pouvez l'avoir oublié. Je n'avais ni parole ni pensée.

» Quand je m'éveillai, vous étiez tous autour de mon lit. — Ma mère était morte.

» Mon Dieu ! suis-je donc coupable ? J'ignorais jusqu'à mon malheur !...

» Cependant, une tristesse vague pesait sur moi. Je ne savais pas ce que je craignais ; mais j'avais, durant l'insomnie de mes nuits, de longues angoisses. Je désirais être seule, et dès que j'étais seule j'aurais voulu du bruit autour de moi, du mouvement, de la vie.

» Vous vous occupiez encore de moi à cette époque, mon frère et ma sœur. Souvent vous tâchiez de deviner la cause inconnue de mon malaise. La pauvre petite Sainte m'entourait de caresses ; Charlotte, parmi les vives saillies de sa gaîté d'enfant, essayait de m'interroger. — Pouvais-je répondre ? — Je me souvenais d'une lutte horrible, terminée par un coup presque mortel. Voilà tout. Sur mon salut, voilà tout...

» Y a-t-il en nous deux mémoires, celle de la raison et celle de l'instinct ?... Je ne me souvenais que d'un assassinat, et cependant je n'accusais point mon assassin.

» J'avais pudeur à prononcer ce nom. Je ne l'ai jamais prononcé. — Pourquoi !...

» Il restait dans la maison, gardant sa renommée d'homme généreux. Il y resta plus d'un mois après son crime comme s'il eût deviné que de moi il n'avait rien à craindre. — Puis il partit. Jamais je ne l'ai revu. Que Dieu lui donne le repentir et le pardon !...

» Je me rétablissais lentement et, fatiguée de vos tendres questions, je prenais goût à rester seule auprès de madame la duchesse. Ce que j'avais pour elle de vénération vraie et profonde se combinait, pour me retenir à ses côtés, avec le repos que je trouvais près d'elle. — Si je pleurais, elle ne me voyait pas ; si je soupirais, elle ne m'entendait pas.

» Je crois que, dans son esprit, je suis restée une enfant au-dessous de l'âge de raison. Elle ne m'a jamais interrogée. — Et c'est sous ses yeux que j'ai tant souffert !

» Des mois se passèrent.

» Une nuit, je fus éveillée par des douleurs sourdes... Quelque chose se mouvait dans mon flanc... J'écoutai, stupéfaite, ce travail inconnu qui s'opérait en moi, j'épiais les tressaillements de mes entrailles...

» Oh ! qui donc, sinon Dieu, pouvait faire descendre un rayon de joie céleste au cœur de la pauvre fille qui allait être mère !...

» Quelle voix, sinon la sienne, expliquait à la vierge ignorante ces mystérieuses promesses de la douleur ?...

» Un cri s'éleva tout au fond de mon cœur. J'eus un élan d'amour, d'amour immense. Je joignis les mains et je priai...

» Je priai pour mon fils, dont un transport de tendresse m'annonçait la venue. J'étais mère ; je le sentais ; je le savais...

» Mère !... Ce fut une nuit de délicieux espoirs, de tendresses folles, d'aspirations brûlantes...

» Mon enfant ! oh ! que déjà je l'aimais !...

» Ce fut une nuit d'incertitudes poignantes, de craintes amères et de regrets cruels !...

» J'étais mère !... et j'étais Mlle de Maillepré !...

» Dans notre enfance Gaston, notre bonne mère disait que nous nous ressemblions tous deux de cœur comme de visage : doux, mais orgueilleux.

» C'est bien vrai ! en nous prenant tout ce qu'avaient nos pères, Dieu nous a laissé l'orgueil de notre race.

» Pour vous, mon frère, tant mieux. A l'homme, l'orgueil est un don. L'orgueil pour vous, c'est la vaillance, c'est la vertu...

» Mais, pour moi ! où s'est égaré dans mes veines outragées le sang glorieux de Maillepré !...

» Je le sais bien. Être pure ne suffit point aux filles de nos pères. Il leur est défendu de tomber, même sous la fatalité. La tache involontaire ternit aussi un écusson. Le malheur souille presque autant que le crime. Il n'y avait que le cloître, n'est ce pas, pour Mlle de Maillepré déshonorée ?

« Eh bien ! mon frère, je me suis jugée. Je me suis condamnée. J'ai mis une barrière rigide entre la vie et ma jeunesse. Y a-t-il un cloître mieux fermé aux joies du dehors, plus silencieux, plus solitaire que ma prison ?...

» Dieu, qui m'a donné pour madame notre aïeule un respect religieux, a permis à la pauvre fille tombée de ne point murmurer dans sa retraite...

»... J'avais de vagues attentes mélangées d'impatience et de terreur. Ignorant tout, je ne pouvais deviner ni prévoir les scènes de ce drame de douleur où la femme partage en deux son souffle et détache de soi un être vivant.

» Je ne faisais nuls préparatifs ; je ne prenais nulle précaution. J'avais en Dieu une foi sans bornes... Dieu connaissait mon innocence.

» Faut-il le dire ?... c'était une pensée folle et sacrilège !... je me comparais à la Vierge-Mère, à qui j'adressais chaque jour mon oraison ardente. Au fond de ma misère, comme elle au sein de sa gloire divine, j'allais enfanter, moi qui sortais de l'adolescence, moi dont le cœur n'avait jamais retenu le nom d'un homme.

» Je vous demandais pardon, sainte Marie ! Je pleurais pour avoir osé mettre ma honte obscure auprès de vos sublimes mystères... Mais mon enfant, mais mon Jésus allait naître, et je n'avais pas même de crèche où réchauffer ses premiers frissons...

» Bonne Vierge ! vous m'avez pardonnée. Vous avez pitié des mères.

» J'avais espoir en vous. Après ma prière, je vous voyais, souriant de divins sourires, abaisser vers moi, pauvre fille, votre main, et montrer ma souffrance au fils de Dieu, dont vous êtes la miséricorde...

»... Tout dormait dans notre maison. Une mince cloison me séparait de vous, mon frère, de Sainte et de Charlotte. Mon lit touchait le lit de madame la duchesse notre grand'mère.

» Mon flanc se tordait en de mortelles douleurs.

» Je souffrais ! oh ! je souffrais !... Des doigts de fer déchiraient mes entrailles. Une sueur froide inondait mon corps. Mon cœur défaillait. Ma tête lourde éclatait.

» Mes draps, enfoncés de force dans ma bouche, étouffaient mes gémissements.

» Les sons clairs de la cloche de Notre-Dame-des-Champs tintaient matines.

» Je tâchais de prier. — Que la prière est difficile aux heures du martyre !...

» Je pensais que j'allais mourir...

» Madame mon aïeule reposait profondément. Elle avait ce sommeil bruyant que mesure sans relâche sa respiration calme et forte...

» C'était comme à l'heure où j'écris ces lignes. — Ce fut sans doute une vie belle et chrétienne que celle de madame mon aïeule, car sa vieillesse est la tranquillité.

» Rien ne trouble la quiétude de ses jours ; nul rêve ne traverse le repos de ses nuits.

» Elle vivra longtemps encore. Vous me remplacerez auprès d'elle...

» En ce moment de tortures indicibles, ce bien-être voisin me semblait railler mon agonie. J'enviais cette immobilité froide, cette absence de sensations qui semble protéger madame la duchesse contre les maux de ce monde...

» Oh ! mais que de joie tout à coup parmi mon supplice ! Quel flot d'allégresse au fond de mon cœur mourant !...

» Tout mon être se fondit en un instant en une immense angoisse. La vie se retira. Mes tempes froides battirent. Mes yeux s'aveuglèrent. Ma langue se glaça dans mon palais. — Je donnai mon âme à Dieu...

» Puis mes yeux se rouvrirent. Un bien-être inouï courut par mes veines...

» Edmond !... pauvre cher ange !...

» Je contins un cri. Je me levai. — Mon amour me donnait des forces...

» Je traversai doucement, avec mon enfant dans mes mains, la chambre où vous dormiez tous. Je sortis.

» Le froid me saisit au dehors... Je me traînai le long des murailles. Nul n'était plus là pour épier ma plainte.

» J'atteignis, épuisée, le seuil du couvent de Notre-Dame-des-Champs... je soulevai le marteau par un dernier effort... puis je m'affaissai, inanimée, sur la pierre humide...

CHAPITRE II

L'ENFANT DE BERTHE

Le testament de Berthe continuait :

« ..... C'était une nuit froide et noire. J'étais à peine vêtue. La pluie trempait mes os. Le contact de la pierre glacée figeait le sang dans mes veines. — Je n'étais délivrée qu'à demi.

» Quelques minutes de retard et c'en était fait de nous.

» De nous, mon frère ! nous étions deux, mon enfant et moi !... Oh ! si j'étais morte ainsi avec mon Edmond !...

» Mais la souffrance ne frappe jamais en vain à la porte de ces saintes demeures. Une main secourable me souleva bientôt, évanouie. Le dernier lien qui retenait Edmond à mon flanc fut tranché. Je repris mes sens et je pus voir à travers mes larmes les traits de mon enfant...

» Il dormait. La bonne sœur qui m'avait recueillie le berçait sur ses bras.

» C'était une femme jeune encore, aux traits doux et amaigris par la pénitence. Son visage semblait dire qu'elle avait bien souffert. Mais la résignation sereine était sur son front, et ses yeux que l'habitude de la prière élevait fréquemment vers le ciel avaient une expression calme et reposée...

» Mais mon fils ! mon Edmond ! qu'il était beau ! La sainte femme ne pouvait s'empêcher de sourire à son angélique sommeil. Elle le berçait bien doucement...

» Je baisai le bas de sa robe de bure pour le sourire qu'elle donnait à mon fils.

» Puis je lui dis :

— » Ma sœur, ayez pitié de moi ! ce pauvre enfant n'a point d'asile.

« La religieuse me regarda d'un air sévère. — Mais elle mit sa lèvre sur le front de mon fils.

» Elle m'interrogea. Je lui dis mon malheur.

» Elle me crut, car elle déposa mon Edmond sur sa propre couche et serra mes deux mains dans les siennes.

— « Ma fille, me dit-elle, — je ne suis que la sœur tourière d'un pauvre couvent... mais votre enfant aura un asile... L'homme qui abusa de votre détresse est de ceux qui nous assassinaient il y a quarante ans et qui aujourd'hui nous calomnient... Il faut prier pour lui, ma fille...

» Elle me dit cela. Je ne la compris point, mon frère. Y eut-il donc une époque si rapprochée de nous où la bienfaisance sainte et la charité furent des titres de proscription ? — Mon père nous disait bien que pendant son séjour en Amérique, la France s'était divisée en deux camps ennemis et que le sang avait coulé par torrents. Mais il disait aussi que la France était un pays de généreux honneur... Assassiner de pauvres femmes !...

» C'est impossible, n'est-ce pas ?... et de nos jours, qui donc pourrait les calomnier, ces anges de la terre qui mettent en commun leur vie pour prier et pour secourir ?...

» Le jour venait. La sœur Marthe éveilla une de ses compagnes et me soutint jusqu'au seuil de notre maison.

» ..... J'étais recueillie en ma joie. Plus que jamais je me tenais à l'écart, me confinant auprès de madame notre aïeule, afin de pouvoir me taire et penser toujours, toujours à lui.

» Mon petit Edmond, qui apprenait à me sourire !...

» La sœur Marthe l'avait confié à une pauvre femme de la rue de l'Ouest. Dès qu'il faisait un rayon de soleil, mon Edmond avait l'air pur qui circule sous les grands arbres du Luxembourg.

» Il grandissait. Il devenait fort. J'étais heureuse.

» Chaque jour, je m'échappais vers le soir et j'allais l'embrasser... Mon Dieu, mon Dieu ! j'étais bien heureuse !

» Personne à la maison ne s'apercevait de mes absences. Je me cachais comme pour commettre un crime.

Biot seul me vit une ou deux fois me glisser hors de la chambre de mon aïeule. Mais Biot est un cœur d'or qui aime trop pour soupçonner.

» ..... Mon frère, si vous l'aviez vu, le pauvre enfant, essuyer mes larmes avec ses petites mains ! Il me connaissait. A mon approche, son vagissement devenait doux.

» Il avait deux mères, en ce temps. La sœur Marthe venait presque aussi souvent que moi... Sainte femme, qui est avec Dieu maintenant, et qui protége mon Edmond au ciel, comme elle le protégeait sur la terre !...

» Seigneur ! puisque j'étais si heureuse, moi qui n'avais qu'une heure pour voir mon fils chaque jour, pour l'admirer, pour l'adorer, quel doit donc être le bonheur des autres mères!

« Leurs yeux se ferment, le soir, sur la vue chère de leur enfant qui dort. La nuit, éveillées par de doux appels, elles goûtent cette joie bénie de la nourrice-mère qui fait couler sa vie dans les veines d'un être bien-aimé. Le matin, elles sont là pour épier le premier sourire. Et le jour, tout le jour, elles ont à supporter ces caprices si bons, à modérer ces allégresses folles, à consoler ces douleurs bruyantes qui fondent en larmes et finissent par de jolis rires.

» Qu'elles doivent vous chérir, mon Dieu, ces mères, et vous rendre grâces pour tant de bonheur !...

» Moi, je vous remerciais du fond du cœur. Edmond prenait le lait d'une étrangère. Edmond dormait loin de moi ; une autre main que la mienne berçait son sommeil. Mais il était à moi ; j'étais sa mère. »

Berthe interrompit sa lecture. Son visage était baigné de larmes.

— J'étais sa mère ! murmura-t-elle.

Elle jeta un regard oblique sur la boucle de cheveux blonds.

— Oh ! oui !... reprit-elle ; — j'ai vu ces cheveux sur une tête souriante... Comme ils étaient fins et brillants !... C'était mon fils !... Ah !... j'ai mis bien longtemps à mourir...

Elle tourna un feuillet de son manuscrit et lut :
«... Mes soins lui manquaient peut-être. La nourriture qu'il lui fallait n'était peut-être point dans le sein de cette femme. Que sais-je ? A un enfant il faut sa mère...

» Je le vis un soir plus pâle que de coutume. Je rentrai bien triste. Quelque chose me poignait au cœur. Nul symptôme alarmant ne se montrait encore, mais je n'avais point foi dans mon bonheur ; il me semblait que nos joies, à nous autres Maillepré, — race déchue et oppressée sous une fatalité mystérieuse, — devaient être passagères toujours et suivies de revers !

» Hélas ! je ne me trompais pas pour ce qui me concerne. — Puissé-je m'être trompée pour vous, mon frère et ma sœur !

» Le lendemain, Edmond était plus pâle encore. Il voulait sourire et il pleurait.

» Le lendemain...

» Pardonnez-moi, mon Dieu ! je désespérai de votre justice. Je blasphémai. Pardonnez-moi !...

» C'est qu'il était mon espoir unique en ce monde ! C'est que j'avais mis en lui tout ce que j'ai de tendresse au cœur...

» Il y avait un drap blanc sur son berceau... son petit corps était froid... Il semblait dormir.

» Mon âme se déchira. Je n'avais plus d'enfant.

» Seigneur, vous me l'aviez donné, vous pouviez me le reprendre. Ce fut un crime que je commis en me révoltant contre vous... Mais pitié, pitié ! J'ai tant pleuré depuis ce jour !... A l'heure de ma mort, ne me refusez pas la porte de votre ciel où vous l'avez recueilli...

» ... Je sortis un matin et je suivis toute seule jusqu'au cimetière un petit cercueil où il y avait une couronne.

» On mit le cercueil dans une fosse ; on me laissa le baiser ; puis on jeta de la terre...

» La terre tombait avec un bruit sourd. A chaque pelletée, tout mon corps sautait. — C'est un bruit qui reste au cœur bien longtemps, et qui revient la nuit vous faire tressaillir au moment où l'on s'endort...

» Je l'entends souvent. — Et alors, je vois la fosse ouverte et le petit cercueil qui disparaît peu à peu sous la terre. — Et mon martyre augmente un peu...

» La nuit suivante, faible et brisée, je n'eus point la force de retenir mes sanglots. Vous vîntes, mon frère. Vous me demandâtes quelle était ma souffrance...

» Oh ! depuis lors, n'est-ce pas ? je me suis mieux cachée ! Je suis devenue Berthe la statue. Plus rien de commun entre les angoisses de mon cœur et mon visage de marbre !...

» ... Tout était fini. Qui m'eût attirée désormais au dehors? Je fermai sur moi cette porte lourde, au delà de laquelle est le jour, l'air pur, la vie. Je pris toute entière la charge de madame notre aïeule.

» Ma jeunesse se fondit en sa vieillesse. Je mis un triple voile sur mon cœur. Je tâchai de me faire froide, immobile, insensible...

« Vous me jugeâtes ainsi, mon frère et ma sœur, trop vite peut-être... Qu'importe ?... Votre erreur est devenue la réalité.

» Oui, je suis devenue froide au contact incessant de cette vieillesse glacée. Oui, mon cœur a pâli de même que mon visage...

» Oui, oui ! je ne sais quelle vie anime encore ce corps diaphane et livide, qui est un cadavre !...

» Je respire, mais je ne sens plus... Mon fils ! voilà le point unique par où je touche au monde...

» C'est une tombe qui me rattache à la vie.

» Hors la pensée de mon fils, rien en moi qui ne soit flétri...

» Il me faut son image pour penser ; pour prier, il me faut son souvenir...

» Mon frère, si Dieu veut que Maillepré se relève un jour, vous deviendrez puissant et glorieux autant que l'étaient nos pères. Vous en êtes digne. — En ces jours de bonheur, je vous en prie, ne repoussez point avec dédain la mémoire de la pauvre Berthe. Elle meurt innocente. Vous seul avez mon secret. Votre écusson n'aura point par son fait de tache aux yeux du monde et son âme est vierge devant l'œil de Dieu.

» Si vous êtes riche, donnez-lui place au sépulcre que votre pieux amour élèvera sans doute à notre père et à notre mère. Donnez place à Berthe et à son enfant...

» Ma sœur, quand vous saurez tout ce que j'ai souffert si près de vous, votre cœur sera ému ; vous me plaindrez, car vous êtes bonne ; plaignez-moi surtout, ma sœur, pour n'avoir point trouvé ici-bas une âme où verser mon secret.

» Ma douleur me tue, parce que je la concentre en moi seule ! — toujours seule, ma sœur !...

» Ce silence qui m'entoure; cette solitude où se dresse devant moi, immobile toujours, le visage morne de madame la duchesse, cet air échauffé qui dessèche ma poitrine, ma chute, la mort de mon Edmond tout cela se confond en un fardeau écrasant qui m'oppresse.

» Que de fois j'ai voulu parler et demander une consolation !...

» Mais j'avais pris la tâche de veiller nuit et jour auprès de madame la duchesse. Nous autres Maillepré savons-nous crier merci ?...

»... Tant que mes jambes soutiendront mon corps mourant, je ferai mon devoir. Je quitterai ma couche le matin pour vaquer à la toilette de madame notre aïeule. Ma voix s'élèvera pour répéter à son oreille habituée des lectures saintes...

» La nuit, je prendrai sur mon sommeil le temps de poursuivre cette broderie commencée, dont le prix m'ouvrira encore une fois peut-être les portes de ce beau jardin où dorment ceux que nous aimions.

» Puis, quand Dieu pensera que j'ai assez souffert, il m'appellera vers lui. — Vous me trouverez couchée à mon poste, pâle et froide comme la veille. — Je serai avec mon Edmond.

» Mon frère et ma sœur, soyez heureux autant que je le souhaite... »

. . . .

Le jour naissant mettait des lueurs indécises derrière les rideaux épais des croisées.

Berthe déposa le cahier sur la table. Elle était d'une effrayante pâleur.

Bien longtemps avant d'arriver à la fin du manuscrit, son visage avait repris son aspect glacial et immobile.

Elle se leva. Ses jambes fléchirent, si léger que fût le poids de son corps appauvri.

Elle gagna en chancelant le cadre préparé pour elle et parvint à s'y étendre.

La fatigue lui donna sur-le-champ le sommeil.

Le sommeil lui apporta un rêve. Sa bouche décolorée se détendit lentement pour arriver à un sourire ravi. Ses lèvres s'entr'ouvrirent pour murmurer ces douces plaintes qui sont le langage de songes heureux.

Il y avait sur son visage, où renaissait la beauté, un bonheur extatique.
— Edmond !.., Edmond !.., dit-elle...
. . . .

Le lendemain, quand Jean-Marie Biot se présenta, la vieille duchesse dormait encore.
— Sais-tu lire ? lui demanda Berthe.
— Oui, notre demoiselle, répondit Biot.
Berthe lui mit son manuscrit dans la main.
— Tu es de la famille, reprit-elle ; — ceci est mon secret. Lis ce cahier et fais ce que je demandais à mon frère...
Biot voulut répliquer ; mais une voix sèche et cassée s'éleva du fond de l'alcôve et appela Mlle de Maillepré.

Vers cette même heure, dans un salon du premier étage de l'hôtel, M. Williams était assis devant une table et compulsait un gros livre des pages duquel sortaient de nombreux signets.
Auprès de la cheminée, dont la tablette en marbre supportait des papiers en désordre, se tenait l'un des serviteurs de M. Williams.
On ne peut dire que ce fût tout à fait un valet. C'était un homme d'aspect intelligent et digne, très froid comme son maître, et dont le costume prenait exactement le milieu entre l'habit de ville et la livrée.
M. Williams était en habit noir, prêt à sortir. Il y avait sur sa figure une apparence de fermeté virile et forte ; mais ses cheveux étaient tout blancs. Cette particularité ne le vieillissait point autant qu'on pourrait le croire. Sa taille haute et robuste combattait l'impression produite au premier abord par ce signe d'un grand âge. Tout au plus pouvait-on lui donner soixante ans.
Ses traits gardaient une expression de bonté flegmatique. A cette immobilité de visage s'ajoutait l'immobilité plus remarquable de son cou, enveloppé d'une haute cravate blanche, et inflexible comme s'il eût été de pierre.
On sait que la gourme anglaise raidit généralement la gorge de tout gentleman ayant une certaine idée de

son importance; mais ici la raideur était exagérée. Les cols de chemises les plus empesés de nos sportmen les plus ridicules permettent de saluer à peu près, de tourner la tête à demi, et de prendre cette pose souffreteuse que les progrès de l'art équestre infligent aux raffinés du trot. M. Williams, au contraire, semblait supporter l'étreinte d'un gorgerin d'acier. Il se tournait tout d'une pièce, et, au lieu de pencher la tête sur son livre, il était obligé d'élever le livre à la hauteur de ses yeux.

Sur un homme de cet âge et de cette gravité la mode a peu d'empire. Ce ne pouvait être qu'un vice de constitution, un accident ou une blessure.

La pièce où nous introduisons le lecteur était l'une des salles de réception de l'hôtel de Maillepré. Ses belles et harmonieuses proportions en diminuaient l'étendue apparente. Le plafond à caissons avait de vives peintures de l'école de Rubens, où brillait l'opulent matérialisme de la manière flamande. C'étaient de puissantes déesses aux hanches charnues, des enfants buveurs, des bacchantes terrassées par l'ivresse; c'était Bacchus, le conquérant joyeux, riant à sa coupe emplie et secouant, au-dessus de son front épanoui, les pampres et les raisins transparents de sa coiffure; c'était encore Silène, le demi-dieu bourgeois, dont le ventre est une outre pleine; Silène, l'éternel emblème de la joie flamande, l'ivrogne épais, chevauchant sur un âne, Silène que nous reprocherions amèrement à l'antiquité païenne, si nous ne lui avions pas volé son gros rire pour le coller sur la face stupide du dieu des bonnes gens...

Autour des frises courait un long cordon de nymphes. Ceci était une peinture plus ancienne, riante aussi, mais spirituelle en sa grâce. — C'était le beau, non plus comme le voit l'obèse intelligence de la Flandre, mais comme le rêve le pur génie de l'Italie.

Diane courait retenant l'ardeur de son lévrier fougueux. Sa démarche proclamait la déesse. Sa main choisissait dans son carquois la flèche aiguë dont le vol mortel allait terminer la chasse. — Derrière elle, c'était un essaim de célestes vierges, dont les écharpes enflées se déployaient au vent de leur course rapide...

Un élève de Jules Romain, Primatice lui-même peut-être, avait peint cette guirlande animée:

Au-dessous de la frise s'alignaient, espacés largement, des portraits de famille. Le même cartouche en contenait deux d'ordinaire : un duc et une duchesse, dans leurs cadres d'or, surmontés des écussons d'alliance.

C'était la galerie ducale. Une autre pièce avait les vieux sires de Maillepré, qui étaient morts simples chevaliers, au temps où les rois eux-mêmes tenaient à suprême honneur de chausser l'éperon.

Le dernier cartouche contenait les portraits de deux beaux adolescents, et au-dessus, les armes écartelées de Maillepré et de Dreux.

Le jeune homme portait le costume de brigadier des armées et le cordon du Saint-Esprit sur la poitrine. C'était Jean III de Maillepré.

La jeune dame, qui semblait à peine sortie de l'enfance, — ces mariages précoces étaient, on le sait, très fréquents sous nos rois, — avait nom Berthe de Dreux.

Elle était belle, mais quelque chose de sec et de dur apparaissait sous l'éclat rose de son jeune visage, et il y avait de l'aridité dans son sourire, caché à demi derrière un bouquet d'églantines.

Quant au duc Jean III, vous eussiez cru voir Gaston plus jeune avec un rire insoucieux aux lèvres et de fraîches couleurs sur les joues.

M. Williams avait en ce moment les yeux fixés sur ce portrait.

Un oblique rayon de soleil levant passait à travers la fente du rideau et frappait en écharpe toute la ligne de tableau qui faisait face à M. Williams, mettant de la vie sur chaque toile et des étincelles aux dorures sombres des cadres ciselés.

M. Williams reprit son livre, qui était un Code civil français, ouvert au titre : *Des Absents.*

Il lut quelques lignes, puis il replaça le volume sur la table, et son œil se reporta par un mouvement involontaire vers le portrait du duc Jean.

— Toby, dit-il à l'homme qui se tenait debout auprès de la cheminée, — avez-vous rencontré quelquefois par hasard ce jeune homme qui demeure dans la cour, auprès de nous ?

— Jamais, répondit Toby Grant, en se retournant d'un air respectueux vers son maître.

— Ah !... fit celui-ci d'un ton de regret.

Toby attendit une nouvelle question. Voyant que son maître gardait le silence, il reprit sa besogne.

Sa besogne était de compulser les papiers épars sur la tablette de la cheminée. Il y en avait une grande quantité et la plupart présentaient cet aspect particulier des feuilles qui ont passé par le greffe ou fait séjour dans des archives quelconques.

— Toby, dit encore M. Williams au bout d'un certain temps, — comment monsieur a-t-il passé la nuit ?

— Assez calme, répliqua Grant ; John et moi nous avons pu dormir à tour de rôle.... Ce matin, au lever du jour, monsieur s'est mis sur son séant pour entonner le chant de guerre... mais il n'a pas essayé de sortir du lit...

— C'est bien, Toby...

M. Williams avait écouté cette réponse d'un air distrait. — Il fit tourner les feuillets de son Code et mit un signet à la page où l'article 762 refuse aux enfants nés de l'adultère tout droit à la succession de leurs parents.

— Toby, reprit-il ensuite, veuillez m'apporter le jugement du tribunal de première instance de la Seine, qui envoie M. de Compans en possession définitive des biens de Maillepré.

Grant chercha un instant parmi les papiers, y choisit une minute jaunie par le temps et la remit à son maître.

M. Williams la lut attentivement.

— Du premier jour de décembre 1803 !... murmura-t-il ; — à la fin du mois, il ne sera plus temps !...

Il relut le jugement une seconde fois. Tandis qu'il lisait, son visage, impassible d'ordinaire, exprimait de l'impatience et du courroux.

— La loi est évidemment violée ! reprit-il ; — les délais ne sont pas observés... le Code était promulgué depuis neuf mois... Il fallait trente-cinq ans depuis la disparition de monsieur le duc... et il n'y avait pas vingt ans !... Mais comment attaquer ce jugement !... Il faudrait prouver d'abord que les ayants-droit existent.

M. Williams se leva et se prit à parcourir la chambre à grands pas.

En passant devant les portraits du duc Jean, son regard se porta encore sur la peinture vivement illuminée. — Il s'arrêta tout à coup, bouche béante, comme on fait en reconnaissant à l'improviste un visage cherché longtemps.

Puis il se retourna avec humeur et poursuivit sa course.

— Je deviens fou! murmura-t-il; — encore, si j'osais m'adresser à un avocat!... Mais en cette ville maudite il y a des pièges partout... Je me souviens!... je me souviens!

— En prononçant ces derniers mots, M. Williams eut un tremblement nerveux et sa respiration devint oppressée.

— Cet homme est trop puissant! reprit-il; où me vendrait à lui qui peut tout acheter... en ce pays, on tue... je le sais!... Il y a des pièges partout sous les pas de l'homme simple et sans défiance... Oh! je me méfie, moi... Je veux faire tout par moi-même...

M. Williams parlait ainsi avec une émotion fort opposée à ses habitudes de calme sévère.

Au moment où il revenait vers sa table de travail, un hurlement sourd et prolongé se fit entendre dans la chambre voisine. — Puis on entendit comme un bruit de lutte que dominaient des cris bizarres.

Toby sauta sur le bouton de la porte et s'élança au dehors.

Par l'ouverture on put voir un homme de taille presque gigantesque, demi-nu, et dont la peau rougeâtre tranchait sous les lambeaux blancs de sa chemise déchirée...

Cet homme tenait par le cou John Robertson, l'autre serviteur de M. Williams et l'étranglait en poussant de sauvages clameurs.

M. Williams gagna le seuil et dit d'une voix impérieuse:

— La paix, Oguah, la paix!

L'homme lâcha Robertson aussitôt. Ses bras tombèrent. Il courba la tête et prit une attitude soumise.

C'était un vieillard aux traits tirés et flétris comme les traits d'un cadavre...

Tout était rentré dans le silence. Toby revint et ferma de nouveau la porte.

M. Williams s'assit à son bureau, repoussa le Code

civil dont la reliure fatiguée accusait le fréquent usage qu'on en faisait, et arrangea devant lui des notes éparses, de manière à les pouvoir embrasser d'un coup d'œil.
— Prenez le Mémoire, Toby, dit-il, — et écrivez.
Toby s'installa aussitôt devant un pupitre où s'ouvrait une sorte de registre timbré, dont la moitié environ était couverte d'écriture.
M. Williams se recueillit et dicta en anglais.
Toby, traduisant à mesure, écrivait en français.

CHAPITRE III

CE QUE PÈSE UN ADULTÈRE

Le Mémoire de M. Williams était adressé à monsieur le président de la cour royale de Paris.
La forme en était concise et arrêtée. C'était l'œuvre d'un homme versé dans les affaires.
Nous allons mettre sous les yeux du lecteur la partie de ce Mémoire qui était au net sur le cahier de Toby, en prenant toutefois la licence d'arranger le récit à notre manière.
Le récit ne datait pas d'hier.
C'était en 1769 ; le duc Raoul de Maillepré venait de passer de vie à trépas, plein d'années et de goutte, comme devait l'être un grand seigneur qui avait bu, aimé, chanté et dormi sous la table autrefois en compagnie de monsieur le régent.
De toute la postérité de monsieur le duc il ne restait qu'un fils, enfant de sa vieillesse, qui hérita de la duché-prairie et des immenses biens de Maillepré.
Ce fils était un vrai gentilhomme, beau de corps, vaillant de cœur et ressemblant en tout à ses aïeux, mis à part pourtant monsieur le duc, son père, auquel il n'était point bon de ressembler.
La régence, en effet, cette ère honteuse et polluée,

dont quelques plumes intéressées essaient de temps à autre le panégyrique impossible, avait efféminé les plus mâles et mis de la soie tachée de vin sur les poitrines les mieux faites à l'armure.

Jean de Maillepré n'avait point vu ces années qu'il faudrait rayer de notre histoire. Il ne voyait même qu'avec des yeux d'enfant la fin du long règne de Louis XV, le roi de la poudre et des mouches, dont la jeunesse gagna des batailles, et qui, sur ses vieux jours, s'affadit comme un couplet de vaudeville.

Jean n'avait guère plus de quinze ans lorsqu'il épousa Berthe de Dreux; laquelle allait entrer dans sa treizième année.

De vagues idées de liberté germaient alors par le monde. Le philosophisme hâtait leur développement en France et préparait avec une fougue passionnée les grands événements de cette révolution qu'il ne nous appartient point de juger.

Notre jeune duc, en attendant qu'on lui donnât sa femme, qui tout de suite après la cérémonie nuptiale était rentrée au couvent, menait noblement la vie, hantait ses pairs et se perfectionnait en tout ce qu'un gentilhomme doit savoir.

La mode avait changé depuis cinquante ans. On ne battait plus beaucoup le guet dans les rues, le duel se faisait rare, et s'il y avait encore de petits soupers, on y parlait philosophie.

Voyez-vous cela sans frémir! Autour d'une table en désordre, des enfants ivres et des femmes galantes discutaient Dieu, défendaient la *vertu* et se renvoyaient, au lieu de phrases amoureuses, des allusions pédantes et des bons mots philosophiques.

C'étaient, qu'on nous pardonne l'anachorisme, des orgies de bas-bleus et de professeurs!

Avec un peu plus de satin, cependant, et d'élégance; avec un peu moins de cigares.

Jean de Maillepré fut saisi énergiquement par le mouvement de son époque. Il était jeune, généreux, ardent. Ces théories nouvelles qui ne se présentaient point sous la forme austère d'un enseignement, mais qui savaient se glisser jusque parmi les plaisirs, avaient de doubles chances auprès de la jeunesse. — Des femmes avaient pris d'ailleurs le philosophisme sous leur charmante protection. Vous eussiez entendu des bouches roses de marquises paraphraser le Contrat Social ou répéter adorablement une page de l'Encyclopédie. Elles savaient par cœur d'Alembert et s'endormaient en tâchant de comprendre Helvétius.

Il y avait alors des jeunes filles de quatorze ans qui étaient athées, et les plus peureuses admettaient, par prudence extraordinaire, l'existence d'un Dieu inconnu, — l'*Être suprême*.

Mais, à part, cette démence qu'excitait, suivant l'image sublime du poète, l'*effrayant éclat de rire de Voltaire*, il y avait dans l'air un vent de recherche et de travail qui faisait jaillir çà et là de grandes et fécondes idées. Le monde étourdi et frivole accueillait sans choisir le bon et le mauvais. Nul ne prêtait secours au bien combattant le mal en ce second chaos. La société se tranformait seule et comme au hasard, sans qu'une main vigoureuse et pure se chargeât de diriger ces labeurs redoutables.

Les esprits jeunes et vaillants se ralliaient autour du mot *liberté*, drapeau magique mais fantasque, dont les plis larges ont caché bien des tyrannies, étendard sacré qui abrita souvent l'ambition couarde et les lâches trahisons.

Jean de Maillepré, laissant de côté les luttes religieuses et gardant à peu près les croyances de ses pères, ce qui était beaucoup, se jeta éperdûment dans la voie des amants de la liberté. Peut-être ne définissait-il point très précisément ce qu'il y avait sous ce mot, mais nous pouvons affirmer qu'il y voyait d'admirables choses.

Il ne se trompait point, et ce serait perfidie que d'accuser la liberté de toutes les choses viles et monstrueuses qui ont volé son nom pour épouvanter le monde...

Jean fut du nombre de ces jeunes nobles qui, M. de Lafayette en tête, devancèrent de beaucoup le mouvement populaire.

Le manuscrit de M. Williams donnait à cet égard des renseignements fort étendus que nous ne reproduirons point, désirant nous borner exclusivement à ce qui regarde notre drame.

Au bout de deux ans, le jour même de sa quinzième

année, Berthe de Dreux sortit du couvent et fut installée en cérémonie dans le domicile conjugal. Après quelques jours de fêtes, le duc était éperdument amoureux de sa femme, qui ne l'aimait point.

Jean de Maillepré avait pourtant tout ce qu'il faut pour plaire, et, dans son manuscrit, M. Williams s'étonnait grandement de l'inexplicable aversion de Berthe.
— Ce fut pour le jeune époux une amère douleur, lorsqu'il s'aperçut de l'éloignement de sa femme. Longtemps il voulut douter. Son amour redoubla de soins tendres et d'empressement.

Un instant il se crut tout près du bonheur. Berthe allait être mère.

Mais la naissance d'un fils ne changea rien. Ce lien, si puissant pour tous, fut inefficace. Berthe demeura froide : elle n'aimait pas son mari.

Le duc Jean, froissé, se réfugia parmi le bruit passionné des théories politiques que la mort de Louis XV et l'avénement d'un roi épris des idées nouvelles rendaient plus ardentes et moins timides.

Peut-être que si le duc Jean eût été bien heureux, il aurait préféré les joies du ménage à cette entreprise chevaleresque qui appela en ces temps les jeunes courages au-delà de la mer. Mais l'ennui l'accablait. Son âme, qui cherchait où verser son trop plein d'ardeur et de sève juvénile, repoussée par l'amour, s'élança fougueuse, vers le danger. Ce fut avec une sorte d'emportement qu'il se jeta dans ce noble refuge.

Son esprit se monta ; son cœur s'enivra. Punir l'Anglais avide, conquérir la liberté d'un peuple, c'était grand, c'était digne du fils des soldats de la croix...

Le duc Jean s'embarqua pour l'Amérique sur le même vaisseau que son ami, M. de Lafayette.

Ici le manuscrit contenait une sorte de résumé de la guerre de l'Indépendance. Les actions d'éclat accomplies par le duc Jean étaient énumérées d'une façon succincte et frappante. Washington l'avait distingué ; il avait occupé dans l'armée de l'Union un poste inférieur à celui qu'il avait en France, mais important néanmoins, eu égard à sa jeunesse, et le nom du colonel de Maillepré restait, dans le souvenir de tous ses compagnons d'armes, à côté du nom de Lafayette.

Dans le peuple, c'était bien autre chose. Jean de

Maillepré, comme tous les cœurs brisés, portait dans la mêlée un courage téméraire à l'excès, cette hardiesse désespérée qui n'est point, dit-on, la vertu des chefs, mais qui électrise le soldat, parce qu'elle accomplit des prodiges. Partout où se montrait le danger, Jean se précipitait le premier ; il semblait dans toute la force du terme, courir après la mort, — et la mort fuyait devant lui.

On le voyait, devançant les plus ardents, percer, tout seul ces remparts de fumée au-delà desquels est le péril inconnu ; on le perdait de vue ; ses hommes accouraient et le retrouvaient sans blessure, entouré de cadavres, auprès d'un canon conquis ou d'une redoute abandonnée...

Il y avait là-dedans comme un miracle. On le croyait invulnérable.

Lui ne s'apercevait point du prestige qui l'entourait. Il allait, poussé par une colère mystérieuse. Il frappait et s'asseyait morne, à l'écart, après la victoire.

On eût dit que sa pensée nageait dans de vagues ténèbres.

Il était triste d'ordinaire jusqu'à mettre du froid au cœur de ceux qui l'entouraient ; mais parfois, tout à coup, sans cause, les éclats d'une gaîté folle secouaient sa mélancolie. Il riait, il chantait...

On ne pouvait traiter de fou pourtant le meilleur officier de l'armée.

On se perdait en conjectures. Nul n'avait le secret de ces retours bizarres.

Le secret du duc Jean, c'était une blessure profonde, incurable, que lui avait laissée au cœur son amour inconnu. L'absence avait attisé sa passion, loin de l'éteindre. Il aimait Berthe plus que le premier jour.

Rien ne pouvait le distraire de cet amer souvenir. Il voyait Berthe avec les yeux de l'homme qui regrette ; il la voyait bonne, douce, pure autant que belle.

Lui seul était à blâmer, parce qu'il n'avait point su se faire chérir. L'idée ne lui venait même pas d'accuser Berthe, qu'il respectait comme une sainte.

L'accuser !... Mais en même temps que son souvenir était sa peine, il était aussi sa consolation. Parmi sa tristesse, s'il lui naissait au cœur quelque bon mouvement d'espoir, c'est que l'image de Berthe souriait en sa mémoire, et qu'il se disait : — Peut-être un jour elle m'aimera...

En France, on le sait, tout est affaire de mode. Les uns la devancent, les autres la suivent. De temps en temps il arrivait de Paris quelque gentilhomme curieux de se donner, lui aussi, le vernis de sauveur du peuple.

Ces nouveaux-venus étaient, on le pense, accueillis avec joie. Pendant quinze jours, au moins, ils faisaient office de gazettes. On était fort pressé d'apprendre ce qui se faisait, ce qui se disait à Paris, — non pas seulement les choses politiques, mais les petits événements intimes, les chroniques bavardes, les scandales mignons.

En ce temps il n'y avait point de journaux, comme maintenant, énormes parallélogrammes qu'on remplit avec un peu de vrai et beaucoup d'alliage, et où chaque semaine un chrétien, né pour un sort moins amer, est obligé de dire aux abonnés, en un feuilleton de quatre cents lignes : « Tout Paris est aux eaux... Tout « Paris est revenu des eaux... Mᵐᵉ la marquise de N... « a quitté le marquis, son mari, pour courir après un « danseur hongrois... La polka est née... La polka est « morte... » et autres cataclysmes de cette importance...

Sous Louis XVI, c'étaient encore les perruquiers seuls, qui tenaient registre de fadaises ; — et vraiment, les perruquiers avaient au moins l'excuse d'être utiles à la société par leurs fers à papillottes.

Donc, les bruits du *monde élégant* étaient généralement inédits. Nous n'hésiterons pas à déclarer que cela leur donnait tout le piquant qu'ils ont perdu.

On était réellement affamé d'historiettes à Paris. Jugez ce que ce devait être en Amérique?

Or, il arriva, quelque beau jour, de France un jeune gentilhomme, fort empressé de se battre. La guerre était à peu près finie. — M. de Lafayette allait repartir pour Paris.

Le jeune gentilhomme fut entouré. On lui réclama du scandale, il ne demandait pas mieux que d'en donner.

Ce n'est jamais là, Dieu merci ! la denrée qui manque...

Il drapa bel et bien comtesses et marquises, à la

grande joie de son auditoire. Il fit une liste de maris malheureux qui recueillit le succès le plus flatteur.

Parmi ses histoires, il y en avait une très courte ; c'était celle de la jeune duchesse de Maillepré, qui par grâce spéciale, avait mis au monde un beau garçon joufflu, deux ans après le départ de monsieur le duc, son époux.

Le gentilhomme qui contait tout cela était M. le chevalier de Ryonne. On ne le revit jamais à Paris, parce qu'il dit une fois son histoire devant Jean de Maillepré, qui lui mit son épée dans la poitrine. . . . .

. . . .

Il y avait alors à Boston un attorney nommé Williams Western, dont la famille, originaire du comté de Kent, porte en Angleterre le nom de Lidderdale...

Ces Western de Lidderdale sont, au dire du Mémoire de M. Williams, une famille considérable, dont le chef actuel, le vicomte Powis, s'assied à la chambre des lords.

On sait que les Américains conservent soigneusement leurs preuves généalogiques tout en faisant fi des titres de noblesse. C'est une faiblesse, vu leur position de démocrates.

M. Williams Western était un homme jeune encore, jouissant d'une fortune honnête, et déjà père de famille.

Le duc Jean avait trouvé auprès de lui une hospitalité discrète, bien plus douce au malheur que ces empressements étourdis dont le bruit fatigue et repousse.

A la longue, ils s'étaient liés fort étroitement. Le duc Jean était de la maison. Le fils aîné de Williams Western, le petit James, hésitait entre lui et son père, tant le noble Français lui témoignait de complaisance et de tendresse.

Ce lien, dans l'avenir, devait se resserrer encore...

Quand la guerre de l'indépendance fut tout à fait finie et que Washington, Adams et les autres têtes de l'insurrection victorieuse eurent constitué régulièrement le gouvernement national, Lafayette partit pour la France, emmenant avec lui Franklin, qui devait être le *lion* de Paris pendant quelques mois.

Jean de Maillepré ne les suivit point.

Que serait-il allé faire en France ?... Il avait reçu des nouvelles de sa femme et de son fils par des voix étrangères. Jamais Berthe ne lui avait écrit une seule ligne...

Et parmi ces nouvelles qui lui étaient venues ainsi par hasard, l'une parlait de crime et de déshonneur !

Jean de Maillepré reste dans la maison de Wertern. Il était sombre et comme absorbé dans son désespoir. Plus de guerre, plus de dangers pour occuper sa souffrance. Il demeurait seul toujours avec lui-même, et, dans de certains moments, sa raison semblait chanceler sous le poids de son malheur.

Oh ! qu'il aimait cette femme et que la blessure de son cœur était cruelle !

La seule personne qu'il admît volontiers dans sa retraite était le jeune James Western. James lui rappelait son fils Raoul qu'il avait laissé en France. Ils parlaient tous deux de cet enfant aimé, car James avait près de dix ans. Il comprenait et il sentait.

Il avait deviné l'amertume profonde de cette douleur. Il avait deviné la chevaleresque délicatesse de ce culte dont rien n'avait pu affaiblir la pure et tendre foi...

Car M. le duc de Maillepré croyait encore alors à la vertu de Berthe. — Dans sa pensée, il avait tué un calomniateur...

On était en 1790. — L'Amérique avait ouï déjà des échos de la révolution française. Dans tout Boston, il n'y avait peut-être que Jean de Maillepré qui pût ignorer les grands événements accomplis au delà de la mer...

Il reçut une lettre datée de France.

Ce fut le délire de la joie. — A le voir, on versait des larmes.

Il baisait cette lettre avec des transports de reconnaissance et d'allégresse. — Cette lettre était de sa femme, qui annonçait son arrivée et celle de son fils.

Son âme ressuscita. La veille, il était insensible à tout ; ce jour, tout l'émouvait et le réjouissait.

Il voulait que tout le monde eût part à son bonheur. Il allait, annonçant à chacun ses espoirs aimés. L'avenir lui souriait ; il voyait pour la première fois sa vie dépouiller son long voile de deuil.

Quelques jours auparavant, Mme Western était accouchée d'une fille. — Le duc Jean vint s'asseoir auprès du berceau et regarda dormir l'enfant d'un œil ému. Puis il la prit dans ses bras, Il riait et il pleurait...

— Tu seras sa femme, Louise, dit-il ; tu seras la femme de mon fils Raoul... Bonjour, petite marquise de Maillepré !...

Quelques mois bienheureux se passèrent. L'attente n'est dure qu'à ceux dont la vie coule tranquille, et pour qui tout travail est souffrance. Mais que l'attente est douce au malheureux qui désespérait naguère !

Pour celui-là l'inquiétude est un bien. Son esprit engourdi aime à sentir qu'il veille et qu'il craint et qu'il espère...

Le duc Jean était fort jeune encore. Il avait devant lui de belles années.

Que de plans d'avenir ! que de riants châteaux bâtis durant ces jours d'attente !

Mme la duchesse arriva enfin. — C'était une très belle femme, à l'air froid et fier.

Elle donna sa main à baiser au duc Jean, puis elle lui dit :

— Monsieur, les gens de rien sont à l'heure qu'il est maîtres de la France. Le roi Louis XVI est un bourgeois couronné, autour duquel se groupent quelques pauvres esprits comme vous et votre marquis de Lafayette... Coblentz n'est pas assez loin de Paris ; j'ai passé la mer pour n'entendre plus les noms de tous les manants qui vont se faire grands seigneurs...

— Bénie soit cette révolution, puisqu'elle nous rapproche ! voulut répondre le duc.

Berthe leva sur lui un regard d'étonnement glacial.

Puis, sans ajouter une parole, elle prit la route de son appartement.

C'était un petit temple que le duc Jean s'était plu à parer avec un soin amoureux. M. et Mme Western, qui avaient pour lui un attachement sincère, l'avaient aidé dans cette tâche, et l'on aurait fait tout Boston sans trouver rien qui pût approcher de ces gracieuses magnificences.

Berthe n'y parut point prendre garde.

Le duc passa toute cette journée à regarder, à baiser, à aimer son fils Raoul.

Mais sa joie s'enfuyait, parce que le visage ennemi de la duchesse le suivait partout.

Il n'osait presque plus espérer.

Le lendemain, Berthe le fit appeler.

Elle était habillée de noir et tenait à la main une boîte d'or dont le couvercle portait, émaillées, les armes de Maillepré.

Le duc voulut parler, elle lui imposa silence d'un geste froid, et demeura longtemps immobile et raide dans son fauteuil devant son mari qui était debout.

Après quelques minutes, elle ouvrit sa boîte d'or et y prit une pincée de tabac d'Espagne qu'elle respira lentement, en laissant sa boîte ouverte avec une sorte d'affectation.

Il y avait, au revers du couvercle, une miniature. Le duc n'en put distinguer les lignes.

Berthe le regardait en face. Son œil était dur et méchant.

Mais elle était admirablement belle.

— Monsieur, dit-elle d'une voix basse et brève, est-il vrai que vous ayez tué en duel M. le chevalier de Ryonne?

— Il vous calomniait, madame, répondit le duc; — je n'ai fait que mon devoir.

— Vous l'avez tué! répéta Berthe, dont la paupière trembla.

Elle appuya sa tête sur sa main. Tout son visage était pâle comme celui d'une statue.

Puis, tout à coup, elle se mit sur ses pieds d'un mouvement brusque et plein de colère...

Elle éleva la boîte d'or ouverte à quelques pouces des yeux de son mari qui jeta un cri et devint pâle à son tour.

La miniature qui était au revers du couvercle représentait M. le chevalier de Ryonne.

— Ce n'est pas pour vous que j'étais venue, monsieur! reprit-elle avec le cynisme effrayant des femmes qui n'ont point de cœur; — c'était pour lui... pour lui seul!... Je vous défends de reparaître jamais à mes yeux!...

. . . .

Le mémoire de M. Williams jetait ici un coup d'œil en arrière pour établir un fait capital.

Mme la duchesse de Maillepré avait été la maîtresse de M. le chevalier de Ryonne, jeune fat, qui l'avait aimée un jour, puis délaissée.

Mme la duchesse avait eu pour le chevalier quelque chose qui ressemblait de loin à de l'amour. — Une fantaisie, — une de ces passions étranges dont la source n'est ni dans les sens ni dans le cœur.

Les passions que la femme oisive et froide revêt pour se désennuyer s'éteignent, nul ne l'ignore, au bout de quelques jours.

Ceci, lorsqu'elles sont partagées.

Mais, si l'amant, par fortune, se lasse le premier, ces passions résistent et s'obstinent. C'est du dépit ; c'est l'entêtement de l'amour-propre courroucé ; c'est en un mot assurément tout autre chose que de la tendresse ; mais, chez la femme, est-il un sentiment qui ne sache prendre les allures de l'amour ?...

Mme la duchesse avait trouvé dans ses beaux yeux, vierges de pleurs, des larmes pour l'inconstance du chevalier.

Et, comme il fuyait, elle s'élança sur ses traces.

De même qu'elle eût pris la fuite probablement un jour donné, si M. le chevalier avait joué le rôle d'amant fidèle.

Le chevalier saisit cette occasion de se mettre à la mode. Il passa la mer pour se soustraire à son Ariane. C'était incontestablement ravissant.

Mais le chevalier ne revint pas.

Mme la duchesse fut mère.

On peut être cynique vis-à-vis d'un époux fait esclave et craindre l'opinion du monde. Berthe n'osa garder dans sa maison le fruit de l'adultère. Voici ce qu'il advint de cet enfant.

Il y avait à Paris un pauvre gentilhomme, parent éloigné de Maillepré, qui se nommait M. de Compans. Ce M. de Compans et sa femme, parvenus déjà aux approches de la vieillesse, n'avaient point d'enfants. — Berthe fit avec eux un marché qui assurait à son fils une famille.

L'adultère porte avec soi presque toujours sa malédiction et sa peine. C'est un crime dont le châtiment commence dès ce monde, et, quand il s'agit de ses résultats funestes, l'imagination la plus audacieuse ne peut point dépasser la triste réalité.

Cet enfant, caché dans une obscure demeure, devait grandir et mettre son pied lourd sur tout ce qui portait le nom de sa mère.

Cet enfant devait écraser de son poids une race puissante.

Nous le connaissons. Il s'appela plus tard M. le duc de Compans-Maillepré...

CHAPITRE VI

CŒUR GLACÉ

Nous continuons de suivre le Mémoire de M. Williams.

Le duc Jean était frappé au cœur. L'impudent aveu de Mme de Maillepré le brisa. En quelques jours, il vieillit de vingt ans.

C'était une nature vaillante et vigoureuse de tout point, mais vulnérable à l'excès du côté de l'amour, parce qu'il y avait mis tout entiers ses espoirs de bonheurs. Vis-à-vis de cette femme qui était son Dieu, sa force l'abandonnait.

Williams Western et sa famille remarquèrent en lui un changement funeste. — Il se confina dans son appartement, sa bouche devint muette.

Le petit James et Raoul de Maillepré entraient seuls dans sa chambre.

Et James Western se souvient que bien souvent le duc Jean, absorbé dans sa méditation désolée, mouillait de larmes un portrait.

Le portrait de Berthe.

Celle-ci, avec une audace froide, avait pris le grand deuil le lendemain du jour où son mari lui avait confirmé la nouvelle de la mort de M. le chevalier de Ryonne.

Cette femme avait apporté avec elle la tristesse dans la maison de Western. Elle ne sortait jamais de son appartement, mais chacun ressentait vaguement l'influence de sa raideur glacée.

Plusieurs années se passèrent. Raoul grandissait. C'était un noble enfant, qui eût fait la consolation de son père, si son père avait pu être consolé.

Le duc Jean n'entretenait aucune relation avec la France. Sa femme, de temps en temps, recevait des lettres de Paris. Elle les lisait, puis elle les brûlait.

Vers le commencement de l'année 1794, le duc Jean pria Williams Western de solliciter pour lui une entrevue avec Mme la duchesse.

Depuis quelque temps le duc était inquiet. La fièvre avait succédé chez lui à l'apathie fatiguée de son désespoir. — Il parlait beaucoup, et ses paroles, étrangement mêlées, semblaient annoncer quelque trouble mental.

Williams Western demanda l'entrevue à Berthe. Berthe refusa.

Berthe était alors une femme de trente-cinq ans. Ceux qui l'avaient vue à son arrivée en Amérique auraient à peine pu la reconnaître, bien que peu d'années se fussent écoulées depuis cette époque. Il semblait que la main de Dieu eût pesé sur elle. Ses traits n'avaient point changé; mais quelque chose d'immobile et de morne était en elle. Sa beauté, qui restait parfaite, effrayait et glaçait. Elle paraissait être le fantôme d'elle-même.

La famille Western redoutait les rares occasions où la bienséance obligeait à la voir. James Western, qui arrivait pourtant à être un jeune homme, frissonnait à son aspect. La petite Louise, en la voyant, devenait pâle et avait peur.

On ne savait point son secret; mais quelque mystérieuse terreur s'épandait autour de ce spectre froid dont la poitrine n'enfermait point un cœur.

On dit que dans les diaphanes ténèbres des nuits polaires, quand l'aurore boréale blanchit le ciel, le voyageur attardé voit fuir, parmi l'ombre grise, des longues formes muettes dont le vent soulève les voiles détachées. Elles glissent sur la neige, dont le rayonnant tapis couvre le sol. On voit s'agiter lentement les plis affaissés de leurs mantes, pâles comme les suaires. Elles passent.

Et le voyageur cesse de sentir son cœur. Ses pieds sont de plomb. La sueur se gèle sur ses tempes qui bruissent.

Il chancelle ; il tombe sur la voie glacée. Il ferme les yeux sans avoir le temps de faire une prière, et dort son dernier sommeil.

Le lendemain on trouve le long de la route un cadavre durci.

La vue seule de ces filles livides de la mort a tué le pauvre voyageur...

Un poëte du Nord eût comparé la duchesse à ces démons de la mythologie septentrionale.

A la voir seulement, le pouls battait moins vite, et l'âme se resserrait, froissée.

Mais le duc Jean l'aimait. Son adoration ne se fatiguait point. Il la voyait toujours au travers de la magie de ses souvenirs de France.

Quand Williams Western lui rapporta la réponse négative de la duchesse, M. de Maillepré pleura. Ce cœur énergique était oppressé par l'amour, dompté, vaincu, terrassé. Il n'avait plus ni fierté ni courage.

Il pleura comme un enfant. — Puis il sortit de son appartement et vint frapper à la porte de sa femme qu'il n'avait point osé aborder depuis plusieurs années.

On tardait à ouvrir. Le duc se mit à genoux en dehors du seuil.

Ce fut une scène honteuse et déchirante, dont le souvenir attriste encore profondément celui qui en fut le témoin.

James Western avait ouvert sa chambre au bruit des sanglots de Jean de Maillepré. Sa chambre était située dans le même corridor que l'appartement de Berthe. Il put tout voir et tout entendre.

Au bout de quelques minutes, la duchesse ouvrit elle-même sa porte et demeura debout immobile et raide.

— Madame !... madame ! murmura le duc Jean d'une voix entrecoupée, — ayez pitié de moi !

La duchesse le couvrit d'un regard de mépris amer.

M. de Maillepré n'osait point lever les yeux sur elle.

— Ayez pitié, dit-il ; — je souffre trop !... Berthe ! oh ! je vous le jure, je maudis ma main et mon épée !... Je me repens de l'avoir tué puisque vous l'aimiez...

Ces paroles devaient lui briser l'âme et déchirer sa bouche au passage.

Berthe eut un sourire cruel.

— Je ne savais pas! reprit encore M. de Maillepré ; — j'espérais... Mon Dieu! que ne m'a-t-il tué, madame, pour vous faire heureuse!...

James Western écoutait et avait le rouge au front.

Parce que le spectacle de l'homme fort courbé par la passion, avili sous le fouet de l'amour, indigne et fait pudeur.

Mais cette femme! cette femme! Oh! que James Western revit longtemps en rêve la ligne impassible de ses sourcils, le froncement amer de ses lèvres pâles et son regard, — son regard impitoyable qui pesait sur le duc Jean comme un arrêt de mort!...

Le duc Jean poursuivait sa navrante prière.

— Berthe! oh! Berthe! disait-il, — si vous pouviez voir mes nuits baignées de larmes vous auriez compassion de moi... Voilà bien longtemps que dure mon châtiment, madame... Je suis à genoux ; je vous prie, ayez pitié.

On entendit un bruit sec et strident ; c'était Mme de Maillepré qui riait pour la première et pour la dernière fois dans la maison de William Western.

Le duc se couvrit le visage de ses mains en gémissant.

Berthe avait cessé de rire. Elle tourna le dos pour s'éloigner...

Alors Jean de Maillepré, par un effet suprême, rampa sur ses genoux, étendant vers elle ses mains suppliantes. Il toucha la robe de soie de Berthe.

Celle-ci s'arrêta, le regarda, et le repoussa du pied.

Puis la porte se referma sur Jean de Maillepré qui se mourait.

James Western était bien jeune. Il apprit ce jour-là jusqu'où Dieu peut porter la souffrance d'un homme.

La nuit suivante on entendit des cris et des plaintes dans la chambre du duc Jean. On voulut entrer afin de le secourir. Il s'était enfermé.

Le lendemain la chambre était vide.

On trouva sur la table un billet contenant ces mots:

« William Western, mon ami, je vous laisse ma

T. II.   3 femme et mon fils. Respectez ma femme ; soyez le père de mon fils. »

Le duc Jean avait emporté ses armes.

. . . .

Quand Raoul de Maillepré eut atteint l'âge d'un homme, il aima d'amour la fille de William Western.

La duchesse, sa mère, vivait de plus en plus retirée, se livrant avec une sorte de régularité machinale aux pratiques de la religion catholique.

Elle feuilletait des livres de prières. — Mais Dieu entend-il l'oraison de ceux qui ne se repentent point !

Et le cœur que remplit la haine a-t-il le droit de parler au ciel ?

La duchesse voyait son fils très rarement. Elle l'accueillait avec une indifférence froide. Elle ne l'aimait pas.

Raoul, au contraire, l'entourait d'idolâtres respects. Il semblait qu'il eût hérité de la tendresse aveugle de son père. Rien ne le rebutait. Bien que, suivant l'ancienne loi française qui était sa règle, il fût le chef de la famille, sa soumission ne connaissait point de bornes.

Il demanda le consentement de la duchesse pour offrir sa main à Louise Western. La duchesse répondit :

— Monsieur le marquis, la coutume n'est point que Maillepré donne son nom à la fille de quelque petit procureur... Mais si c'est votre envie, faites : cela m'importe peu.

Raoul voulut dire que Western était noble et que ses cousins étaient inscrits au *peerage* d'Angleterre.

La duchesse le congédia d'un geste fatigué...

William Western avait accompli scrupuleusement les volontés de son malheureux ami. Il avait comblé de respect Mme la duchesse de Maillepré. Il avait servi de père à Raoul.

William Western mit la main de Raoul dans la main de sa fille Louise qui l'aimait.

Louise était belle et bonne. — C'était une de ces nobles vierges de l'Union en qui l'élément aristocratique de la vieille Angleterre brille retrempé par une nature toute neuve et par cette vigueur saine des peuples adolescents.

Raoul avait grande hâte. — Mais, avant de l'appeler sa femme, il avait un devoir à remplir.

Depuis sept ans déjà le duc Jean n'avait point reparu.

Etait-il mort ?

On avait pu recueillir çà et là quelques renseignements vagues et contradictoires, dont la discordance épaississait les doutes loin de les éclaircir.

Raoul partit. — James Western, en ce temps, luttait contre une grave et cruelle maladie.

Sans cela, James Western eût accompagné Raoul, car il avait gardé au duc Jean un religieux souvenir.

Raoul resta six mois absent. Quand il revint, la famille Western dut perdre toute espérance de revoir le duc Jean. — Madame la duchesse, qui avait reçu l'annonce du départ de son fils sans manifester la moindre émotion, accueillit son retour avec une froideur pareille.

Pourtant son fils avait visité les nations du nord et de l'ouest. Il avait vu les grands lacs et traversé ces vastes prairies d'où, bien souvent, on ne revient pas. Mais madame la duchesse n'aimait point son fils.

Elle eut seulement un vague sourire en apprenant qu'il revenait seul.

Après le mariage, elle dit à Louise Western :

— Madame ma bru, de rien que vous étiez, vous voilà devenue aussi haute que pas une, excepté la reine. Relevez la tête, ma mie, et sachez la porter fièrement comme il convient à une Maillepré. . . . . . .
. . . .

Raoul, marquis de Maillepré, eut de Louise Western quatre enfants : Berthe, Gaston, Charlotte et Sainte.

Bien que la sortie de France du chef de la famille eût pour cause un fait qui l'excluait naturellement de la liste des émigrés, le nom de Maillepré fut porté sur cette liste. A cette époque, on n'y regardait point de très près, et il faudrait être un petit esprit pour faire querelle de si peu à des citoyens laborieux qui avaient tant de têtes à couper...

Le duc Jean était parti pour soutenir la cause de la liberté ; mais il était duc. Et d'ailleurs qu'avait de commun la liberté avec ces hommes au bras sanglant qui léchaient la guillotine !...

Il est certain que le duc Jean, généreux et libéral qu'il était, eût reculé avec horreur devant le meurtre de Louis XVI.

Raoul de Maillepré avait d'autres idées que son père. Il était opposé non seulement aux hommes de la révolution, mais à son principe.

Il accueillit donc avec joie la nouvelle des événements de 1815. Sans la grossesse de sa femme, qui allait mettre au monde Sainte, la plus jeune de ses filles, il serait parti dès cette époque pour la France.

Son voyage, du reste, ne fut que retardé. Vers la fin de 1819, les Maillepré quittèrent l'Amérique. Le marquis Raoul emportait tous ses papiers de famille, dont partie avait été en la possession du duc et partie dans le portefeuille de la duchesse. Raoul laissait seulement le double des actes qui lui avaient été nécessaires pour contracter mariage et qui établissaient son état civil.

Raoul de Maillepré emportait en outre la dot de sa femme qui formait une somme d'argent très considérable parce que la maison de William Western avait prospéré.

Louise embrassa en pleurant son vieux père, sa mère et James, son frère. L'exil des Maillepré finissait où commençait l'exil de la pauvre Louise.

Pendant plus d'un an, les Western ne reçurent aucune nouvelle.

Leur inquiétude fut grande, car les deux familles n'en faisaient qu'une seule depuis bien longtemps, et malgré l'influence répulsive de madame la duchesse, les enfants de Maillepré étaient toute la joie de la maison Western.

James surtout fut bien triste.

James fit depuis aux Maillepré un mal peut-être irréparable. Sa nature distraite et facile à entraîner l'égara une fois jusqu'au fond d'un précipice...

Mais sa vie est à Maillepré. — Il pourrait dire qu'une grande partie de sa vie fut donnée à Maillepré...

Six mois environ après le départ du marquis Raoul, des pionniers de l'Ouest apportèrent des indications qui se rattachaient vaguement au duc Jean. On parlait d'un blanc de grande taille qui avait vécu seul pendant plusieurs années sur les bords de la Mohawk et qui était fou.

Cet homme, après avoir erré dans les défrichements, vivait depuis longtemps chez les Cherokées.

James Western ne balançait jamais quand il s'agissait de prendre une vaillante résolution. C'était alors un homme dans la force l'âge, brave et capable de supporter les plus longues fatigues. Malheureusement, son esprit lent et curieux mettait trop souvent sa pensée hors de sa route.

Il prit une carabine et monta à cheval.

Il trouva aisément, en dirigeant sa course vers le nord-ouest, les premières traces du duc Jean, qui avait réellement mené la vie d'un sauvage le long des rives de la Mohawk.

On se souvenait de lui : on l'appelait fou.

De là, il avait passé sur le territoire des nations iroquoises pour s'arrêter aux rives du lac Erié.

Il vivait de chasse. Il n'approchait jamais un homme.

James Western, à force de s'informer, apprit qu'il avait tourné vers le nord après un court séjour dans les environs du lac.

Western suivit ces traces nouvelles. Les Hurons avaient vu le visage pâle visité par le Grand-Esprit (le fou). Il n'avait fait que passer parmi eux, se dirigeant vers l'Ohio.

Western tourna la tête de son cheval vers l'Ohio, traversa les montagnes et arriva aux confins de la Géorgie, sur le territoire des Cherokées.

Là, il trouva quelques vieillards assis sur les cendres d'un grand village incendié.

Les vieillards lui dirent que les colons de la Géorgie et du Tenessée avaient vaincu leur peuple et qu'ils étaient restés seuls pour mourir sur les os de leurs pères.

Ils dirent encore que les jeunes guerriers de la tribu s'étaient enfuis avec quelques chefs, emmenant les femmes et les enfants, et cherchant une autre patrie vers le nord.

Et quand Western les interrogea touchant le duc Jean, ils furent bien longtemps avant de comprendre ;
— mais enfin l'un des vieillards dit :
— Oguah est un grand chef.

Et les autres répétèrent en secouant leurs têtes rases où se dressait une touffe de cheveux blancs.

— Oguah est un grand chef.

Western descendit de cheval et s'assit au milieu d'eux.

Le premier parmi les vieillards reprit :

— Je suis Outareh, fils d'Uncas... Mon surnom est la Hache-Tranchante... Ceux qui disent que Oguah est le fils d'un visage-pâle sont des menteurs.

— Je suis Amiz, fils de Doon, dit un vieillard ; — mon surnom est le Vautour... Oguah est un Sagamore !... Sa tête tourne au vent du Grand-Esprit... Le sang de Oguah est rouge...

Les autres vieillards parlèrent. Western comprit à travers l'enphase mystique de leur langage que le duc Jean, sous le nom d'Oguah, était le chef de la tribu émigrée.

Il remonta à cheval. — Les vieillards demeurèrent accroupis sur les cendres de leur village, attendant la mort auprès des os de leurs pères...

La piste d'une tribu sauvage n'est point facile à suivre. La ruse, qui est la principale préoccupation de l'homme à l'état de nature, multiplie les précautions sur leur passage. Ce ne sont que feintes, retours, traces effacées : le cerf n'est rien auprès d'un peau-rouge, qui en remontrerait même à maître-renard.

Ce qui n'empêche point de très honnêtes philosophes de passer leur vie à faire de fastidieuses élégies sur la franchise et les autres vertus des sauvages. Ces bonnes gens, qui ont toujours la larme à l'œil, refuseraient un sou à un pauvre qui passe ; mais ils s'attendrissent à l'endroit des cannibales. Que saint Jean-Jacques leur soit en aide !...

Western, d'ailleurs, n'était point l'homme qu'il fallait pour une entreprise de ce genre. Elevé dans les affaires et entouré depuis son enfance d'une atmosphère de projets industriels, il fut arrêté bien souvent sur sa route par le spectacle de la civilisation affairée aux prises avec l'inerte résistance de la nature. — Ces défrichements gigantesques de l'ouest, ces luttes extraordinaires du colon hardi contre la puissante virginité du sol, tout cela le saisissait, le détournait.

Ces choses étaient pour lui comme l'os qu'une main

étourdie jetterait le long de la voie d'un limier vagabond.....

Plus tard, et dans une circonstance plus grave, il devait s'arrêter encore en chemin, — tarder de quelques heures, — et en garder un remords éternel.

Il marcha longtemps vers l'ouest et traversa le Mississipi dans la saison de l'eau. — L'immense prairie s'étendait devant lui. Sa route était au nord ; car il était probable que les Cherokées avaient cherché un refuge du côté des grands lacs qui avoisinent les Canadas. Western allait sans perdre courage. Il s'égarait bien souvent ; bien souvent il avait à défendre sa vie contre les cavaliers Sioux ou Pawnies, mais d'autres fois il trouvait quelque tribu hospitalière qui le remettait sur la voie perdue.

Une nuit, il s'engagea dans une prairie brûlée, vaste plaine rasée par l'incendie, et d'où le vent soulevait des nuages tourbillonnants de cendre. Au centre de la plaine, il y avait, jetés çà et là au hasard, des objets blancs auxquels la lune voilée ne prêtait que des formes indécises.

James Western s'approcha.

C'était un champ de bataille où gisaient, épars, des ossements d'hommes et de chevaux.

Un vieillard, un de ces personnages étranges dont l'énergique pinceau de Cooper aime à tracer les physionomies, moitié sauvages, moitié civilisées, — cuisait tranquillement son souper dans un trou...

Ce sont là les auberges de la Prairie.

Western s'assit auprès du *trappeur* et l'interrogea.

— Ces ossements, lui répondit le trappeur, sont aux Cherokées... les Pawnies les ont attaqués au passage, il y a un mois... et le feu a blanchi leurs côtes comme si deux siècles avaient passé depuis leur mort.

— Sont-ils donc tous là ? demanda Western.

— Ils y seraient tous sans leur Sagamore... un guerrier du nom d'Oguah, qui leur a frayé un passage avec sa hache... Je les ai vus... ils sont au-delà du fleuve...

Western franchit de nouveau le Mississipi.

Quand il arriva au bord du lac Supérieur, il était à bout de forces.

C'était le terme de son voyage. Il trouva là ce qui restait de la peuplade des Cherokées.

Il y avait une centaine d'hommes et quelques femmes, reposant sur la terre nue.

Les hommes avaient la tête entre leurs genoux.

Les femmes chantaient la perte d'Oguah, le Sagamore, qui venait de leur être enlevé par les Chippeways, maîtres du pays.

Les Chippeways vendent leurs captifs aux Anglais du Canada pour de l'eau-de-vie...

Oguah descendait sans doute en ce moment vers Quebec.

Western était arrivé quelques jours trop tard. — Il se frappa la poitrine, car il avait perdu quelques jours en chemin.

Son voyage avait duré bien longtemps. Plus de la moitié d'une année s'était écoulée depuis son départ de Boston.

Pendant son absence on avait reçu d'Europe de funestes nouvelles.

Le navire qui portait les Maillepré avait fait naufrage sur les côtes d'Angleterre.

Raoul avait pu sauver sa famille, mais il était sur la terre étrangère dénué de ressources et sans papiers.

Il n'avait qu'un espoir : rentrer en France et recouvrer les biens de Maillepré . . . .
. . . .

Le manuscrit de M. Williams, que nous avons traduit à notre guise, mais qui était en réalité un Mémoire concis, nourri de faits et déduit en forme de requête, s'arrêtait là.

M. Williams en poursuivait la dictée à Toby. Les événements s'y groupaient avec une extrême lucidité. M. Williams semblait connaître jusqu'aux moindres détails de cette partie de l'histoire de Maillepré.

CHAPITRE V

APRÈS LE MARIAGE

Nous vivons dans un siècle ami des arts. Les affiches qui tapissent nos murailles sont de véritables fresques où d'obscurs génies, vaincus par la concurrence, déploient à des prix *doux* la richesse de leur pinceau.

Sortez : de quelque côté que se dirigent vos pas, vous risquez de vous trouver face à face avec un monsieur en habit noir, qui est le diable, et qui, la hotte du chiffonnier sur le dos, braque sur Paris, cruel peut-être à son livre, un lorgnon satanique. Plus loin, c'est une femme très laide, — la France, — vêtue d'une peau de mouton et tirant par l'oreille un personnage à l'air malade qui personnifie le peuple de Paris; plus loin encore, c'est un Chinois monstrueux, fumant un gigantesque cigare, — à Paris.

Paris, Paris, Paris !...

Gros enfant qui veut qu'on le taquine, et qui rit et qui paie, dès qu'on lui jette à la face une flatterie ou une injure...

Voyez ! sur ces colonnes des boulevards que la pudeur anglaise n'eût pas inventées, voici le bagne avec son habit rouge, voici la grimace hideuse du scélérat de la Force ou de la Roquette, voici des registres verts qui donnent des nausées tant ils ressemblent à ceux de nos banquiers; voici des perruques, des robinets, des pompes à jets continu et des inquisiteurs espagnols, annonçant de leur mieux leurs pauvres diables de *Mystères*.

Voici même un vaudeville illustré, dont l'auteur, académicienne féconde, qui ferait bien plus de jolies pièces encore si elle n'employait une partie de son temps à composer de petits *articles* à sa propre louange, a la passion d'écrire sur toutes les maisons de la capitale :

> C'est moi, moi, moi qui suis Myrtille,
> Bergère de ce vaudeville.

Et les peintres se plaignent, bien qu'ils aient en outre à boucher les trous de Versailles !...

Ce qui nous a mis en train de parler arts, c'est que, en gagnant la demeure de Léon du Chesnel, où nous conduit le besoin de notre histoire, nous avons rencontré, au faubourg Saint-Honoré, une maison dont le propriétaire a fait peindre un jardin sur les murs de sa cour.

Ce jardin est ravissant. Il y a de hauts palmiers où brille, entre les feuilles, le plumage chatoyant des oiseaux des tropiques. C'est plaisir de voir pendre ces belles grappes de cocos et d'admirer la grimace des singes suspendus par la queue aux branches flexibles.

Au premier plan, ce sont des roses grosses comme des choux et rouges comme des bouchères ; un paon, un coq, plusieurs perroquets, des melons, des poires, et une pièce d'eau où folâtre un canard.

Dans quelque coin, une échappée vous montre une longue avenue de six chênes qui s'alignent à perte de vue. Au bout de cette avenue passe justement un chevreuil poursuivi par des chiens. — Naturellement il y a un chasseur qui vise.

Car, sans cela, pourquoi le chevreuil ?...

C'est délicieux !... Avec une cour pareille, on se moque des gens qui se donnent le ridicule de posséder un château.

Léon du Chesnel, après ce brusque mariage raconté par nous dans un des précédents volumes, avait transporté ses pénates au-delà de la Seine, derrière les Champs-Elysées, dans cette paisible rue Montaigne, où l'auteur des *Essais* voudrait demeurer aujourd'hui.

Du Chesnel habitait une maison de belle apparence, dont les derrières donnaient sur ces vastes jardins qui vont rejoindre le Colisée.

Son appartement, situé au second étage, était orné avec goût, mais visait trop au luxe qu'il atteignait rarement. Il y avait quelque gêne derrière ces dorures et sous ce velours.

Du Chesnel avait toujours sa voiture et deux chevaux à peu près convenables.

Il avait plus de dettes qu'autrefois.

Dans le monde, on ne rencontre guère de précipices ni de cataractes, mais bien des fossés vulgaires. Du Chesnel était sur la pente qui mène à ces fossés d'où l'on ne sort que crotté, penaud et démonétisé.

Du Chesnel était un homme d'esprit et de résolution. Le sens moral lui faisait complétement défaut. C'est le malheur du temps.

Vous saluez, soyez-en certain, beaucoup de gens comme lui dans la rue ; vous leur serrez la main ; vous êtes heureux qu'on vous voie leur serrer la main. Ce sont, à beaucoup d'égards, des personnes *honorables*.

Insultez-les. — Morbleu ! flamberge au vent ! Ils ont du cœur à leur manière. — Seulement, ils n'ont point d'honneur.

Et encore ceci pourrait être discuté. Ils ont de l'honneur suivant une certaine mesure, et c'est chose terrible, en vérité, que ces hommes dont l'âme perdue a comme un vêtement de distinction et de délicatesse.

Un fait hors de doute, c'est que du Chesnel serait arrivé en suivant un sentier honnête.

Mais à certaines intelligences pointues vous ne persuaderez jamais que, dans le monde comme partout ailleurs, le chemin le plus court est le droit chemin.

Ils veulent biaiser, n'en fût-il point. Leur travail leur aurait valu l'indépendance ; l'intrigue leur donne un bureau de tabac sur leurs vieux jours.

Or, ce que l'on nomme le travail est du repos tout pur auprès des repoussants labeurs de l'intrigue...

Du Chesnel était secrétaire d'ambassade, ce qui est un titre vague, recouvrant une demi-douzaine d'échelons diplomatiques.

Du Chesnel attendait depuis bien longtemps l'occasion de monter. L'occasion ne venait point, ou bien elle passait hors de sa portée, et quelque main plus habile la saisissait à la volée.

Du Chesnel commençait à craindre. Il faisait la revue de ses moyens et tendait toutes les cordes qu'il avait à son arc.

Son arc avait trois cordes : Léa Vérin, la duchesse et Charlotte.

La duchesse avait fait ce qu'elle avait pu.

Léa Vérin n'usait point son crédit pour autrui ; elle achetait de la rente.

Quant à Charlotte, c'était toute une éducation à faire.

. . . .

Midi allait sonner. Charlotte venait de congédier sa femme de chambre et donnait à sa coiffure cette négligence harmonieuse que la main d'autrui est inhabile à produire.

Charlotte était bien jolie. Il y avait sur son charmant visage un peu de la douceur de Sainte, mêlée à beaucoup de hardiesse spirituelle et vive. Autrefois ce mélange produisait une expression gaie, espiègle, un peu inquiète et curieuse. Mais quelque vent de tristesse avait passé sur tout cela et jeté parmi ces traits joyeux et fins une nuance de mélancolie.

Charlotte n'avait pas tout à fait vingt ans. Il y avait un an qu'elle était mariée au vicomte Léon du Chesnel.

Nous l'avons vue autrefois regarder, envieuse et pensive, les nobles équipages courant sur le pavé du faubourg Saint-Germain. Peut-être serait-il bien sévère de juger à la rigueur ces premières aspirations de l'adolescence, vagues fantaisies, songes maladifs où l'âme des jeunes filles s'élance comme au hasard vers l'inconnu. Néanmoins, il nous faut le dire, la nature de Charlotte comportait l'irrésistible amour de ce qui est luxe, élégance, splendeur. Tout rayonnement attirait son œil et faisait rêver sa pensée. La parure, les belles fêtes, les joies dorées !... C'était une fascination pour son cœur novice, qui ne savait pas, mais qui devinait. On eût dit qu'il y avait en elle un souvenir qui, remontant au-delà de son berceau, lui rappelait, par de miraculeux instincts, les magnificences éclipsées de sa race.

Elle était hardie. Le mariage avait été pour elle une aventure. — Au-delà du mariage, elle avait vu le plaisir, la liberté, la richesse...

Le plaisir, au lieu de son morne repos ; la liberté, au lieu de sa prison monotone et haïe ; la richesse, au lieu de cette misère qui depuis son enfance sévissait sur elle et sur tout ce qu'elle aimait !...

Car elle aimait Sainte de tout son cœur ; elle aimait

Gaston; elle avait pour la duchesse douairière ce culte respectueux qui était pour ainsi dire dans le sang de Maillepré.

Ç'avait été un entraînement étourdi auquel peut-être n'eût point cédé une raison plus haute, mais où le cœur n'avait point eu de part.

D'ailleurs il faut tenir compte d'une circonstance qui elle seule est une excuse. Charlotte n'avait jamais eu la pensée de se séparer de sa famille. Elle ignorait la clause imposée par du Chesnel. Cette clause, rien n'eût pu la porter à l'accepter.

Elle était allée à l'autel avec l'espérance de changer de vie, sans perdre ces bonnes tendresses de famille qui ne pouvaient suffire à ses pétulantes inquiétudes, mais qu'elle n'eût échangées en définitive contre aucune autre joie.

Son mari n'était-il pas voisin de sa famille? Il n'y avait que la largeur de la rue à séparer la maison conjugale de la maison habitée par son frère et ses sœurs...

Pauvre fille! le lendemain du mariage, cette voiture qu'elle avait tant désirée la prit et l'emporta dans un quartier lointain, perdu, — au bout du monde. Et lorsque, en cachette, elle fit prendre, malgré les ordres de son mari, des informations à la demeure de son frère, on répondit que l'appartement était à louer.

En ceci, Léon du Chesnel avait réussi parfaitement. Charlotte était désormais isolée.

Et il paraît que le diplomate tenait outre mesure à cette circonstance; car, empressé, galant et tout aimable mari qu'il se montrait, il fut inflexible à ses larmes.

Il lui dit:

— Ma chère enfant, vous savez si je vous aime... Votre frère et moi nous nous sommes arrangés... Il a compris ce que vous ne voulez pas comprendre, et je vous assure qu'il a fait assez lestement le sacrifice de votre compagnie...

Charlotte rejeta bien loin d'abord cette insinuation malveillante, mais du Chesnel était un homme de beaucoup de savoir-faire. Il lâcha pied, revint, frappa de petits coups et finit par jeter un doute dans l'esprit de sa femme.

Elle se tut. — Elle aussi avait au fond de l'âme,

quelque part, sous ses frivoles caprices, une fierté indomptable.

Elle refoula le soupçon au dedans de son cœur blessé, parce que ce soupçon s'attaquait à son frère.

Mais elle lui consacra, ainsi qu'à Sainte, un souvenir de toutes les heures. Elle se fit un recoin caché, retraite chérie, douce place préparée en sa mémoire, où elle mit ensemble tous ses amours d'enfant. Et la dévotion qu'elle gardait à ces amours fut d'autant plus vive, qu'elle dut être muette et ne s'épandre jamais au dehors.

Léon du Chesnel était, dès qu'il le voulait, un homme très aimable. Son esprit paradoxal avait d'audacieuses étourderies qui étonnaient et séduisaient. Charlotte l'aima, non pas de passion ardente, mais de préférence très marquée.

Cette affection fut son unique soutien dans la vie.

Car tous ces beaux rêves que Charlotte avaient faits s'étaient évanouis bien vite. Elle fut punie, la pauvre enfant, par où elle avait péché.

Elle ne vit pas ce monde vers qui s'étaient élancés ses désirs. Ces belles fêtes devinées, ces promenades au Bois, ces luttes d'élégance et de coquetterie, ce luxe convoité, ces splendeurs si ardemment souhaitées, tout cela lui échappa.

Elle eut la solitude.

La solitude tout près du bruit et de la foule, la retraite au bord des joies mondaines, car, de sa fenêtre, par là les grands jardins ombreux où descendait parfois une réunion égayée, Charlotte apercevait l'avenue de Marigny, sillonnée sans cesse par de nobles équipages, et un coin des Champs-Elysées.

Nous avons assisté à une conversation littéraire entre Léon du Chesnel et le docteur Josépin, dans les salons de Mme de Pontlevau. Cette conversation nous a donné d'avance le motif de la retraite de Charlotte.

Du Chesnel était un Dudley au petit-pied. Amy Robsart était charmante, et la duchesse, Elisabeth sur le retour, avaient de gênants accès de jalousie.

De sorte que ce drame bourgeois copiait la royale comédie de Walter Scott. — Il y avait là un homme entre sa femme et sa maîtresse.

Et c'était sa femme que cet homme était obligé de cacher.

Du reste, si Charlotte n'avait point trouvé dans le mariage ce qu'elle espérait, Léon du Chesnel avait été bien autrement désappointé.

Il avait vu de l'autre côté de la rue une mine éveillée, espiègle, un regard tour à tour mutin ou rêveur ; il avait deviné ces longues œillades jetées curieusement au luxe qui passait ; — il avait interprété ces mélancolies...

Nous n'exagérons point. Notre diplomate avait observé sa voisine laborieusement, minutieusement, comme eût pu le faire un poète ou même un romancier intime.

Mais ce n'était point pour faire une élégie, et ce n'était point pour faire un roman.

Du Chesnel observait dans un dessein sérieux, comme disent les professeurs, ces pasteurs babillards de notre belle jeunesse. Du Chesnel avait un but. Le ministère venait de changer. M. Esprit, bureaucrate épais, avait conquis depuis quelques semaines seulement le poste important de chef du cabinet.

M. Esprit n'avait pas de maîtresse.

Cet homme était laid, plat, brutal, poltron, insipide, — une pâte à faire son chemin.

Il avait gagné vaillamment tous ces grades à force de complaisances serviles et de courbettes perfectionnées.

De telle façon que le ministre lui-même avait sincèrement oublié le temps où M. Esprit cirait ses bottes, — les bottes du ministre.

Et cet homme-là, qui du ruisseau était monté à l'antichambre politique, n'avait pas de maîtresse ! Quelle porte ouverte aux adroits calculs !...

Du Chesnel sentit le besoin de prendre femme.

Et vraiment ce minois de l'autre côté de la rue était tout plein de ravissantes promesses.

Ces capricieux désirs qu'on y lisait annonçaient une éducation débauchée. Quelques mots prudents, des parures, et tout irait comme sur des roulettes.

Du Chesnel s'était dit cela, et il avait vu en rêve un sourire gracieux de M. Esprit.

Un coup d'œil du ministre...

Une mission !...

Pas du tout ! Il se trouva que ce minois éveillé ne signifiait rien, sinon un grand fonds de gaîté vive et un peu d'étourderie. Une fois marié, du Chesnel découvrit avec effroi sous ces frivoles apparences un cœur loyal, une âme haute, une désespérante fierté.

C'était une spéculation manquée.

Il ne se rebuta point pourtant du premier coup, et traça autour de la place rebelle de savantes circonvallations. — Charlotte ne s'aperçut même pas de l'attaque.

Elle ne comprit point, tant elle était à l'abri d'être persuadée...

Mais voici ce qui fut le comble !

A la voir si charmante et si pure, du Chesnel se prit à l'aimer.

Ce pauvre du Chesnel ! il avait vraiment une manière de cœur...

Il fut d'ailleurs vaincu par surprise. Il avait cru jouer à coup sûr, et cette jeune fille pauvre, amoureuse du luxe, cette enfant qui rêvait équipages et parures au fin fond de sa misère, ne lui avait pas laissé l'ombre d'un doute. Trouver la vertu parmi tout cela, c'était une vraie surprise.

Et puis encore, il y avait si longtemps qu'il faisait métier de don Juan escompteur, — si longtemps qu'il utilisait chacun de ses soupirs !

L'amour *utile* lui pesait. Il détestait son rôle de soupirant comme un écrivain sans inspiration doit détester sa plume, comme un forçat déteste sa tâche.

Ma foi ! il n'est artisan si laborieux qui ne prenne çà et là quelque vacance. Du Chesnel se laissa entraîner à cette débauche d'aimer sa femme.

Et Dieu sait que jamais amour coupable n'entoura son bonheur de plus d'épines. Les citoyens comme Du Chesnel n'ont pas le droit de se livrer à d'honnêtes sentiments. C'est là pour eux un luxe défendu. Ils ont des engagements et des obligations. Le mariage pour eux est une position violente, exceptionnelle, qui n'est tenable qu'à la condition de faire mauvais ménage. — Voyez-vous cet homme qui a vendu ses soins pour une place, pour une croix, pour une médaille et qui a bien le front de disposer de sa personne !...

Que devient la foi des marchés !

On a vu, il est vrai, de ces terribles trafiqueurs de tendresse briser du pied chaque femme qui servit d'échelon à leur fortune...

Mais c'est dans les drames du boulevard qu'on a vu cela.

Dans la réalité, ce genre d'hommes porte la peine de son industrie. Il est pusillanime, il est dominé. — C'est à peine si, dans l'échelle humaine, on peut le placer un cran au-dessus du mari d'une reine...

Il se révolte contre l'instrument quelquefois, il ne le brise jamais. — A moins qu'il n'ait affaire à quelque faible créature, facile à tuer d'un seul coup.

Ce n'est pas absolument faute d'énergie. Parmi ces messieurs il en est de très vaillants. Mais l'homme qui spécule sur la femme est l'esclave de la femme, et si, dans la lutte engagée, quelqu'un est foulé aux pieds, c'est lui.

Lui qui est fier pourtant, et qui vous cassera la tête d'un coup de pistolet si vous le regardez de travers.

La duchesse était jalouse. Il fallut d'abord que Léon se garât des soupçons de la duchesse.

Puis M. Esprit trouva une maîtresse. Ce fut Léa Vérin qui obtint cette position destinée à Charlotte. — Léa Vérin était aussi laide que M. Esprit. Du Chesnel voulut au moins tirer son épingle du jeu. Ne pouvant être le mari de la maîtresse du bureaucrate, il voulut être son cavalier servant.

Mais Mme de Vérin était jalouse.

La duchesse et le bas-bleu politique, — admirez l'instinct ! — se supportaient parfaitement l'une l'autre. La duchesse trouvait Léa Vérin ridicule ; Léa Vérin savait l'âge de la duchesse.

Entre elles deux, du Chesnel était à l'aise. Chacune d'elles admettait *l'utilité* de sa rivale. Chacune d'elles était, vis-à-vis du secrétaire d'ambassade dans cette position si comique de *l'amant de cœur* d'une lorette.

L'amant de cœur admet, on le sait, la dure nécessité d'un protecteur, lequel protecteur, neuf fois sur dix, se croit amant de cœur et rit dans sa barbe de son rival qu'il souffre en qualité de protecteur.

Ceci est la position la plus élémentaire. Nous supposons en effet une lorette qui n'a que deux amants, sacrifiant ainsi la vraisemblance à la clarté.

Dans la pratique, il faut compter quatre amants, et l'on cite telle femme forte autour de laquelle dix hommes gravitent, ayant chacun la conscience d'être le préféré, et couvrant d'un mépris commun les neuf protecteurs, qui le lui rendent...

Mon Dieu oui, ce coquin de du Chesnel se moquait de la duchesse avec Léa Vérin et de Léa Vérin avec la duchesse. Ces deux dames, moyennant cela, vivaient en paix. Mais elles haïssaient toutes les deux à l'envi la femme de du Chesnel, sa vraie femme, qu'elles soupçonnaient d'être jeune et jolie.

Il fallait tenir Charlotte à l'écart, calmer Léa Vérin, calmer madame la duchesse. — Du Chesnel n'était point un homme de loisir.

Et malgré tant de travaux il restait secrétaire d'ambassade...

. . . .

Charlotte était bien souvent seule. Elle ne sortait jamais avec son mari. Si elle avait connu le monde davantage, elle aurait pu croire que du Chesnel, bigame, avait deux domiciles et ne lui donnait qu'une part de sa vie.

Ignorante qu'elle était, elle faisait mille suppositions qui passaient à côté du réel. — Puis, quand elle avait bien songé, bien cherché des motifs de s'inquiéter et de craindre, du Chesnel n'avait qu'un mot à dire pour la rassurer.

Leurs entrevues étaient des causeries d'amoureux, parce que du Chesnel s'entretenait en sa tendre fantaisie par les ennuis mêmes qui entouraient son bonheur d'époux.

Mais cette affection du diplomate, bien qu'elle fût d'une certaine vivacité, n'avait jamais étouffé en lui complétement l'idée de ramener son mariage à l'état de bonne spéculation.

Un marchand peut faire une folie, acheter un château de prince et prodiguer de grosses sommes pour trancher du haut seigneur, — mais il fera vendre au marché l'excédant des fruits de son jardin et fournira ses vassaux de légumes.

L'amour de du Chesnel était luxe de trafiquant.
Charlotte n'avait garde de s'en apercevoir...
Ce jour-là, du Chesnel lui avait promis de passer la journée avec elle. C'était rare ; Charlotte s'était parée comme pour une fête.
Elle avait une robe pensée à corsage long, dont les plis ajustés dessinaient le contour pur de sa poitrine.
— Charlotte était très mince, assez grande, et paraissait plus jeune que son âge. Sa taille avait un vif ressort qui excluait toute nonchalance dans ses poses, mais donnait à chacun de ses mouvements une grâce juvénile et hardie.
Parfois, lorsque la rêverie venait alanguir un peu cette pétulance, Charlotte prenait une beauté presque idéale. Ses beaux yeux noirs, si charmants dans le sourire, devenaient plus charmants lorsqu'ils pensaient. Sa jeune tête gagnait à s'incliner sous le fardeau des méditations tendres. Vous l'eussiez aimée rien qu'à voir son visage partagé naïvement entre sa gaîté de nature et le sérieux passager de ses réflexions. — Puis, tout à coup sa tête mutine secouait les grappes brunes de ses brillants cheveux. Un riant éclair s'allumait dans son œil ; tout s'éclairait en elle et autour d'elle...
Oh ! madame la duchesse et Léa Vérin avaient bien raison d'être jalouses !
Du Chesnel était en retard. Charlotte l'attendait impatiente.
A travers les rideaux de la fenêtre, un pâle rayon de soleil d'automne pénétrait dans la chambre et traçait un sillon brillant parmi les sombres arabesques du tapis.
Charlotte était assise tout près de la croisée. Son regard, qui suivait avec distraction les équipages lancés au grand trot sous les arbres des Champs-Élysées, se tournait parfois vers une portière de soie, dont les rideaux fermés tombaient sur le tapis de l'autre côté de la cheminée.
C'était par là sans doute que du Chesnel devait venir.
Peu à peu, Charlotte regarda moins souvent du côté de la portière, parce que la rêverie s'emparait d'elle et que son esprit glissait avec tout ce monde brillant des nobles équipages sur le sable muet des allées...

Elle avait à la bouche un demi-sourire qui désirait tristement.

C'était ainsi une poétique et belle créature. Son profil correct et fin ne s'apercevait qu'à travers les boucles mobiles de sa chevelure. Sa tête se penchait en avant, arrondissant avec grâce la chute svelte de ses épaules. — Ses deux mains, croisées sur ses genoux, ressortaient, blanches et mignonnes, sur la soie de sa robe.

Un imperceptible bruit se fit derrière les draperies de la portière. C'était comme un murmure de voix contenues.

Charlotte n'entendait point.

La portière se souleva doucement, — si doucement que la rêverie de Charlotte ne fut point troublée.

Derrière le rideau de soie apparurent deux têtes, savoir : la figure épanouie de l'avoué Durandin et le visage fatigué de du Chesnel.

Du Chesnel montra sa femme d'un geste silencieux et comme triomphant.

Durandin mit son lorgnon à l'œil et la détailla en connaisseur.

Puis les deux amis se regardèrent et la draperie retomba...

CHAPITRE VI

POUR PARVENIR

Il y avait déjà quelque temps que l'avoué Durandin et Léon du Chesnel étaient là derrière le rideau en conférence sérieuse.

Leur apparition soudaine et le geste de du Chesnel désignant sa femme au lorgnon du gros homme de loi étaient des incidents de la conversation, qui se poursuivit sans que Charlotte se fût aperçue du mouvement de la draperie.

Du Chesnel avait rencontré Durandin, à cheval, escortant la calèche de Mme de Saint-Pharamond, en compagnie de Félicien Chapitaux et de J.-B.-S.-T. Sanguin. Le baron Prunot, datant de l'empire, n'était plus bon à folâtrer si matin.

Durandin montait à cheval et suivait la cour de l'impératrice des lorettes par pure politique, comme on le pense bien. Cet avoué n'était point taillé en sportman. — Mais Félicien Chapitaux lui donnait la clientèle de la maison Polype et Ce, Mme de Saint-Pharamond lui procurait les procès de tous ses amants, et J.-B.-S.-T. Sanguin, de Lyon, le comblait de petites procédures commerciales, à propos de coupons de soie.

De sorte que Durandin gagnait beaucoup d'argent à perdre ainsi son temps au bois, au théâtre, etc.

C'était un bon vivant, tout rond, le cœur sur la main, toujours prêt à rendre service moyennant finance. Dans son étude, il jouait la gravité, parce qu'il n'avait rien autre chose à faire : son premier clerc était là. Hors de son étude, il singeait volontiers l'étourderie et couvrait d'un voile d'inaltérable bonne humeur les manœuvres de sa diplomatie bourgeoise.

Les généralités sont des sottises, — mais défiez-vous des bons gros garçons sans fiel.

Durandin avait l'idée fixe d'acheter un vieux château pour le badigeonner à neuf et mettre aux fenêtres ogives de gentilles persiennes vertes.

Cette ambition remplissait son âme et enflait démesurément ses mémoires de procédure.

Sa femme lui avait apporté cent trente-cinq mille francs de dot et des *espérances*. Elle avait six ans de plus que lui, trois fausses dents et une grande quantité de cheveux gris.

C'était une de ces femmes que Dieu crée spécialement pour payer les charges des avoués.

Elle s'appelait Virginie. Durandin avait fait sa conquête en lui disant : Je serai ton Paul...

En somme, à l'exemple de Lucrèce, elle restait à la maison et surveillait le pot-au-feu en pleurant à chaudes larmes sur les romans de M. Victor Ducange. Durandin aurait pu tomber plus mal.

Car la majeure partie de ces femmes sans dents et grises que les clers ambitieux épousent de confiance, aiment la polka et font des vers...

Durandin rêvait un château très grand, au lieu de la maison blanche que rêvent ses pareils, parce qu'il s'y voyait avec Virginie, lui dans la tour du Midi, et elle dans la tour du Nord.

Du Chesnel avait toujours conservé une certaine influence sur ses anciens camarades. Bien que l'association formée autrefois n'eût point eu de sérieux résultats, les cinq personnages que nous avons vus rassemblés le soir du mardi gras de 1826 à l'hôtel du Sauvage s'étaient néanmoins prêté aide mutuelle en diverses circonstances, et il y avait d'ailleurs entre eux un lien qu'il n'était point en leur pouvoir de rompre.

Ce lien, c'était le vague et commun péril que tenait habilement suspendu au-dessus de leurs têtes le sixième personnage de la scène de carnaval.

Trois d'entre eux, Josépin, Durandin et du Chesnel avaient eu occasion de subir la volonté de Carmen, qui du reste les avait payés de leurs services.

Les deux autres, Denisart et Roby, placés trop bas peut-être pour que Carmen pût réclamer leur aide, n'en restaient pas moins à sa merci, et surtout n'en espéraient pas moins que le moment viendrait où Carmen aurait besoin d'eux.

Ils étaient tous les deux dans cette position dont nous avons parlé déjà, où l'on cherche un biais pour vendre son âme au diable, — qui fait le fier...

Durandin quitta la cavalcade, au milieu d'un compliment infligé par Chapitaux à Mme de Saint-Pharamond, et suivit du Chesnel.

Ils se voyaient rarement. — On aime à verser ses peines dans le sein d'un ami qui ne se prodigue point.

Les épanchements furent réciproques. Durandin parla de sa femme édentée et grise. Du Chesnel compta sur ses doigts les six bonnes années de son grade. — L'avoué soupira doucement après son château ; le diplomate chanta les charmes de sa mission tant souhaitée.

Puis de fil en aiguille la conversation prit une tournure plus pratique.

— Laissons là ta femme, dit du Chesnel, il est manifeste que nous ne pouvons pas faire repousser ses dents, et pour six francs tu lui teindras les cheveux du plus beau noir...Occupons-nous du solide... Je voudrais bien te voir dans ce diable de château, Durandin !

— Et moi, reprit l'avoué, — je donnerais n'importe quoi pour que cette diable de mission te tombât du ciel un beau matin.

— Si j'en étais là, reprit du Chesnel, — je pourrais te donner un fier coup d'épaule...

— Evidemment, mais...

— Hé, hé !...

Du Chesnel mit son doigt sur l'habit bleu de l'avoué.

— Hé, hé ! reprit-il ; — j'ai de belles chances.

— Elles sont vieilles, murmura Durandin.

— Pas toutes... Il n'y en a que deux : la duchesse et Léa...

Durandin releva sur lui ses yeux souriants.

— Comment un gaillard comme toi ne songe-t-il pas à se faire député ? demanda-t-il de la meilleure foi du monde.

— Tu te moques... dit du Chesnel.

— Non pas...

— Si fait... tu te moques... mais tu as tort : j'y songe très sérieusement... Voyons, Durandin, reprit-il en changeant de ton, — faisons cette affaire-là !

— Volontiers... paies-tu le cens ?

— Le cens est une absurdité...

— Tu ne le paies pas ?

— Si l'on faisait contribuer les dettes ! commença du Chesnel en riant ; mais ne plaisante pas !... le cens est le moindre de mes soucis... Tu as cinquante mille écus de biens fonds : je te les achète.

— Avec quoi ?

— Laisse donc !... Je te les achète... moyennant un billet de mille francs et une contre-lettre...

— Deux billets de mille francs, dit l'avoué.

Du Chesnel haussa les épaules.

— Soit ! répliqua-t-il ; — mais, l'important, ce sont les voix.

— Si tu as comme cela des billets de banque, murmura Durandin ; — je me charge de t'en acheter pas mal...

— Fi donc ! prononça superbement du Chesnel ; n'introduisons pas la corruption dans le corps électoral... D'ailleurs, je puis bien emprunter mille francs à Léa et mille francs à la duchesse, puisque je ne les leur rendrai pas ; mais davantage, ce serait dangereux...

Cherchons ailleurs... Tu connais tout Paris... N'y aurait-il point parmi tes clients quelque brave homme assez influent... tu m'entends bien ?

Durandin se gratta l'oreille.

— Il y a M. Polype, répondit-il après un silence.

Du Chesnel frappa ses mains l'une contre l'autre avec une véritable joie.

Jusqu'alors il avait parlé un peu au hasard, en homme habitué à bâtir des châteaux en Espagne ; mais ce nom de Polype fit luire à ses yeux un vif rayon d'espoir.

— Polype ! s'écria-t-il ; — le Briarée de l'escompte !... l'homme qui prête avec cent mains, qui reçoit dans mille poches ! l'alchimiste qui sait, en quelques semaines, faire d'un gros sou vert-de-grisé un brillant louis d'or !... Polype ! le mont-de-piété fait chair ! l'usurier philanthrope qui tient sous sa griffe tout le petit commerce de Paris !.. Mais sais-tu bien, Durandin, qu'avec cet homme-là on serait sûr d'enlever la chose !...

— Oui, oui, répondit l'avoué, — c'est bien possible. au fait...

— Possible !... Tu plaisantes !... Où est donc le patenté qui lui refuserait sa voix !... Polype est grand comme Napoléon, vois-tu !... Et encore je ne sais pas si Napoléon aurait pu se concilier l'estime des princes de la banque en prêtant à trente pour cent d'intérêt... Polype est le haut seigneur du petit commerce. Il taille à merci... ceux qu'il tue lèchent sa main... Clichy tout entier chante ses louanges, depuis le porte-clefs qui ôte sa casquette en prononçant son grand nom, jusqu'à l'infirmier qui s'habitue à entendres les mourants l'appeler à leur dernier soupir... On le craint ; on l'adore... La Morgue lui doit autant qu'à la roulette... Il assassine : on fait queue à sa porte... Ne sait-on pas qu'avant d'étrangler un pauvre diable il va jeter quelques gros sous dans le vide de son comptoir... Polype !... ah ! ah ! mais, avec Polype, j'aurai les voix de toutes les boutiques, mon ami !

— Sans doute, sans doute, interrompit Durandin qui devenait plus froid à mesure que du Chesnel s'animait davantage ; — on sait cela.

— Eh bien !...

— Eh bien ! Polype prête à trente pour cent. Ce n'est pas une raison pour qu'il te serve gratis.

L'enthousiasme de du Chesnel tomba à plat.

— C'est juste, murmura-t-il ; mais comme il est ton client, je pensais...

— Naturellement... Je te saisis très bien... N'y songe plus, mon garçon.

Du Chesnel passa son bras sous celui de l'avoué.

— Au contraire, dit-il, — songeons-y tous deux... C'est une affaire.. Je te paierai royalement tes *peines et soins*, comme vous dites dans vos diables de mémoires... Avec de l'argent on ferait de Polype tout ce qu'on voudrait, n'est-ce pas ?

— Exactement, répondit Durandin.

— C'est parfait... Je n'ai pas d'argent... Mais... Ah ! dam, vois-tu bien, il faut s'expliquer !... Polype doit être vulnérable par quelque autre endroit... Il passe pour aimer les femmes.

— Peuh ! fit Durandin ; — moyen de vaudeville, mon petit !... Tu devrais commencer à te corriger de ça...

Du Chesnel fit un geste d'impatience.

— Je te demande s'il aime les femmes ? dit-il.

— Mais certainement... Il a donné pendant six mois trois mille francs par semaine à Bathilde...

— Cent quarante-quatre mille francs par an ! murmura du Chesnel.

— Juste... Maintenant il lui prête sur gage à cinq pour cent d'intérêt par mois... ci soixante pour cent par an... le double de son taux ordinaire... Il se rattrape !

— Il fait bien... Qui est sa maîtresse maintenant ?

Durandin regarda le diplomate d'un air bonnement narquois.

— Mon vieux Léon, dit-il, tu es comme ces paysans qui essaient de grimper au mât de cocagne à la fête du gouvernement... que ce gouvernement s'appelle Stuart ou Cromwell... lesdits paysans glissent trente fois de suite le long de l'arbre graissé avec du savon et retombent rudement à terre... mais ils remontent.

— C'est le seul moyen d'avoir la montre d'argent, répliqua du Chesnel.

— Toi, poursuivit Durandin, tu as pu voir trente fois en ta vie que l'échelle des femmes est un mât de cocagne graissé supérieurement... tu as glissé, tu es tombé... mais tu remontes.

— C'est joli... Mais qui est maintenant la maîtresse de Polype !

— Tu veux la subjuguer ?

— Peut-être.

— La courber sous tes lois ?

— Dis toujours !

— L'enchaîner à ton char ?

— Il est permis de l'essayer...

— Non, dit en riant Durandin ; — cela est formellement prohibé... Polype est veuf... Benito la danseuse vient de partir pour Saint-Pétersbourg.

Ils étaient dans l'escalier de la maison de du Chesnel. Celui-ci prit la main de l'avoué et la serra rudement.

— Ah ! Benito est partie pour la Russie ! dit-il ; — c'est différent... Eh bien ! mon fils, je serai député.

— Comprends pas, répliqua Durandin.

— Que diable ! s'écria du Chesnel, un mois ou deux employés à manipuler la matière électorale d'un arrondissement, ça ne vaut pas cent quarante-quatre mille francs.

— Pour toi et moi, si fait... Tu cotes les voix à quelques louis !... Mais pour Polype ça ne vaut pas cinquante centimes : il n'a qu'à parler.

— Je l'entends ainsi... et puisqu'il a bien donné cent quarante-quatre mille francs...

— Cela te tient au cœur ! interrompit Durandin ; — le malheur, c'est que tu n'es pas une jolie femme.

Du Chesnel avait sonné. On venait d'ouvrir. Ils entrèrent.

— Viens par ici, dit du Chesnel, — et ne fais pas de bruit.

Durandin le suivit. Ils passèrent dans le cabinet de du Chesnel, qui était meublé d'un beau bureau de palissandre, où le diplomate ne s'asseyait point très souvent.

— Nous sommes toujours amis, comme autrefois, n'est-ce pas ? reprit ce dernier en contenant sa voix.

— Pourquoi cette question ? voulut demander Durandin.

— Plus bas ! interrompit du Chesnel ; — nous sommes d'excellents amis... de vieux amis, et je sais bien que je puis compter sur toi... D'ailleurs, tu as la mémoire des affaires et tu ne peux avoir oublié une circonstance qui nous oblige jusqu'à un certain point à vivre en bonne intelligence... Je veux parler de la bonne nuit que nous passâmes il y aura sept ans vienne le carnaval, à l'hôtel du Sauvage...

— Où diable vas-tu nous déterrer cela ! dit l'avoué, qui perdit la moitié de son jovial sourire.

— Ce souvenir me revient parfois, répondit le diplomate, d'un ton à la fois léger et incisif.

— On dirait que tu me menaces... murmura Durandin.

— Pas le moins du monde !... Seulement... tu vas comprendre cela parfaitement... je suis dans une position à craindre la médisance... Et le monde accueille si facilement de certains bruits !... Il ne me plairait pas d'entendre chuchoter quelque beau jour autour de moi : C'est le vicomte Léon du Chesnel qui... que... Tu m'entends bien ?

— Non, répliqua l'avoué.

— Cela va venir... mais, en attendant, voici où tend mon exorde... Ce qui va se passer et se dire entre nous est un secret.

— Comme tu voudras...

— Un secret inviolable, ajouta du Chesnel qui fronça le sourcil et regarda l'avoué en face.

Celui-ci parcourut la chambre d'un regard inquiet.

Du Chesnel lui prit la main et la serra cordialement en changeant tout à coup de visage.

— C'est convenu ! poursuivit-il gaîment, mais en parlant toujours à voix basse. — Arrivons au fait... Il faut donner une maîtresse à M. Polype.

— Après ?... dit Durandin, qui s'attendait à quelque révélation redoutable.

— Voilà tout, répondit du Chesnel.

L'avoué garda un instant le silence.

— Ça peut se faire, reprit-il enfin d'un air capable, mais c'est chanceux... Compte un peu sur tes doigts : il faudrait une femme dévouée d'abord, en second lieu intelligente, troisièmement jolie, quatrièmement à la mode, cinquièmement...

— J'ai mieux que cela, dit du Chesnel.

— Ah ! bah !

— J'ai un trésor...
— Est-elle actrice ?
— Non.
— Elle est virtuose ?
— Peuh !...
— Princesse italienne ?
— Allons donc !
— Qu'est-elle ?

Du Chesnel ouvrit la bouche, mais il ne parla point. Ses lèvres étaient agitées d'un tressaillement nerveux et ses paupières battaient.

— Elle est belle comme un ange, murmura-t-il après un silence, — et pure comme...

Durandin éclata de rire.

Le diplomate lui ferma la bouche d'un geste plein de violente colère !

— Oui, pure, acheva-t-il avec une plainte dans la voix ; pure et noble !

— A la bonne heure ! dit l'avoué ; — ceci est la moindre chose... Mais parlons de sa figure... Polype est difficile...

— Ne t'ai-je pas dit qu'elle est belle comme un ange ?

— Si fait, mais je n'ai jamais vu d'ange.

Du Chesnel lui saisit le bras avec une sorte de violence et l'entraîna vers l'autre extrémité du cabinet où s'entr'ouvrait une porte au-delà de laquelle tombait une draperie.

Du Chesnel en souleva doucement les plis et désigna du doigt Charlotte, assise auprès de la fenêtre.

Durandin étouffa un cri d'admiration.

Charlotte leur tournait à peu près le dos, mais on apercevait, à travers les boucles brunes de ses cheveux les lignes exquises de son profil perdu. — L'attente mettait je ne sais quelle langueur inaccoutumée parmi les grâces vives de sa taille. On devinait son regard à la courbe hardie de ses longs cils.

Sa pose avait un charme naïf. Immobile et doucement inclinée, elle apparaissait, entre la double draperie de mousseline des rideaux qui touchaient ses cheveux, comme la silhouette indécise qu'on voit en fermant les yeux le soir et qui berce en souriant le premier sommeil...

Du Chesnel laissa retomber le rideau.

— Ah !... fit Durandin qui respira longuement.

Du Chesnel ferma sans bruit les deux battants de la porte et ramena l'avoué à l'autre extrémité du cabinet.

Du Chesnel était pâle. — Son front avait des gouttes de sueur.

Durandin et lui s'assirent l'un auprès de l'autre.

L'avoué lorgnait du coin de l'œil l'émotion croissante de du Chesnel.

Tous deux gardaient le silence.

— Elle est belle, n'est-ce pas ? dit enfin le diplomate d'une voix étouffée.

— Ravissante ! répliqua Durandin.

Nouveau silence.

— Ah diable ! oui ! reprit l'avoué après une minute ; — Polype s'y connaît... Avec cette fée-là, on pourrait le rendre doux comme un mouton.

— C'est ma femme, dit du Chesnel.

— Ah !... fit encore Durandin.

Puis il ajouta :

— L'idée m'en était venue... mais...

— Mais il faut bien parvenir ! prononça tout bas du Chesnel, dont les traits décomposés peignaient une véritable angoisse.

L'avoué mit ses mains sur son ventre replet, tourna ses pouces et regarda le plafond.

— Ma foi, dit-il, mon vieux Léon, il est certain que je vendrais Mme Durandin pour n'importe quel prix... Il est probable que je la donnerais pour rien... Il est possible que je servisse même une prime honorable à celui qui prendrait la peine de me l'enlever... Mais si j'avais une petite femme comme la tienne...

— Tu l'aimerais, n'est-ce pas ?

— J'en serais bien capable.

— Je l'aime !

En prononçant ce mot, du Chesnel passa le revers de sa main sur son front.

— Mais rien ne me réussit ! reprit il, — j'ai du malheur... Chaque jour empire ma position... mes créanciers perdent patience... j'ai un pied dans le fossé... Il faut que je me relève,

— Je ne dis pas non, grommela Durandin, — mais c'est dur !

T. II.   4.

— Il faut que je me relève! répéta du Chesnel en serrant les poings ; — à tout prix !

— C'est bon... ça te regarde... conclut l'impassible Durandin.

— Ecoute! s'écria du Chesnel ; — perdre une telle femme, c'est jeter son âme à Satan... Elle est meilleure encore qu'elle n'est belle... son esprit gracieux et vif a des saillies imprévues qui chassent l'ennui et refoulent la tristesse... son sourire rend heureux... Elle est aimante, elle est dévouée... jamais sa bouche n'a dit un mensonge... C'est mon bonheur et mon salut que je vais vendre à cet homme.

Durandin tournait ses pouces.

— Tâte-toi, dit-il.

— J'ai envie de me tuer! murmura du Chesnel dont la figure froide d'ordinaire et flétrie avant le temps réprimait un désespoir fougueux.

— Quant à cela, répliqua Durandin ; — je n'en suis pas partisan... Après tout, si tu fais l'affaire et que tu deviennes député...

Du Chesnel tressaillit, son front s'éclaira. Sa bouche reprit une expression sceptique et froide.

— Député, répéta-t-il ; — fou que je suis... j'ai des moments où je ne vaux pas mieux qu'un collégien pleureur !... député!... Oui, oui. La chambre! c'est le grand chemin ; il faut y arriver... Qu'importe le reste !...

— C'est suivant les idées, dit l'avoué ; — il y a des gens pour qui le reste est tout.

— Des sots !... C'est parce que je suis malheureux que je m'arrête à toutes ces niaiseries de cœur... Le besoin affadit... Quand on est sans cesse à courir après quelques misérables louis, on cherche le repos ; on est si mal ailleurs, qu'on se trouve presque bien auprès de sa femme... Eh! je connais cela ! l'amour est le dessert des gueux !... Un peu de luxe, un peu de puissance, et je me moquerai de mes stupides langueurs... Je me prendrai en pitié... Dieu me pardonne, si l'on ne s'arrêtait à temps, on en arriverait à mériter l'épitaphe de l'épicier du coin : Bon époux, bon père, etc., etc...

Du Chesnel parlait ainsi avec volubilité. On eût dit qu'il cherchait à s'étourdir lui-même.

L'avoué tournait ses pouces et souriait au plafond.

— Député! reprit du Chesnel ; — cela ne vaut-il pas

bien un sacrifice !... Ah ! tu verras, Durandin, ce que je ferai de ma boule !... Je ne prierai plus ; j'ordonnerai !... Je me ferai terrible afin qu'on me caresse... J'aurai des retours adroits, des fâcheries coquettes... Rien pour rien ! Je cote ma voix, morbleu ! à cent mille livres de rente.

— C'est beaucoup...

— C'est pour rien !... Pensions, places, petits morceaux sans nom du gâteau budgétaire... Quand je dis cent mille francs, c'est cinquante mille écus qu'il me faut !

— Et moi ? demanda froidement l'avoué.

— Toi ?... je ferai accorder des bourses à tes neveux.

— Je n'ai pas de neveux.

— Des bureaux de tabac...

— Je n'ai pas de cousines.

— La croix d'honneur...

— Ce sera le profit de mon clerc.

— Une place...

— Plusieurs places...

— Tant que tu voudras !

— Et quinze pour cent dans les bénéfices parlementaires.

Du Chesnel hésita.

— Ce serait matière à discussion, dit-il.

— Tu tiendras des livres en partie double, mon vieux Léon... Il y a des commerces plus compliqués que celui de voleur...

— Eh bien ! soit, répliqua du Chesnel.

Durandin se leva.

— Tope ! dit-il en prenant la main du diplomate ; — demain, je te présenterai M. Polype. . . . . . .
. . . .

Charlotte attendait toujours assise auprès de sa fenêtre.

Un baiser de du Chesnel l'éveilla de sa rêverie.

— Que vous avez tardé, Léon ! dit-elle.

— Il ne faut pas m'accuser, répondit du Chesnel en souriant ; — je m'occupais de vous...

CHAPITRE VII

DUC ET DUCHESSE

M. le duc de Compans habitait, nous l'avons dit, le petit hôtel de Maillepré, bâti par le duc Raoul, sous Louis XV, et situé au faubourg Saint-Honoré.

A l'heure où M. Williams feuilletait au Marais les pages du Code Civil, M. le duc de Maillepré, enfoncé dans une bergère douillette, au coin d'une magnifique cheminée aux sculptures rococo, se livrait justement à la même occupation.

Et, singulière sympathie, c'était précisément au titre *Des Absents* qu'était ouvert le Code civil de M. le duc de Compans.

Et encore, sur un coin du bureau de monsieur le duc, il y avait une expédition grossoyée du jugement du tribunal de la Seine, ordonnant son envoi en possession définitif de la succession de Maillepré.

De sorte que monsieur le duc et M. Williams se rencontraient, beaux esprits ou non, de la façon la plus absolue.

Seulement, on peut affirmer que s'ils s'occupaient de la même affaire, ce n'était point dans le même but.

A une petite table, placée dans une embrasure, s'asseyait un homme entre les deux âges, demi-chauve, les joues jaunes et le nez rouge, la bouche rentrée en un sourire bas, les yeux caves et défiants, lançant craintivement des regards de chat, la pose humble et pourtant pédante. — On eût dit d'un professeur venant de recevoir le fouet.

Ce personnage, qui était depuis peu chez le duc, remplissait les fonctions dont M. Burot avait le titre. Il était secrétaire. Cela ne l'empêchait point de rester sous la direction de M. Burot, son vrai patron, qui le traitait assez sans cérémonie, et n'avait nul égard pour son habit noir râpé, ses façons de parler classiques et sa physionomie de cuistre déchu.

Il paraissait avoir de trente-cinq à quarante ans et affectait en ses mouvements une sage lenteur.

Monsieur le duc avait considérablement vieilli. Les rides de son front s'étaient creusées outre mesure, et d'autres rides étaient venues hacher ses joues le long des ailes du nez et aux coins de la bouche. Ses traits vigoureusement taillés et dont le dessin semblait fait pour exprimer l'énergie d'une inflexible volonté, s'étaient en quelque sorte affaissés.

A cette heure matinale où l'artifice quotidien de sa toilette n'avait point encore essayé de recouvrir les atteintes trop visibles d'une précoce décrépitude, on l'eût pris tout à fait pour un vieillard.

Sa joue plissée et jaunie avait çà et là des taches livides ; une teinte de plomb courait, mate, sur son crâne dépourvu de cheveux. Les nerfs de sa face avaient de fréquents et douloureux tressaillements.

Sa taille ample se courbait jusqu'à paraître chétive ; sa main velue, où brillaient de superbes bagues, avait une pâleur maladive ; toute sa personne, en un mot, présentait un aspect débile et souffreteux qui contrastait singulièrement avec sa carrure puissante.

Ce ne pouvait pas être l'âge qui pesait un poids si accablant sur cette forte constitution. Sept années seulement nous séparent de cette soirée où nous constations dans les jardins du Palais-Royal sa vigueur presque athlétique. Il fallait supposer, pour expliquer cette décadence rapide, quelque cruelle maladie ou l'attente prolongée d'un supplice moral...

Pour le monde, du reste, ce changement n'était pas, à beaucoup près, aussi complet. Le monde ne voyait point monsieur le duc en déshabillé.

Vers le milieu du jour, il jetait sa robe de chambre et se mettait aux mains d'un coiffeur qui lui refaisait un visage d'homme, couronné d'une chevelure noire. Cela durait longtemps ; il y avait beaucoup de travail. Après le coiffeur venait le valet de chambre, artiste habile qui savait cambrer cette taille affaissée et rendre de l'ampleur aux parois fléchies de cette poitrine. — Cela durait très longtemps encore, car monsieur le duc avait un attirail de chiffons aussi compliqué que celui d'une coquette à cheval sur sa quarantième année.

Mais enfin le temps qu'on emploie bien ne se compte pas. A l'aide de ces soins savants, monsieur le duc, à l'heure du dîner, pouvait passer auprès des myopes pour un homme de cinquante ans, conservé à l'avenant et muni d'une perruque confectionnée selon l'art.

Cela lui servait à calmer l'aiguillon de son amour-propre, dans son rôle de séducteur paresseux.

Nous nommons séducteur paresseux tout lovelace employant une meute et des piqueurs pour rabattre le gibier que d'autres courent à pied, sans fanfares et le plus sournoisement qu'ils peuvent.

Monsieur le duc était un terrible chasseur. Burot avait de bonnes qualités de limier. Ils avaient fait, l'un aidant l'autre, en leur vie, de fort notables exploits.

Ce jour-là, monsieur le duc ne semblait aucunement disposé à s'occuper de frivolités amoureuses. Il étalait sans y prendre garde, dans toute son épique laideur, la fatigue ridée, essoufflée, exténuée, cassée, dégoûtée, découragée, amère, dégradée, repoussante du vieux satyre, vaincu par le plaisir.

Il se montrait tel qu'il était, ruine chancelante et souillée, débris branlant auquel manquait cette belle auréole qui commande le respect autour des vieux hommes et des vieilles choses...

Il suivait les textes de la loi d'un air singulièrement intéressé ; il soulevait le code de temps à autre pour rapprocher le texte de ses yeux cavés et lassés.

— Tout cela est bien positif, dit-il enfin ; — je l'ai lu cent fois, mais on ne se pénètre jamais trop de son bon droit... Dans quinze jours, il y aura trente ans... Tout sera dit... — Monsieur Denisart !

L'homme assis dans l'embrasure de la croisée se leva et fit un obséquieux salut.

Hélas ! c'était bien Denisart ! — Le philosophe puissant, l'écrivain généreux qui avait pris la haute mission de partager avec le boulanger le dernier sou de la misère, était tombé jusque-là ! Le futur rédacteur en chef du *Prolétaire* servait un aristocrate ou plutôt servait le valet d'un aristocrate, car Denisart obéissait à M. Burot !

Hélas ! encore ! — Mais vous le savez bien. Il en est

toujours ainsi. Le premier qui voulut assurer les propriétés contre l'incendie mourut à l'hôpital ; celui qui inventa les omnibus ne fit pas une fin meilleure. Toute grande idée tue son auteur et profite à une armée de spéculateurs en sous-ordre.

Qui oserait dire que l'idée de Denisart ne vaut pas à l'heure qu'il est plusieurs millions de francs !

Elle est exploitée sous toutes ses faces. — Et que ne nous est-il permis de nommer ici les choses par leur nom !...

Elle est exploitée industriellement jusqu'à l'assassinat ; philanthropiquement, elle dépasse les bornes de la comédie la plus audacieuse ; littéralement, elle amoncèle la fange sur l'ignominie, tant de fange sur tant d'ignominie, qu'elle s'en fait un piédestal digne d'elle, où la foule ahurie la regarde trôner et grossièrement s'épanouir en son monstrueux triomphe.

C'est pour arriver à exploiter son idée que Denisart descendait si bas. Il avait de la littérature. Il savait une foule d'exemples historiques où de grands hommes se mettent en servitude pour attendre le moment propice.

Brutus baisait la terre. — Denisart eût certes fait pis à l'occasion.

Mais c'est que nous entendons bien placer Denisart beaucoup au-dessus de Brutus, qui, en définitive, se bornait à vouloir tuer un tyran et n'avait point l'idée d'empoisonner tout un peuple...

— Monsieur Denisart, dit le duc, vous connaissez suffisamment l'affaire... Vous savez que je possède régulièrement et légitimement les biens de la maison de Maillepré-Maillepré, dont je suis l'héritier unique... Vous savez que M. le marquis de Maillepré, abusant de la connaissance d'un fait qui, dans ma position, me tient en quelque sorte en son pouvoir, m'a forcé de le reconnaitre implicitement pour mon cousin...

— Ah ! monsieur le duc, interrompit Denisart, — je ne connais pas votre secret... mais je suis bien sûr qu'il est celui d'un noble cœur et d'un homme sans reproche !...

— Fort bien, monsieur Denisart... Vous avez raison... Mais nous touchons au terme de la prescription... Dans quinze jours, monsieur le marquis, dont aucun acte jusqu'ici n'est de nature à interrompre légalement la prescription trentenaire, sera non recevable... Dans quinze jours, sauf le retour de monsieur mon cousin, le duc Jean de Maillepré, qui est mort et bien mort depuis plus de quarante ans peut-être, je n'ai absolument rien à craindre. Mais quinze jours, monsieur Denisart !...

— Si j'osais exprimer mon opinion devant monsieur le duc, je lui dirais que, dans quinze jours, bien des intrigues peuvent se nouer...

Le duc le regarda en face, Denisart salua et baissa les yeux...

— Burot m'a dit que vous étiez un homme sûr, monsieur Denisart, reprit le duc.

Denisart salua de nouveau.

— Et en outre, poursuivit le duc, il m'a dit que vous aviez grand désir de gagner une certaine somme...

— Ah ! monsieur le duc... commença Denisart...

— Vous avez sans doute une famille à élever ?...

— Une idée, monsieur le duc ! j'ai une idée... et c'est plus difficile à élever que cinq enfants...

Le duc sourit dans ses rides.

— Eh bien ! monsieur Denisart, dit-il, mon prétendu cousin est un jeune fou, étourdi, sans précaution... Un homme entendu, comme vous paraissez l'être, s'insinuerait facilement auprès de lui... et... Ma foi, monsieur Denisart, vous seriez content de la récompense...

Denisart pâlit ; ses yeux s'effrayèrent.

— Je n'ai pas eu l'honneur de comprendre monsieur le duc, murmura-t-il.

— C'est que j'aurai oublié de m'expliquer, dit ce dernier ; — il s'agit d'un coup de vigueur...

Le duc s'arrêta. — Denisart crut fermement qu'on allait lui demander un assassinat.

Or, Denisart n'avait point les qualités d'un *brave*. Il se prit à trembler de tous ses membres.

Mais le duc poursuivit :

— Mon prétendu parent, j'en suis sûr, n'ignore pas plus que moi où nous en sommes... Il a ses avocats comme j'ai les miens... J'ai peur de quelque tour de son métier... De plus, il m'est revenu qu'un anonyme, cachant soigneusement son adresse, avait fait des démarches et annoncé vaguement, jusque dans le cabinet d'un haut magistrat, que la famille de Maillepré-Maille-

pré viendrait en temps et lieu réclamer son héritage...
Tout cela. Vous m'entendez bien, part de la même source... C'est mon cousin... Eh bien ! monsieur Denisart, mon cousin... possède quelque part, sur lui ou chez lui, un certain portefeuille de maroquin rouge... C'est ce portefeuille qu'il me faut...

Denisart respira. — Puis, à la réflexion, il eut un beau mouvement d'indignation.

— Monsieur le duc, dit-il en redressant sa maigre taille. — je ne m'attendais pas... je ne pouvais pas m'attendre !... Certes, ma position est fort infime, mais j'ai vu de meilleurs jours... j'ai occupé dans l'enseignement des postes honorables... et il est bien pénible pour un homme de ma sorte...

Le duc le regardait en fronçant le sourcil. Il regrettait de s'être avancé.

Denisart continuait :

— Un homme que ses études sérieuses et philanthropiques appelaient évidemment à des destinées brillantes...

— Je vous avais mal jugé, monsieur, interrompit sèchement le duc... n'en parlons plus.

— Si fait ! si fait !... dit vivement Denisart, qui changea de ton tout à coup. — Il est certain, monsieur le duc, que, par moi-même, je ne puis me charger de cela... Mais j'ai votre affaire... je la prends à forfait... Dans quarante-huit heures, je vous en dirai des nouvelles.

Le duc mit un doigt sur sa bouche.

— Si je suis compromis, murmura-t-il, vous pouvez compter sur le bagne... si vous m'apportez le portefeuille, vous aurez mille écus... Appelez mon valet de chambre.

Denisart vit passer devant ses yeux les trois mille francs promis, sous l'espèce d'un nombre incalculable de livraisons à cinq centimes.

Son idée lui apparut réalisée.

Il fut ébloui. — Comme il sortait, M. Burot ouvrait la porte de l'antichambre qui s'emplit aussitôt d'un énergique parfum de pipe et de cognac.

M. Burot frappa sur l'épaule de Denisart.

— Nous allons nous en donner cette nuit, mon mignon, lui dit-il ; — échelle de corde, petite porte, passe-partout... tout ce qu'il y a de plus vénitien... Un roman complet je te retiens !

. . . .

Mme la duchesse de Compans-Maillepré s'y prenait de beaucoup plus tôt que son mari pour faire sa toilette. Elle y mettait une conscience extrême, et les soins de sa camériste n'étaient pas moins savants que ceux du valet de chambre de monsieur le duc.

C'était encore, à tout prendre, une très belle femme, quatre ou cinq heures après son lever. Qu'elle eût quarante ans, comme le prétendait Léa Vérin, ou seulement trente-trois ans, comme elle se plaisait à le laisser dire, peu importait assurément. Être belle suffit, et celle-là ne craint rien qui peut répondre par un charmant sourire aux arguments tirés de son acte de naissance.

Le mal, c'est de n'être plus belle. — Fi ! que vient-on parler d'âge ! la première ride, voilà ce qu'il faut plaindre ou railler, qu'elle vienne à vingt ans ou qu'elle vienne à quarante.

Nous ne disons point ceci précisément pour Mme la duchesse, qui avait eu sa première ride et sa seconde, voire sa troisième. C'est une pichenette que nous infligeons en passant aux amateurs forcenés de la *beauté du diable*, braves gens qui se plaisent à faire sonner d'énormes baisers sur des joues rouges, lors même que les joues sont séparées par un nez camard et surmontent une bouche lippue.

En somme, il y avait bien réellement une vingtaine d'années, sinon davantage, qu'Henriette Masson était Mme la duchesse de Maillepré.

Henriette Masson était la fille d'un commis greffier du tribunal civil de la Seine.

Le nom n'était pas splendide. La position n'avait rien qui pût tenter un jeune seigneur riche et tenant un état notable parmi les courtisans de l'empire.

Mais Henriette était admirablement belle, — et l'on disait que le père Masson, si mince que pût être son influence, n'avait pas été étranger à certain jugement du tribunal de la Seine, dont personne n'avait appelé, mais qui violait jusqu'à un certain point les articles récemment promulgués du Code-Napoléon.

Ce jugement datait, il est vrai de 1803, et le duc de Compans n'épousa Henriette qu'en 1810 ; mais on prétendait que l'exécution du marché imposé par le bonhomme greffier, en échange de ses complaisants offices, avait été ajourné d'un commun accord.

De fait, Henriette n'avait que seize ans lors du mariage. Il eût été impossible de l'avancer de beaucoup.

De fait encore, le jugement dont il est question prononçait l'envoi définitif de M. de Compans en possession des biens de Maillepré, pour cause d'absence du duc Jean, dix-huit ans après le départ de ce dernier. Or, le Code-Napoléon fixe les délais à trente-cinq ans, qui courent, non point du jour du départ, mais bien du jour de la *disparition* ou des dernières nouvelles.

L'erreur était à coup sûr très notable.

Mais on eût pu répondre à cela que, sous l'empire, il était urgent de consolider les fortunes, et qu'après tant de commotions qui avaient mis en tout un certain trouble, il était dangereux de laisser peser sur d'immenses domaines, préservés par la famille de M. de Compans du morcellement révolutionnaire, les incertitudes funestes que l'absence déclarée laisse toujours après soi.

Ce qu'il y a de certain, c'est que M. de Compans venait d'être subrogé par Napoléon au titre des Maillepré, qu'il était fort bien en cour, qu'il avait plus de cinq cent mille livres de rente, et qu'il épousa la fille d'un commis greffier qui s'appelait Masson.

Le duc avait alors trente ans tout au plus. Il avait perdu dès le commencement de l'empire ceux qu'il appelait son père et sa mère. — C'était un fort beau cavalier, heureux auprès des femmes dont les maris moissonnaient des lauriers aux frontières, usant comme il faut de sa fortune, et ambitieux autant qu'il eût été avide, sans son demi-million de revenu.

Henriette, elle, était une petite bourgeoise dont le moral ne sortait nullement de la rainure commune. Elle était spirituelle assez ; elle n'avait point un mauvais cœur. Dire plus en mal ou en bien serait allé au delà du vrai.

Il y a cent à parier contre un qu'Henriette Masson mariée à un collègue de son père, eût fait l'orgueil de la société greffière. Là était sa voie. Elle eût suivi son chemin tout droit et sans broncher, parce qu'il n'y a point de pierre d'achoppement dans les routes battues de la modeste aisance.

Mais il faut de la tête et du cœur, beaucoup de tête et beaucoup de cœur pour ne point perdre l'équilibre après avoir sauté du carreau ciré d'une pauvre chambre sur les tapis épais d'un hôtel ducal.

Henriette fut un peu étourdie de ses splendeurs nouvelles, mais l'amour lui fut tout d'abord un maintien et une égide. Elle aima éperdument son mari ; le duc, de son côté, se montra fort épris. C'était en vérité un charmant ménage.

Le duc était un homme sans principes, au cœur sec, et dont la philosophie ne voyait ici-bas que le bien-être ou le plaisir. La duchesse n'allait pas si loin que cela, parce qu'elle n'avait point de théorie toute faite ; mais son éducation étroite n'avait laissé que ténèbres en son esprit. On doit penser qu'un couple aussi assorti portait en soi mille germes de désunion, quel que fût d'ailleurs l'engouement mutuel des premiers temps du mariage.

Et puis, — ces choses sont malaisées sans doute à exprimer ; mais le devoir d'un écrivain est de mettre au jour sa pensée et de flétrir le mal partout où il se trouve; — et puis, disions-nous, il est un crime bourgeois, passé depuis des siècles en force d'habitude, crime qui est dans nos mœurs et qui n'a point de nom, — et qui est accepté si bel et si bien que beaucoup s'étonneraient de l'entendre appelé *crime*.

Cela se fait, cela s'avoue. — L'Ecriture garde les paroles de Dieu qui anathématisent ce crime *le pire de tous*, dit l'Evangile. — Mais d'un autre côté, Malthus y verrait une vertu...

Les plus honnêtes gens du monde vous disent : Je n'aurai qu'un enfant, que deux enfants ; ceux qui vont jusqu'à trois ont la bosse de la philogéniture...

Mais l'amour qui, de son essence, est chaste et divin, se détourne de ces mystères et s'enfuit...

Le sentiment qui résisterait à cette honte ne serait pas de l'amour.

M. le duc de Compans ne voulait que deux enfants. Il eut deux enfants. La tiédeur se glissa sous le toit conjugal.

Les deux enfants cependant, douces et charmantes créatures, étaient un lien.

Ils moururent tous deux...

On se fût bien rapproché, mais dans l'intervalle monsieur le duc avait eu dix maîtresses. — Nous ne savons pas le nombre des amants de sa femme.

Il y avait désormais une barrière. Que de races s'éteignent ainsi !...

Monsieur le duc cependant était très jaloux. Il fit surveiller sa femme. Ce fut un aiguillon. Sa femme qui commençait à se lasser, fut réveillée par le danger. Elle abhorra son mari, ce qui est un passe-temps ; elle intrigua, ce qui est presque le bonheur.

C'était un ménage normal, un ménage type, dont la formule se résumait en M. Burot et Mlle Victorine : le Mercure et la soubrette.

On n'en meurt pas. Avec cela et cinq cent mille livres de rente, on fait l'envie de tous les ménages vertueux qui n'ont que le pot-au-feu...

Vers le commencement de 1822, monsieur le duc eut connaissance d'une famille de Maillepré qui se préparait à revendiquer la totalité des biens du duc Jean.

Cette famille arrivait des Etats-Unis par l'Angleterre.

Les renseignements que fit prendre immédiatement M. de Compans lui apprirent à n'en pouvoir douter que les Maillepré étaient les enfants du duc Jean.

Mais il apprit en même temps qu'ils étaient à peu de chose près sans ressources, et que leurs titres et papiers avaient été perdus dans un naufrage.

M. de Compans résolut d'anéantir ces gens sur lesquels il ne comptait plus.

Ils avaient trouvé un asile en Bretagne, dans les environs de Kergaz, terre du domaine des Maillepré, dont jouissait actuellement monsieur le duc, qui était alors aussi bien en cour auprès des Bourbons qu'il l'avait été sous l'empire auprès de Napoléon, et qu'il devait l'être après 1830 auprès de la dynastie d'Orléans. Il était si fort et ces gens étaient si faibles, que l'issue de la lutte ne pouvait vraiment être douteuse.

L'homme qui les avait recueillis était un paysan breton nommé Jean-Marie Biot, dont le père avait acheté sa petite ferme sous la Convention, pour la garder à ses anciens seigneurs.

Il y a, quoi qu'en ait dit récemment un romancier qui dépasse ses rivaux de la tête, et qui dépense un talent prodigieux à enlaidir, de parti pris, le tableau de la nature humaine, — il y a des paysans ainsi faits en Bretagne et sans doute ailleurs.

Jean-Marie Biot était veuf. Il remit son petit bien aux mains du marquis Raoul de Maillepré, comme eût fait son père, et, comme il n'avait point de famille, il se donna tout entier à ses maîtres.

Ce fut lui que M. de Compans attaqua le premier.

Les titres de Biot n'étaient peut-être point tout à fait en règle. Il avait peu d'argent pour soutenir des procès, et monsieur le duc était si riche !

Les tribunaux jugèrent en faveur de monsieur le duc.

Les Maillepré, suivis de Biot, vinrent à Paris, et entamèrent le procès principal, en revendication de tous les biens du duc Jean.

Le marquis avait écrit à James Western, son beau-frère et son ami, pour avoir tous les titres restés en Amérique et de l'argent.

James Western avait reçu seulement la lettre écrite d'Angleterre après le naufrage, et il avait envoyé de l'argent en Angleterre.

Ce ne fut que longtemps après, à la fin de 1825, qu'une missive du marquis tomba entre ses mains. Il ne voulut s'en fier à personne pour porter le précieux dépôt et passa la mer lui-même.

Le marquis Raoul cependant était malade depuis plusieurs années. Il avait perdu son procès en première instance et suivait l'appel. Nous avons vu sa famille dans la mansarde louée à M. Polype au Palais-Royal, et nous savons à quel degré de dénuement elle était tombée.

Pourtant, telle est la force du bon droit, que les Maillepré à l'agonie inspiraient encore à M. de Compans une véritable terreur.

A l'aide d'un jeune médecin nommé Josépin, qui soignait le marquis Raoul, M. de Compans savait exactement tout ce qui se passait dans la pauvre chambre de la galerie de Valois. Il connaissait les espoirs du marquis et tremblait de les voir se réaliser.

C'était à son instigation que M. Polype avait menacé

tant de fois de chasser un mourant. Il voulait en finir avec ce *revenant* avant que les papiers et les secours attendus d'Amérique ne vinssent changer fatalement les chances de la lutte.

Dans l'après-midi du mardi gras de l'année 1826, un billet de Josépin avisa le duc que les Maillepré avaient reçu une lettre du Havre annonçant pour le soir même l'arrivée d'un certain James Western, de Boston, lequel apportait à la famille tout ce qui lui manquait.

Ce billet mit le duc dans des transes cruelles. Ce nouveau venu, c'était la ruine, et l'on ne se sépare pas ainsi sans combat d'une immense fortune dont on a joui depuis son enfance !

Il fallait perdre ce James Western ou le gagner.

Et tout d'abord il fallait le trouver.

Telle était la cause de cette étrange chasse que le duc faisait dans le jardin du Palais-Royal, ce soir où nous l'avons rencontré pour la première fois. Il avait manqué l'arrivée de la voiture du Havre, et il cherchait au hasard, ayant contre lui mille chances pour une...

Son but était de suivre Western, de le circonvenir, de lui arracher le dépôt confié de gré ou de force.

De gré plutôt que de force, parce que la violence en nos mœurs a trop de dangers.

Carmen vint se jeter à la traverse de ses desseins. Il laissa faire Carmen. Au pis-aller, c'était du moins un moyen de détourner Western, et le lendemain, il serait temps d'agir.

Comme on le pense, monsieur le duc passa une nuit fort agitée.

Le lendemain matin, un très élégant tilbury entra dans la cour de son hôtel. Un jeune homme, — c'était presque un enfant, — sauta sur les marches du perron et dit au valet de chambre de monsieur le duc, qui refusait la porte en alléguant l'heure matinale :

Annoncez, vous dis-je !... Entre cousin toute heure est bonne... Annoncez monsieur le marquis Gaston de Maillepré !...

CHAPITRE VIII

SOUVENIRS DE CARNAVAL

M. le duc de Compans, après cette soirée de mardi gras de 1826, avait passé, comme nous l'avons dit, une nuit fort agitée.

Quand on annonça le marquis Gaston de Maillepré, il venait de se lever. Ce nom le frappa comme un coup de massue. Machinalement et sans savoir, il ordonna de l'introduire.

Le prétendu marquis portait une polonaise à brandebourgs, étroitement serrée, qui dessinait un taille ronde et fine. Il avait de larges pantalons fixés sous le pied. Sa coiffure était une casquette d'aspect militaire, d'où s'échappaient à profusion d'admirables boucles de cheveux bruns.

Le duc reconnut le jeune homme qui l'avait accosté la veille au Palais Royal, — et il reconnut la femme qui avait entraîné James Western au Caveau du Sauvage.

— C'est vous qui vous faites appeler le marquis de Maillepré !... murmura-t-il en se forçant à rire.

Puis sans attendre la réponse, pressé de savoir, il ajouta vivement :

— Et notre homme ?...

Carmen se jeta sur un fauteuil qu'elle roula vers le foyer. Elle mit ses deux pieds sur les chenets.

— Rien ne rend frileux comme une nuit de veille, monsieur mon cousin, dit-elle ; excusez-moi si je prends mes aises...

— Trêve de plaisanterie ! s'écria le duc, qui attendait avec angoisse ; qu'avez-vous fait ?

— Je ne plaisante pas, dit Carmen, et j'ai fait bien des choses...

Un nuage passa sur son beau front, qu'elle venait de

découvrir pour relever les boucles mêlées de ses cheveux.

— Mais cet homme ! cet homme ! répéta le duc avec emportement...

— Calmez-vous, monsieur, prononça Carmen froidement ; — je vous avais dit : Je me charge de lui...

— Vous avez le portefeuille ?... balbutia monsieur de Compans, dont un flux de joie soulevait la poitrine.

— J'ai le portefeuille.

Le duc saisit la main de Carmen en un moment de transport et la serra chaudement entre les siennes.

— Qui que vous soyez ! s'écria-t-il, vous serez récompensée au-delà de vos désirs... Tout ce que vous me demanderez, je vous le donnerai !

Carmen sourit.

— Je ne vous demande rien, dit-elle ; mais n'avez-vous point envie de savoir comment ce portefeuille est tombé entre mes mains ?

— Comment ?... répéta le duc, dont la voix trembla légèrement.

— James Western tenait beaucoup à ce portefeuille, monsieur le duc.

— Je le crois bien !...

— Il y tenait plus qu'à sa vie.

— Plus qu'à sa vie !... et vous avez pu malgré cela ?...

Le duc interrogeait de l'œil Carmen, dont la paupière était baissée. — Elle releva lentement sur lui son beau regard, dont la flamme hardie et profonde se voilait maintenant de tristesse.

— Je l'ai tué, dit-elle.

Le duc recula et devint pâle.

— Malheureuse !... murmura-t-il, — un assassinat !...

— Un meurtre, monsieur le duc, répondit Carmen, dont le front se redressa hautain ; nous étions tous deux debout... armés tous deux... et par trois fois je lui ai dit de se défendre.

Il se fit un silence. Le duc réfléchissait et calculait jusqu'à quel point ce crime pouvait retomber sur sa tête. Mais il pensait aussi, il pensait surtout aux prix du meurtre, à la proie convoitée, à ces titres qui allaient le faire devant la loi propriétaire irrévocable d'un demi-million de revenu.

— Et... reprit-il en hésitant, — qu'avez-vous fait de ses papiers ?

Carmen s'était laissée retomber contre le dossier renversé de son fauteuil. Ses yeux étaient au plafond. Elle n'entendit pas.

— C'était une digne âme, monsieur le duc, murmura-t-elle ; il n'osait pas repousser mes coups parce qu'il me prenait pour une femme...

— N'êtes-vous point une femme ? dit le duc.

Carmen abaissa sur lui son œil étonné, mais elle ne répondit point.

— Il me prenait pour une femme, répéta-t-elle, — bien que je l'eusse prévenu que j'étais un homme.

La voix de Carmen, grave et mâle en sa douceur, accentua ces mots énergiquement.

Le duc la toisa de la tête aux pieds.

Mais, au lieu de suivre ce sujet, son désir l'entraîna, et il dit encore :

— Et les papiers ?...

Carmen semblait s'absorber dans le souvenir des événements récemment accomplis.

— Oui, oui... reprit-elle, — c'était un cœur brave et bon... il avait traversé la mer pour sauver ceux qu'il aimait... Mais je deviens fou, moi, dès que ma main touche une arme... Et puis, ma vie tout entière n'est-elle pas écrite là-haut ?... Ce qui est fait devait être fait.

Le duc arpentait la chambre d'un air impatient. De temps à autre, il s'arrêtait brusquement devant Carmen, comme s'il eût voulu appuyer par la force sa question restée sans réponse. — Mais il se contenait et il passait.

Carmen poursuivit lentement et comme dans un rêve :

— Mon sang est le sang de ceux qui interrogeaient les signes radieux du grand livre des nuits... Mes pères savaient lire le firmament... Moi, je crois... Ils ont été deux, savez-vous pour me dire ma destinée... à des centaines de lieux de distance ! A Valence, la vieille Gitana Yahbel me dit : « Enfant, tu seras beau... mais tu se-
» ras plus belle... As-tu deux cœurs ?... » Et comme je ne comprenais point, Yahbel ajouta : — « Enfant, tu
» seras pauvre... Ecoute !... tu tueras... et tu seras ri-
» che, puissant et fort.. plus puissant, plus riche et plus
» fort qu'un grand d'Espagne assis devant le roi !... »

Un soupir souleva la poitrine de Carmen...

Le duc, arrêté devant elle, frappa du pied avec colère :

— C'est de la folie ! s'écria-t-il.

— Voilà ce que me dit Yahbel, la Gitana, reprit Carmen en baissant la voix et comme si elle n'eût point pris garde à l'interruption de M. de Compans. — Aux montagnes des Highland, Jan Vohr, le fils des Brouillards me mit un soir sous son plaid, et chanta :

> Le sang de l'homme teint son âme.
> Elle est rouge : ainsi la fit Dieu.
> Et blanche est l'âme de la femme.
> C'est l'onde molle et c'est le feu.
>
> De quelle couleur est ton âme ?...
> Adam te dira son amour ;
> Ève te cachera sa flamme.
> Qui répondra ? Ton dernier jour...

Carmen s'arrêta.

— A quoi bon vouloir percer le voile dont ceux qui voient l'avenir couvrent à dessein leur pensée ? murmura-t-elle ; — Jan Vohr ajouta, et cette fois je compris :

> Là-bas, vois-tu, par la nuit sombre,
> Un homme vient : tel est le sort.
> Prends ton poignard, frappe dans l'ombre,
> Et relève-toi : l'homme est mort.
>
> Chacun glisse à sa destinée.
> A toi le meurtre sans remord.
> Point de regret ! l'heure est sonnée.
> Te voilà puissant, riche et fort !

Carmen appuya sa tête sur sa main.

Le duc écoutait, pris par une curiosité vague.

Les yeux de Carmen rêvaient.

— Qui niera le pouvoir des gens à qui Dieu montre l'avenir ?... dit-elle lentement. — Yahbel et Jan Vohr !... En Espagne et en Ecosse !... La même chose tous les deux !... Et tous les deux une chose vraie !... Ah ! le sort commande, l'homme obéit... J'étais bien pauvre... Tantôt, exécutant avec dégoût la besogne imposée par votre valet Burot, je suivais madame la duchesse... une belle femme ! et qui doit être aimée !... — L'œil de Carmen eut un éclair.— Tantôt, déguisée en jeune fille, je dansais devant le peuple sur le boulevard du Temple... Tout à coup l'heure a sonné ; l'homme est venu ; le hasard a mis un couteau dans ma main désarmée... J'ai tué !

Le duc tressaillit une seconde fois à ce mot, qui frappait son oreille comme une accusation de meurtre. Ses yeux se baissèrent.

Quand il les releva, Carmen, ou plutôt le jeune homme du Palais-Royal, car il sembla impossible au duc de méconnaître son sexe désormais, était debout devant lui, droit, immobile l'œil fier et illuminé d'un indomptable éclat.

Toute sa personne respirait une audace virile. C'était une fermeté haute, une force orgueilleuse et revêtue d'une indescriptible beauté. Cela imposait et donnait de la frayeur.

— Ce qui est fait devait être fait, répéta-t-il lentement et en couvrant le duc d'un regard dominateur ; — je ne me repens pas... Mais puisque l'horoscope est accompli pour moitié, l'autre moitié m'est due... J'ai tué ; je suis puissant et fort et riche... Mon cousin, il ne faut plus demander à Gaston de Maillepré ce qu'il veut faire de ses papiers de famille.

Le visage de M. de Compans blémit par degrés jusqu'à devenir livide.

Puis sa face se rougit de sang ; ses paupières battirent, gonflées et violettes.

Son regard et celui du faux marquis se choquèrent.

Ce fut le duc qui baissa la tête le premier.

Carmen reprit :

— Je suis le marquis de Maillepré : j'ai droit aux cinq cent mille francs de rente dont vous jouissez, mon cousin : c'est mon héritage...

Le duc ne bougea ni ne répondit.

Il cherchait, en son cerveau troublé, des armes pour soutenir cette lutte qui s'entamait d'une façon si menaçante.

En ce premier moment, il n'essayait même pas de composer son maintien et son visage. — Et c'était entre lui et Carmen un contraste étrange.

L'homme fort fléchissait. Point ne lui servait sa vigueur musculeuse, ni sa taille d'athlète, ni l'expérience de toute une vie de ruses et de combats ambitieux. A son insu, il sentait son maître et ployait.

L'adolescent, au contraire, grandissait de tout son calme superbe. Il dominait, parce qu'il était sans peur.

— La grâce élégante de sa taille, ses formes harmonieuses, sa juvénile et incomparable beauté, tout cela s'alliait à tant de force intrépide que l'œil ébloui balançait entre l'admiration et la terreur.

Son regard domptait et charmait ; sa voix vibrait menaçante, mais douce encore...

Après un long silence, le duc releva le front avec effort et se contraignit à regarder son adversaire en face.

— Que vous soyez homme ou femme, dit-il froidement ; un jeune coquin ou une fille perdue, peu m'importe... que vous ayez assassiné un malheureux dans quelque bouge, c'est affaire entre les tribunaux et vous... Ce qui me regarde, c'est que de manière ou d'autre vous possédez des papiers qui sont pour moi d'un certain prix... Parlons sérieusement, je vous prie, et laissons là un langage qui ne vous convient pas... Ces papiers, combien voulez-vous me les vendre ?...

— Cinq millions, répliqua le marquis.

Le duc haussa les épaules et tourna le dos pour regagner son siége.

— Deux ou trois billets de mille francs, murmura-t-il ; — tout au plus !

Le marquis se rassit à son tour et croisa ses jambes l'une sur l'autre. — L'expression de son visage avait changé. C'était maintenant une gaîté railleuse qui mettait dans sa prunelle souriante des étincelles acérées.

— Fi ! monsieur le duc, répondit-il en rapprochant du feu son fauteuil ; — je suis plus généreux que vous. Je vous laisse, moi qui pourrais tout exiger, deux cent cinquante mille livres de rente...

— Vous me laissez cela !... répéta M. de Compans avec colère.

— En usufruit, mon cousin... Vous n'avez pas d'enfants : je suis votre héritier.

Le duc laissa échapper un mouvement de fureur.

— Mon cousin, reprit le marquis, raillant toujours,

j'avais lieu de m'attendre à un accueil meilleur...
Bien des gens à votre place remercieraient le ciel...
C'est un fils, veuillez y songer, que Dieu vous envoie
dans sa miséricorde.

M. de Compans regarda un instant ce visage d'enfant gracieux, qui avait dépouillé son caractère de hautaine puissance pour prendre un aspect insouciant et rieur.

Le marquis poursuivit d'un ton léger:

— Au lieu de vous réjouir vous faites une mine de martyr... Et, plus d'une fois, depuis que j'ai l'honneur de me trouver avec vous, je vous ai vu sur le point de me prendre à la gorge... En vérité monsieur le duc, vous n'êtes pas dans votre rôle... Et, de deux choses l'une, ou je vous intimide au point de vous faire perdre toute prudence... ou je ne suis point parvenu encore à vous faire comprendre la gravité de notre situation.

— Par intérêt pour moi et par pitié pour vous, dit M. de Compans, je sens fort bien que je dois tâcher d'étouffer cette affaire... Si je ne le sentais pas, ajouta-t-il, retrouvant une bouffée de fierté, discuterais-je?

— Finissons! je suis assez riche pour me permettre une folie...

Il se dirigea vers son secrétaire et prit un paquet de billets de mille francs dans l'un des tiroirs.

— Tenez, reprit-il en les présentant au jeune homme qui gardait ses deux mains, blanches et d'un modèle exquis, indolemment croisées sur ses genoux ; — donnez-moi le portefeuille et brisons là !

Le marquis demeura immobile.

— Tenez, répéta M. de Compans.

Le marquis prit les billets et les jeta au feu.

Il y avait une vingtaine de mille francs.

Le duc, saisi et stupéfait, regarda brûler ces chiffons légers et transparents pour l'amour desquels tant de trafiquants se damnent en ce monde.

Cela fit un peu de flamme et un peu de cendre.

— Monsieur le duc, dit le marquis très froidement ; le portefeuille en contient trois ou quatre fois autant... C'est mon argent de poche... Maintenant, veuillez m'écouter avec attention... Le portefeuille contient en outre tous les titres nécessaires pour constater ma noble naissance et des lettres qui m'ont appris mon histoire...

— Et vous espérez... voulut interrompre le duc.

— Non, mon cousin... je suis sûr. — Admettons que malgré ces titres les tribunaux s'avisent de me donner tort... rien n'est perdu... le portefeuille me reste et je sais où prendre la vraie famille de Maillepré...

— Vous savez cela !... balbutia M. de Compans ébahi.

— Oui, mon cousin... vous êtes trop perspicace pour ne pas convenir avec moi que le jeune Gaston, mon homonyme, — ou plutôt son père, sera charmé d'accepter le marché que vous repoussez... J'aurai toujours deux cent cinquante mille francs de rentes, sans parler du plaisir que procure une vertueuse action.

— Ah ! vous savez cela !... répéta le duc dont la voix balbutiait, épaissie.

— Oui, mon cousin... En outre, — car il faut tout prévoir, — j'ai quelque chose comme un bouclier pour le cas où il vous prendrait fantaisie d'abuser de ma confidence et de me traîner devant le parquet... ceci est grave, monsieur le duc ; vraiment, il ne s'agit de rien moins que de votre tête... cinq hommes témoigneront, si besoin est, de votre chasse à courre d'hier, dans les galeries du Palais-Royal... le garçon des Frères-Provençaux témoignera de la sollicitude que vous avez mise à enivrer à vos frais l'homme qui, deux heures plus tard, est tombé sous le couteau à deux pas de là.

— Mais c'est infernal ! râla le duc, dont les tempes suaient et qui tremblait.

— Oui mon cousin... Et cela joint à certain espionnage que vous faites exercer auprès du lit de certain moribond...

— Vous connaissez Josépin ! s'écria M. de Compans atterré.

— Oui, mon cousin, tout particulièrement... Vous sentez que ce sont là plus que des présomptions, et que, sauf à rejeter le crime sur vous, ma défense sera bien facile...

Le marquis se leva, rajusta devant la glace les plis froissés de sa polonaise et passa la main parmi les boucles de ses cheveux.

— Maintenant, mon cousin, reprit-il, — il me reste à

vous demander pardon de vous avoir dérangé... sommes-nous amis ?

— Que faut-il faire ? demanda le duc d'une voix presque inintelligible.

— Bien peu de chose... m'écrire une lettre de bienvenue où vous me remercierez de vous avoir montré mes titres, où vous m'appellerez mon bien cher cousin, — et d'autres douceurs, si vous le jugez à propos.

— Je le ferai... Après ?

— Voilà tout... Cette lettre vous liera les mains... Fiez-vous à moi pour ne pas laisser dans votre secrétaire ma part des revenus de Maillepré... Jusqu'au revoir, cousin !...

Le duc se tenait entre le marquis et la porte. Il était pâle, et le long de ses joues couraient des teintes bleuies. Son visage était effrayant de colère contenue et de haine prête à faire explosion.

En passant près de lui pour se retirer, le marquis, par une bravade suprême, lui tendit la main.

Le duc saisit cette main. Un râle gronda dans sa gorge. Il attira le marquis contre sa poitrine et l'y étreignit en poussant un rugissement sauvage. Il venait de comprendre. Ecrire cette lettre, c'était se rendre à discrétion et s'enlever tout moyen de recommencer jamais la bataille.

Quiconque eût assisté à cette scène eût pensé que c'en était fait du bel adolescent, dont le corps gracieux mollissait, frêle, entre les bras robustes de Compans.

— Compans voulait le tuer ; cela se voyait dans ses yeux égarés et fous. Il le secouait avec furie ; il essayait de l'écraser contre lui-même.

Mais ce corps si harmonieux et si plein de grâce avait, nous le savons, à l'occasion, l'élastique ressort de l'acier. Sous cette peau satinée, des muscles virils se raidissaient tout à coup ; sous ce charme nonchalant couvait la force d'un athlète.

Les deux bras du marquis se joignirent derrière les reins de Compans, qui trébucha et perdit haleine. Il lâcha prise un instant : le marquis était libre.

Mais Compans se tenait toujours entre la porte et lui. Le désespoir brûlait dans son œil. Il fallait lutter à mort...

La main du marquis se coula entre les brandebourgs

de sa polonaise. Le manche d'or du poignard qui avait tué Western sortit à moitié de son sein.

Mais il y rentra aussitôt. — Les sourcils froncés du marquis se détendirent. Sa bouche eut un sourire moqueur.

Il haussa les épaules d'un air de pitié malicieuse, et saisit le cordon de la sonnette qui pendait au coin de la cheminée, avec le geste mignard d'une coquette attaquée.

La sonnette tinta. Le valet de chambre de Compans parut aussitôt.

Le marquis passa devant son adversaire impuissant, salua cordialement et dit :

— Mon cousin, au plaisir de vous revoir... n'oubliez pas ma lettre.

Le duc put le voir par la croisée sauter leste et pimpant dans sa voiture qui partit au grand trot...

Le lendemain le marquis reçut la lettre attendue et depuis lors le duc et lui vécurent en parfaits cousins.

Mais M. le duc de Compans n'en avait pas fini avec cette nuit du mardi gras 1826.

Comme nous l'avons dit, sa femme et lui vivaient en fort mauvaise intelligence. Ils se détestaient après s'être aimés. Le duc menait la double vie de friand d'amourettes et de jaloux : Burot lui servait à la fois de limier pour le dehors et d'espion pour le dedans.

C'est une chose curieuse assurément que cette jalousie endémique chez les maris-garçons, jalousie qui croit et embellit en raison directe des infidélités conjugales du jaloux. Mais c'est un si vieux sujet qu'on userait vainement sa plume à vouloir le rajeunir.

Jusqu'à cette époque madame la duchesse avait redouté son mari comme on craint un juge sévère et incapable de fléchir. Elle s'était cachée soigneusement. Ses intrigues s'étaient entamées et suivies avec cet art inouï qui est le génie féminin. Elle avait un amant toujours, mais pas toujours le même. Son mari s'en doutait, puisqu'il le craignait ; M. Burot manœuvrait. — Rien ! l'amant de madame la duchesse était la chose introuvable.

Madame la duchesse y mettait un tact, une décence, une adresse au-dessus de tout éloge. Cela valait presque de la vertu auprès des gens avancés en philosophie et dépourvus de préjugés.

Mais un beau jour, tout naturellement et sans transition, elle cessa de se contraindre.

Léon du Chesnel était l'amant régnant.

Madame la duchesse l'afficha de la meilleure grâce du monde. On en parla, monsieur le duc fut à même d'en savoir le conte tout comme le commun des mortels.

Il se mit en une énorme colère. — Un soir, en revenant de son *appartement en ville*, où Burot lui avait justement servi une pauvre enfant, vendue par sa mère qui était une vieille jeune première de vaudeville, monsieur le duc rentra chez lui avec la ferme résolution de faire justice.

La sévérité va bien aux bonnes consciences comme était celle de monsieur le duc.

Qu'on se figure Othello possédant un *appartement en ville* et levant le poignard sur Desdemone au sortir d'un marché d'amour...

Dans l'escalier de son hôtel, monsieur le duc rencontra Léon du Chesnel, qui le salua trop respectueusement.

— Monsieur, lui dit le duc avec toute la brutalité convenable, — je vous défends de remettre jamais les pieds chez moi.

— Monsieur, répondit du Chesnel en continuant de descendre; — je vous ferai observer que ce n'est pas de chez vous que je viens.

Le duc entra, furibond, dans l'appartement de sa femme.

Elle le reçut avec un calme souriant. Le duc raconta ce qui venait de se passer. La duchesse ne perdit point son sourire.

— Cet homme m'a bravé insolemment! dit le duc; prétendez-vous faire comme lui, madame?

— A Dieu ne plaise, monsieur... mais il doit m'être permis de vous dire que vous avez agi avec beaucoup de précipitation... M. Léon du Chesnel...

— M. Léon du Chesnel me déplaît et je le chasse! interrompit le duc avec violence; — il est ici à toute heure... il est avec vous au bois, à l'église, au théâtre...

— C'est que nous avons bien des choses à nous dire, monsieur, répliqua la duchesse d'un ton naturel et doux.

M. de Compans fit un pas vers elle d'un air menaçant.

— Nous parlons souvent de vous, reprit la duchesse.
— De moi, madame... je crois que vous raillez !
— De vous, monsieur... et de la peine que vous vous donniez pour suivre, au Palais-Royal, dans la soirée du mardi gras de l'an passé, un étranger qui fût, dit-on, assassiné dans la nuit...

Le duc balbutia un blasphème et se laissa tomber sur un fauteuil.

— Vous sentiriez-vous incommodé, monsieur ? reprit la duchesse sans s'émouvoir. — Non ?... tant mieux !... M. du Chesnel connaît beaucoup votre nouveau cousin, qui est un charmant jeune homme... Il connaît aussi M. le docteur Josépin qui, paraît-il, vous annonça l'arrivée de cet étranger que vous avez... suivi.

— Assez, madame, assez ! murmura le duc.
— Du moment que ce sujet vous déplaît, je l'abandonne, monsieur... et je me fie à votre savoir-vivre pour réparer la rudesse de votre conduite envers M. du Chesnel.

. . . .

Quelques jours après Madame la duchesse donna un grand bal où se trouva Léon du Chesnel.

M. le duc de Compans-Maillepré fit des excuses que du Chesnel voulut bien accepter, et ces deux hommes d'honneur purent échanger une loyale poignée de main.

CHAPITRE IX

ONZE HEURES DU SOIR

On voit d'après ce qui précède que M. le duc de Compans-Maillepré n'était point un homme heureux.

Il n'avait plus que 250,000 fr. chaque année sur le demi-million de revenu de Maillepré. De plus il était dominé par trois personnages, lui dont l'esprit absolu ne souffrait point autrefois de contradicteurs.

Il était aux ordres du faux marquis ; il faisait bon visage à du Chesnel ; il baisait à l'occasion la main de sa femme.

Ce triple métier lui donnait bien du mauvais sang.

Mais tels sont les succès en ce monde. Nous prenons la permission de le faire remarquer une seconde fois. Qui donc réussit complétement ? Où est le triomphe absolu !

Monsieur le duc, vu d'en bas, faisait certes bien des envieux.

On se remue, on se hâte, on s'épuise ; — on arrive. Que de joie ! — Mais derrière le but se cachaient les mécomptes. La joie est courte, et bien longs sont les jours qui suivent la victoire.

S'il reste au-dessus de vous des degrés à franchir, vous vous dites : là-haut est le bonheur. — Et vous recommencez la lutte, qui est la vraie jouissance.

Mais si vous êtes au sommet, buvez la ciguë.

Là encore sont les ennuis, les dégoûts, l'amertume, — et au-dessus, il n'y a rien.

Rien ! nul prétexte de désirer, d'espérer, de vivre.

Les sages, arrivés là, pensent à Dieu et descendent.

Monsieur le duc ne pouvait plus monter. Il se trouvait mal à sa place. Et Dieu était le moindre de ses soucis.

Il mordait sa chaîne quand il était seul. En public, il savait sourire. Et, tant qu'il pouvait, il s'étourdissait en d'obscures débauches. M. Burot était sa philosophie.

Il avait pourtant un espoir.

Sept ans s'étaient écoulés depuis le meurtre de la rue Neuve-des-Bons-Enfants. Il commençait à se faire aux menaces de cet épouvantail.

D'un autre côté, le faux marquis n'avait entamé aucune action civile contre lui qui pût interrompre le délai de trente ans que la loi donne aux héritiers de l'absent pour se représenter. — Passé ce délai, il faut le retour de l'absent lui-même pour détruire les effets de la possession.

Le délai de trente ans expirait dans quelques jours, puisqu'on était à la fin de novembre 1833, et que le jugement d'envoi définitif avait été prononcé en décembre 1803.

Ce délai expiré, le duc perdait toute crainte de la vraie famille de Maillepré, dont les droits étaient entièrement périmés. Quant au faux marquis, il était toujours à craindre, mais sa position changeait. Il n'avait plus pour arme que la menace de dévoiler l'assassinat.

Or, c'était là une mesure désespérée, tout à fait dans son rôle sept ans auparavant, lorsqu'il avait tout à gagner, mais qui, dans sa brillante position actuelle, devenait, de sa part, peu probable.

Il parlementerait ; de vaincu, le duc se ferait dominateur ; et quand une tête se courbe durant sept années, comme elle se redresse avec volupté !...

C'était un espoir, — un espoir si doux que le duc tremblait de le voir renversé par quelque démarche utile du marquis ; et il tremblait davantage à mesure que le moment fatal approchait.

Ce fut cette crainte arrivée à l'état de fièvre qui motiva l'ouverture faite à Denisart. — Les titres ! le duc pensait n'être à l'abri qu'avec les titres dans son portefeuille...

Il ne connaissait pas encore M. le marquis de Maillepré. — Celui-ci s'embarrassait peu vraiment des délais et actes judiciaires. Il comprenait mieux sa situation et voyait dans tout tribunal l'écueil où sa barque eût assurément fait naufrage.

Sa force était celle du marin qui, la mèche en main, se place auprès de la soute aux poudres.

Sept ans de jouissances, de luxe, de plaisirs, ne l'avaient point changé. Il était prêt comme jadis à se faire sauter avec son ennemi.

. . . .

Mme la duchesse de Compans-Maillepré était à *gronder* du Chesnel, et lui reprochait amèrement d'être le mari de sa femme.

C'était la millième édition de cette scène de jalousie qu'est obligé de subir chaque jour l'être misérable et dégradé qui a vendu ses soins à une femme.

Burot venait d'entrer chez monsieur le duc.

— Etes-vous en train de parler affaires ce matin? demanda-t-il en clignant de l'œil.

— Affaires, oui, répondit le duc, — mais pas des vôtres, monsieur Burot... Revenez ce soir, je suis très occupé.

Le drôle s'approcha, jeta un regard sur le code ouvert et fit claquer ses doigts avec dédain.

— Dire qu'il y a des gens, murmura-t-il, — qui feuillettent ce bouquin-là toute la journée et qui n'ont peut-être jamais lu les *Règles du billard !*

Il haussa les épaules, se mit dans un fauteuil au coin du feu et tisonna paisiblement.

Au bout de trois minutes, il reprit :

— Etes-vous encore occupé ?

Le duc, qui avait oublié sa présence, se retourna impatienté.

— Que faites-vous là ? dit-il sévèrement.

— Je m'ennuie, répondit Burot.

— Je croyais vous avoir dit de revenir !...

— Peuh ! fit Burot, — ce soir il y a la *poule d'honneur*, — une pipe d'écume montée en argent... pas moyen de manquer ça ! Et, après la poule, la besogne... Ecoutez donc, monsieur le duc, soyons raisonnables... Moi, j'ai mes petites affaires aussi... Y sommes-nous ?

— Non, répliqua le duc; si vous ne pouvez ce soir, revenez demain.

— Ah ! c'est comme ça ! dit Burot d'un air de mauvaise humeur insolente ; — de manière que vous n'y pensez pas plus qu'au Grand-Turc... et j'ai perdu pour rien deux dents, ma pipe et ma peine... C'est propre !

— De qui parles-tu ? demanda le duc en fermant à demi son code.

— Eh ! parbleu ! de la petite... Vous savez bien... lèvres de corail, dents de perles, cheveux blonds, yeux bruns... un frère qui n'est pas un amant...

— Ah !... fit le duc.

— Mais oui... la petite de l'Opéra, quoi donc !

Le duc ferma son code tout à fait, retourna son fauteuil et s'approcha du feu.

M. Burot sourit très malicieusement en voyant cette soudaine vivacité succéder à l'humeur indifférente de son maître.

— Nous en tenons ! grommela-t-il.

— Je vois bien qu'il me faut t'écouter, dit le duc, — si je veux me débarrasser de toi... Tu sais où elle demeure ?

— Où elle demeure, où elle travaille, je sais tout, et le reste... Ah ! mais, monsieur le duc, je vous fais mon compliment... C'est un joli cadeau que vous allez vous faire là... Rien n'y manque... Je l'ai vu courir sur le pavé de la rue Saint-Louis... Une taille de danseuse, parole d'honneur !... Et un pied... mais un pied !

M. Burot mit sa main sur sa bouche et imita le bruit d'un baiser pour ponctuer comme il faut sa tirade.

Le duc souriait à l'entendre.

— Oui, oui, oui, dit-il, — oui, oui... J'ai le coup d'œil assez bon... Et... voyons ! Je vous connais, monsieur Burot... vous n'êtes jamais si gaillard que quand il y a quelque obstacle diabolique... Aurons-nous bien de la peine ?

— Juste assez pour épicer le plaisir, répondit M. Burot, qui prit à poignée sa bouche et la caressa d'un air content ; — d'abord vous aviez bien jugé... le grand mince était son frère...

— Parbleu ! dit naïvement le duc.

— Mais l'autre... la moustache courte... Ah ! ah ! dam ! je n'en répondrais pas.

— La moustache courte ?... répéta le duc.

— Le tranche-montagne... le vigoureux... celui qui m'a privé de ma pipe et de mes deux dents.

— Ah ! ce sculpteur du marais ?... murmura M. de Compans, dont la figure se rembrunit.

— Précisément... rue Saint-Louis, 26... Non, je n'en répondrais pas.

— Ce sculpteur, dit le duc, en a agi avec moi fort impertinemment... S'il l'aime, raison de plus !

— A la bonne heure !... Mon devoir est de vous dire le fort et le faible... Si ça vous convient, en avant !... Quant au sculpteur, s'il a été impertinent avec vous, il n'a pas été poli avec moi... du tout, du tout !... Je n'en travaillerai que mieux si ça peut l'offusquer un peu cruellement... En attendant, j'ai poussé deux pointes au fin fond du Marais, et voilà ce que j'ai reconnu... la petite est gardée par une façon de cerbère qu'on ne peut ni endormir ni gagner.

— En lui jetant un os ?...

— Pas moyen... mais la maison a plus d'une entrée... et vous devez avoir quelque part une clef de la porte de derrière...

— Moi!...

— Oui... c'est un hasard tout à fait comique... Nous sommes les maîtres de ces lieux, comme on dit à l'Opéra.

— Je ne te comprends pas.

— En d'autres termes, vous êtes le propriétaire des vieux murs entre lesquels notre colombe respire...

— Elle habite l'hôtel de Maillepré?...

— Ni plus ni moins... l'aile droite... et le cerbère est Jean-Marie...

— Ah!... fit le duc avec étonnement.

Puis il ajouta :

— En effet... Jean-Marie a loué l'aile droite sous son nom... Serait-ce sa fille, par hasard?

— Le fait n'est pas des plus importants... Ce qui est drôle, c'est que voilà un portier, un petit jeune homme, une vieille dame et deux demoiselles qui n'ont entre eux tous qu'un nom de baptême... car je me suis informé... La famille de l'aile droite se compose de quatre membres... et personne dans le quartier ne sait leur nom... pas même certain Auvergnat qui garde la loge quand ce Jean-Marie va prendre ses repas avec ses enfants... ou ses amis... Mais bah!... Mlle Jean-Marie, soit! elle est charmante, voilà le principal....

Le duc réfléchissait.

— Ceci est grave, dit-il; — ce Jean-Marie me fait l'effet d'un homme de grande énergie...

— Un balourd!... interrompit Burot; ces Bretons ressemblent à des ours... ça leur donne naturellement un air crâne...

— En somme, poursuivit M. de Compans, — ce n'est pas à mon âge qu'on se jette à l'étourdie dans une mauvaise affaire... Comment comptes-tu t'y prendre?... Tout dépend de là.

— Il n'y a pas trente-six manières, répondit Burot; — je compte l'enlever.

— Prends garde!...

— Laissez donc!... j'ai mon plan... Il y a la petite porte de la rue Payenne, dont nous avons conservé une clef... Jean-Marie n'a rien à faire là-dedans...

— Mais le frère...

— Voilà justement pourquoi la chose doit être coulée cette nuit même... Mon Auvergnat m'a dit que le jouvenceau était parti hier de grand matin... Il n'a point couché à l'hôtel... Donc les règles de l'art les plus simples nous engagent à brusquer l'aventure...

M. de Compans semblait hésiter.

— Après ça, insinua Burot hypocritement, — on n'en trouve pas tous les jours de pareilles, c'est vrai... Mais à la guerre comme à la guerre... Nous pouvons chercher ailleurs...

— Ah!... murmura le duc dont les yeux caves s'allumèrent ; — plus je pense à elle, plus je la vois ravissante... Ma foi, Burot, fais ce que tu voudras.

— Ce que je veux? répliqua le drôle avec un merveilleux à-propos, en tirant de sa poche une énorme bourse de tricot, parfaitement vide. — Puisque vous avez la bonté de me le demander, je veux bourrer un peu le ventre de madame...

Il se leva et fit glisser dans la bourse un rouleau d'or qui était sur la cheminée.

— Voilà! dit-il ; — maintenant la clef... je la connais... elle doit être dans ma chambre avec celle de votre appartement en ville... Monsieur le duc, j'ai l'honneur de vous présenter mon respect... Demain, j'aurai gagné mon argent.

. . . .

Romée avait passé tout le jour à tâcher de joindre le marquis. Lui et Nazaire, depuis le matin, s'étaient relayés au numéro 9 de la rue Royale-Saint-Honoré et leur surveillance n'avait point fait défaut un seul instant.

Mais le marquis n'avait pas paru à son domicile.

Ses gens ignoraient complètement ce qu'il était devenu.

C'était inexplicable...

Romée et Nazaire cependant étaient résolus à ne point abandonner la partie. Ils ne se lassaient point.

A la nuit, Nazaire vint relever Romée dans l'antichambre du marquis.

Les gens de ce dernier s'étonnaient fort de cette persistance obstinée.

Le marquis, en effet, quoiqu'il fût homme à la mode, n'avait point de créanciers.

Roméo, en quittant le numéro 9 de la rue Royale-Saint-Honoré, monta en fiacre et se fit conduire chez lui. Là, il prit ses lettres du jour et les mit dans sa poche sans se donner le temps de les décacheter, pour courir tout de suite à l'hôtel de Maillepré.

Il avait grande hâte de savoir des nouvelles de Sainte, et craignait l'effet de ces deux jours d'angoisse sur le cœur de la pauvre enfant.

Et, tout le long du chemin, il cherchait quelle consolation apporter à cette souffrance si cruelle. — Cette journée n'avait amené aucun incident, et, dans les circonstances extrêmes, la pire chose est la prolongation de l'incertitude.

Il ne trouvait rien, parce que la seule consolation possible c'était d'apporter de bonnes nouvelles de Gaston. Or, la position actuelle de Gaston lui était tout aussi inconnue que la veille.

Qu'était-il devenu? Pourquoi cet enlèvement étrange? où l'avait-on mené?...

Roméo était d'autant moins apte à consoler, que son inquiétude augmentait à chaque instant. Plus il cherchait à se rendre compte du dénoûment extraordinaire de ce duel où la vie de Gaston avait été vingt fois à la merci de son adversaire, plus il sentait son esprit douter et son entendement s'obscurcir.

A mesure qu'il avançait vers l'hôtel de Maillepré, sa course, d'abord si vive, se ralentissait involontairement. — Il avait hâte encore d'arriver, mais il avait crainte aussi et se désolait en songeant que sa présence n'apporterait avec soi ni espoir ni remède...

Lorsqu'il entra dans la loge, Jean-Marie Biot le regarda comme s'il ne l'eût point reconnu.

Jean-Marie était debout et lisait à la lueur du quinquet qui pendait au centre de sa loge.

Il lisait un petit cahier de papier fin que recouvraient les lignes serrées d'une écriture de femme.

Il tenait le cahier d'une main. — Son autre main, fermée convulsivement, s'entourait d'un réseau noueux de muscles et de veines que la contraction nerveuse de ses doigts faisait sortir en saillie.

Il épelait avec d'autant plus de peine cette écriture fine

et peu formée, que des larmes venaient mettre un voile à chaque instant au rebord de ses paupières.

Ces larmes se séchaient à mesure, ainsi que la sueur qui coulait de son front.

Il était très pâle. Ses sourcils, froncés violemment, se choquaient et projetaient jusqu'au bas de son visage des ombres profondes. Au-dessus de ses sourcils étaient de grandes rides ondées et creuses.

Ses longs cheveux tressaillaient sur ses puissantes épaules. — Sa bouche aux lignes mobiles et heurtées murmurait, tout en épelant, des paroles sans suite.

Tout cet ensemble avait une expression de sourde colère et menaçait terriblement.

Et malheur à ceux qui excitaient jusqu'à la colère cette nature paisible et lourde, mais qui trouvait au dedans d'elle, au besoin, une énergie prodigieuse servie par une irrésistible vigueur !...

Ces redoutables symptômes n'échappèrent point à Romée, qui se demanda quel nouveau malheur il allait apprendre.

Mais ce malheur il ne devait point le connaître. C'était le secret de Berthe, et Biot savait garder un secret.

Romée attendit un instant que Biot discontinuât sa lecture.

— Je vous salue, mon brave monsieur Jean-Marie, dit-il enfin, voyant que le paysan s'enfonçait de plus en plus dans son manuscrit ; — comment va Mlle Sainte ?

— Je n'en sais rien, répondit Biot ; laissez-moi...

Romée s'approcha de lui et lui toucha le bras.

Biot fit un haut-le-corps et prit d'instinct une pose menaçante.

— Mon bon monsieur Jean-Marie, dit Romée. — Vous ne me reconnaissez donc pas ?

Le paysan releva ses paupières contractées. Il y avait de l'égarement parmi sa colère.

— Ah !... murmura-t-il ; — j'écraserai sa tête sous mon pied... Le misérable qui l'a déshonorée... je le connais, moi, je le connais !...

— Sainte ?... dit Romée en pâlissant.

Biot le regarda fixement durant une seconde ; — puis il cacha précipitamment le manuscrit sous les revers de sa veste bretonne.

— Le malheur est dans notre maison, dit-il ; — je

les aime trop pour les voir tant souffrir... ma tête s'en va... Je ne sais pas ce que vous venez faire ici, monsieur Romée...

— Je suis l'ami de vos maîtres, Biot... j'étais le témoin...

Biot ne le laissa point achever. Il se précipita sur sa main.

— Oui, oui !... s'écria-t-il ; — notre monsieur !... vous savez ce qu'il est devenu !...

Romée secoua la tête.

Biot se couvrit le visage de ses mains.

— Berthe... Gaston... Sainte ! murmura-t-il ; — car elle mourra s'il meurt !...

Sa poitrine se souleva en un gémissement profond.

— Mais il ne mourra pas ! dit Romée ; oh ! monsieur Biot, reprenez un peu de force... il lui faut une voix amie, à la pauvre enfant...

— La petite demoiselle d'hier est avec elle, répliqua le paysan ; — elles prient ensemble.

— Mignonne ?... dit Romée ; elle sera heureuse si je puis quelque chose pour son bonheur...

— C'est une enfant du bon Dieu, monsieur Romée ! reprit le paysan, dont la voix s'attendrit ; — sans elle, Mlle Sainte pleurerait toute seule, car moi, je ne sais pas la consoler... Mais vous ne savez donc rien, mon Dieu !...

— Je ne sais rien ! prononça le sculpteur, qui baissa la tête ; — écoutez, monsieur Biot... cherchons ensemble... Il faut trouver quelque chose à lui dire pour diminuer les angoisses de sa nuit... Demain, nous aurons sans doute des nouvelles, mais d'ici là, pauvre enfant ! elle a le temps de bien souffrir...

— C'est vrai, répliqua Biot ; — nos nuits sont longues !... Il faut chercher... Ah ! si je pouvais prendre pour moi toutes leurs souffrances !...

Romée avait gardé à la main par hasard une des lettres qu'il avait prises chez lui. Cette lettre, il la tortillait entre ses doigts, sans savoir, comme on fait aux instants de trouble.

L'enveloppe, mille et mille fois tordue en tous sens, céda à la fin. Machinalement, Romée porta les yeux sur le papier froissé qu'elle contenait.

Aux premiers mots, il fit un saut de joie.

— Biot, mon brave ami ! s'écria-t-il ; voici de quoi sécher pour aujourd'hui les larmes de Mlle Sainte !...

Il lut avec une précipitation joyeuse la lettre dont l'écriture lui était inconnue et qui contenait seulement ces mots :

« M. Romée apprendra avec plaisir que la blessure de son ami, M. Gaston de Naye, ne présente aucune espèce de danger, et qu'il est en un lieu où les soins ne lui manquent pas. »

Point de signature.

Mais au-dessous, deux lignes d'une autre écriture irrégulière et tremblée :

« Ce qui précède est la vérité. Dites à Sainte que je l'aime...

« GASTON. »

— Y a-t-il bien cela ! s'écria Biot, écrasé sous son allégresse imprévue. — Y a-t-il bien cela !... Gaston !...

Romée lui tendit le billet.

Biot essuya ses yeux.

— Gaston ! répéta-t-il. — Il a écrit... Je reconnais bien !... Ah ! le cher enfant ! que Dieu est bon ! le cher enfant ! le cher jeune monsieur !

Il prit Romée à bras le corps et l'embrassa rondement.

Puis il s'assit, défaillant, sur son escabelle.

— Mon cœur ! mon cœur ! murmura-t-il en pressant à deux mains sa poitrine. — Y avait-il longtemps que tu ne savais plus battre de joie... Ah ! merci, bonne Vierge ! Merci, Seigneur Dieu, merci !

— Mon brave ami, dit Romée qui partageait l'émotion du bon serviteur. Il faut aller chez Mlle Sainte...

— Biot se leva avant qu'il eût achevé.

— Je devrais y être ! s'écria-t-il. — Chère demoiselle ; va-t-elle être heureuse !...

Il s'élança, pressant la pesanteur habituelle de ses pas, et monta l'escalier de l'aile droite à grandes enjambées...

Ce qui touchait Maillepré, uniquement cela, pouvait

influencer ce digne cœur, où tout était abnégation dévouée et paternel amour.

Son âme s'était emplie d'une immense colère à la lecture du testament de Berthe ; la pensée de Gaston avait mis la douleur à la place de la colère. Maintenant c'était de la joie, une joie folle et à la foi recueillie, une joie sans bornes comme sa colère et sa douleur.

En tout cela, rien pour lui-même ; tout pour Maillepré !...

. . . .

Il était plus de onze heures du soir lorsque Romée quitta l'hôtel.

Il avait voulu attendre le retour de Blot, pour savoir Sainte consolée, pour entendre parler de son sourire...

En sortant, il tourna l'angle de la rue des Francs-Bourgeois pour voir la lumière à travers les rideaux blancs de la fenêtre de Sainte.

Les amoureux sont ainsi faits, — et foin de ceux qui trouvent fades ces détails où se cache la vraie poésie de la tendresse !

Nous avons décrit quelque part en ces pages la nuit du Marais. Bien que la rue des Francs-Bourgeois soit une des plus fréquentées, les passants s'y font bien rares déjà vers onze heures du soir et les boutiques sont depuis longtemps closes.

En se retournant après avoir regardé la fenêtre de Sainte où brillait encore une lumière, Romée aperçut trois hommes immobiles, non loin d'une voiture arrêtée le long des grands murs de l'hôtel de Maillepré.

Il n'y avait là aucune porte qui pût motiver la station de cette voiture attelée de deux forts chevaux.

Romée connaissait son Marais ; la présence de ces hommes à cette heure l'étonna.

Puis elle l'effraya, parce que, dans tout cœur épris, il y a toujours une porte ouverte à l'inquiétude.

Les trois hommes en l'apercevant s'étaient mis à l'ombre des murs de l'hôtel.

Romée resta debout au milieu de la chaussée.

Et ils demeurèrent ainsi s'observant mutuellement.

Le groupe suspect se composait de M. Burot, de Denisart et d'un joueur de poule nécessiteux que Burot employait au rabais dans les conjonctures délicates.

Ces trois messieurs étaient réunis là pour prendre le frais ou pour toute autre chose.

Si leur présence intriguait Romée, la présence de Romée les désobligeait considérablement.

M. Burot faisait assez bonne contenance ; le joueur de poule avait l'air d'un intrépide (il s'appelait Roby), mais Denisart tremblait de tous ses membres. Pour s'empêcher de trembler, il portait à ses lèvres de temps en temps un flacon de capacité convenable, où il y avait de l'eau-de-vie.

Denisart commençait à se faire ivre assez bien, mais il ne pouvait point se corriger de trembler.

Le ciel était couvert. La lune, néanmoins, se montrait de temps à autre entre deux nuages, pour disparaître presque aussitôt après.

— Qui diable avons-nous là ? demanda Burot.
— Je ne sais pas, dit Denisart.
— On peut aller le prier de disparaître, fit observer Roby.
— Du tout ! s'empressa de dire Burot ; — la prudence est la règle fondamentale de notre art...
— Alors, répliqua Roby, attendons la lune.

Denisart ne dit rien, mais il but un coup.

La lune, en ce moment même, passa d'un nuage à l'autre et jeta les rayons sur la chaussée qui se trouva illuminée vivement.

Burot vit durant une seconde le profil de Romée.
— Malédiction ! grommela-t-il avec dépit ; — c'est l'assassin de ma pipe et de mes deux dents ! il n'y a rien à faire ce soir !
— Allons nous coucher, appuya Denisart.

Burot penchait vers cet avis.

Romée restait toujours au milieu du pavé.

Burot mit le pied sur le montoir de la voiture. Romée était pour lui un véritable épouvantail.

— Que le diable l'emporte !... reprit-il ; nous pourrions bien faire une feinte et revenir... Mais je le connais... il ne s'en irait pas... Écoutez !...

On entendait au loin, sur le trottoir, ce pas retentissant et cadencé que Dieu a donné à nos patrouilles pour les rendre moins préjudiciables aux voleurs...

CHAPITRE X

DEUX HEURES DE NUIT

Vers cette même heure, M. Williams se promenait lentement dans une vaste salle qui avait été la bibliothèque du grand hôtel de Maillepré.

Dans un coin, une couverture était étendue sur de la paille et sur cette couverture un vieillard nu était à demi-couché.

Cet homme fumait une longue pipe au fourneau de terre, et lançait avec chaque bouffée les notes sourdes et monotones d'un interminable chant.

Il était d'une taille presque gigantesque. Ses jambes amaigries et d'un ton rougeâtre accusaient leurs reliefs heurtés sur la laine blanche de la couverture.

Au milieu de la chambre, par terre, il y avait une natte et sur la natte les restes d'un repas.

Le vieillard semblait robuste encore, bien que les années eussent affaissé ses chairs et raidi le jeu de ses muscles.

De temps en temps il interrompait son chant et ôtait de sa bouche le tuyau de sa pipe. Ses yeux profondément caves et qui, d'ordinaire, avaient l'immobilité vitreuse des yeux d'un cadavre, se prenaient alors à rouler tout à coup et se teignaient de rouge. — Il mettait ses deux mains à terre et baissait la tête comme un tigre qui rampe et qui va bondir.

M. Williams se plaçait devant lui, en ces moments, les bras croisés sur sa poitrine, et le regardait fixement. Ce regard froid, persistant, sévère, semblait agir sur le fou comme agit le regard fascinant du dompteur d'animaux féroces sur les monstres vaincus par sa puissance.

Monsieur Williams disait doucement :

— Que mon père se repose. Il n'y a point d'ennemis

autour de sa couche... Et quand il dormira, son fils fera la veille autour de son sommeil...

Le vieillard se repliait craintivement sur lui-même et s'étendait de nouveau sur sa couche.

Puis on entendait encore son chant monotone et voilé.

Mais à mesure que la soirée s'avançait, ce chant s'assourdissait davantage. Les notes tombaient, lentes et confuses, des lèvres engourdies du vieillard.

Vers minuit, sa longue pipe glissa entre ses doigts ; sa tête oscilla une seconde et se renversa en arrière. — Ses yeux étaient fermés.

Durant quelques instants, sa bouche laissa échapper encore un murmure guttural. Puis le silence régna dans la vaste salle.

Le vieillard dormait.

M. Williams s'approcha sur la pointe des pieds, et vint s'agenouiller auprès de lui.

Avec un soin pieux, il plaça un coussin sous la tête du vieillard et ramena la couverture sur sa poitrine où se voyaient, dessinés, plusieurs figures bizarres.

Puis il le contempla un instant en silence. Il y avait dans son regard du respect et de la tendresse.

Le devoir que venait d'accomplir M. Williams était de tous les jours. Quels que fussent les liens qui l'attachaient à ce malheureux vieillard qui était en démence et dont la folie avait des accès effrayants de fureur, M. Williams avait su prendre sur lui un empire absolu. Seul M. Williams avait le don de le calmer, et il suffisait de son approche pour changer en immobilité soumise la fougue forcenée du maniaque.

Dans le cabinet de travail, éclairé seulement par une lampe qui envoyait de douteux reflets au sévère cordon de portraits de famille, Toby Grant, accablé de sommeil, essayait encore de mettre au net la dictée de son maître. Sa main engourdie cheminait lentement sur le papier, écrivant des mots et des phrases dont Grant, à moitié endormi, ne saisissait plus le sens.

M. Williams revint dans son cabinet en quittant le vieillard. Il frappa sur l'épaule de Toby.

— Ami Grant, lui dit-il, — allez vous reposer ; je vais revoir ce que nous avons fait aujourd'hui.

Grant se frotta les yeux.

— Je ne dormais pas... murmura-t-il ; — mais qu'ai-je donc à vous apprendre ?... Ah !... John est revenu... Il a apporté une grande nouvelle... tandis que vous cherchiez dans les pauvres garnis, le marquis Gaston de Maillepré habitait un superbe hôtel... il est riche à millions, monsieur !

— Dis-tu vrai ! s'écria M. Williams dont le cœur battit avec force.

— Vous pouvez vous en assurer. Il demeure rue Royale-Saint-Honoré, n° 9.

— Avec ses sœurs ?

— Je l'ignore... John n'a parlé que du jeune homme.

— Ses sœurs sont sans doute mariées, dit M. Williams, dont l'émotion ne diminuait pas. Ah ! c'est bien vrai ! je cherchais en bas, toujours, parce que je croyais... mais si Dieu les a remis à leur place, béni soit son nom !

Il congédia Grant d'un geste et vint s'asseoir devant la table en répétant :

— Béni soit Dieu ! les suites de la faute n'auront pas été aussi cruelles que je le pensais. Je verrai cela demain...

La nuit s'avançait. Néamoins, M. Williams se mit à l'ouvrage avec ardeur, comme si cette nouvelle eût été pour lui un aiguillon et un soutien.

Toby et lui avaient travaillé toute la journée. Le Mémoire s'était grossi de bien des pages.

Il racontait les traverses de la famille de Maillepré en Angleterre, son arrivée en Bretagne et le touchant accueil que lui avait fait un des bons fils de cette terre loyale.

M. Williams avait sans doute appris ces choses d'une manière détournée et incomplète, car il glissait sur les détails, et ne donnait pas même le nom de ce tenancier généreux qui fut pendant des années la providence de Maillepré.

Or, pour ne point écrire ce nom, il fallait que M. Williams l'ignorât ; car c'était avec reconnaissance et presque avec respect qu'il parlait de ce rustique sauveur.

Les Maillepré avaient vécu là au fond de la Bretagne sur un petit coin de l'immense domaine de leurs pères. Ils avaient passé là des jours tranquilles sinon heureux, attendant patiemment les réponses aux lettres que le marquis avait écrites aux Western.

Mais ces réponses ne venaient point. — L'Océan est parfois un dépositaire infidèle qui ne rend point à leur adresse les messages confiés...

Les Western ignoraient complétement le sort de leurs amis. Ils croyaient Raoul en Angleterre, et par deux fois James adressa à Londres des traites considérables.

La lettre qui vint enfin apprendre aux Western l'état de détresse où étaient tombés Raoul et sa famille fut un coup de foudre pour le vieux Williams.

— Ma pauvre fille ! ma pauvre Louise ! disait-il. — Ah ! si j'avais vingt ans de moins !

James serra la main de son vieux père et fit ses préparatifs de départ.

Sa traversée fut longue, mais sans accident. — A peine arrivé au Havre, il écrivit au marquis, annonçant qu'il prenait la poste et qu'il arriverait presque en même temps que sa lettre.

C'est cette lettre que le marquis Raoul, sans défiance, lut à sa famille, devant le jeune docteur Josépin. Josépin se hâta d'écrire quelques lignes au duc de Compans. C'était son métier ; il recevait trois cents francs tous les mois pour cela...

Le marquis Raoul, cependant, et sa famille attendaient.

On s'en souvient, c'était durant cette soirée du mardi gras de 1826, où le Palais-Royal tout entier tressaillait jusqu'en ses fondements aux éclats d'une joie ivre.

Western descendit de voiture à la nuit. Il demanda le Palais-Royal. On lui enseigna le Palais-Royal.

M. Williams, dans cette partie de son récit, semblait emporté par la colère. Loin d'excuser James Western, il le condamnait avec une sévérité impitoyable.

Certes, la conduite de James Western en cette circonstance avait occasionné de bien grands malheurs. Mais James Western avait été châtié cruellement.

Et puis sa faute, en définitive, avait été celle du hasard.

Il était entré dans ce Palais-Royal où tout était bruit, confusion, tumulte, où la folie hurlait, contagieuse, où la fièvre nageait dans l'air.

Il fut troublé tout d'abord ; il fut étourdi au choc de cette débauche immense qui l'entourait, qui l'enlaçait, qui le pressait.

Il demanda l'aile Valois.

On sait comme est railleuse l'hospitalité du carnaval. — Ceux à qui s'adressait la question de Western avaient dîné. Ils trouvèrent joli d'égarer cet austère visage parmi le grotesque pêle-mêle de la fête. — On le poussa, on le promena, on le lassa.

Puis on l'abandonna, perdu, au milieu de la cohue.

Western, nous le savons déjà, était une de ces natures simples, lentes et naïvement curieuses qui s'arrêtent au charme de la nouveauté, qui s'étonnent, qui s'oublient...

Western avait toujours au dedans de sa conscience une voix qui lui rappelait son devoir ; — mais il avait aussi une excuse, parce que tous ces masques affolés semblaient s'être donné le mot et faisaient pour lui du Palais-Royal un labyrinthe inextricable. On lui disait d'aller à droite, puis à gauche, et jamais on ne lui indiquait la véritable route.

Si bien qu'il lui vint au cerveau à la longue une sorte de vertige.

Cette voix mystérieuse qui prononça son nom à son oreille, — sa lutte avec les masques de la calèche, — le dîner où une main soudoyée lui versa le champagne à plein verre, — tout cela n'était pas fait pour rétablir en lui le calme qui chancelait.

Puis vint l'agent suprême de toute tentation, — une femme.

Une femme si belle que Western crut rêver et que sa raison oscilla dans sa tête brûlante...

Le mémoire de M. Williams racontait ces circonstances. — Et tandis qu'il relisait, la sueur découlait de son front.

Il poursuivait néamoins sa lecture.

C'était la scène d'ivresse au Caveau du Sauvage.

C'était Carmen, l'enchanteresse, enveloppant Western dompté dans les rêts de son sourire...

C'était la chambre rouge de l'hôtel du Sauvage, Carmen couchée sur le sofa, — et qu'elle était belle ! — la danse au bruit des castagnettes, la danse enivrante qui avait mis du feu dans les veines de Western...

Puis c'était ce regard de mort, fixe, dur, implacable, qui était venu le glacer tout à coup.

Une affreuse menace parmi de suaves sourires...

M. Williams respirait avec peine. Son souffle était un râle.

Il laissa tomber le cahier, joignit les mains et jeta ses yeux au ciel en poussant une exclamation sourde.

Puis il se leva, secouant son front ardent, comme pour se débarrasser d'excédantes pensées...

Un silence profond régnait dans la vaste pièce dont les peintures semblaient se mouvoir lentement aux oscillations de la lampe mourante.

Quant la lumière se relevait, quelques feux apparaissaient fugitivement aux dorures noircies des vieux cadres. — De l'ombre des toiles enfumées, çà et là, un visage ressortait, austère et pâle, qui semblait s'avancer dans le vide et projeter hors du cadre son front hautain.

Williams regardait, les cheveux en désordre, la joue livide.

Il y avait de l'égarement dans ses yeux et de l'horreur.

On eût dit que cette fantasmagorie nocturne avait pour lui un sens de menace et de reproche, — et que ces fiers aïeux de Maillepré avaient à lui demander compte du malheur ou du sang de leurs fils...

Deux heures sonnèrent à la haute pendule de bronze qui ornait la cheminée.

Williams s'éveilla comme en sursaut. Il ouvrit une fenêtre afin de donner son front brûlant à l'air froid du jardin.

Au dehors comme au dedans la nuit était calme et silencieuse. La lune était couchée. Les ténèbres s'épaississaient, si profondes que les grands arbres du jardin tranchaient à peine, plus noirs, sur le ciel assombri. Leurs masses surgissaient vaguement comme d'énormes fantômes perdus dans l'obscurité...

M. Williams sentait ses tempes ralentir leurs battements douloureux au contact de cet air froid qui le frappait en plein visage. Il se calmait ; sa fièvre l'abandonnait.

Mais tout à coup dans le silence absolu un bruit indistinct monta jusqu'à lui.

C'était quelque chose de vague et d'irrégulier, des pas, peut-être, peut-être, quelque branche morte tombant sur le gazon.

M. Williams allait fermer sa fenêtre, lorsque, sur le sable blanc d'une allée, une forme noire passa, chancelante et lourde.

Du moins, M. Williams crut un instant avoir aperçu cela.

Mais il regarda mieux... Plus rien.

Et le bruit avait cessé.

— C'est la fièvre ! se dit-il.

C'était peut-être, en effet, la fièvre. — Mais peut-être aussi l'ombre noire ne faisait plus de bruit parce qu'elle marchait maintenant sur le gazon.

La fenêtre refermée, M. Williams, exténué de lassitude, alla se reposer.

Sainte dormait dans sa chambrette.
La chambre de l'aïeule se taisait.
Le sommeil de Sainte était tranquille. Son souffle bruissait, égal et bien doux.

C'est que Sainte s'était endormie heureuse. Sous l'oreiller de sa blanche couchette était le billet apporté par Romée.

Oh ! que Sainte avait baisé bien des fois, en remerciant Dieu, les deux lignes écrites par Gaston.

Et comme cette bonne nuit était différente de la nuit dernière. Williams s'éveilla comme en sursaut. Il ouvrait les yeux, des larmes qui séchaient seulement au souffle glacé du désespoir, de longues heures passées immobile et mourante, la tête sur la couverture de Gaston absent, silencieuse. La lune était couchée. Les ténèbres descendaient, si profondes que les rêves tremblotaient à Gaston blessé.

Des rêves affreux, de mortels réveils.

Mais aujourd'hui, un doux repos, le sommeil pur de l'enfance lassée, des soupirs entre de longs cils fermés et l'arc rose d'une bouche entr'ouverte.

Le sommeil était venu parmi de si douces pensées ! Gaston, elle avait des nouvelles de Gaston ; bientôt sans doute elle allait le revoir. Que de joie partagée ! que de bonnes larmes saintement confondues !

Quand on espère, tout est charmant et heureux.

douleur passée profite. On a du contentement à la mesure de son récent désespoir.

L'âme convalescente se sent mieux et jouit comme le corps d'un pauvre malade à qui reviennent les forces et la vie...

Et comme Sainte ne souffrait plus, elle avait eu le temps de songer à celui qui se faisait une place en son cœur. Elle avait laissé sa pensée se perdre en ces routes nouvelles et fleuries de l'amour qui s'ignore. L'angoisse ne mettait plus son voile noir sur ses beaux rêves d'enfant. Elle voyait l'avenir, — une belle route, bordée de bonheurs, qu'elle parcourait entre Gaston et Romée...

Romée n'était-il pas le sauveur? Toutes les consolations, tous les espoirs n'étaient-ils pas venus de lui et par lui.

Et comme il avait respecté sa peine! Quelle délicatesse à ne point abuser du bienfait pour imposer sa présence et se payer en actions de grâces émues...

Sainte ne se disait point tout cela ainsi. Vous l'eussiez étonnée grandement par la simple analyse de ses sensations. Elle ne savait pas ; elle sentait. — Tant d'autres savent et ne sentent point !

Ce martyre de deux longs jours, tout en écartant le souvenir de Romée, lui avait servi puissamment auprès de Sainte, parce que son nom s'était trouvé mêlé à tout soulagement. Chaque fois que sa pensée était venue à l'esprit de Sainte, c'avait été un répit. — Sainte l'eût peut être aimé sans ce duel, mais ce duel avait brusqué les lentes allures de ce prologue d'amour où le cœur de la vierge hésite si longtemps et retient sa voix aux conseils de la pudeur.

La jeune fille allait naître femme. Quelques jours encore et un vif rayon allait luire parmi les ténèbres inexplorées de son cœur, et lui montrer ce mot mystique qu'on déchiffre pour la première fois avec tant d'épouvante et de charme...

Ce soir, l'image de Romée confondue avec l'image de son frère s'était assise à son chevet...

La bougie, allumée, continuait de brûler sur sa table de nuit.

Elle dormait, calme et sereine, comme un enfant qui sourit à ses rêves...

Il était alors un peu plus de deux heures.

Un bruit se fit dans la chambre de Gaston. — On eût dit de la porte de l'escalier ouverte par une main novice ou maladroite.

Un pas lourd, inégal et assourdi par des précautions qui n'eussent point été suffisantes si quelque oreille eût veillé près de là, résonna sur le carreau de la pièce voisine.

Puis la porte de la chambre de Sainte s'ouvrit à son tour. — La main qui soulevait le pène tremblait.

A l'ouverture, apparut le visage ignoble et poltron de Denisart.

Le pédant était hideux de terreur et d'ivresse. Ses joues horriblement pâles repoussaient le rouge brûlant de son nez. Ses yeux clignaient, blessés par l'éclat soudain de la bougie qui succédait pour lui brusquement à la complète obscurité du dehors. Sa bouche se retirait, creusant de profonds sillons dans la peau flasque et livide de ses joues.

Au lieu d'entrer, il fit un saut en arrière, fuyant sa propre épouvante.

Le silence de la chambre de Sainte le rassura. On n'y entendait que le souffle égal et doux de la jeune fille.
— Il se risqua.

Les cheveux blonds de Sainte, dénoués et sortis en partie de sa cornette de nuit couvraient l'oreiller. C'était au centre de leurs masses confuses et charmantes en leur désordre qu'apparaissait la pure perfection de son visage.

Ses deux bras blancs étaient passés par-dessus la couverture et se croisaient avec une grâce enfantine sur sa poitrine voilée.

Vous eussiez dit un ange pris par le sommeil au milieu de sa prière.

Denisart s'avança, chancela et contempla ce chaste et gracieux tableau avec une gravité d'ivrogne.

Puis il eut un sourire cynique et sa main saisit la couverture pour la soulever.

Mais ses jambes qui flageolaient sous lui, le portèrent jusqu'au milieu de la chambre, où il se rendit maître péniblement de son équilibre.

—Bah !... grommela-t-il ; — monsieur le duc se fâcherait peut-être... le drôle !

Il eut un rire haletant qui luttait contre les hoquets

convulsifs de l'ivresse, et il se prit à chantonner faux,
à voix basse :

> Moi je pense comme Grégoire,
> J'aime mieux boire...

Sainte retira un de ses bras et le mit sous sa tête en
se retournant.

Denisart haussa les épaules.

— Ça me rappelle pourtant des drôleries ! balbutia-t-
il, épuisé par son rire ; — ça me rappelle cette petite
demoiselle de la rue de Vaugirard qui vint chez moi
m'appeler écrivain généreux... Ah ! ah !... et me dire
que sa mère mourait et qu'elle n'avait pas de pain...
Comme si on avait besoin de pain pour mourir... Ah !
ma foi... je lui promis du pain pour sa mère... Et puis...
Mais comment donc s'appelait-elle ?... Un nom de reine,
ma foi ! Clotilde... Non pas... tu mens, toi, Denisart !...
c'était Berthe... Ah ! Ah !... Elle était drôlette en diable,
cette petite demoiselle ! Elle pleurait... elle pleurait...
ça me fait rire, rien que d'y penser !...

Il s'avança en zig-zag vers la fenêtre et l'ouvrit.

Sainte, à demi éveillée par le bruit, rendit une
plainte.

— Dodo !... mon petit, dodo ! dit Denisart.

On siffla doucement dans la rue au bas de la fenêtre.

Denisart tira de sa poche une échelle de soie et l'as-
sujétit tant bien que mal au balcon, — après quoi il en
jeta l'extrémité dans la rue.

L'échelle se tendit aussitôt, comme si une main la secouait fortement pour en éprouver la solidité.

— Ça tient, dit en bas M. Burot ; — allume !

Denisart rentra, noua son mouchoir avec une vigueur
brutale sur la bouche de Sainte, éveillée en sursaut, et
l'enleva dans ses couvertures.

Sainte poussait des gémissements faibles qu'étouffaient les plis du mouchoir.

Denisart, chancelant sous le poids de son fardeau,
faisait un pas vers la fenêtre, revenait, avançait encore,
roulait comme au hasard sur ses jambes amollies.

La tête ébouriffée de Burot se montra à la fenêtre.

— Allons !... dit il avec impatience.

— Ne me faites donc pas rire !... prononça péniblement Denisart ; — si je tombe, d'abord, je ne me relèverai pas... je me connais.

Il oscilla un instant, choquant par deux fois le pauvre corps de Sainte à la muraille. Puis par un élan désespéré, il piqua droit à la fenêtre, et jeta son fardeau entre les bras de Burot.

M. Burot fut presque renversé du coup.

— Bête brute ! gronda-t-il.

Denisart, énervé par un rire stupide, se balançait, en équilibre, et se tenait les côtes.

Burot commença à descendre, soutenant Sainte de son mieux. Roby tendait l'échelle. — Burot toucha terre sans accident.

— Jette l'échelle, dit-il, — et reviens nous trouver par le jardin.

Denisart parvint à dénouer les cordons de soie. L'échelle glissa.

Mais lorsqu'il voulut gagner l'escalier, sa tête tourna, ses genoux se cassèrent ; il tomba lourdement en travers sur le lit de Sainte et se mit incontinent à ronfler.

Un coup de fouet retentit dans la rue. — Le pavé silencieux sonna. — Une voiture arrêtée sous la fenêtre venait de partir au galop.

LE PORTEFEUILLE ROUGE

CHAPITRE PREMIER

LA BARONNE DE ROYE

Nous sommes au lendemain du duel de la butte Saint-Chaumont.

Nous entrons au n° 4 de la rue Castiglione, chez Mme la baronne de Roye, — cette belle baronne dont le docteur Josépin parlait à Roby l'autre soir avec tant d'emphase à l'Opéra.

Cette belle baronne, veuve après douze heures de mariage, qui était la protectrice de Josépin, la protectrice de l'avoué Durandin, et dont nous avons vu le nom compromis dans une conversation des deux amis à l'Opéra, durant le deuxième acte de *Moïse*, avec les noms de du Chesnel et de Denisart.

. . . .

C'était sans doute le boudoir de madame la baronne.

Une tenture de soie bleue descendait du plafond sculpté, encadrant les grandes glaces et amollissant l'éclat trop vif du jour extérieur, qui se jouait, avant d'entrer, parmi les plis affaissés et les larges broderies des rideaux de mousseline des Indes.

A travers leur voile diaphane, on apercevait les arbustes d'une terrasse, sorte de jardin suspendu, où novembre laissait quelque verdure attardée.

La pièce était de moyenne grandeur. Il y régnait une

atmosphère tiède, doucement parfumée. Au seuil mouraient les bruits du dehors.

A droite, s'ouvrait à demi la draperie lourde d'une alcôve. A gauche, un enfoncement de même forme que l'alcôve, et drapé pareillement, laissait voir un prie-Dieu d'ébène où reposait un missel relié de velours et d'or.

Quelques magnifiques tableaux pendaient sur la soie des murailles. Entre deux de ces toiles, qu'un connaisseur eût couvertes d'or, il y avait, dans une niche mignonne, deux castagnettes d'ébène et un petit poignard, dont on voyait étinceler les fines ciselures.

L'alcôve était sombre. L'œil n'y pouvait rien distinguer. Mais, parmi le silence absolu de la chambre, on y entendait le souffle faible et régulier d'une personne endormie...

Une porte perdue dans les draperies voisines du petit oratoire s'ouvrit doucement, et une femme mit son pied avec une précaution timide sur le tapis épais.

Elle était grande, et le mouvement qu'elle fit pour repousser la porte suffit à déceler la grâce exquise de sa taille.

Elle avait une robe du matin en reps noir dont les plis moelleux n'étaient assujétis que par une cordelière à la taille et par une agrafe au cou. Cette robe couvrait entièrement les épaules et la poitrine. De ses plis négligemment abandonnés, mais qui ne pouvaient voiler complétement la noble beauté d'un buste de reine, s'élançait un cou pur, flexible, harmonieux, sur lequel ruisselaient à longs flots les boucles molles d'une opulente chevelure noire.

Le visage était dans l'ombre. Le dessin expressif et correct en apparaissait vaguement, éclairé par la flamme de deux grands yeux bleus dont le regard étrange descendait au cœur comme une brûlante caresse.

Elle s'arrêta au seuil ; elle écouta. Sa pose timide, attentive, contrastait avec le caractère superbe de son impériale beauté.

Tandis qu'elle écoutait, son sein soulevait doucement la soie émue de sa robe. — Le bruit faible qui partait de l'alcôve vint jusqu'à elle. On eût dit que ce souffle appelait son âme. Elle appuya ses deux mains sur son cœur...

Elle fit quelques pas sur le tapis. — Son pied glissait sans bruit. — Sa démarche avait cette grâce forte du rampement de la panthère...

Elle s'arrêta de nouveau, et ce fut encore pour écouter.

Elle était au milieu de la chambre. Le jour, se courbant sous l'ogive de soie des rideaux de la fenêtre, la frappait en côté. Les mille perfections de son corps admirable s'éclairaient tour à tour tandis que son visage restait à l'ombre de ses cheveux.

Un instant son front se pencha, rêveur. Puis elle rejeta en arrière, par un mouvement brusque, l'orgueilleuse richesse de sa chevelure, dont les boucles agitées entrechoquèrent leurs spirales mobiles. — Il sembla que les lueurs glissaient çà et là chatoyantes, fugitives, parmi ces belles ondes...

La lumière frappait maintenant ses traits. Son front resplendissait. Tout s'éclairait autour d'elle.

C'était la poésie de la beauté, — la beauté ardente, mais pudique, timide, mais fière, et n'ayant d'autre parure que son magique rayonnement.

Il y avait comme un attrait fatal dans ce regard profond et doux ; ce divin sourire domptait l'âme éblouie.

C'était un chef-d'œuvre de Dieu. — Vous l'avez vue peut-être, mais ce fut en rêve, et à cette première heure d'amour qui met une céleste auréole au front de la femme aimée.

Elle était aussi belle, elle était plus belle que votre plus cher souvenir, — plus belle que cette image gravée tout au fond de votre cœur et qui sourit aux caresses de vos rêveries.

Cette femme avait nom madame la baronne de Roye.

C'était Carmen.

. . . .

Carmen souleva le rideau de l'alcôve. Un peu de jour y pénétra derrière elle, éclairant faiblement le visage de Gaston endormi.

Son sommeil était calme. La fatigue d'une nuit douloureuse qui avait suivi une journée d'épuisement physique et de trouble moral, le sang qu'il avait perdu par sa blessure, le silence enfin, tout contribuait à rendre profond et tranquille le repos si nécessaire au dernier des Maillepré.

L'agitation de la nuit avait dérangé les couvertures. Lui-même gardait la position prise au plus fort de la fièvre. Il était presque en travers sur le lit, et sa tête pendait, renversée, au-delà de l'oreiller de dentelles. L'un de ses bras s'arrondissait sur sa poitrine : l'autre, relevé, supportait le poids de sa tête et disparaissait dans la molle rondeur du traversin.

Carmen le contemplait et retenait son souffle. Sa bouche s'entr'ouvrait, muette ; son sourire s'attendrissait comme le sourire d'une mère au chevet de son fils, comme le sourire béni de l'ange qui nous garde et qui veille à la droite de notre cœur.

De ce radieux visage qui se penchait et parlait d'amour ne tombait-il point de beaux rêves sur le front endormi de Gaston ?...

Gaston ne sentait-il point cette haleine suave effleurer ses tempes, chaudes encore de la fièvre récente?

Ne songeait-il point qu'il y avait une fée aux ailes d'or qui planait sur sa couche, et dont le bouquet effeuillé, versait les fleurs qui caressaient sa joue !...

C'est un magnétisme étrange. — Gaston eut un doux sourire, auquel répondit le sourire enchanté de Carmen.

De belles visions berçaient maintenant le sommeil du blessé, — sa joue se colorait. — Sa main s'ouvrit, puis se referma, comme pour presser une main amie.

La main de Carmen, mue par une force irrésistible, s'avança lentement et se posa sur les doigts de Gaston.

Le contact la fit tressaillir. Sa belle pâleur fit place à un rouge vif qui descendit le long de ses joues jusqu'à son cou...

Puis sa pâleur revint plus mate. — Les yeux secs voilèrent leur flamme. Sa prunelle se noya dans d'extatiques langueurs.

Courbée ainsi sous la volupté victorieuse, elle gardait comme un vêtement de pudeur. C'était l'impétueux amour de la vierge trop longtemps ignorante que la passion dompte et égare...

Gaston balbutia. Carmen pencha son oreille vers la sienne.

La main de Carmen se retira.

Elle se redressa, glacée.

— Sainte! répéta-t-elle; toujours Sainte!... Oh! comme il l'aime! et qu'elle doit être heureuse!...

Carmen croisa ses bras sur sa poitrine. Sa paupière se baissa. La tristesse, une tristesse amère, avait éteint les vifs rayons de ses yeux.

Elle demeura longtemps ainsi, et tandis que son œil se clouait au sol, mille sentiments passaient et se peignaient sur sa physionomie.

Elle était jalouse; elle haïssait, elle menaçait; — mais elle aimait. Au plus fort de sa colère, l'amour la courbait, soumise, et fondait en larmes silencieuses les feux hostiles de son regard.

Le jour grandissait. Les oiseaux chantaient dans le grêle feuillage des arbustes de la terrasse. Le soleil qui ne pouvait franchir la barrière opposée par les rideaux, tamisait sa lumière par les pores de l'étoffe et caressait les objets de ses douces allouées.

Sous l'arceau formé par les draperies de l'alcôve, on n'apercevait que le blanc visage de Carmen, tranchant sur le fond obscur, comme ces figures célestes que Caravage jetait sur ses sombres toiles et qui semblait rayonner un éclat propre, comme les astres dans la nuit.

— Sainte!... Sainte!... s'écria Carmen dont une pensée sombre regard rencontra dans la glace vis-à-vis d'elle, ses traits exquis, seuls éclairés parmi l'ombre de l'alcôve. Sa tête se releva. Une joie orgueilleuse illumina son front.

— Cette Sainte, murmura-t-elle avec une reconnaissance naïve, et peut-elle être plus belle? Mon Dieu! merci pour la beauté que vous m'avez donnée!...

Elle se retourna vers Gaston et se pencha de nouveau au-dessus de son sommeil.

Gaston s'agitait. Sa bouche s'entr'ouvrait souriante. Le sang venait à sa joue. On eût dit que le regard de Carmen, par une mystérieuse puissance, précipitait en lui le cours de la vie.

Son souffle devint irrégulier et confus. Une plainte heureuse murmura entre ses lèvres. Il étendit en avant ses deux bras qui tremblaient...

Carmen tremblait aussi...

Son corps souple ondula et se coula entre les bras ouverts de Gaston. — Gaston la saisit, aveugle, et l'attira. Leurs bouches se touchèrent. — Carmen mourante, glissa sur ses genoux.

Gaston s'éveillait et la regardait avidement.

— Mon rêve !... dit-il ; — mon beau rêve !... c'est vous que je voyais !... Venez-vous du ciel ?...

Carmen ouvrit les yeux à demi. Un sourire faible erra sur sa lèvre blêmie. — Elle ne parla point.

Elle joignit ses mains. Sa tête s'appuya contre la soie de la couverture.

Et, au travers de ses longs cils, par la fente de ses paupières demi-closes, son regard esclave caressait Gaston et lui demandait de l'amour...

. . . .

Carmen était assise au chevet du malade.

Une heure s'était écoulée.

— Ma blessure n'est rien, dit Gaston ; — madame, je ne puis accepter plus longtemps votre hospitalité généreuse... Ma sœur doit souffrir et m'attendre...

— Comment se nomme votre sœur ? demanda Carmen.

— Elle a nom Sainte, madame.

— Sainte !... Sainte !... s'écria Carmen dont une joie folle inonda le cœur ; — vous êtes le frère de Sainte !... oh ! merci !... je croyais... mais que je l'aime à présent !

— Pauvre Sainte ! reprit Gaston ; elle a bien pleuré depuis hier, madame... nous sommes seuls au monde à nous aimer, elle et moi... si vous saviez quels trésors d'angéliques tendresses il y a au fond de son cœur !...

— C'est votre sœur, dit Carmen ; — je serai son amie...

Gaston secoua la tête et baissa les yeux. Sa voix prit une inflexion ferme et triste.

— Vous venez de m'apprendre à qui je dois ces soins délicats, cette hospitalité prodigue qui a accueilli le pauvre blessé, répondit-il ; — vous êtes madame la baronne de Roye... la sœur de monsieur le marquis de Maillepré, mon adversaire... Oh ! madame, croyez bien qu'il n'y a pour vous en mon cœur que respect et profonde gratitude... mais Sainte est une ouvrière, comme je suis, moi, un ouvrier... entre une grande dame et nous quels rapports sont possibles?...

Carmen fut quelques secondes avant de répondre.

— Vous le haïssez !... murmura-t-elle enfin ; — et vous ne me pardonnez point d'être sa sœur !...

Gaston rougit.

— Entre lui et moi, madame, dit-il d'une voix que faisait trembler son émotion croissante, il y aura désormais votre souvenir... Je le haïssais... Oh ! et j'avais sujet de le haïr, madame !... mais je vous ai vue... je crois que j'oublierai ma haine...

La belle baronne remercia tout bas. — il y eut un silence.

Gaston n'avait jamais aimé. — Carmen avait aimé une fois et autrement.

Gaston sentait son âme amollie et troublée. La passion grandissait en lui à son insu. Elle enchaînait son cœur qui ne voulait point encore y croire.

Carmen savait qu'elle aimait, parce que l'amour la dominait, vaincue ; parce que c'avait été en elle une tempête fougueuse du cœur et des sens ; parce qu'il n'y avait plus rien en elle qui ne fût amour.

Et cet amour soudain, violent, profond, avait jeté dans son esprit une confusion extraordinaire.

Sa nuit s'était passée à méditer et à douter.

Car le crime et les hasards de sa vie l'avaient laissée vierge.

Elle avait joué bien souvent l'amour et bien souvent joué avec l'amour. — Madame la baronne de Roye avait vu à ses pieds bien des amants esclaves. — Que de femmes le brillant marquis Sauvage avait entraînées dans sa course capricieuse !...

Mais nul homme n'avait pu trouver le chemin de ce cœur hautain et bizarre en sa puissante vigueur. Ils avaient passé devant le regard toujours indifférent de la baronne. Elle avait fait d'eux une parure et un jouet.

Et d'elles, de toutes ces femmes domptées par le charme étrange qui était en lui, le marquis Sauvage avait fait aussi un jouet et une parure.

Nul ne l'avait possédée ; — il les avait vaincues toutes, et il avait dédaigné de profiter de sa victoire.

Une fois, une seule fois son cœur avait battu, apprenant tard et avec étonnement les délices impatientes du désir.

Il avait rêvé de longues heures, et le nom de Marie de Varannes s'était gravé tout au fond de son âme. C'est que Marie était bien belle et bien pure ! c'est que son regard souffrait et disait tout ce que son amour lui coûtait de larmes !

— Pauvre Marie ! — Le marquis la voyait prier Dieu si saintement ! elle ressemblait si peu aux autres femmes !...

Il l'aima ; il la poursuivit ; mais il s'arrêta devant ces pleurs touchants de l'épouse vaincue qui joignait ses mains et demandait grâce à l'amour...

Ce n'était point là une de ces passions effrénées qui emportent et brisent toutes barrières ; c'était cette tendresse noble du chevalier pour sa dame, ce sentiment fort et doux qui tient le milieu entre l'amitié d'un frère et le délire de la passion...

Un soir, nous le savons, le marquis, au bras même de Marie de Varannes, aperçut pour la première fois Gaston.

Ce fut un coup étrange. Il sentit s'éveiller en lui une autre âme. Sa nature se dédoubla. Un voile passa sur sa vue...

Et, toute cette nuit, madame la baronne de Roye veilla...

Cette créature puissante, Carmen, qui courbait le bras et le cœur des hommes, chercha un refuge dans sa force. — Elle n'avait plus de force.

Elle avait beau se dire :

— La robe d'une femme ne peut changer le sexe d'un homme...

Elle rappelait à elle l'image voilée de Marie de Varannes... C'était l'image de Gaston qui venait.

Et son cœur fléchissait, son cœur si robuste, sa bouche apprenait de brûlantes paroles. Sa raison se troublait. Une fièvre âpre la rendait folle.

Le jour venant, lui rendit le courage. Elle foula aux pieds ses habits de femme, qui lui semblaient un déguisement odieux, désormais. Elle endossa avec un frémissement d'orgueil, le vêtement qui faisait d'elle un homme.

Une fois, une seule fois son cœur avait battu,

Le marquis Sauvage releva son front fier. Fi des terreurs de la nuit !...

Ce fut durant cette journée que, se forçant à être empressé, il obtint un tête à tête avec Marie de Varannes. Le hasard ramena Gaston sur son chemin ; il lui jeta sa bourse et sa carte sans le reconnaître. Puis il partit au galop, parce que, derrière, suivait une autre voiture connue, où s'ouvrait l'œil espion de Diane de Baulnes...

Nous savons ce qui résulta de cette rencontre. Gaston se rendit à l'hôtel du marquis et le provoqua. Peut-être le marquis eût-il supporté l'insulte, mais Marie de Varannes était là, tout près, qui, tremblante, entendait et voyait l'outrage...

Et puis, en ce moment, le marquis se sentait contre Gaston des mouvements de haine furieuse. Il se souvenait de sa nuit. Il avait honte, et quelque frayeur enveloppait son esprit encore. — C'était Gaston qui avait produit ce trouble et chauffé ce délire. — Il lui fallait la mort de Gaston.

Il y eut en lui, jusqu'à la fin de cette soirée, une excitation inquiète qui le sauva de lui-même. Il fut gai. Le raout de Mme Pontlevau le vit plus charmant encore que de coutume. Il eut pour Marie de Varannes des soins émus, de délicates tendresses. Ce fut avec froideur et liberté d'esprit qu'il prit auprès de du Chesnel et du docteur Josépin ses mesures pour le duel du lendemain...

Mais la nuit, — oh ! que de mortelles angoisses ! que d'amour fougueux ! que d'espoirs insensés !...

Carmen pâlissait, belle, aux lueurs nocturnes de sa lampe. — Vous eussiez vu son œil fixe, sa lèvre pâle et ses tempes tremblantes sous les masses dénouées de ses longs cheveux noirs.

Assise sur son séant, elle pensait. Son corps admirable tressaillait au vent glacé de la crainte, et son regard se ferma devant quelque vision qui lui faisait horreur...

— Je le tuerai, disait-elle, — demain, nous serons épée contre épée... Il faudra bien que je le tue !...

Et son œil s'allumait à cette pensée de vengeance. Elle se redressait au-dessus de sa fatigue découragée.

Puis son front se courbait de nouveau.

— Le tuer ! mon Dieu ! le tuer !... murmurait-elle en frissonnant ; — si jeune !... si beau !... si cher !...

Ses deux mains pressaient convulsivement sa tête qui éclatait.

Elle s'endormit, harassée de lassitude.

Des rêves vinrent qui secouèrent son sommeil et continuèrent l'angoisse de sa veille.

Elle gémissait ; la fièvre la tordait...

C'était sur le versant brûlé d'une Sierra d'Espagne. Il y avait devant elle une vieille femme au costume étrange, au visage sillonné de mille rides jaunies... Et Yahbel lui disait : « Enfant tu seras beau... mais tu seras plus belle... As-tu deux cœurs ?... »

Puis, par une nuit noire, dans une gorge des montagnes d'Ecosse, c'était un grand vieillard à la physionomie sauvage et mystique, dont la bouche s'ouvrait pour prononcer les paroles énigmatiques et bizarres du chant de Jan Vohr :

> Le sang de l'homme teint son âme ;
> Elle est rouge : ainsi la fit Dieu,
> Et blanche est l'âme de la femme.
> . . . .
> De quelle couleur est ton âme ?

Carmen s'éveilla en sursaut.

Elle avait les cheveux épars et l'œil égaré.

— Jan Vohr... dit-elle ; Jan Vohr et Yahbel !... Ah ! oui... j'ai deux cœurs... Mon Dieu ! mon Dieu ! cachez-moi mon âme !...

CHAPITRE II

LE SOURIRE D'ARMIDE

Après la scène du duel à la butte Saint-Chaumont, M. le marquis de Maillepré, comme nous le savons, avait enlevé Gaston à la face de ses deux témoins, Romée et le bon Nazaire, dit Dragon.

L'élégant coupé de monsieur le marquis s'était arrêté devant le numéro 4 de la rue Castiglione. On avait transporté Gaston, toujours évanoui, dans les appartements de Mme la baronne de Roye.

Un médecin avait été appelé sur-le-champ. Gaston avait été entouré de soins, de précautions, de sollicitude. On eût dit qu'il y avait autour de son lit l'amour de sa mère.

Il y avait fort longtemps que Mme la baronne de Roye occupait le premier étage tout entier du numéro 4 de la rue Castiglione. Elle était venue là tout de suite après la mort de son mari, c'est-à-dire le lendemain de son mariage.

Madame de Roye, en effet, aussitôt veuve que mariée, avait perdu son époux quelques heures après la cérémonie nuptiale.

On pensait dans la maison que madame de Roye habitait d'ordinaire un fort magnifique château qu'elle avait on ne savait où, en Normandie peut-être, peut-être en Bourgogne. Sa coutume était de ne faire à son appartement que de très rares et de très courtes apparitions.

Presque toutes les semaines un homme venait la demander avec une persistance patiente et infatigable. On lui refusait la porte, il ne murmurait point. Cet homme était laid comme Basile. Il laissait chez le concierge son nom écrit sur un petit morceau de papier et disait :

— Veuillez présenter mes respects à madame la baronne... Je reviendrai.

Le nom écrit était Denisart.

Depuis une semaine, un autre visiteur venait, mais c'était tous les jours. Celui-là parlait haut et se fâchait chaque fois qu'on lui notifiait l'absence de madame la baronne.

Il avait des cartes à un franc vingt-cinq centimes le cent, sur lesquelles rayonnait dans un buisson de paraphes le nom lithographié de Roby.

En recevant les carrés de papier de Denisart, madame la baronne faisait un geste de dégoût qui confirmait son concierge dans la piètre opinion qu'il avait prise de l'infortuné professeur.

Quant aux cartes de Roby, on les lui remit toutes ensemble, le jour même où Gaston était arrivé chez elle, et toutes ensemble, elle les jeta au feu, de sa main blanche et charmante, parce que sans nul doute elle songeait à quelque chose de beaucoup plus intéressant.

Le médecin appelé, cependant, avait trouvé Gaston plongé dans un abattement complet. La blessure était fort légère, mais les suites de la fatigue éprouvée se montraient menaçantes, et le médecin prescrivit les ménagements les plus scrupuleux.

La baronne n'était pas entrée chez elle en même temps que Gaston, parce qu'il avait bien fallu que M. le marquis de Maillepré quittât ses habits d'homme.

Mais, que nous l'appelions baronne ou marquis, Carmen était si habituée à ces changements soudains que bien peu de minutes lui suffirent.

Elle ne voulut s'en fier à personne pour demeurer auprès de Gaston. — Celui-ci passa une nuit de fièvre. La baronne veillait à son chevet.

La chambre n'était éclairée que par la lampe placée en dehors de l'alcôve. Plus d'une fois, Gaston, s'éveillant à demi, entrevit un beau visage de femme qui se penchait au-dessus de sa couche et qui le contemplait avec amour.

Il croyait faire un doux rêve.

. . . .

Mais cette nuit était passée depuis longtemps déjà.

Il y avait plus d'une heure que Gaston et Carmen s'entretenaient. Leurs bouches prononçaient des mots indifférents, mais déjà leurs âmes se parlaient d'amour.

Elle était si belle, et son regard avait tant de puissance pour séduire ! — Gaston avait un cœur tout neuf où n'habitait qu'une pensée de tendresse fraternelle. L'image évoquée d'une femme n'avait jamais prolongé sa rêverie, et c'était Sainte que voyaient les songes purs de son sommeil.

A l'âge d'un homme, c'était un enfant. Sa position douloureusement exceptionnelle avait été comme une barrière autour de son cœur et de ses sens. — Si parfois sa veille altérée avait entendu les vagues appels de la jeunesse inquiète, ce n'était pas une femme qu'il voyait passer dans sa nuit, c'était la femme... Sa misère le rendait farouche et froid. — Où Maillepré déchu pouvait-il aimer d'ailleurs ?

En haut il n'eût trouvé qu'étonnement ou mépris ; en bas... Il faut bien le dire, le roman prêche d'ordinaire la confusion des races, et lance son anathème de hanneton sur tout gentilhomme qui n'est pas disposé à faire couche avec une boulangère ; mais, à notre avis, un cœur noble ne descend pas.

Il serait à coup sûr insensé, en notre siècle nivelé par tant de malheurs et de hontes, il serait insensé de prétendre qu'une mésalliance est un crime ou seulement une action blâmable. — Mais il nous semble grotesque d'affirmer que c'est une action méritoire. Épouser sa blanchisseuse est bon tout au plus pour dénouer la trame ....ale d'un vaudeville. L'a-t-on épousée ? c'est un fait accompli. N'en parlons plus, puisque tout fait accompli est, dit-on, respectable. Mais, en revanche, ne crions point *racca* sur les pauvres esprits qui d'en faire autant ne se sentent point la bravoure.

D'ailleurs la générosité change bien souvent l'aspect et la nature des choses. Il peut être beau de descendre pour réparer, pour payer une dette de bonheur ou d'honneur, quand on est riche ou assis au sommet de l'échelle humaine. — Mais noblesse, à notre sens, oblige autrement le pauvre.

Qui pourrait lui faire un reproche de se draper, sauvage et froid, en son malheur solitaire ?

Il n'a plus ce prestige de la puissance qui permet d'élever jusqu'à soi la femme choisie, au lieu de descendre jusqu'à elle.

Il pense que la gloire des ancêtres est un trésor fatal qu'il faut enfouir intact sous la pierre d'un tombeau.

Se trompe-t-il ? Pardonnez-lui son erreur austère, en faveur de la rareté du fait. Vous n'aurez pas à pardonner beaucoup d'erreurs comme celle-là en votre vie...

Jusque alors tout ce que Gaston avait de tendresse s'était concentré sur Sainte. Il l'avait aimée uniquement et passionnément, car ces belles affections de la famille peuvent atteindre jusqu'à la passion. — Il avait mis en elle tout son espoir et tout son bonheur. Il avait été jusqu'à se promettre bien souvent à lui-même de garder son cœur contre tout autre amour. Mais où vont ces promesses ?...

La vue de la baronne, cette créature si parfaite, avait éveillé en lui soudain tout un ordre de sensations endormies. Il avait deviné, lui, novice, d'un seul coup d'œil, que la baronne l'aimait et d'un seul coup d'œil il avait entrevu la profondeur de ce sentiment.

Mais, loin de se reposer longtemps en cette confiance il la repoussa bientôt comme une erreur. A mesure que son trouble augmentait, amenant parmi les joies vagues et tumultueuses les premières angoisses de l'amant, il ne voyait que de la compassion dans le sourire de cette femme, penchée toujours à son chevet, et il s'effrayait de la fièvre où était sa pensée. Il avait peur d'aimer, parce qu'il se sentait à la fois être heureux et souffrir.

La baronne épiait chèrement ce trouble, et tâchait à lire dans ces premiers symptômes de la passion. — Ils n'avaient point encore prononcé le mot amour, mais, en eux et autour d'eux, tout suppléait à ce silence...

La baronne s'était donné tout d'abord pour la sœur de monsieur le marquis de Maillepré, afin d'expliquer une similitude de traits qui n'eût pu longtemps échapper au regard de Gaston, et que nul changement de costume n'aurait suffisamment dissimulée.

Gaston n'avait point fait difficulté de la croire, et l'aversion qu'il ressentait contre le frère n'avait pu diminuer l'attrait puissant qu'exerçait sur lui la sœur.

Peut-être même, car l'amour ne se pique point d'être logique et sait trouver vers nos âmes des routes imprévues, peut-être sa haine pour le marquis avait-elle favorisé sa sympathie pour la belle baronne.

Celle-ci, à cette première feinte, en avait ajouté une seconde.

Afin d'éloigner de Gaston l'idée de retourner sur le champ vers sa sœur, dont l'image était présente sans cesse à son esprit, et combattait énergiquement les premières atteintes du charme qui allait le dompter, la baronne lui avait dit :

— Vous reverrez votre sœur dès que votre blessure sera refermée... maintenant, ce serait braver un danger inutile... Nous sommes loin de Paris... Mon frère vous a amené jusqu'à son château d'Avalon en Bourgogne...

— Son château d'Avalon !... répéta Gaston avec amertume en reconnaissant le nom d'un domaine de sa famille ; — serais-je prisonnier, madame ?...

— Il n'y a que moi pour vous garder, répondit la baronne doucement.

— Mais pourquoi étais-je dans la voiture de monsieur le marquis ? demanda encore Gaston.

— Je ne sais... mumura la baronne ; — si c'est un hasard...

Elle n'acheva pas, mais la belle pudeur de son front expliqua son sourire.

Gaston ne pouvait perdre sa défiance, quant au motif de cet étrange voyage. Mais n'ayant repris ses sens que depuis son arrivée, et s'étant trouvé à son réveil dans une chambre inconnue, il n'avait aucun moyen de contrôler la sincérité des assertions de la baronne. Ces riches tentures qui l'entouraient de leur élégante magnificence pouvaient bien appartenir à la demeure d'un jeune homme fastueux et prodigue comme l'était M. le marquis de Maillepré.

Ce silence profond qui régnait dans la chambre et aux alentours semblait d'ailleurs indiquer en effet la solitaire tranquillité de la campagne.

Gaston se crut en Bourgogne...

Il ne pouvait certes oublier sa sœur, qui avait été jusque alors en ce monde sa plus vive, son unique affection ; mais Carmen était une enchanteresse à laquelle on ne savait point résister. A son insu, Gaston s'empressa d'accueillir ce prétexte de jouir encore de sa présence et de sa vue.

La conscience a ses sophismes. Elle se trompe elle-même parfois, complice du désir. — Le médecin avait déclaré qu'une seconde course en voiture, entreprise immédiatement, présenterait un grave péril : Gaston eut quelque chose à répondre aux sourds reproches de son cœur qui lui montrait Sainte abattue sous son inquiétude, navrée, abandonnée, et qui amenait jusqu'à lui comme un écho de ses sanglots et de sa plainte.

Il ne parla plus de partir ce jour-là même.

Il reçut avec reconnaissance l'ouverture de la baronne, qui lui proposait de rassurer Sainte par un mot de sa main. — La baronne écrivit elle-même ce billet dont la lecture devait donner tant de joie aux amis de Gaston et changer en espoir le découragement amer de la pauvre Sainte.

— Demain, se disait Gaston, — je partirai... Sainte !... Ma petite sœur chérie !... qui pourrait me retenir plus longtemps loin d'elle !...

. . . .

Le lendemain, que le sourire de Carmen était beau !...

Et qu'il y avait de ravissement sur le front de Gaston où la vie revenue combattait un reste de pâleur.

Il n'y avait plus entre eux de secret. Ils s'entendaient ; ils s'aimaient tout haut.

Le charme qui s'épandait autour de Carmen agissait irrésistiblement. C'était comme un voluptueux rayonnement de grâces toutes puissantes. — On eût dit que l'amour qu'elle éprouvait pour la première fois avait doublé ses victorieuses séductions...

Elle était heureuse. Sa magnifique beauté s'embellissait encore de son bonheur.

Gaston la contemplait en extase. Leurs yeux se parlaient, leurs sourires se mêlaient en de mutuelles caresses...

Gaston, subjugué, perdu, ne vivait plus en lui-même, mais en elle. Sa volonté n'avait plus de ressort, son intelligence ne pensait que pour aimer, son être entier ployait oppressé par la passion inconnue...

Et sa jeunesse réveillée tout à coup oubliait la glaciale étreinte du malheur. Il ressuscitait de son engourdissement mortel. Son mal n'existait plus. Sa poitrine, affaissée naguère, s'élargissait au souffle vivifiant d'une atmosphère de délices. Il se redressait. Une chaleur nouvelle dégageait de ses os la sève des belles années. Le sang se fondait en ses veines qui se gonflaient d'ardeur et de force.

Ce n'était point l'excitation vaine d'une fièvre qui passe et qui laisse après soi un redoublement de fatigue.

C'était le flux de la vie, Gaston renaissait. — Il aimait.

Carmen adorait. — Oh! Carmen! quelles paroles sauraient peindre le muet bonheur de son extase enchantée! Son amour dépassait celui de Gaston de toute la force supérieure de sa nature.

C'était une passion à la fois emportée et soumise, fougueuse et dévouée jusqu'à l'esclavage, — pleine de délicatesses protectrices et de folles admirations, — caressante comme la tendresse d'une mère, mais jalouse comme le caprice d'un maître.

C'était un amour suave, tout embaumé d'exquise poésie et c'était un amour immense, brûlant, qui eût brisé l'âme d'une créature vulgaire, comme la liqueur qui bout et fermente dans le grès fait éclater les parois de sa prison fragile...

... Gaston baissa les yeux. — Un nuage passa sur son sourire.

— Je vous aime, dit-il; — Oh! oui... de toute la puissance de mon cœur... Mais où peut aboutir cet amour?...

— Je suis libre, répliqua la baronne.

Gaston laissa retomber sa tête sur l'oreiller. Un instant, sa figure eut cette froideur fière qui était autrefois son expression habituelle.

— Moi, je suis pauvre... murmura-t-il.

Ce fut au tour de la baronne de s'attrister et de baisser les yeux.

— Vous êtes riche, reprit Gaston, bien riche!... Dieu m'est témoin que vous m'avez donné beaucoup de joie... tant de joie que mon pauvre cœur a failli arrêter ses battements et mourir à force de bonheur, quand vous m'avez dit: je vous aime... Ah! madame! se sentir soudain si heureux après avoir toujours, toujours souffert!...

Il s'interrompit et ajouta d'un accent de résignation austère:

— Mais je suis pauvre!...

Les joues de la baronne s'étaient couvertes de rougeur. Son œil brillait sous la frange soyeuse de ses longs cils abaissés. — C'était une pudeur feinte qui essayait de combattre d'invincibles entraînements...

Elle pressa les mains de Gaston dans les siennes. Elle hésita durant une seconde. — Puis, sur cette main pâle, elle mit sa lèvre en un baiser timide.

— Il faut être généreux, dit-elle, et me pardonner d'être riche.

Le regard de Gaston se tourna vers elle, reconnaissant et tendre, mais il ne répondit point.

— Qu'est la fortune, reprit Carmen enthousiaste, — auprès de notre amour !... La fortune !... Oh ! maudit soit le jour où finit ma pauvreté !... Car je fus pauvre aussi... pauvre bien longtemps !...

Elle s'interrompit et poursuivit presque aussitôt brusquement :

— Voulez-vous savoir ma vie ?

Gaston se releva, curieux.

— Si je le veux ! répondit-il ; — vous parlerez, et vous parlerez de vous... Je vous écouterai... puis-je avoir une joie meilleure ?...

Mais l'enthousiasme de Carmen était tombé tout à coup. Elle semblait hésiter et se repentir d'avoir offert ainsi le secret de sa vie. Son regard perdit sa franchise. Un embarras pénible lutta contre son beau sourire.

Gaston ne prenait point garde.

— Dites-moi ce que vous êtes, reprit-il ; dites-moi toutes vos souffrances et vos joies, afin que je vous sache mieux et que j'aime votre passé autant que vous-même.

L'œil de Carmen tombait lourd et fixe sur le tapis. Un pli s'apercevait sur l'harmonie noble de son large front. Les lignes contractées de sa bouche disaient de l'amertume et de la douleur...

— Mon passé !... murmura-t-elle ; — ce furent des jours mauvais, où Dieu se montra cruel envers une pauvre fille... Ces jours, je voudrais les oublier...

Gaston se sentit avoir froid au cœur. Une crainte vague se mit entre lui et Carmen. Pour la première fois, il se demanda : — Quelle est cette femme ?

— Oublier, répéta-t-il sans avoir la conscience des paroles qu'il prononçait ; on aime à se souvenir pourtant, lorsque le bonheur est enfin venu, des temps où le malheur tortura l'âme sans la pouvoir ternir...

Carmen frissonna et jeta sur lui un regard d'épouvante.

Y avait-il un soupçon déjà dans ce cœur qui aimait de la veille.

L'œil perçant de Carmen interrogea le visage de Gaston. Elle y vit cette crainte indécise encore et qui allait devenir de la défiance. — L'angoisse qu'elle éprouva n'eut point le temps de se peindre sur ses traits. Elle leur imposa un masque de sérénité fière...

— Vous avez raison, répondit-elle d'une voix triste et lente; — mais n'entendîtes-vous parler jamais de malheurs qui humilient?

Elle était si belle et ces paroles contenaient un reproche si amer dans sa douceur hautaine, que Gaston eût voulu se mettre à genoux pour demander pardon.

Carmen, d'un geste impérieux, imposa silence à son repentir...

— Il y a sept ans, dit-elle, — pour avoir un morceau de pain, le soir, je dansais le fandango dans la boue sur le boulevard du Temple...

Gaston l'interrompit par un cri d'étonnement.

Carmen se leva, traversa le boudoir et prit, à côté du poignard au manche d'or, des castagnettes d'ébène qu'elle jeta sur la couverture...

Elle demeura debout et croisa ses bras sur sa poitrine.

Son front se redressait, superbe. Une reine eût envié la dignité sereine de sa pose et de sa physionomie.

— Voyez cela, reprit-elle; — ce jouet qui accompagna ma danse aux jours où j'étais forcée de sourire quand mon cœur se brisait, ce jouet me rappelle tout mon passé qu'il résume... Ne m'accusez pas si mes souvenirs sont cruels... Je n'avais plus de père... plus de mère... Et j'étais bien jeune pour tant souffrir!...

CHAPITRE III

YAHBEL ET JAN VOHR

Les yeux de Gaston disaient éloquemment son repentir.

Carmen avait repris son siége au chevet du lit. Elle

garda un instant le silence. — Trop avancée pour reculer, elle repassait rapidement les jours écoulés de sa vie pour y choisir ceux qui étaient purs.

Elle avait bien des choses à cacher, dont la plupart découlaient d'un acte unique : le meurtre de James Western. Et aux yeux de Gaston elle voulait paraître sans tache.

Mais elle voulait aussi ne lui point mentir, afin que ce qu'il aimerait fût bien d'elle-même...

Un furtif regard lui avait appris que tout soupçon s'était évanoui dans le cœur de Gaston. Elle dut reprendre courage en voyant renaître son empire.

— Pardon, madame, pardon !... murmura-t-il ; — c'est que je vous aime tant !...

— Appelez-moi Carmen, répondit la baronne ; — et dites-moi le nom que vous donnent votre sœur et ceux qui vous aiment.

— Gaston, répliqua celui-ci à voix basse ; comme votre frère...

La baronne le regarda fixement, comme si une pensée soudaine surgissait en son esprit. — Gaston avait les yeux baissés. Quelque chose d'amer était parmi la contrainte de son sourire...

— Mais entre moi et M. le marquis de Maillepré, ajouta-t-il, il n'y a rien que cela de commun.

— Gaston ! répéta la baronne qui semblait rêver ; — je vous nommerai ainsi... Et Dieu veuille que votre haine pour mon frère ne retombe point sur moi !

— Je l'oublierai, dit Gaston, — tant que je vous aimerai, Carmen... et je vous aimerai toujours !...

— Mais pourquoi cette haine ?... reprit la baronne, dont la voix avait d'insinuantes caresses.

Le blessé garda le silence.

— Pourquoi ?... dit encore la baronne. — Gaston !... oh ! que ce nom me devient doux à répéter !... Gaston, je vous en prie... que vous a fait mon frère ?...

Gaston ne répondit point.

— Il faut que je le sache, pourtant ! continua la baronne avec un élan de passion ; — car entre vous et mon frère, je n'hésiterai pas, Gaston ! Hésiterai-je entre vous et le reste du monde !

— Madame, ayez pitié ! dit enfin le blessé qui sentait fléchir son courage. — Je suis faible auprès de vous...

et je ne sais point de sacrifice qui pût payer vos douces paroles... Merci !.. merci du fond du cœur !... Vous m'enseignez des joies que je ne croyais point être de la terre... Vous m'éveillez de mon obscur malheur, et je renais par vos sourires... Mais le secret de ma colère... je vous en supplie, ne me le demandez pas !

Les beaux sourcils de la baronne tremblèrent leur ligne hardie et se froncèrent imperceptiblement... Une étincelle impérieuse brilla derrière sa paupière à demi baissée. On eût dit qu'elle allait ouvrir la bouche pour exiger et commander.

Mais lorsqu'elle ouvrit la bouche, ce fut pour se résigner, soumise.

— Gaston ! dit-elle tendrement, — votre secret ne peut être que celui d'un noble cœur, et c'est à moi de céder, puisque j'aime davantage... Mais, ajouta-t-elle avec une gaîté d'autant plus charmante qu'il y avait dessous plus d'émotion grave et profonde, — je vous devinerai.

Elle approcha son fauteuil tout contre le lit, et tendit sa main à Gaston qui la mit sur ses lèvres.

— Maintenant, reprit-elle, écoutez-moi... Je ne vous demande rien en échange de ma confiance... Je suis à vous... Mon secret, à moi, vous appartient tout entier...

Un instant elle se recueillit, le front penché, l'œil rêveur.

Puis elle dit :

— « Vous êtes pauvre et vous avez souffert. Votre misère a-t-elle égalé la mienne ?... Moi je suis la fille du hasard. Mon patrimoine fut l'aumône...

» Mon pays ?... Je ne sais pas où je suis née, Gaston. Mon père était un bohémien d'Ecosse ; ma mère une bohémienne d'Espagne. Où se rencontrèrent le gipsy et la gitana ?... Nul ne s'est donné jamais le soin de me l'apprendre...

» Mon père était fort et hardi. Il avait nom Kaleb. Ma mère était bien belle... On l'appelait Dolorès.

» Mon père me nommait Flamy, ma mère Carmen.

» Elle prononçait ce nom bien doucement. — Mais votre voix est plus douce encore que celle de ma mère.

» Je me souviens vaguement des jours de mon enfance. Dolorès me portait sur son dos dans une sorte de hamac fait avec son écharpe de laine. — Nous traversions ainsi de grandes provinces.

» Kaleb sautait sur les places publiques. Il faisait des tours de magie, domptait les chevaux fougueux et vendait des amulettes aux picadores.

» Dolorès chantait en promenant ses doigts sur sa guitare, d'où sortait une harmonie voilée. Elle dansait, montrant aux seigneurs sa belle taille que tordait la jota ou le boléro, et riant aux grelots de son tambour de basque...

» Les seigneurs lui parlaient tout bas. Kaleb écoutait ce que lui disaient les seigneurs.

» Il aimait Dolorès comme on aime sous le chaud soleil des Espagnes, — comme on aime quand on a dans ses veines ce sang d'Egypte qui bout et qui brûle... »

La prunelle de la baronne éteignit son étincelle diamantée dans la langueur humide d'un long regard qui mit du feu sous le front de Gaston.

Il écoutait. — Sa pensée flottait indécise et confuse. Son cœur s'élançait vers cette femme si belle qui parlait de ses malheurs...

Mais quelque chose en lui se révoltait contre cet amour et combattait son invincible puissance.

Etait-ce l'orgueil du sang des chevaliers qui repoussait l'infamie du sang païen ?...

Il écoutait. — Son âme souffrait à ce récit qui le charmait....

Le plaisir qu'il éprouvait avait comme un revers poignant. — C'était une émotion multiple où vous n'eussiez point distingué le chagrin d'avec la joie et où l'amertume se mêlait au ravissement.

Mais, parmi ces luttes muettes, la passion croissait et jetait ses racines au plus profond du cœur.

Il aimait. Carmen l'occupait tout entier. — Il aimait tant que le pauvre souvenir de Sainte frappait en vain au seuil de sa mémoire...

Oh ! c'est qu'il y avait tant de magie dans l'adoration de cette fière créature, abaissant sa superbe, et se couchant, esclave, aux pieds de son vainqueur...

Gaston, étonné, tourmenté vaguement par de sourdes

défiances, mais subjugué, enivré, laissait aller son âme, qui ne se défendait plus.

Le regard de Carmen lui arracha un regard d'extase.

Elle reprit :

— « Kaleb aimait Dolorès comme je vous aime, Gaston... Il était jaloux, et parfois son poignard noir sortait de sa longue gaîne quand les seigneurs s'approchaient de trop près et faisaient rougir la joue dorée de la bohémienne.

» Aussi, notre vie était un long voyage. Nous ne faisions partie d'aucune tribu. Nous étions seuls tous trois...

— Et votre frère ?... interrompit Gaston.

La baronne tressaillit et ouvrit tout grands ses yeux demi-clos, avec une véritable terreur.

Elle avait été sur le point de se trahir.

Quelques mots de plus, et le mystère qu'elle avait tant à cœur de cacher se trouvait dévoilé.

Mais il était temps encore.

A peine Gaston put-il remarquer la subite pâleur qui couvrit son visage. Elle s'était remise par un puissant effort et répondait :

— Mon frère est beaucoup plus jeune que moi... je vous parle de ma première enfance. Nous étions seuls tous trois alors...

La réponse eût été bonne même contre un soupçon, et Gaston n'avait point de soupçon à cet égard.

Le marquis de Maillepré, d'ailleurs, paraissait en effet plus jeune que la baronne. On sait que le costume masculin enlève toujours quelques années au visage d'une femme, — et que, réciproquement, l'homme se vieillit à vouloir endosser les vêtements d'un autre sexe.

— « En ce temps, poursuivit la baronne, j'avais faim quelquefois et froid bien souvent, mais j'étais heureuse. Kaleb et Dolorès m'aimaient également. J'étais le lien qui les rapprochait dans leurs querelles violentes, dont ils essayaient de me cacher les tristes excès. Auprès de moi, ils se parlaient doucement. Lorsque Dolorès était fatiguée, durant les longues marches, Kaleb prenait l'écharpe de laine qui me servait de berceau et me portait à son tour.

» ... Je ne sais. — Ces choses sont bien confuses en mon souvenir. Dolorès disait la bonne aventure et tirait des horoscopes dans les campagnes. Je crois me rappeler qu'un moine la menaça du feu. Nous partîmes pour l'Ecosse.

» Ah ! je pleurai bien le beau soleil de l'Espagne. Ces froids brouillards glacèrent mes sourires. Je sentais grelotter le dos de ma mère parmi ces broussailles sauvages qui barrent la route du voyageur dans les forêts d'Ecosse...

» Et j'avais peur de ces hommes aux jambes nues, drapées dans leurs plaids bariolés, et dont le regard tombait sur nous grave et dur.

» C'était le pays de mon père, qui retrouva ses frères dans la montagne.

» Dolorès pâlissait. Elle ne souriait plus en chantant ses beaux airs de Séville ou de Madrid.

» Gaston, ces pauvres gens qui se meurent sous le mépris du monde, n'ont pas de patrie, mais ils ont un cœur...

» Je grandissais. Notre cabane était triste. Ma mère ne se consolait qu'avec moi... »

— Mais, dit Gaston, comme s'il eût cherché dans une pensée haie un refuge contre la passion qui l'accablait ; — votre frère ?...

La baronne oubliait toujours...

Son cœur était trop plein pour ne pas revenir à la vérité sans cesse.

Elle se mordit la lèvre en un fugitif mouvement d'impatience.

— « Mon frère venait de naître, répondit-elle ; — Kaleb se trouvait bien au pays d'Ecosse ; mais Dolorès pleurait souvent... Nous repartîmes pour l'Espagne, d'où nous fûmes chassés de nouveau.

» Ainsi se passèrent les années de mon enfance, Gaston... De longs voyages où notre pauvreté trouvait partout de la fatigue et des obstacles.

» En tous lieux, l'aumône méprisante ou le dédaigneux refus.

» Nulle part l'hospitalité cordiale qui repose et console...

» Je pensais déjà et je me disais :

— » Qu'ont fait mon père et ma mère pour être au-dessous des autres hommes ?

» Je l'ai su depuis, à l'époque où un prêtre de Murcie me parla de Dieu.

» Mon père et ma mère ne voyaient rien au-dessus de l'azur du ciel. Ils ne savaient point ce qui est juste et ce qui est injuste.

» Ils n'avaient d'autre règle que la crainte du châtiment ; le bien d'autrui était le leur. — Au delà de ce monde, il n'y avait point pour eux d'autre vie.

» Mon enfance se passait au milieu des pratiques secrètes à l'aide desquelles les gens de ma race cherchent à connaître l'avenir. En Espagne, c'étaient les devineresses, en Ecosse, outre les gypsies, je voyais ces créatures étranges qui ont une autre vue que celle des hommes.

» Je croyais à leur puissance ; et comment n'y pas croire, lorsque les événements viennent se grouper dociles, selon l'ordre de leurs prédictions ?...

» Un soir, j'avais alors huit ans, nous habitions une cabane abandonnée sur les bords de la Guadiana, Kaleb et Dolorès m'avaient laissée seule. Une vieille femme de notre race vint frapper à la porte et me demanda l'hospitalité.

» Elle me salua en cette langue que nous seuls parlons ici-bas, et me dit :

— » Je me nomme Yahbel et je suis la mère de ta mère.

» Je la reçus avec respect et je mis devant elle les pauvres provisions qui étaient dans la cabane.

» Elle effleura de sa lèvre ridée et brunie le pain et l'eau que je lui servais ; elle repoussa le lait et les olives.

» Puis elle me fit mettre en face d'elle et appuya ses yeux caves sur mes paupières qui se fermaient timides.

— » Enfant, dit-elle, tu seras bien beau... mais tu seras plus belle... »

Carmen s'interrompit et laissa tomber sa tête pâle sur sa main.

Gaston l'écoutait sans comprendre.

— « Oui, poursuivit la baronne d'une voix basse et presque étouffée, Yahbel me dit cela...

» Elle me dit encore : — Tu seras riche, enfant... plus riche qu'un grand d'Espagne assis devant le roi...

» Gaston ! Gaston ! c'est une chose étrange et terrible !

» Je vois encore les yeux d'Yahbel... Il me semble qu'il pèsent lourds et perçants sur ma paupière éblouie...

» Qui donc peut donner à un être humain le pouvoir de lire au delà du jour présent ?...

» Yahbel sortit en murmurant la bénédiction de notre peuple où le nom de Dieu n'est point prononcé. Je la vis se perdre la nuit sur les rives du fleuve. Depuis, je n'ai jamais revu Yahbel... »

Carmen levait ses beaux yeux au ciel et semblait perdue en un rêve.

» Et Jan Vohr, reprit-elle tout à coup. — C'était bien longtemps après... j'avais plus de dix ans... Nous étions en Écosse, dans les montagnes au-dessus de Glenarchy. Mon père avait demandé l'hospitalité pour une nuit à un highlander dont la petite maison vieille et noire pendait parmi les arbres au-dessus d'un lac encaissé profondément.

» Kaleb et Dolorès aimaient à oublier leur misère dans l'ivresse. Ils burent l'usquebaugh de l'highlander et tombèrent tous deux affaissés sous un inerte sommeil. Jan Vohr l'highlander me prit par la main et me baisa tremblante ; il étendit son plaid au-dessus de ma tête et me regarda comme autrefois m'avait regardée Yahbel.

» Il me contempla longtemps ainsi.

» Puis sa voix, qui semblait être d'un autre monde, se prit à chanter, sur un mode lent et sourd, des vers mystiques dont le sens glissa sur mon intelligence...

» Mais le chant tout entier n'était pas incompréhensible.

» Après les premières strophes, dont les mots obscurs semblaient répéter ce que m'avait dit Yahbel, vinrent d'autres strophes qui m'annonçaient clairement la fortune et la puissance.

» Ces choses sont de celles qu'on n'oublie point, Gaston, — car, à côté de la promesse, il y avait une horrible menace... »

Carmen hésita, son œil se baissa, et une expression de malaise vint obscurcir sa physionomie.

— La promesse est accomplie, murmura-t-elle ; la menace...

Elle s'interrompit encore et regarda Gaston qui se fatiguait à suivre le fil de ce bizarre récit.

L'œil de Carmen exprimait de l'effroi.

— Mais où vais-je vous parler de ces choses, Gaston, dit-elle avec brusquerie et en se forçant de sourire ; — vous êtes au-dessus de ces superstitieuses croyances qui troublent la vie des esprits ignorants ou faibles. Je voulais vous peindre les misères de mon enfance et de ma jeunesse, et voilà que mon récit s'égare... Que vous importent Yahbel et Jan Vohr ?

Gaston fut quelque temps avant de répondre.

— Ils vous voyaient si belle ! dit-il enfin en couvrant Carmen de son regard ému. — Ils devinaient que les plus puissants et les plus riches se disputeraient un jour votre main...

— Oui, murmura Carmen, — ils devinaient !...

Elle eut comme un frisson, son sourire lutta contre une pâleur mortelle qui envahit ses traits tout à coup.

Son sourire fut vainqueur ; — sa pâleur disparut et ce fut d'un air enjoué qu'elle poursuivit :

— « Mais revenons à ma misère, dont le souvenir, selon vous, doit me donner tant de joie...

» Ma mère était toujours belle ! elle chérissait toujours l'Espagne, et mon père esclave de son désir, affrontait chaque année, pour lui plaire, les dangers qui entourent, en ce pays de foi aveugle, une race plus malheureuse encore que coupable.

» Je crois que ma mère aimait Kaleb, mais elle était légère, et sa beauté merveilleuse attirait autour d'elle une foule de seigneurs hardis et empressés.

» Mon père souffrait, parce que, sous les vices qui sont le malheur d'un peuple déchu et maudit, son âme était fière autant que l'âme d'un grand d'Espagne.

» Une fois, à Ségorbe, tandis que ma mère chantait sur la place, un jeune oidor s'approcha d'elle et la baisa. Il mit la main à sa bourse, croyant pouvoir payer son insolence, mais il ne la retira point, et tandis qu'il souriait encore, le poignard noir de mon père s'enfonça dans son dos jusqu'à la garde...

» Ils sont bien heureux, Gaston, ceux dont la jeunesse n'a vu que des exemples à respecter et à chérir. — Moi, je suis la fille de pauvres gens tombés, parce que la main de Dieu ne les soutenait point...

» Mais j'aimais mon père, j'aimais ma pauvre mère.

Ils eussent été bons tous les deux sans cette marque fatale dont les avait flétris leur naissance...

» On me mit dans une prison, mon père et ma mère étaient dans une autre prison.

» Il y avait eu un meurtre ; les coupables étaient de ceux qui n'espèrent même pas le pardon...

» Quand je sortis de prison, deux mois après, je demandai mon père et ma mère.

» On me montra sur la place de Ségorbe, au lieu même où avait été commis le meurtre, quatre trous creusés pour enfoncer des pieux en terre.

» Et l'on me dit : — C'est la potence.

» Ils avaient tué le coupable et l'innocente.

» J'étais seule au monde !... »

Carmen pleurait.

Gaston avait sur le visage une émotion profonde.

— Je ne croyais pas pouvoir me réjouir de l'existence de cet homme, murmura-t-il, mais béni soit il, Carmen, puisque sans lui, toute consolation vous eût été refusée !...

Il faut ne point souffrir pour garder sa présence d'esprit.

La baronne leva sur Gaston ses yeux étonnés.

— De quel homme parlez-vous ? dit-elle.

— Votre frère, madame, répondit Gaston, surpris à son tour.

Carmen baissa la tête et ne trouva point en ce moment la force de mentir...

CHAPITRE IV

LE BIEN ET LE MAL

La baronne fut longtemps avant de reprendre la parole.

Ses souvenirs évoqués mettaient sur son beau front une amertume douloureuse.

Gaston la contemplait. Les caresses de son regard semblaient vouloir payer Carmen de sa souffrance. On voyait en quelque sorte sur ses traits mobiles et naïfs en leur austère beauté les progrès d'un amour qui grandissait sans cesse.

Au bout de quelques minutes, Carmen se redressa ; leurs regards se croisèrent ; celui de Carmen, reconnaissant et doux, était comme une action de grâces.

— Gaston, dit-elle, — que je vous aime!... auprès de vous je ne sais pas souffrir... votre présence suffit à me protéger contre mes souvenirs navrants... Qu'importe le passé, puisque vous me faites si heureuse !

Elle se pencha vers Gaston dont la lèvre effleura ses cheveux.

Ils mêlèrent leurs sourires.

Puis Carmen se recula confuse, parce que l'amour lui soufflait la pudeur...

Elle avait eu le temps de réfléchir et de donner un rôle à son frère, ce personnage fictif à qui elle prêtait une moitié de sa vie.

« J'étais seule au monde, reprit-elle ; mon frère n'était-il pas alors un enfant?... Il pleurait... J'avais à sécher ses larmes, moi, dont le cœur était brisé !

» Je n'avais qu'une envie, fuir l'Espagne où je croyais voir partout le sang de mon père et le sang de ma mère.

» Mon frère et moi nous traversâmes à pied le royaume de Valence et la Catalogne.

» Je vous ai parlé, Gaston, d'un prêtre de Murcie qui m'avait enseigné à prier Dieu ; je n'étais pas sans consolation.

» Mais que la solitude est cruelle à quinze ans, — la solitude avec la misère !

» Me voyez-vous, Gaston, pauvre fille, seule, avec un enfant trop faible pour me défendre, courant par les chemins, affaiblie par toutes les privations et exposée à toutes les insultes...

» La route fut bien longue, mes pauvres pieds meurtris saignèrent bien des fois avant d'atteindre la frontière.

» Mais je ne sais, un vague espoir me soutenait en chemin ; j'allais voir la France, — la France dont le nom avait toujours résonné à mon oreille comme une mystérieuse promesse de bonheur...

» Et puis, dois-je vous le dire, Gaston ! mes rêves me parlaient de fortune et de brillants plaisirs...

» Je me souvenais d'Yahbel, la gitana, et du vieux higlander Jan-Vohr...

» Un soir, après une journée de fatigue, je vis devant moi une vaste plaine où scintillaient çà et là mille clartés à perte de vue.

» Mon cœur battit, je m'arrêtai. — Je reconnus Paris, la ville immense, Paris qui allait être ma patrie.

» Mais à Paris, que j'aimais tant sans le connaître, l'hospitalité se paie. Je n'avais que ma basquine, mes castagnettes et ma beauté, — car j'étais belle alors, Gaston, j'allais avoir seize ans.

» Dès ce premier soir, brisée de lassitude comme je l'étais, je fus obligée, pour payer ma couche et celle de mon frère, de danser bien longtemps, de chanter et de sourire.

» Sourire, Gaston, quand on a des larmes plein le cœur !... »

Le sein de Carmen se souleva. Sa voix grave et douce avait des accents de profonde tristesse.

Les yeux de Gaston se mouillèrent.

— Et j'osais me plaindre !... murmura-t-il ; — mais parlez, parlez encore, et dites-moi bien vite vos jours de bonheur...

Gaston suivait maintenant le récit avec un intérêt avide.

L'émotion lui avait rendu la fièvre. Sa joue se colorait vivement, et les larmes arrachées par la plainte de Carmen se séchèrent aussitôt au feu de ses paupières...

La baronne secoua la tête, agitant avec lenteur les belles boucles de ses cheveux noirs.

— Mes jours de bonheur ! dit-elle ; — Gaston, je n'en sais point d'autre en ma vie que le jour où je vous vois, où je vous parle, où je sens votre main tressaillir dans la mienne... Mais ce jour aussi vaut des années ! ajouta-t-elle avec passion ; — Dieu m'y donne le bonheur de toute une vie...

Gaston répondit, mais les mots se transforment en passant par la bouche des gens qui aiment ; leur sens se perd sous la plume...

Les mots d'ailleurs valent-ils le silence tremblant et

ces muettes paroles que dit le sourire ou que le regard ému va murmurer au cœur ?...

Carmen reprit :

« Vous avez raison, Gaston... En ce moment je sens une sorte de joie à rappeler le souvenir de mes misères passées... Mais c'est que je suis heureuse en ce moment... oh ! bien heureuse !

» Tout me sourit... les jours écoulés m'apportent leurs pleurs amers pour me dire : Ces pleurs n'ont point laissé de traces... Les jours à venir me montrent de telles amours... du bonheur, du bonheur partout, parce que vous m'aimez...

» Cette première soirée passée à Paris fut bien cruelle. Les journées qui suivirent ressemblèrent à cette première soirée.

» Vous étiez bien jeune en ce temps. — Peut-être, néanmoins, vous souvenez-vous de cette jeune fille à la basquine blanche, bordée d'argent, et serrée à la taille par la ceinture d'un spincer noir...

» Elle venait tous les soirs devant le salon de cire du boulevard du Temple, en face du café Turc. Elle plaçait à terre quatre coquilles, dans chacune desquelles s'allumait un lampion. L'espace compris entre ces quatre lumières était son théâtre.

» Elle dansait. — Je dansais, Gaston jusqu'à perdre haleine.

» Bien souvent, l'hiver, mes pauvres doigts bleuis ne pouvaient plus faire jouer les castagnettes.

» Et quand mes castagnettes ne précipitaient pas, joyeuses, leurs roulements vifs, les passants ne s'arrêtaient point. Je dansais en vain devant quelques pauvres enfants, transis comme moi, qui se vengeaient de leur souffrance en raillant ma misère...

» Paris n'a point de pitié, Gaston. Il jette son or par les fenêtres, mais il ne sait pas ouvrir la main et donner à propos le denier de l'aumône.

» Nulle part je n'ai trouvé un peuple si froid et sachant si bien sourire en passant auprès du malheur...

» L'ouvrier qui jetait à mes pieds parfois une pièce de monnaie, y laissait tomber en même temps une moquerie. Je recevais plus d'insultes que de secours, et bien peu avaient l'âme assez bonne pour ne point se payer de leur bienfait par un mot obscène ou par une grossière caresse...

» Quand j'étais épuisée de fatigue et que j'éteignais mes lumières, des hommes, le chapeau sur les yeux, le manteau sur la bouche, s'approchaient de moi mystérieusement et me montraient une pièce d'or...

» D'autres fois... Vous pâlissez, Gaston... Ah ! je veux vous prouver, moi, que vous pouvez m'aimer sans scrupule, et que votre pauvreté n'est qu'un lit de roses auprès de mon martyre honteux !... D'autres fois, de vieilles femmes me suivaient et m'abordaient en quelque carrefour désert. Elles me glissaient à l'oreille de ténébreuses paroles... Elles perdaient le miel de leur hypocrite éloquence à me montrer l'infamie sous de riantes couleurs... »

— Oh ! c'est trop ! c'est trop !... murmura Gaston qu'écrasaient mille émotions contraires ; — entendre cela, c'est mourir !...

Carmen mit sa main sur son cœur. Son front se redressa, rayonnant d'une sereine fierté.

— Gaston, dit-elle, ces hontes étaient autour de moi, mais elles ne me touchaient pas. J'ai passé, ferme, le long de l'abîme qui borde l'étroit sentier de la misère.

— Le cœur que je vous offre est pur, et le jour que laisse à mon front le souvenir est de l'indignation et non pas du remords...

Elle disait vrai, car son cœur était neuf comme la beauté admirable de son corps. — Cette femme à qui la loi eût pu demander compte du sang versé avait gardé parmi les hasards romanesques de sa vie sa blanche robe de vierge.

Aux jours de sa détresse, elle avait repoussé fièrement les conseils perfides de l'indigence. — Plus tard, dans son double et brillant rôle, elle avait joué avec l'amour, tantôt sous le masque élégant du marquis de Maillepré, tantôt belle, incomparable, sous le nom que lui avait donné le baron de Roye.

Une seule fois, son cœur avait battu au choc d'un sentiment nouveau pour elle... Mais alors, dans son intime croyance, ses vêtements de femme étaient un déguisement...

Elle ne s'était point épouvantée encore au souvenir

de la bizarre poésie du chant de Jan Vohr. Elle ne s'était pas demandé dans l'angoisse brûlante d'une nuit de délire : *De quelle couleur est mon âme?*...

Gaston fut comme ébloui des rayons qui tombaient de ce front hautain et doux à la fois. — Il l'admirait, malheureuse, passionnément. Elle grandissait à ses yeux charmés, de toute la profondeur de sa misère passée.

— Qu'ai-je fait, dit-il, avec l'accent d'une adoration ardente, — pour que Dieu me donne tant de bonheur?... Oh! merci, Carmen, de m'avoir dit votre vie... Je vous vois maintenant aussi sainte que belle... et les longues années d'amertume qui composent ma jeunesse sont trop payées par votre amour...

Il s'était avancé jusqu'au bord du lit; sa tête souriante s'appuyait sur sa main. — Il regarda Carmen comme ceux qui prient regardent le ciel.

Carmen avait perdu le subit enthousiasme qui l'avait un instant exaltée; ce qui lui restait à dire l'effrayait.

Durant quelques secondes, elle garda le silence; elle cherchait, elle masquait derrière un sourire calme le travail de son esprit inquiet...

Il lui fallait, dans ce laborieux récit, mêler ce qui était vrai avec ce qui était faux. — Il lui fallait expliquer sa fortune et cacher les événements de cette nuit fatale où la double prédiction s'était accomplie.

Ses yeux, baissés sous l'effort de sa tâche, se relevèrent tout à coup résolus et vifs. Elle avait pris son parti.

» Plus d'une fois, dit-elle, d'un ton dont la froideur contrastait avec son animation récente, — vous avez semblé me reprocher l'oubli où je laissais mon frère... Avant de vous dire comment un homme généreux et bon fit de moi sa fille et me donna son nom à sa dernière heure pour continuer son bienfait au-delà de la mort, je veux vous parler de mon frère... L'histoire de mon mariage sera courte : les quelques mots que je viens de prononcer la contiennent...L'autel où je m'agenouillai était la couche d'un homme à l'agonie...

» Mon frère... c'était un enfant hautain, un cœur intraitable, une volonté capricieuse et de fer... Ah! c'était bien un fils de cette race maudite qui met sa joie dans la guerre qu'elle déclare aux hommes!... »

Carmen s'arrêta. Sa respiration était oppressée. Elle

semblait avoir peine à poursuivre. — Au moyen de cette feinte qui partageait en deux sa vie et en mettait une moitié sur la tête du marquis de Maillepré, elle arrivait à jeter dans les mensonges de son récit une sorte de vérité symbolique.

A elle, Carmen, ce qui dans sa nature était véritablement pur et beau. — Au marquis, les désirs insensés, les témérités folles qui avaient secoué sa jeunesse. Elle donnait ainsi un corps aux deux principes qui s'étaient disputé son âme.

Carmen, c'était le bien ; le marquis, c'était le mal...

Et, comme il fallait qu'elle se reconnût dans l'une et l'autre face de cette double image, sa voix hésita en traçant le portrait du marquis, dont pourtant elle adoucissait les traits, avant d'éluder l'aveu de son crime...

« Mon frère n'était pas souvent auprès de moi, poursuivit-elle cependant en essayant de retrouver son assurance. — Il arrivait à l'adolescence. Il aurait pu me protéger... Mais sa fantaisie n'était point de m'aider dans ma tâche douloureuse. Il ne voulait point danser avec moi devant la foule sur le boulevard du Temple.

» Ses occupations étaient autres. — Il s'était mis aux gages d'un misérable nommé Burot, secrétaire d'un noble duc dont le nom ne nous importe point, et il épiait la conduite de madame la duchesse.

» Il était paresseux et curieux.— Cette vie de basses intrigues ne lui répugnait point...

» A ce métier, il vit d'étranges choses. — Son espionnage le conduisit parfois dans ces lieux notés d'infamie, où la présence d'une femme élégante et du monde est chose si invraisemblable, qu'il peut venir à l'esprit de certaines dames de les choisir justement pour y mieux enfouir leur secret. — La duchesse dont je vous parle, harcelée par les soupçons de son mari, prenait les habits de sa femme de chambre, et donnait des rendez-vous dans un petit cabinet souterrain de la rue de Beaujolais, au Palais-Royal, qui était une dépendance du Caveau du Sauvage...

» Mon frère découvrit cela et bien d'autres choses ; il connut ce Palais-Royal aux infâmes mystères, et ce fut là qu'une fois il trouva sur son chemin le titre qu'il porte aujourd'hui... »

Tout ce qu'il y avait d'amour dans le regard de Gaston disparut à ce mot comme par magie. Son œil devint sombre et interrogea impatiemment.

— Le titre de marquis de Maillepré ? dit-il.

— Le titre de marquis de Maillepré, répondit la baronne.

Puis elle reprit en abaissant sa paupière comme pour se recueillir, mais en réalité pour fuir le regard incisif de Gaston.

« C'était dans la nuit du mardi gras de 1826... »

— La nuit de la mort de mon père ! murmura Gaston, dont les traits se voilèrent d'une tristesse grave et plus sombre...

Carmen ne l'entendit pas.

« Mon frère, poursuivit-elle, était au Palais-Royal, cherchant, d'après l'ordre de M. Burot, madame la duchesse qu'il savait être dans la foule, déguisée et masquée, au bras de son amant...

» La cohue était compacte et pressée. Mon frère chercha longtemps. — Mais le masque donne à toutes les femmes le même visage. Mon frère se fatigua de chercher.

» Comme il allait se retirer, il aperçut dans l'une des galeries un homme enveloppé d'un ample manteau, qu'il reconnut pour être monsieur le duc en personne.

» Mon frère était à l'âge où tout cède au plaisir d'une espièglerie. Il pensa que monsieur le duc était là lui-même à la recherche de sa femme. Il le suivit.

» Je ne sais comment cela se fit, mais mon frère et monsieur le duc se parlèrent. — Monsieur le duc n'était point là pour épier sa femme.

» Il y avait dans le jardin, parmi la foule, un homme au costume étranger, qui allait dépasser les limites de l'âge mûr. Mon frère n'eut point de peine à reconnaître que cet homme était le point de mire de la recherche de monsieur le duc...

» Je ne puis vous raconter en détail ces choses, Gaston... mes souvenirs sont confus... Depuis sept ans, j'ai tâché d'oublier tout cela, parce que ce fut une action criminelle et que le coupable était mon frère. — Ce que je puis vous dire, c'est que l'étranger portait sur lui des papiers que monsieur le duc eût payés au prix de la moitié de son immense fortune... »

— Madame, interrompit Gaston d'une voix basse et altérée, — quel était le nom de ce duc?

Il couvrait la baronne d'un regard perçant et avide. Celle-ci tenait ses yeux baissés.

Elle ne répondit pas à la question de Gaston.

« Mon frère et le duc, reprit-elle, — eurent ensemble un long entretien, à la suite duquel mon frère disparut, pour revenir bientôt, revêtu des habits d'une femme... Vous savez, Gaston, combien il me ressemble... il avait alors seize ans tout au plus. L'illusion devait être complète, et personne n'eût pu se douter de la supercherie.

» Mon frère était une femme, — une femme jeune, belle et merveilleusement parée...

» En cette nuit de folie, il y avait de l'ivresse dans toutes les veines... Peut-être ne savez-vous pas ce qu'était alors le Palais-Royal... »

— J'y étais, madame, cette même nuit, dit Gaston dont la voix était creuse; — je sais... oh! je sais et je me souviens!...

« Tout était permis, continua la baronne, — rien n'étonnait... Mon frère, avec sa brillante toilette de femme, prit le bras de l'étranger... Que se passa-t-il?... »

Des gouttes de sueur perlaient au front et aux tempes de Carmen.

Gaston se penchait hors du lit ; son souffle oppressé râlait dans sa poitrine.

— Que se passa-t-il, madame? prononça-t-il avec effort; oh! par pitié, dites-le moi si vous le savez!...

La paupière de Carmen trembla, le sang monta violemment à ses joues, ses yeux ne se relevèrent point encore.

« Je ne sais... murmura-t-elle; — mais le lendemain, mon frère avait les papiers de l'étranger... le lendemain, il échangeait notre pauvre demeure contre un splendide appartement. — Il eut une voiture, il eut des valets... et monsieur le duc l'appela son cousin... »

Gaston se dressa raide sur son séant ; il saisit le bras de la baronne qu'il étreignit avec l'énergie de la fièvre.

— Ce duc, dit-il d'un accent qui chevrotait et prononçait les mots à peine, — c'était donc M. de Compans-Maillepré?...

Les paupières de Carmen semblaient rivées sous un poids de plomb. — Son visage, sur lequel glissaient rapidement des teintes tour à tour livides et enflammées, trahissait son émotion profonde.

Aux derniers mots de Gaston, effrayée du son de cette voix qu'elle ne reconnaissait plus, elle leva enfin les yeux. — Elle demeura comme stupéfiée devant le mortel changement qui s'était opéré dans les traits du blessé...

— Qu'avez-vous ?... murmura-t-elle de cet accent craintif qui semble deviner la réponse.

L'œil fixe de Gaston eut un fugitif éclair.

— Madame, dit-il avec lenteur, en cette nuit de carnaval, j'étais agenouillé auprès du lit de mon père agonisant... Mon père attendait, comme on espère le salut, ces papiers volés par votre frère... A son dernier soupir, — car il mourut cette nuit-là même, madame ! — il appelait l'homme que votre frère égarait loin de son devoir... Ah! vous me demandiez mon secret tout à l'heure... Il faut bien que je vous le dise, car je sens qu'il briserait ma poitrine... Madame, votre frère a tué mon père... Il a rejeté au plus profond de sa chute ma famille, qui allait se relever... Je suis le marquis de Maillepré !...

CHAPITRE V

DU BOUDOIR A L'ANTICHAMBRE

Cette révélation était attendue.

La baronne avait deviné. — Et en effet quel eût pu être le motif de cette haine acharnée de Gaston contre le faux marquis de Maillepré?...

Mais la baronne avait douté tant qu'elle avait pu, parce que la vérité lui emplissait le cœur de remords et d'épouvante...

Et cette malédiction que Gaston lançait contre son

frère prétendu tomba sur elle comme un coup de foudre.

Car c'était elle, elle seule, que Gaston accusait à son insu de la mort de son père et de la ruine de sa race.

L'homme qu'elle aimait par-dessus toutes choses en ce monde, l'homme qui avait éveillé son cœur et dont le regard venait de transformer sa tranquillité froide en tendresses passionnées, cet homme souffrait, orphelin, pauvre, déchu.

Il luttait, écrasé par le souvenir de la puissance opulente de ses aïeux, contre sa misère présente.

Il se mourait de ce mal patient qu'aggrave la tristesse découragée...

Et c'était elle, Carmen, qui avait fait ce deuil!...

La vie de Gaston fléchissait, tranchée par le coup de poignard de l'hôtel du Sauvage...

. . . .
. . . .

Elle se leva debout, les bras croisés sur sa poitrine.

Le livre mobile de sa physionomie déroulait rapidement l'énergie exaltée de ses pages...

Il y avait dans son regard, qui tantôt brûlait superbe et irrité, il y avait tour à tour du découragement, du délire et un immense courroux contre elle-même.

Elle ne parlait point...

Gaston, épuisé par l'effort qu'il venait de faire, s'était laissé retomber sur l'oreiller. Sa tête se renversait, pâlie, parmi le désordre de ses cheveux. — Les plis de sa chemise étaient roses autour de son épaule. C'était un reflet du bandage sanglant qui s'apercevait à travers la toile, à l'endroit de sa blessure.

Il fermait les yeux avec fatigue. — Ses sourcils contractés et le jeu lent des lignes de sa bouche disaient une amertume profonde.

Carmen le contempla durant quelques minutes.

Deux larmes roulèrent sur sa joue qui brûlait.

Elle se couvrit le visage de ses mains, et sa poitrine, douloureusement soulevée, se déchira en un sanglot...

Gaston rouvrit les yeux pour les refermer aussitôt après. Il tourna sa tête du côté de la ruelle du lit.

Carmen, navrée, tomba sur ses genoux.

— Oh ! Gaston ! Gaston !... dit-elle, — vous ne pouvez plus m'aimer !...

A ce cri suppliant répondit le silence.

Carmen reprit parmi ses pleurs désolés :

— Gaston, je vous demande un mot de pitié... un seul mot... Si vous saviez comme je souffre !

Le silence encore...

Carmen joignit ses mains et les éleva vers le ciel.

— Mon Dieu ! murmura-t-elle, — ne me frappez pas dans son amour... Gaston !... oh ! Gaston, pitié !...

Le silence toujours...

Les yeux de la baronne s'égarèrent ; elle jeta ses mains jointes sur le lit et colla aux couvertures son visage trempé de pleurs. — Vous eussiez vu tout son corps tressaillir aux élans saccadés d'une intolérable angoisse...

La puissante femme fléchissait plus bas que n'eût fléchi une femme ordinaire. C'était un désespoir violent qui l'écrasait...

Elle n'avait plus ressort ni soutien. — Où était sa volonté forte ?...

Plus faible qu'un enfant, elle n'avait plus que des larmes déchirantes et des plaintes. Elle était domptée. Son âme agonisait. La parole lui manquait. Elle se débattait, défaillante, sous l'horrible poids de sa torture...

Dans le silence, on n'entendit plus que le bruit de ses sanglots, qui allait s'affaiblissant...

Puis, au bout de quelques minutes, à ce bruit de plus en plus sourd vint se joindre le sifflement pénible de la respiration du blessé.

Gaston s'agita. — Sa poitrine étouffée cherchait de l'air, parce que l'amertume de sa colère se fondait en une émotion d'une autre nature.

Les sanglots de Carmen lui tombaient sur le cœur.

Il se retourna brusquement. — Lui aussi avait les yeux en pleurs.

Il vit Carmen abîmée dans sa douleur poignante. Il l'attira vers lui doucement et baisa ses cheveux.

On n'entendit plus les sanglots de Carmen.

Mais elle ne se releva pas tout de suite et sembla savourer délicieusement cette caresse inespérée.

Lorsqu'elle se releva enfin et qu'elle rejeta en arrière

les boucles mêlées qui couvraient son visage, une reconnaissance attendrie souriait sous ses larmes.

— Merci... murmura-t-elle.

Et, comme elle vit bien de l'amour encore dans le regard de Gaston, son âme se réchauffa ; son cœur bondit, renvoyant le sang à sa joue et mettant autour de sa beauté des rayons plus suaves...

Ses larmes étaient séchées, laissant humide pourtant la soie de ses longs cils.

Il ne restait sur ses traits qu'une langueur divine, charme nouveau qui la faisait plus sûre d'être adorée...

— C'est à moi d'implorer mon pardon, madame, dit Gaston, chez qui la passion renaissante combattait un reste de froideur ; — aurais-je dû vous reprocher ce qui est la faute de votre frère ?... Mais si vous saviez comme elles ont été longues et cruelles ces sept années qui ont suivi la perte de notre espoir !...

Ses yeux quittèrent Carmen pour errer, distraits et perdus, dans le demi-jour de l'alcôve. Il s'adressait à elle, et c'était à lui-même qu'il parlait.

— Si vous nous aviez vus, poursuivit-il, — autour du lit de mort de mon père, attendant celui qui ne devait point venir !... A cette époque, il y avait bien longtemps déjà que durait notre misère... Mes sœurs et moi nous avions grandi dans l'indigence, sous le toit d'un digne serviteur qui nous faisait l'aumône en nous appelant ses maîtres... Chassés de cet asile par la perfidie implacable de l'usurpateur de notre nom, nous avions fait un appel à la justice, et nous pouvions espérer encore une place parmi les égaux de nos aïeux... L'espoir, madame, l'espoir !... cette dernière lueur qui éclairait notre nuit !... c'est votre frère qui nous a ravi l'espoir !...

Il s'animait de plus en plus, se laissant aller à la rancune de ses souvenirs, et ne s'apercevant point qu'il recommençait le martyre de la baronne. — Elle gardait le silence et s'épouvantait en mesurant la portée de son crime. L'angoisse qui lui serrait le cœur n'était pas tant, il faut le dire, un remords que la peine terrible d'avoir porté aveuglément une atteinte si grave au bonheur de celui qu'elle aimait.

Courbée sous la conscience du mal qu'elle avait fait, elle n'essaya point de se disculper.

Bien des fois même poussée par le repentir, elle fut sur le point de se jeter à genoux et de dire :

— C'est moi, moi seule qui suis coupable.

Car l'amour la faisait sincère et lui donnait scrupule de tromper même par le silence.

Mais l'amour, d'un autre côté, fermait sa bouche. — Comment se condamner à la haine de Gaston ?...

Celui-ci, entraîné par ses souvenirs, disait le dernier soupir de son père, à qui Dieu qui avait refusé toute consolation à l'heure de la mort ; — il disait la jeunesse de ses sœurs réduites à travailler pour un salaire ; sa jeunesse à lui, si triste, si différente de l'adolescence dorée de ses aïeux.

Et tandis qu'il parlait de ces obscures souffrances, il ne prenait plus garde à la baronne, parce que le propre de la plainte est de s'exalter elle-même et de se concentrer en d'égoïstes retours.

— La haine divine ! reprit-il enfin, absorbé de plus en plus. — Je ne savais pas ce qu'avait fait cet homme, rien qu'à entendre le nom dont il se parait, mon cœur se lança contre lui... Je ne le voyais pas, et je cherchais à me figurer son visage, parce que je voulais avoir quelque chose de saisissable à détester et à maudire... Un visage de femme sur un corps d'enfant !... La beauté d'un ange, pour cacher l'âme d'un scélérat vil ! Voilà ce que j'ai vu... Et cet enfant m'a terrassé... Je crois qu'il m'a fait grâce !...

Gaston passa le revers de sa main sur son front qui éclatait.

— Ah ! s'écria-t-il dans un soudain transport de fièvre, — si Dieu avait donné le bras d'un homme au dernier des Maillepré, ce misérable serait mort... et je lui aurais arraché le nom de mon père !

— Plût à Dieu qu'il en fût ainsi ! murmura Carmen.

Ces mots, balbutiés dans un soupir, arrivèrent confus à l'oreille de Gaston. Il ne les comprit point, mais il s'éveilla de sa rêverie courroucée.

— Pardon, madame, dit-il encore ; — pardon, Carmen !... ma tête est bien faible et je ne m'aperçois pas que ma haine doit vous être une souffrance...

— Hélas, Gaston ! murmura la baronne ; — vous avez tant de raisons de haïr !...

Cette voix qui tombait, douce et résignée d'une bouche si belle, amollit le cœur de Gaston. — Il prit la main de Carmen et la baisa.

— N'ai-je pas plus de raisons encore de vous aimer? demanda-t-il ; je veux tâcher désormais d'écarter ces souvenirs funestes... Je veux penser à vous toujours et ne penser qu'à vous.

Carmen releva sur Gaston son regard, qui était calme et ferme dans sa tristesse.

— Vous êtes bon, dit-elle ; — vous êtes généreux... je vous remercie du fond du cœur, mais il faut que nous parlions encore de mon frère.

— Pourquoi ? demanda Gaston étonné ; — entre nous deux, vous devez souffrir et être indécise...

Je vous aime uniquement en ce monde, interrompit Carmen, dont l'accent recueilli et grave exprimait la profonde dévotion de sa tendresse ; — je vous aime avant mon frère.. avant moi-même !...

Elle se tut durant quelques secondes. — Ses beaux yeux qui se reposaient sur Gaston disaient l'oubli absolu de tout ce qui n'était pas son amour...

— Ces papiers qu'enleva mon frère, reprit-elle à voix basse, — mon frère doit les posséder encore... Entre lui et vous, je ne sais pas balancer... ces papiers sont votre bien !

— Quoi ! madame !... balbutia Gaston avec une sorte d'effroi...

Carmen eut un sourire de mère.

— Je serai si heureuse de votre bonheur !..., dit-elle : — et puis, pensez à notre Sainte, si douce, si jolie, et que j'aime, moi, de toute la tendresse que vous avez pour elle...

— Pauvre Sainte !... soupira Gaston.

— Il faut qu'elle soit heureuse, dit Carmen, — heureuse avec vous, et que vos joies égalent vos souffrances passées... Le coupable sera dépouillé : ce n'est que justice... Gaston, je vais vous rendre l'héritage de Maillepré...

. . . .
. . . .

Cet entretien avait lieu sur les derrières de la maison numéro 4 de la rue de Castiglione.

Dans une autre partie de l'appartement de Mme la

baronne de Roye, deux hommes venaient d'être introduits presque en même temps et faisaient antichambre.

C'était Denisart, qui, après deux cents visites infructueuses, voyait enfin couronnée la patiente obstination de sa recherche, — et c'était Roby, qui, plus heureux, était admis dès sa troisième tentative.

Ce qui prouve bien que la vie est un jeu et que l'aveugle hasard gouverne la destinée des solliciteurs.

Car Denisart et Roby jouaient ici à peu de chose près le rôle de solliciteurs.

Roby venait, homme de fortune, flairer le terrain ; voir si madame la baronne voudrait ouvrir la main et laisser tomber sur lui quelques largesses.

Roby était excessivement vaniteux, mais il n'était pas fier : il avait fait bien des métiers ; il avait vu bien des pays. Sa superbe s'était usée aux mille frottements de sa vie d'aventures.

Il avait eu du gros orgueil autrefois pourtant puisqu'il était poète ; mais le malheureux était acteur aussi ; on l'avait sifflé. — Il était commis voyageur ; on l'avait mis à la porte.

Et cela si rudement et tant de fois, qu'il s'était aplati et n'était plus que fat.

Il avait besoin de peu, quoiqu'il dépensât beaucoup, parce qu'il ne s'inquiétait jamais du lendemain.

Rire à l'occasion, passer sa journée à l'estaminet, et bâtir, la queue en main, autour d'un billard, des châteaux en Espagne fondés sur son portefeuille littéraire ou sur les merveilles des machines qu'il inventait à foison ; telle était sa vocation.

Si Roby n'eût pas mangé lestement autrefois les trois mille livres de rente de son patrimoine, il aurait été, à l'heure où nous le retrouvons, un excellent bourgeois, fort au piquet, fort à la poule, fort sur les petits verres, et digne en tout de l'estime de son quartier.

Mais il avait mangé ses mille écus de rente...

De retour à Paris depuis peu de temps, après une très longue absence, il n'avait point rapporté de la province de fortes économies.

Son avoir se composait d'un gros cahier de dessins géométriques où il y avait une douzaine de machines dont la plus mince valait bien trois millions, et d'un autre gros cahier contenant les fruits de sa muse, comédies, tragédies, etc., dont il n'est point possible de dire au juste le prix.

Machines et drames, en marchandant un peu, on aurait eu le tout pour vingt francs.

Mais Roby n'avait jamais eu l'occasion d'opérer ce rabais extraordinaire. Personne, paraît-il, ne lui enviait son trésor.

Depuis son arrivée à Paris, il vivotait gagnant çà et là au billard les dîners qu'il venait de prendre à crédit, en à compte sur ce que lui devait la fortune.

Il était l'un des habitués de l'estaminet de l'Opéra. M. Burot l'y avait rencontré et avait admiré en fin connaisseur l'élégance suprême de ses *doublés* et de ses *bricoles*. — Un *bloc* avait achevé de l'attendrir.

Roby et lui avaient fait connaissance, et M. Burot l'avait employé avec un certain succès dans une circonstance difficile...

Quant à Denisart, il n'avait conservé qu'un souvenir extrêmement vague de la scène nocturne de l'hôtel du Sauvage. Les conversations qu'il avait eues le lendemain ou les jours suivants avec ses quatre convives lui en avaient appris beaucoup plus que ses propres souvenirs. La frayeur qu'il avait éprouvée cette nuit-là, jointe à son état d'ivresse profonde, ne laissait dans sa mémoire qu'un pêle-mêle confus et troublé.

Mais il avait su qu'un meurtre avait été commis, et qu'une complicité mystérieuse le liait, ainsi que ses camarades, à une femme qui était maintenant une grande dame.

Depuis lors, il avait cherché Carmen avec la patience infatigable qui était le propre de sa nature.

Une fois, il l'avait trouvée ; Carmen s'appelait alors Mᵐᵉ la baronne de Roye. A la vue de Denisart, la baronne n'avait point pris la peine de dissimuler son dégoût. Elle n'avait attendu ni explication ni demande, et avant que Denisart eût ouvert la bouche, elle lui avait mis dans la main deux billets de mille francs en lui disant : « Laissez-moi ! »

Denisart avait conservé de ce fait un souvenir pieux ; il s'attendrissait chaque fois qu'il y songeait. En user ainsi avec lui, c'était prendre le droit chemin de son cœur.

Avec ses deux mille francs, il avait fait imprimer sa brochure et l'avait publiée.

Mais dans son enthousiaste amour pour les pièces de deux sous des classes pauvres, Denisart n'avait probablement pas mesuré la chaleur de son style. L'idée de ces cinquante mille francs pour lesquels parfaire il ne fallait en définitive qu'un pauvre million de sous, avait exalté sa verve jusqu'au délire.

Il n'eut pas le temps de voir l'effet produit par ses prédications philanthropiques. Le procureur du roi vint malencontreusement mettre sa vile prose parmi tant de poésie. — Denisart fut une malheureuse victime du pouvoir.

Depuis ce temps, instruit par l'expérience et pleurant ses deux mille francs perdus, il avait retourné son idée sur toutes les faces et cherché avec l'âpreté du génie un biais pour amener dans sa mansarde ces millions de sous que le peuple lui devait.

Il avait notamment poursuivi la baronne dont la munificence était le plus clair de ses espoirs. Mais Denisart avait été écarté tout d'abord des relations qui s'étaient établies entre Carmen devenue riche et trois des convives de l'hôtel du Sauvage.

Roby s'était trouvé également en dehors de ces relations ; ils ignoraient tous les deux complétement la double existence de Carmen.

En conséquence, Denisart ne pouvait la chercher que sous le nom de baronne, tandis que le marquis de Maillepré prenait les cinq sixièmes de l'existence de Carmen.

Denisart trouvait porte close ; il s'irritait, mais au dedans de lui-même. A l'extérieur, il gardait son obséquieux sourire et saluait bien bas le valet qui le mettait dehors...

Ce matin, Roby et lui étaient entrés à quelques pas l'un de l'autre. Denisart avait vu s'ouvrir cette porte toujours fermée, avec un véritable transport de joie ; ses yeux éblouis s'étaient incontinent représenté les vignettes aimées des billets de la Banque ; ses doigts avaient frémi au contact imaginaire de ce papier doux, transparent, froissé, qui n'a presque pas moins de charmes que l'or...

Roby était dans un coin de l'antichambre ; Denisart

s'asseyait à l'autre extrémité ; il y avait bien six ans qu'ils ne s'étaient vus.

Néanmoins, du premier coup d'œil, Roby avait reconnu la laide figure du pédant.

Celui-ci, qui ne regardait jamais les gens qu'en dessous et à la dérobée, fut plus longtemps à rassembler ses souvenirs.

Lorsque son œil cauteleux eut enfin saisi le moment de se porter sur son ancien camarade, il le remit et fit une grimace de désappointement, parce qu'il devinait en lui un rival.

Roby éclata de rire.

— Ah ! Denisart, Denisart ! dit-il en se levant et en traversant l'antichambre ; tu es encore plus laid qu'autrefois !...

Denisart essaya de sourire.

— Que viens-tu faire ici ? demanda-t-il.

Roby se jeta sur la banquette et prit cette pose nonchalante qui, dans les conventions théâtrales, exprime mal ou bien la fatuité.

— Mon cher garçon, dit-il, je viens voir cette pauvre baronne... il y a un siècle que je n'ai eu le plaisir de lui donner la main.

— Tu la connais donc beaucoup ? demanda Denisart.

— Enormément, mon cher garçon... nous en sommes au point que je ne me formalise plus, comme tu vois, de faire antichambre chez elle.

CHAPITRE VI

LE LEVER DE BIOT

Denisart leva sur Roby ses yeux effarouchés et tâcha de lire sur sa physionomie étourdie et mobile la valeur qu'il fallait donner à ses paroles.

Roby, souriant et content de lui-même, soutint au mieux cette interrogation muette ; il eut même la complaisance de contempler durant deux ou trois secondes la rosace du plafond, afin de donner au timide Denisart le temps de l'examiner à son aise.

Le résultat de cet examen fut un clignement d'yeux jaloux et une toux sèche qui était peut-être fort expressive.

Roby abaissa son regard sur lui et le parcourut des pieds à la tête.

— Ah çà ! dit-il, tu n'as donc pas fait fortune, Denisart ?

Le pédant reprit son sourire contraint et haussa les épaules. Cela fait, il cligna de l'œil et toussa de nouveau.

— Je te comprends très bien, reprit Roby avec une bonhomie impertinente. — Ça veut dire en français que tu es une victime de la sottise du siècle... que tu as trop de mérite pour parvenir, enfin, des niaiseries banales à l'usage des hommes de génie... Il y a du vrai là-dedans, mon pauvre Denisart ; mais il faut dire aussi que ton génie n'est pas de l'espèce la plus séduisante. — Je parie que tu as toujours ton idée ?

— Toujours, répondit Denisart.

— Ma foi ? dit Roby, il y a des citoyens fort honorables qui ont gagné des millions avec la traite des nègres... En définitive, ton idée n'est pas beaucoup plus diabolique que la leur... tu te bornes à prendre aux gens leur dernier morceau de pain... Quand on y réfléchit bien, c'est tout simple.

— Quand on est pauvre, grommela Denisart, on doit s'attendre à être mal jugé... surtout par ses anciens amis !... ma pensée est aussi noble, monsieur Roby, que vous la faites infâme ! Quel est mon but ?...

— Ton but ? interrompit Roby. — Eh bien, mon garçon, c'est de faire des pièces de cinq francs avec des centimes...

— Mon but, reprit Denisart avec une certaine emphase que contredisait l'embarras hypocrite de son regard, — c'est de consoler ceux qui souffrent et d'apprendre au pauvre ses droits et sa valeur... Oh ! ajouta-t-il en s'échauffant à froid, vous avez beau faire, monsieur, ma mission est sainte, et je la sens plus belle à mesure qu'on la calomnie davantage !

Roby le regarda en face et frappa brusquement sur son ventre plat.

— Sans ta diable de figure, Denisart, dit-il, je serais toujours tenté de te prendre pour un apôtre... Et malgré ta figure, qui est pourtant une fameuse enseigne, si tu ne nous avais pas dit une fois tout ton chapelet, là-bas, à l'hôtel du Sauvage, je ne te croirais encore coquin qu'à demi.

Roby se leva, fit une pirouette sur lui-même et secoua vigoureusement le cordon d'une sonnette.

Denisart avait pris la pose d'un homme qui se résigne en face d'un injuste outrage.

— Ce que je t'en dis, reprit Roby, n'est pas pour te fâcher, au moins, mon garçon ; au contraire, je ne serais pas éloigné de faire quelque chose pour toi...

Denisart releva timidement sa paupière qui craignait le jour, et rappela son sourire contraint.

— Est-ce que vous êtes en fonds ? demanda-t-il tout bas.

— Modérément, répondit Roby. — D'ailleurs le prêt n'est pas dans mes habitudes.... Mais je ne demande pas mieux que de parler pour toi à quelqu'un de mes amis... la baronne, par exemple... ou le duc de Compans-Maillepré.

— Le duc de Compans ? répéta Denisart, — qui a cinq cent mille livres de rente !

— Ça fait une jolie aisance, n'est-ce pas ? dit Roby... On m'a proposé dernièrement d'occuper un emploi dans sa maison, mais tu sens bien que ma position...

— Que veulent ces messieurs ? dit un domestique qui parut à la porte, appelé par la sonnette.

— Mon ami, répliqua Roby, voilà un gros quart d'heure que j'attends... c'est inconvenant.

— J'ai prévenu monsieur, dit le valet, que madame la baronne était occupée...

— C'est très bien, reprit Roby, — mais je n'ai pas le loisir d'attendre... Madame la baronne fera trêve un instant à ses occupations... Portez-lui cela, mon ami.

Roby tira de sa poche une de ces petites cartes où son nom était écrit en lettres gothiques au milieu d'un buisson de paraphes, et la tendit au valet qui sortit aussitôt.

— Vous parliez d'un emploi ?... dit Denisart.
— Tutoie-moi donc, mon garçon... Je parlais en effet d'un emploi... Il s'agit d'être le secrétaire en second de monsieur le duc... Cela t'irait-il ?

Denisart avait épuisé ses dernières ressources à vouloir fonder son fameux journal le *Prolétaire*. Ce n'était pas un de ces coquins de détail qui se rattrapent par mille petites industries. Il avait son idée ignoble, comme d'autres ont de grandes et belles idées. Il voyait les choses largement, et c'était sur un grand pied qu'il voulait exploiter la misère.

De sorte que, tout infâme qu'il était, il courait vraiment le risque, commun à tous les hommes de génie, le risque de mourir de faim.

Le domestique se montra de nouveau à la porte.
— Madame la baronne recevra monsieur un autre jour, dit-il.
— Est-ce à moi que tu parles, maraud ? s'écria Roby en faisant ce haut-le-corps extraordinaire au moyen duquel les comédiens prétendent représenter l'aisance du grand seigneur.

Le domestique ne répondit point, mais il ouvrit la porte à deux battants et s'effaça, laissant un large passage.

Denisart, toujours soumis, prit son chapeau et sortit le premier.

— Maraud ! dit Roby en l'imitant, — la prochaine fois que je verrai madame la baronne, je te ferai châtier de ton insolence...

Il passa fièrement devant le domestique, élargissant sa poitrine et fouettant du doigt son jabot absent.

Les apparences étant ainsi sauvées, il rejoignit Denisart dans l'escalier et passa son bras sous le sien.

— Sais-tu, mon garçon, dit-il, que cette chère baronne joue gros jeu en me traitant avec ce sans-gêne ?...

Denisart garda le silence ; ils étaient encore dans la cour.

Quand ils eurent dépassé la porte cochère et traversé la rue, Denisart répondit sans lever les yeux :
— En sais-tu assez long pour pouvoir menacer ?
— Menacer et accomplir ma menace.
— Moi, j'étais trop ivre, murmura Denisart... Je ne me souviens de rien... Je n'ai que des demi-mots pro-

noncés après coup par l'un et par l'autre... Mais si tu veux tout me dire... Cette baronne est bien riche!... Nous pourrons y retourner ensemble.

Denisart et Roby passèrent toute cette journée au café de l'Opéra. — Le soir même, Denisart, par l'entremise de Roby et de M. Burot, fut placé en qualité de secrétaire auprès de M. le duc de Compans-Maillepré.

. . . .

Ce fut, comme le lecteur peut s'en souvenir, quarante-huit heures après cette scène que Denisart s'introduisit, la nuit, dans le vieil hôtel de Maillepré, par la porte du jardin donnant sur la rue Payenne.

Le vieil hôtel de Maillepré avait servi quelque temps d'*appartement en ville* à monsieur le duc. C'était, sous bien des rapports, un endroit précieux et tout plein d'excellentes qualités, mais il avait le défaut d'être situé dans ce bon Marais, que, malgré notre envie, nous ne pouvons défendre contre sa réputation de commérage curieux et d'impitoyable bavardage.

Le Marais, sous ce rapport, est quelque chose d'un peu moins odieux que la province, voilà tout.

On y sait ce qui se passe chez son voisin ; on en parle ; — tout en faisant le boston, tout en répétant pour la millième fois les innocents calembours du jeu de loto, on glose, on juge, on condamne.

De vieilles demoiselles aigres, de vieux messieurs qui n'ont point de cervelle, et de vieilles dames solennellement radoteuses s'y constituent en tribunal suprême et mangent leur prochain avec le peu de dents qui leur restent.

On sait tout dans ces aréopages vertueux, mais dont il serait juste de noyer les membres comme des chats enragés. — Ce qu'on ne sait pas, d'ailleurs, on le devine. — Ce qu'on ne devine pas, on l'invente.

Où sera la place en enfer de ces bonnes gens, doucement anthropophages, qui grignotent chaque soir un petit morceau de chair humaine !...

S'ils ne s'attaquaient encore qu'aux choses honteuses ou blâmables, il faudrait les louer, malgré l'odeur répugnante de leur juridiction. Il y a dans la nature des objets laids à l'œil, amers au goût, cruels à l'ouïe qu'on ne maudit point parce qu'ils sont utiles. — Mais ces bonnes gens, pour Dieu! à quoi servent-ils? La pointe idiote de leur calomnie s'en va, piquant au hasard. Ils mordent le premier venu sans fiel, pour se désennuyer, pour avoir quelque chose à mettre sous la dent.

Assurément, nous eussions laissé en repos ces bonnes langues du Marais, qui ne valent pas d'ailleurs le quart de leurs collègues de province, si leur piqûre n'avait atteint jamais que M. le duc de Compans et son *appartement en ville*. La voix publique est un tribunal dont nous ne repoussons point la compétence et qui malheureusement est le seul admis à prononcer sur certaines infamies. Mais M. de Compans est ici l'exception, — et ces voix chevrotantes, d'ailleurs, sont-elles une portion de la voix publique?

Nous abhorrons ces yeux éraillés qui percent les murailles, ces oreilles embéguinées qui entendent à travers les plafonds...

Cet homme qui jeta par la fenêtre d'un cinquième étage une vieille fille qui écoutait à sa porte, nous semble avoir agi avec trop de vivacité, voilà tout, — parce que la vieille fille, tombant sur le pavé, se releva comme un chat et court encore...

En somme, une fois par hasard, les cancans du Marais furent bons à quelque chose. Monsieur le duc et son secrétaire reculèrent effrayés devant la notoriété publique qui éclaira bientôt les mystères de leurs aventures.

La rue Payenne, la rue des Francs-Bourgeois, la rue Culture-Sainte-Catherine et la rue du Parc-Royal se seraient levées rentière comme une seule pour arracher les yeux de M. Burot, si ce digne serviteur n'eût opéré à temps sa retraite.

L'hôtel resta désert. — Nous ne voudrions pas affirmer que les bonnes gens des alentours ne furent pas très désolés d'avoir fait cesser le scandale, puisque l'abandon de l'hôtel leur enlevait un inépuisable sujet de commérages.

M. Burot cependant dut se mettre en campagne et chercher un autre *appartement en ville*.

Ces choses-là se trouvent; il y a des maisons que l'on dirait disposées exprès pour cela. Nos architectes ont tant d'esprit!

M. Burot, que la frayeur éloignait le plus possible du

Marais, où il avait failli porter la peine de son excentrique emploi, découvrait auprès des Champs-Elysées, dans la rue de Ponthieu, une charmante maison qui était douée de toutes les qualités requises.

Cette maison, petite, riante et située à l'extrémité d'un jardin, touchait aux derrières de la rue Montaigne dont une cour plantée d'arbres la séparait.

Au quartier des Champs-Elysées, on est curieux aussi, mais d'une autre manière. — L'amour a droit d'asile. C'est la patrie des plaisirs sénatoriaux, des caresses parlementaires et des passe-temps diplomatiques...

M. Burot, cependant, avait conservé une clef de la porte de l'hôtel de Maillepré qui donnait sur la rue Payenne. Ce fut cette clef qui servit à Denisart pour s'introduire d'abord dans les jardins, puis dans le long corridor qui menait à l'aile droite de l'hôtel.

La porte de la chambre de Gaston était ouverte. Denisart entra. Nous avons dit les événements qui s'ensuivirent...

Il y avait quatre heures environ que l'enlèvement de Sainte avait eu lieu. Le jour commençait à poindre. Les murs noirs de la façade de l'hôtel de Maillepré se dessinaient sur le ciel moins sombre.

A l'intérieur comme au dehors, il régnait un silence profond.

La tempête de la veille s'était entièrement calmée. Le ciel était blanchâtre et froid. Un mince tapis de neige couvrait la cour de l'hôtel, dessinant en relief la rondeur des pavés.

Sur les toitures escarpées et taillées à pic, la neige avait glissé, laissant seulement à chaque arête une frange éclatante.

Le premier son qui vint rompre ce silence absolu partit de la loge de Jean-Marie Biot. On entendit le bruit d'un briquet attaquant la pierre et presque aussitôt après la loge s'illumina.

Celui dont l'œil curieux se fût collé aux vitres jaunies de la loge eût assisté au lever du paysan breton.

Sa toilette ne fut pas longue. Il secoua ses longs cheveux dont les mèches grisonnantes tombèrent mêlées sur ses larges épaules ; il passa un pantalon et sa veste bretonne, — puis il se mit à genoux devant une image de la Vierge collée à la muraille de sa chambre.

Sa prière dura longtemps. On eût deviné au mouvement de sa lèvre que son cœur prononçait tout bas les noms des enfants de Maillepré.

Son loyal visage exprimait une mâle et ferme foi.

Quand il eut scellé sa prière du signe du chrétien, il se leva et vint s'asseoir devant sa tâche commencée.

Ses rudes mains saisirent les fils de fer de sa trame et les tordirent avec une sorte de gai courage.

La soirée de la veille avait été bonne. Il avait maintenant des nouvelles de Gaston ; son brave cœur était tout plein de confiance et d'espoir.

Pourtant, après avoir noué quelques mailles de son grillage, ses doigts se firent nonchalants tout à coup. Son regard devint distrait. Il tordit encore quelques fils avec mollesse, puis ses mains retombèrent et se joignirent sur ses genoux.

Ses yeux se levèrent au ciel ; quelque chose de doux et d'heureux vint adoucir la rustique énergie de ses traits.

Sa bouche souriait, son regard avait de naïves caresses. Il rêvait à Gaston.

— Il ne faudra pas trop se réjouir, murmura-t-il, — quand il nous reviendra... Il faudra être froid et lui dire : — Mlle Sainte a bien pleuré, notre monsieur !...

Il s'interrompit et reprit en secouant sa tête chevelue :

— Oh ! oui, elle a bien pleuré !... Il m'écoutera, — il sera triste... mais il ne se battra plus.

Biot avait des larmes dans les yeux et souriait attendri.

— Ils s'aiment tant tous les deux, les chers enfants ! poursuivit-il... — Tant que Dieu les gardera l'un à l'autre, il y aura encore du bonheur sous le pauvre toit de Maillepré...

Le crépuscule blanchissait peu à peu les vitres de la loge. Biot, au lieu de reprendre sa tâche, recula son escabelle et vint se placer devant la fenêtre qui donnait dans la cour.

Sur l'appui de cette fenêtre était le manuscrit dont il avait achevé cette nuit même la lecture douloureuse.

Il savait maintenant tout le secret de Berthe.

Sa main se posa sur le manuscrit fermé et son œil attristé tout à coup erra de croisée en croisée, le long des murs de l'aile droite.

Un gros soupir souleva sa poitrine.

— Pour celle-là, murmura-t-il, qui pourrait lui rendre le bonheur ?...

Il demeura un instant silencieux et immobile, puis ses deux poings se fermèrent et sous ses sourcils froncés son œil eut une foudroyante menace.

— Ah ! je le trouverai l'infâme ! dit-il ; — je le tuerai comme il a tué la pauvre demoiselle... et Dieu ne me punira pas.

Le cours de ses pensées était changé. — Il se souvenait maintenant que la veille il avait laissé Berthe mourante et tout près de plier sous sa faiblesse exténuée.

L'inquiétude le saisit ; bien que l'heure ne fût pas tout à fait venue à laquelle il se rendait d'ordinaire à la chambre de l'aïeule, il traversa la cour à grands pas et monta précipitamment l'escalier de l'aile droite.

Il trouva ouverte la porte de la chambre de Gaston.

Cette circonstance l'étonna médiocrement, parce que la veille, dans son trouble, il avait pu commettre cet oubli de peu d'importance.

La chambre de Gaston était telle que l'avait laissée le brusque départ du jeune homme. Le lit restait défait. On voyait éparses çà et là les diverses pièces de son costume d'ouvrier.

Biot donna un regard mélancolique à cette couche vide et affaissée ; puis, il ouvrit l'armoire pratiquée dans le mur et en retira son habit de livrée.

Il commença sa toilette de chaque jour.

Tandis qu'il passait le pantalon, il crut entendre dans la chambre de Sainte un bruit périodique et sourd, dont l'origine était pour lui un mystère.

Il s'arrêta pour écouter. — Le bruit continuait : c'était comme le ronflement rauque d'un homme qui étouffe en son sommeil.

Biot crut rêver. Il ne pouvait se rendre compte de ce fait étrange, et voulait se persuader que c'était une erreur.

Le cou tendu, l'oreille au guet, il acheva cependant de boutonner sa culotte de livrée et prit son habit pour le revêtir à son tour.

Mais en ce moment un ronflement plus fort retentit dans la chambre voisine, si distinctement, que les mains de Biot se prirent à trembler et lâchèrent l'habit qui tomba sur le carreau.

Le bon serviteur, pâle, ému jusqu'à l'épouvante, traversa la chambre sur la pointe des pieds, et entr'ouvrit la porte qui donnait dans l'appartement de Sainte.

Le jour était indécis encore ; néanmoins, Biot put voir la forme noir d'un homme étendu en travers sur la blanche couchette de la jeune fille.

Il poussa un cri terrible, puis frappé d'une sorte de stupeur mortelle, incapable de jeter un second cri, incapable de se mouvoir, il s'appuya inerte à la muraille. L'homme étendu sur la couchette n'avait point bougé. Il avait le visage enfoncé dans les couvertures et continuait de ronfler bruyamment.

Quelques secondes se passèrent... La porte de la chambre de l'aïeule s'ouvrit à son tour. — Berthe, chancelante, décolorée, se montra sur le seuil...

CHAPITRE VII

DEUX INTRUS

Berthe venait, attirée par le cri d'angoisse qui s'était échappé de la poitrine de Jean-Marie Biot, à la vue d'un homme couché en travers sur le lit de Sainte.

Cet homme était Denisart, qui n'avait pas fait un mouvement depuis le départ de ses complices, écrasé qu'il était sous le pesant sommeil de l'ivresse.

— Qu'y a-t-il ? demanda Berthe d'une voix faible.

Biot ne répondit point ; son corps robuste tressaillit sous de terribles secousses.

— Biot, dit encore Berthe, pourquoi ce cri ?... Qu'avez-vous ?

Biot fit sur lui-même un effort désespéré et se dressa de toute sa hauteur.

— Ce que j'ai !... murmura-t-il d'une voix qui sifflait,

étouffée. — Est-ce un rêve ?... Regardez ! Regardez !

Il étendait son bras vers le lit où dormait Denisart.

Berthe tourna les yeux de ce côté et fit un pas dans l'intérieur de la chambre.

Mais ses jambes n'avaient plus de force ; elle s'appuya, épuisée, à la petite table où Sainte travaillait d'ordinaire, et demeura tremblante, cherchant à reprendre son souffle qui s'échappait.

— Elle n'est plus là ! murmura-t-elle.

Biot n'avait encore vu que la couche violée et cet homme qui dormait. Il ne s'était point aperçu de l'absence de Sainte.

Le jour grandissait. Il suffit à Biot d'un regard pour se convaincre de la triste vérité des paroles de Berthe.

Le lit était vide et la fenêtre ouverte...

Biot, dont le visage avait blêmi d'abord, devint tout à coup écarlate. Son sang, précipité impétueusement vers ce cerveau, rougit ses yeux et fit bouillir son front.

Il franchit d'un pas saccadé l'espace qui le séparait du lit de Sainte.

Parvenu auprès de Denisart, il demeura un instant tout droit et contempla de sa hauteur ce corps affaissé, qui gardait sur le lit la pose bizarre et cynique que lui avait donnée sa chute.

Puis les robustes reins du paysan se plièrent. D'une seule main il prit Denisart aux cheveux, le souleva et le jeta, retourné, jusqu'aux pieds de Berthe.

Le pédant, éveillé en sursaut, et tout meurtri de sa chute, se prit à gronder sourdement en frottant ses yeux qui ne voulaient point s'ouvrir.

La table de travail de Sainte se trouvait tout auprès de la fenêtre et Denisart était tombé aux pieds de la table. De sorte que la lumière naissante frappait en plein sur son visage rouge taché de plaques livides.

Le regard de Berthe s'abaissa sur lui.

Dès qu'elle l'eut aperçu, un tremblement douloureux agita tout son corps : elle se laissa glisser sur une chaise et couvrit son visage de ses deux mains en murmurant :

— C'est lui ! c'est lui !...

Biot n'avait pas attendu si longtemps pour reconnaître l'homme qui gisait sur le carreau. — La lecture du manuscrit de Berthe était trop récente et les événements qu'il contenait emplissaient trop bien sa mémoire pour qu'il pût se méprendre un seul instant.

Il restait auprès du lit, les poings crispés, l'œil sanglant, avec une colère furieuse sur le visage.

Ses longs cheveux s'agitaient aux secousses intérieures de ses muscles ; son souffle était un râle...

— Oh ! oui, prononça-t-il d'une voix creuse : — c'est lui ! c'est bien lui !...

Denisart le regarda d'un œil stupide.

— Je ne m'y retrouve plus, grommela-t-il. Je ne suis jamais venu dans cette baraque...

Et la terrible menace du visage de Biot agissant sur sa poltronnerie à demi éveillée, il ajouta :

— Par où s'en va-t-on d'ici ?

Biot eut un sourire de contentement cruel.

Il ne répondit pas, s'avança vers Denisart et le secoua rudement :

— Où est-elle ? dit-il.

— Qui ça ? demanda Denisart.

— Mlle Sainte, répondit Biot dont les dents serrées donnaient à peine passage à sa voix.

— Connais pas, dit Denisart.

Berthe était renversée sur la chaise. — De temps en temps son regard éteint se glissait entre les fentes de ses doigts et cherchait Denisart.

Chaque fois qu'elle le voyait ainsi, tout son pauvre être brisé tressaillait pour s'affaisser ensuite davantage.

Et pourtant elle ne pouvait s'empêcher de regarder cet homme dont la vue achevait de la tuer.

Au bout de quelques instants sa tête oscilla, ses yeux se fermèrent. Elle glissa évanouie sur le carreau, à côté de Denisart.

Sa robe blanche toucha les vêtements souillés du misérable, qui sourit en la regardant d'un air hébété.

— Celle-là ressemble à une de mes connaissances, dit-il ; — mais ma connaissance avait plus de couleurs.

La rage de Biot, qui était à son comble, ne laissait point de place à une autre émotion. Son œil resta sec en se fixant sur Berthe évanouie. Seulement, par un vague instinct de respect, il traîna Denisart loin d'elle.

— Ecoute, reprit-il en secouant le pédant par les cheveux, je crois que je suis capable de ne pas te tuer si tu me dis où on l'a emmenée... mais dépêche-toi, tu vois bien que je ne me connais plus !...

— Vous me faites mal, balbutia Denisart, — mal à la tête...

Biot lâcha ses cheveux et le poussa du pied en trépignant.

— Où est-elle ? où est-elle ? répéta-t-il. — Tu n'as pas une minute pour sauver ta vie !

Les taches livides qui étaient sur les joues de Denisart grandissaient, s'étendaient et envahissaient tout son visage. Une épouvante confuse le glaçait ; — mais il était ivre encore et il ne pouvait point répondre.

Biot se retenait de toute sa force pour ne le point écraser ; et sentant qu'il ne pourrait longtemps ainsi se retenir, il s'éloigna brusquement et se prit à parcourir la chambre à grands pas.

Berthe gisait toujours évanouie.

Un flux de douleur amollit durant un instant la colère de Biot, son œil attendri se reposa sur la pauvre fille qui semblait une morte.

Il revint vers Denisart et dit avec un accent de prière :

— Vous voyez bien que vous avez tué celle-ci !... L'autre... rendez-nous l'autre... et je vous ferai grâce !

Denisart suivit l'œil de Biot qui se portait sur Berthe et eut un sourire pesant.

— Ma foi oui !... balbutia-t-il. Dire où je l'ai vue, je n'en sais rien... mais c'est une connaissance.

Berthe s'agita faiblement.

— Réponds donc ! cria sourdement Biot.

— Seulement, reprit Denisart, — elle avait plus de couleurs... J'en suis sûr.

Berthe poussa un gémissement.

La rage de Biot revenait avec une violence terrible.

— Réponds ! dit-il encore avec un éclat de voix.

Denisart roula en riant sur le carreau.

Biot poussa un rugissement rauque ; il saisit le pédant d'une main par les cheveux, de l'autre par la peau du ventre et le souleva, hurlant, comme il avait fait autrefois de l'énorme chien de l'usurier Polype, dans la pauvre chambre de l'aile Valois.

Denisart s'agitait et criait. — Biot, fou de rage, le tenait à bout de bras et se dirigeait vers la fenêtre.

Berthe s'était éveillée à tout ce bruit et murmurait :

— Grâce ! faites-lui grâce !...

Mais Biot ne l'entendait point.

Parvenu auprès de la fenêtre, il leva Denisart, déjà mort de frayeur, au-dessus de sa tête et le précipita dans la rue.

Denisart tomba comme une masse inerte sur le pavé.
— Mais, avant que Biot eût eu le temps de passer de la fureur au remords, le pédant se releva comme cette vieille fille dont nous avons parlé au chapitre qui précède, traversa la chaussée en chancelant et disparut à l'angle de la rue voisine...

Biot resta bouche béante à regarder le trou que Denisart avait fait dans la neige.

Il y avait certes de quoi s'étonner, surtout de la part de Biot, qui ne pouvait pas savoir combien les cuistres ont la vie dure.

. . . .

Après le premier moment de stupéfaction, Biot s'était élancé au dehors, parce qu'il sentait qu'il venait de s'enlever tout moyen de suivre la trace de Sainte.

Denisart était en quelque sorte un gage. Une fois son ivresse passée, on aurait pu l'interroger, le faire parler de gré ou de force. — Sa fuite rompait le dernier fil qui pouvait guider parmi les ténèbres de cette intrigue.

Biot, à son insu, s'était fait ce raisonnement, et avait descendu l'escalier en toute hâte, espérant gagner facilement de vitesse la course avinée de Denisart.

Lorsqu'il fut parti, Berthe se traîna jusqu'à la croisée, parce qu'elle ne pouvait deviner le résultat bizarre de la violence du paysan, et qu'elle pensait découvrir un cadavre sous la fenêtre.

Elle ne vit rien, sinon Jean Marie Biot qui courait sur le pavé glissant.

Tandis qu'elle se penchait en dehors de la croisée, la voix de Mme la duchesse douairière se fit entendre dans la chambre voisine.

— Mademoiselle de Maillepré, disait-elle, d'où vient que vous n'êtes pas auprès de moi ?

Berthe avait la tête dans la rue et ne pouvait entendre.

Elle ne put entendre non plus un bruit furtif qui se fit dans la chambre abandonnée de Gaston...

La porte de cette pièce, qui était retombée après la sortie de Biot, s'entrebâilla lentement.

Une tête se montra, — non point à la hauteur où se dresse d'ordinaire la tête d'un être humain, mais tout au ras du sol.

Cette tête était nue, à l'exception d'une mince touffe de cheveux blancs qui se plantait au sommet du crâne.

Le front, les joues, le cou avaient une couleur rougeâtre. — Sous de longs sourcils blancs mourait un regard éteint, qui, de temps à autre, s'allumait tout à coup et luisait...

On eût dit alors les yeux brûlants d'une bête fauve.

A la suite de cette tête étrange, un long corps amaigri se roula doucement entre le battant de la porte ouverte à demi et la muraille...

C'était un homme de taille gigantesque, — le fou que nous avons vu, dans la bibliothèque de l'hôtel, s'endormir sur la paille en fumant et en chantant sa chanson monotone.

— Mademoiselle de Maillepré, dit en ce moment la duchesse douairière. — je suis levée... Venez m'aider à gagner mon fauteuil.

Cette voix arrivait, distincte à peine, dans la chambre de Sainte, parce qu'elle partait de l'alcôve dont les rideaux épais étaient fermés encore...

Berthe était toujours penchée en dehors de la fenêtre.

Le vieillard, qui s'avançait en rampant sur le carreau, s'arrêta court, au son voilé de cette voix.

Sa tête se redressa pour entendre.

Son cou se tendit. Tout son corps prit cette attitude alerte et attentive, si souvent décrite par Cooper, du sauvage qui écoute dans le silence des grands bois...

Un éclair fugitif d'intelligence rayonna sous les cils blanchis de ses paupières...

Son regard éveillé roula tout autour de la chambre.

Il aperçut Berthe.

Sa bouche, à cette vue, s'entr'ouvrit en un sourire muet, qui montra deux rangs de longues dents blanches et aiguisées...

Au lieu de poursuivre sa route vers la porte de la chambre de l'aïeule, il se prit à ramper vers Berthe.

En ce moment, cet homme était terrible à voir. — Son long corps rougeâtre avait des ondulations de serpent. — Son œil ardent couvait la pauvre Berthe de ce regard convoiteur de l'animal féroce qui va étouffer sa proie.

On eût deviné dans le feu troublé de sa prunelle une folie homicide...

Il continuait de ramper sans bruit aucun. — Son sourire fauve découvrait jusqu'aux gencives ses grandes dents qui remuaient.

Arrivé tout auprès de Berthe, il se dressa lentement derrière elle. — Ses deux bras s'élevèrent et se rapprochèrent avec une lenteur avide pour serrer le cou frêle de la pauvre fille...

— Mademoiselle de Maillepré ! dit la voix irritée de la douairière, — ne m'entendez-vous pas?...

Le vieillard perdit son rire d'hyène. — Sa paupière blanchie se baissa sur son œil redevenu morne. Ses bras retombèrent le long de son corps avant d'avoir touché Berthe...

Berthe ne se doutait point du danger qu'un hasard suspendait au-dessus de sa tête et qu'éloignait un autre hasard.

Elle épiait le retour de Biot, qu'elle avait vu tourner, en courant, l'angle de la rue Culture-Sainte-Catherine.

Le vieillard cependant avait mis sa prunelle vitreuse sur la porte ouverte de la chambre de l'aïeule.

Un souffle venait de passer parmi la confusion obscure qui régnait en sa cervelle.

A ce vent, sa fantaisie docile avait tourné.

Il remit ses deux mains sur le carreau et recommença à ramper sans produire le moindre son.

Il s'éloignait maintenant de Berthe et se dirigeait vers la chambre de l'aïeule.

Sa tête rase dépassa bientôt le seuil.

Il s'arrêta pour regarder, joyeux, la soie des tentures et les broderies fanées du tapis.

Son visage ridé prenait les mobiles et naïves surprises qui passent à tout propos sur un visage d'enfant.

Deux ou trois fois il tourna sur lui-même à quatre pattes, afin de tout voir et comme s'il eût trouvé du plaisir à frotter ses mains calleuses contre le tissu doux du tapis.

— Mais où êtes-vous donc, mademoiselle de Maillepré ? s'écria la duchesse avec colère.

Le vieillard tressaillit de la tête aux pieds au son rapproché de cette voix.

Son œil se darda sur les rideaux de l'alcôve.

Puis il mit son menton sur le tapis, regardant sournoisement l'obstacle qui lui cachait la personne dont la voix venait de se faire entendre.

Sa prunelle distendait et semblait vouloir percer la soie des rideaux.

Il se faisait dans l'alcôve un léger bruit. — Madame la duchesse, lasse d'appeler, vaquait sans doute elle-même à sa toilette.

Le vieillard prêtait attentivement l'oreille à ce bruit.

Au bout de quelques minutes, comme les rideaux ne s'ouvraient point assez vite au gré de son impatience, il se remit à ramper avec des précautions infinies et s'avança vers l'alcôve.

Quand sa tête eût dépassé le cadre où couchait Berthe et qui était à quelques pas seulement du lit de Madame la duchesse, il cessa de ramper pour prêter l'oreille encore.

On entendait le frôlement continu d'une robe de soie, parce que la main tremblante de la vieille dame, essayait en vain d'ajuster son vêtement. — Et, tout en s'efforçant ainsi, elle murmurait, se demandant pourquoi Berthe n'était pas à son devoir. — Il n'y avait en elle que de l'irritation et point d'inquiétude... elle était ainsi faite... de n'avoir pas la possibilité de s'émouvoir pour autrui.

Ces murmures arrivaient indistincts à l'oreille tendue de l'étrange personnage qui venait de s'introduire dans la chambre. — Son visage exprimait une curiosité passionnée.

Il essaya d'abord de regarder par-dessous la draperie, mais la draperie joignait le tapis.

Vaincu de ce côté, il se dressa lentement sur ses pieds, faisant glisser son regard tout le long de la fente des rideaux. — Mais les rideaux étaient rapprochés avec soin, et les quelques défauts qui restaient entre les franges étaient rendus inutiles par le jour plus sombre de l'alcôve.

Le vieillard ne voyait rien. — Et il s'obstinait à regarder toujours.

Et, chose singulière, malgré la passion insensée qui

le poussait en ce moment, sa main n'osait point soulever le rideau. — Une ou deux fois, excité par sa fantaisie avide, il fit un geste brusque comme pour écarter l'obstacle.

Mais ses bras retombèrent le long de son corps. Une crainte inexplicable le retenait.

Il restait là, le torse en avant, le front collé à la soie, respirant par saccades et le visage couvert d'une émotion étrange...

Madame la duchesse douairière avait enfin attaché sa robe. Ses deux mains sèches et plissées relevèrent à droite et à gauche les pans rabattus de la draperie.

Le vieillard et elle se trouvèrent en présence.

Si près l'un de l'autre que le souffle brûlant du fou vint frapper le front glacé de la vieille dame.

Elle resta un instant étonnée devant cet œil ardent qui pesait fixe sur son œil, — mais elle ne fut pas effrayée.

C'était un cœur de diamant qui ne connaissait pas plus la peur que la pitié.

— Jean-Marie dit-elle sans élever la voix, — faites l'aumône à cet homme et mettez-le dehors.

Jean-Marie, n'était point là pour répondre à cet ordre.

Le vieillard avait rejeté son torse en arrière, sa taille se développait dans toute sa hauteur. Il y avait sur ses traits un pêle-mêle de sentiments confus qui étaient comme un reflet des ténèbres troublées de son cerveau.

Il semblait étonné jusqu'à la stupéfaction, attendri jusqu'à l'angoisse, et l'on eût dit qu'il ne savait point pourquoi il était attendri, pourquoi il était stupéfait...

A plusieurs reprises ses mains tremblantes pressèrent son front où se séchait la sueur.

Il tâchait avec désespoir à saisir l'idée qui se jouait autour de sa cervelle. — Son esprit éclairé soudain d'une lueur vague s'épuisait à combattre la démence victorieuse, — et la démence l'écrasait.

Son œil ne quittait pas un seul instant le visage de la duchesse ; il semblait vouloir en fouiller toutes les rides, en compter un à un les innombrables plis.

Et la duchesse demeurait devant lui, raide, hautaine, comme si elle eût compté sur quelque prestige pour garder contre cette attaque inattendue sa solitude sans défense.

Ce ne fut qu'au bout de plus d'une minute qu'elle reprit la parole.

— Jean-Marie, répéta-t-elle sans élever la voix davantage, faites l'aumône à cet homme et mettez-le dehors.

Le vieillard posa ses deux mains jointes sur son cœur.

Il souffrait ; — un souvenir voulait fixer sa pensée, qui fuyait et se dérobait.

— Il y a si longtemps !... murmura-t-il d'une voix creuse et gutturale.

Puis il ajouta en se redressant fier et froid :

— Oguah est un grand chef !...

On entendit en ce moment un bruit de pas précipité dans la cour, et des voix se croisèrent qui criaient :

— Oguah ! Oguah !

Le vieillard plia les reins tout à coup ; ses jambes se ramassèrent, son visage prit une expression d'inquiétude et de défiance.

Il regarda tout autour de la chambre d'un air cauteleux, comme s'il eût cherché un endroit pour se cacher ou une issue pour fuir.

Au dehors, les voix s'appelaient et se répondaient. Elles s'éloignaient, puis se rapprochaient, comme il arrive lorsqu'on se livre à une active recherche.

Ce bruit soudain avait rompu brusquement le fil frêle qui semblait vouloir relier les idées du vieillard.

Il avait d'abord prêté une attention anxieuse à ce qui se passait au dehors, puis son visage était redevenu morne, et son regard, reprenant son immobilité vitreuse, était retombé sur la duchesse et semblait ne plus la voir sous le même aspect que naguère.

Si la première vue de cette femme avait réveillé en lui des émotions mortes depuis longtemps, c'en était fait. Ces émotions étaient bientôt redescendues dans l'oubli, — il ne la reconnaissait plus...

Parmi les voix confuses qui se faisaient entendre au dehors, la voix impérieuse et grave de M. Williams s'éleva.

— Oguah ! cria-t-elle.

Le vieillard tomba sur ses genoux, comme si le ressort de ses jarrets se fût subitement détendu.

Il se coucha sur le tapis d'un air humble, et entonna d'une voix sourde ce chant monotone que nous avons décrit déjà plus d'une fois.

La duchesse gagna d'un pas raide et pénible son fauteuil à oreillettes sur lequel elle s'assit.

Il y avait là, devant elle, un homme demi-nu d'une stature gigantesque et dont la folie était évidente.

Néanmoins, ses traits restaient de marbre. Nul sentiment, frayeur ou trouble, ne faisait vivre l'impassible inertie de son visage.

L'étonnement lui-même avait disparu.

Comme si de rien n'était, elle fouilla dans la poche de sa robe et atteignit sa boîte d'or, en répétant pour la troisième fois d'un ton bas et glacial :

— Jean-Marie, faites l'aumône à cet homme et mettez-le dehors.

En même temps, elle aspirait lentement quelques grains de tabac en tenant à la main sa boîte ouverte...

Il s'était opéré chez le vieillard un changement extraordinaire. Ses yeux agrandis s'attachaient sur la boîte et la couvaient avidement.

Il s'était soulevé à demi ; il se tenait sur les genoux et sur les deux mains, le cou tendu en avant comme s'il eût été prêt à s'élancer.

Son chant avait cessé, ses lèvres convulsivement agitées parlaient et ne produisaient point de sons.

Une puissance mystérieuse semblait arrêter les caprices vagabonds de sa folie et les concentrer sur un objet unique.

Il était là comme un loup en arrêt qui guette sa proie et qui va bondir.

— Oguah ! cria M. Williams dans la cour.

Comme toujours, cette voix redoutée secoua violemment le vieillard, mais elle ne changea point le cours de sa fantaisie.

Il rampa tortueusement sur le tapis, s'approchant de la duchesse par degrés insensibles.

Puis, quand il fut à portée, il arracha la boîte d'or des mains de la vieille dame en poussant un cri sauvage.

Puis encore, il bondit çà et là par la chambre, élevant son trophée au-dessus de sa tête avec un triomphe insensé.

La duchesse n'avait pas encore ouvert la bouche que déjà il avait disparu, laissant derrière lui un hurlement de joie.

A ce cri, Berthe quitta la fenêtre, mais elle ne vit rien sinon le battant de la porte qui retombait...

Le bruit se tut au dehors. — On cessa d'appeler Oguah.

— Le vieillard rentra dans son morne silence.

CHAPITRE VIII

LE GRAND CHEF

Biot revint peu d'instants après.

Il trouva Berthe à son poste auprès de la duchesse douairière.

Rien dans la chambre ne pouvait faire deviner ce qui venait de s'y passer. — Tout y était en ordre.

La duchesse douairière tremblait sur son fauteuil à oreillettes. — Elle essayait de parler et ne pouvait point y réussir.

Elle était bien vieille. — Le coup qui venait de la frapper était le plus terrible qui pût l'atteindre en ce monde.

Elle n'avait qu'un souvenir... Une seule fois quelque chose de semblable à un cœur avait tressailli dans sa poitrine...

Cette boîte, ou plutôt le portrait qu'elle renfermait, c'était toute sa jeunesse, tout son bonheur...

C'était la relique d'un crime ; mais la duchesse ne savait pas les remords.

Elle n'avait plus rien... elle se sentait seule. — Elle restait comme foudroyée.

Le frêle débris de vie qui était en elle s'engourdissait et se paralysait.

Ni Biot ni Berthe ne purent savoir ce qui lui était arrivé...

La course de Biot avait été inutile, il n'avait pu joindre Denisart, lequel, suivant notre opinion, était tombé dans quelqu'un de ces trous qui se rencontrent sur le chemin des gens ivres par les soins exprès du dieu spécial qui veille à leur destinée.

. . . .

Le vieillard que nous avons vu s'introduire dans la chambre de l'aïeule, était étendu sous sa couverture, dans la pièce que M. Williams lui avait assignée pour réduit.

Tous les matins, John Robertson ou Toby Grand le conduisait dans le jardin, pour qu'il respirât un peu d'air frais.

Ce jour-là, Toby avait été occupé dès le lever du jour dans le cabinet de son maître, John avait cru pouvoir laisser le vieillard seul un instant dans le jardin, dont toutes les issues d'ordinaire étaient closes.

Mais John avait compté sans Denisart.

Le passage de celui-ci avait laissé ouverte, en effet, la porte qui donnait entrée dans les couloirs conduisant à l'aile droite, à travers le corps de logis.

En furetant, le vieillard avait découvert cette issue, et, suivant cet instinct curieux qui est le propre de la folie, il s'y était engagé aussitôt.

On l'avait cherché partout.

Comme de raison les recherches avaient dû être vaines.

Ce fut dans sa retraite même qu'on le retrouva, couché sur sa couverture et se donnant, avec cette dissimulation que n'exclut point la démence, les apparences d'un calme parfait.

On ne sut point où il avait été. — A plus forte raison ignora-t-on le vol qu'il avait commis... M. Williams revint dans son cabinet de travail. — Toby s'assit à sa table et ils poursuivirent leur tâche, qui touchait à sa fin.

Tels étaient les faits rapportés dans cette dernière partie du Mémoire :

James Western fut poignardé le jour même de son arrivée à Paris, dans une chambre de l'hôtel du Sauvage par une femme nommée Carmen.

Ce qui suivit immédiatement cet assassinat n'était point connu de M. Williams.

Il affirmait seulement que le soir du mercredi des Cendres de l'année 1826, douze heures après l'étrange lutte que Western avait soutenue contre une femme et où il avait été vaincu, l'Américain reprit ses sens sur un grabat misérable, dans un trou noir, où il n'y avait point d'air.

James Western avait à la gorge une horrible plaie. Il s'était évanoui sur le coup, et le médecin qui lui donna ses soins plus tard déclara qu'au moment de la blessure il avait dû tomber foudroyé.

Lorsqu'il reprit ses sens, sa situation ne valait guère mieux que celle d'un homme mort. Il se trouvait seul, incapable de se mouvoir, épuisé par la perte énorme de sang qu'il avait faite, avec un fou qui était son sauveur.

Ce fou était un malheureux aux gages du maître de l'hôtel, qui le louait au Caveau du passage du Perron en qualité de Sauvage.

On l'appelait à ce café le *Grand chef* ou le *Sagamore*.

James Western n'a jamais pu tirer de cet homme des détails précis sur la manière dont il l'avait introduit dans sa retraite ; mais il manquait une planche au plafond immédiatement au-dessus du grabat.

James Western a supposé depuis que Carmen, pour dissimuler son crime, avait voulu cacher le cadavre sous le plancher de la salle où le souper avait eu lieu.

Le bruit fait en descellant les planches, quelques gouttes de sang, peut-être, avaient donné l'éveil au sauvage qui, descellant lui-même l'une des planches du plafond, avait reçu le cadavre entre ses bras.

Suivant la remarque de M. Williams, celui qu'on appelait le Sauvage était un homme d'une très grande taille et d'une force prodigieuse ; sa retraite, située à l'un de ces entresols particuliers à la rue de Valois, qui sont placés entre le premier et le second étage des maisons, était si basse qu'il pouvait aisément toucher le plafond de la main. — Le fait n'avait donc en soi rien d'invraisemblable...

James Western souffrait cruellement ; le sang qui emplissait sa gorge l'empêchait de parler, il fallut pour son salut que la Providence envoyât une pensée sage au pauvre insensé.

Lorsque vint, en effet, l'heure à laquelle le grand

chef était contraint de se rendre au caveau du Sauvage pour la représentation du soir, il eut répugnance à laisser le blessé tout seul.

Il l'enveloppa dans la couverture du grabat, le chargea sur ses épaules, passa sans répondre au milieu des domestiques de l'hôtel et frappa à la porte d'un médecin de la rue Neuve-des-Petits-champs. — On ouvrit ; le Sauvage entra, déposa son fardeau sur une banquette et sortit sans dire une parole.

Western était sauvé. Il se trouvait chez un homme habile et généreux dont les soins le rendirent à la vie.

Sa convalescence fut longue et douloureuse. Pendant bien longtemps il ne put recouvrer l'usage de la parole. — Aujourd'hui encore il a conservé les traces de cette terrible blessure. Son cou a la dureté rigide de la pierre...

Western se trouvait sur la terre étrangère, sans ressources aucunes. Avant le meurtre, il s'était défait lui-même de sa bourse et son assassin ne l'avait poignardé que pour s'emparer du portefeuille, contenant toutes ses valeurs. La généreuse confiance du médecin vint au secours de ce dénûment, tout d'abord. Il ne fallait d'ailleurs, pour y mettre un terme, que le temps de recevoir des lettres d'Amérique.

La plus cruelle souffrance de Western pendant sa maladie avait été le remords. Il se représentait incessamment la détresse des gens qu'il était venu secourir.

Dès le surlendemain du meurtre, alors que ses idées vacillaient encore dans son cerveau, cette pensée le dominait déjà.

Il fit prendre immédiatement des renseignements à l'adresse du marquis Raoul de Maillepré. — Mais les Maillepré avaient quitté la maison de M. Polype dans la matinée du mercredi des Cendres.

On ne savait pas ce qu'ils étaient devenus.

Dans son état actuel, James Western n'en pouvait faire davantage. Il attendit avec une patience qui doublait sa fièvre le moment où ses forces revenues lui permettraient d'agir.

Durant les longs mois qu'il passa dans son lit, il recevait la visite du sauvage du Perron...

C'était quelque chose d'étrange. Malgré le dérangement de sa cervelle, le grand chef semblait s'être attaché tendrement à l'homme dont il avait sauvé la vie.

Chaque fois qu'il pouvait s'échapper du trou qui lui servait de retraite, il frappait à la porte du médecin de la rue Neuve-des-Petits-Champs.

Les domestiques avaient d'abord voulu lui refuser l'entrée, mais le grand chef était de taille et de force à ne se point inquiéter de ces refus. Il avait passé outre la première fois, et les autres, sur l'ordre du docteur, on l'avait introduit de bonne grâce.

Il venait s'asseoir silencieusement au chevet de Western; il le regardait et se prenait à chanter doucement un chant dont les notes sourdes et monotones appelaient le sommeil sur les paupières du blessé.

Western, en ce temps-là, n'avait point recouvré encore l'usage de la parole; la vue du Sauvage amenait à son visage une expression émue; il faisait des efforts pour parler, et c'était en ces moments qu'il semblait ne pouvoir se résigner à son rôle de muet.

C'est que Western avait trouvé un vague souvenir parmi les traits mutilés, défigurés du Sauvage. Et puis le grand chef était un Chérokée. — Que de choses il aurait eu à lui demander!

Ce furent là ses impressions premières. — Plus tard, il eut d'autres raisons encore de regretter la parole et de s'émouvoir davantage...

Le grand chef, lorsqu'il sortait, couvrait sa nudité réelle ou feinte d'un long manteau fermé au cou.

Un jour qu'il était assis au chevet de Western, celui-ci suivit d'un regard distrait les tatouages qui couraient bizarrement sur la poitrine du Sauvage.

Son regard s'arrêta au-dessous du sein gauche et cessa d'être distrait.

A la place du cœur, le grand chef portait un dessin de très petite dimension, qui avait à peu près la forme d'un écusson.

Western, en sa qualité de républicain, ne s'était probablement jamais occupé beaucoup de sciences héraldiques, mais il avait vu si souvent autrefois, soit entre les mains du duc Jean, soit entre les mains du marquis Raoul ou de la duchesse Berthe, des objets aux armes de Maillepré, qu'il avait ces armoiries gravées dans la mémoire.

Il crut reconnaître dans le tatouage de la poitrine

du grand chef une sorte de copie grossière de l'écusson du duc Jean.

Il écarta le pan du manteau et regarda mieux. C'étaient en effet les trois maillets dans un pré : l'écusson de sinople aux trois marteaux d'argent...

Cette vue changea en certitude subite les soupçons vagues qui avaient agité jusque-là l'esprit de Western.

Si bizarre et invraisemblable que l'idée eût pu lui paraître au premier abord, elle prit possession de lui et combattit victorieusement le doute.

Ne pouvant pas parler, il tâcha d'interroger par gestes. Il toucha du doigt l'écusson, en regardant le Chérokée en face.

Celui-ci répondit à ce regard par un mouvement d'embarras. — Son œil parcourut à deux ou trois reprises le visage de James Western, comme on fait des traits d'un ami perdu bien longtemps..

Et en effet, il y avait bien longtemps !...

Mais cet examen n'eut point de résultat. — L'œil du grand chef se baissa, renonçant à suivre la voie égarée de ses souvenirs.

Il écarta le doigt de Western et cacha l'écusson avec la paume de sa main.

Puis il secoua la tête comme pour nier et se défendre.

— Le sang d'Oguah est rouge ! dit-il avec emphase ;
— Oguah est un grand chef !...

Les vieillards chérokées, assis pour mourir sur les cendres de leur village, avaient aussi prononcé le nom d'Oguah...

Ce n'étaient donc plus des conjectures plus ou moins plausibles. C'était une certitude souveraine...

Cet homme, ce fou, ce malheureux, descendu au dernier échelon de la misère humaine, c'était le duc Jean de Maillepré...

Par quelle succession d'aventures funestes le fils des chevaliers était tombé jusque-là, Western put le deviner, mais il ne le sut jamais de science certaine.

En quittant Boston le duc Jean avait déjà la tête cruellement frappée. Sans doute ses voyages solitaires et les privations de toutes sortes qu'il avait dû endurer en chemin, avait assombri encore la nuit de son esprit.

— En outre il portait sur son visage et sur tout son

corps des traces d'innombrables blessures. Il est à croire que dans ses excursions vagabondes il avait souffert chez quelque peuplade indienne un de ces supplices inouïs dont le récit nous fait frémir dans les livres des voyageurs.

Sa raison s'était tout à fait égarée. — On sait que la folie est un titre à la vénération des Indiens.

Le duc Jean de Maillepré était devenu, sous le nom de Oguah, un des chefs de la peuplade des Chérokées. Il les avait suivis dans leur émigration à travers les prairies jusqu'aux bords des lacs qui avoisinent les Canadas.

Là, Western savait que prisonnier des Chippeways, il avait été emmené à Québec.

De Québec, on l'avait sans doute dirigé sur Londres où les *exhibitions* publiques sont très friandes de véritables sauvages.

On sait que, pour les choses offertes à la curiosité du peuple, il n'y a qu'un pas de Paris à Londres.

Et s'il nous était permis de prendre ici la parole au beau milieu du Mémoire de M. Williams, nous dirions que le grand chef suivit la même route que MM. Van-Amburg et Carter, — la route que sa seigneurie le général Tom-Pouce a récemment parcourue avec tant de gloire.

On vend les lions, les nains et les sauvages. La folie ôte à l'homme sa défense. — Le propriétaire anglais du grand chef voulut s'en défaire sans doute quand sa vogue fut passée.

M. Polype, le spéculateur universel, l'escompteur âpre à la curée qui faisait argent de tout, devint propriétaire de l'indien prétendu, et le loua au Caveau du Sauvage...

Voilà le vraisemblable. — Quant au vrai, jamais Oguah ne voulut dire un mot de son histoire...

Dès que James Western eut recouvré la faculté de marcher et de parler, il voulut chercher par lui-même la famille de Maillepré.

Toutes ses démarches furent vaines. Il fut traité avec défaveur à la préfecture de police, où il réclamait des renseignements, et put se convaincre dès lors que M. de Compans avait rallié à lui l'opinion commune, et que tout prétendant à l'héritage de Maillepré aurait contre lui une présomption d'imposture.

La plainte qu'il déposa en même temps contre Carmen ne fut suivie d'aucun effet. On avait connu une jeune fille de ce nom, qui dansait des pas de caractère sur le boulevard du Temple, mais elle avait disparu, et les inspecteurs de police crurent pouvoir affirmer qu'elle s'était enfuie de Paris et de France.

James Western tenait bien peu à se venger. Sa plainte n'avait d'autre but que de recouvrer le portefeuille qui contenait les papiers de famille des Maillepré.

Il y avait dans ce portefeuille les actes de naissance de Gaston et de ses sœurs : un extrait de celui du marquis Raoul ; le brevet de colonel du duc Jean et une sorte d'acte de notoriété signé par le vieux William Western et d'autres personnages de Boston, qui constatait l'époque précise de la disparition du chef de la famille.

Il y avait en outre des lettres du marquis Raoul et quelques notes où était raconté tout ce que nous savons de la vie des Maillepré avant et depuis leur départ d'Amérique.

Mais, en définitive, si grande que pût être l'importance de ce portefeuille, sa perte devenait d'un intérêt secondaire, puisque les Maillepré eux-mêmes échappaient à toutes les recherches.

Eût-il possédé toutes les pièces qui lui manquaient, Western n'aurait point eu qualité pour intenter un procès à M. le duc de Compans.

Il y avait bien Oguah, le duc Jean, dont la seule présence était le gain assuré de toute lutte judiciaire.

Mais comment constater l'identité du duc Jean ?...

Il était fou, il refusait d'ouvrir la bouche dès qu'on l'interrogeait sur son passé.

Sur tout autre point, il obéissait à Western qui, dès ce temps-là, commençait à prendre sur lui un empire absolue, mais à cet égard, ni commandement ni prière n'avait pu vaincre son obstination inerte.

Comment se présenter devant les tribunaux au nom d'un homme qui ne savait plus son passé, qui se croyait un autre homme, pour ainsi dire, et qui se défendait d'être lui-même ?

Car Oguah était ainsi. La vie de sauvage, qu'il avait si longtemps menée, avait empreint son esprit troublé de cet orgueil bizarre de l'Indien qui met sa gloire dans la rougeur de sa peau.

Il avait peur et il aurait eu honte de passer pour un *visage pâle*..

A toute question il répondait avec une mystérieuse emphase :

— Le sang d'Oguah est rouge. Oguah est un grand chef.

Pour revendiquer un nom, la première chose est de se parer de ce nom. Présenter à la justice sans preuve aucune un malheureux maniaque et s'écrier : — Voilà le duc Jean de Maillepré ; dépouillez les gens qui sont en possession de sa fortune et rendez-lui son héritage... c'était une entreprise insensée dont l'idée devait fuir tout esprit doué d'une ombre de prudence.

James Western ne l'essaya point, il mit son espoir dans la guérison du vieux duc qu'il retira, moyennant une somme d'argent, des mains de M. Polype, pour le confier aux soins du médecin de la rue Neuve-des-Petits-Champs.

En même temps, il continuait ses recherches.

Mais James Western, à son arrivée à Paris, avait reçu un si terrible accueil, qu'il vivait désormais en un état de défiance absolue et peut-être exagérée.

Il n'osait s'ouvrir à personne, parce qu'il voyait sans cesse devant lui un piége ouvert. Il épuisait à vouloir agir par lui-même ses forces à peine rétablies et perdait dans cet immense Paris les efforts vains de son isolement.

La trace de la famille de Maillepré lui échappait sans cesse.

Les mois se passaient. — La folie du duc Jean résistait à tous les remèdes. — Il était bien vieux, et sa nature usée ne présentait plus de ressource.

James Western partit un jour de Paris, emmenant avec lui Oguah, — car le duc ne répondait qu'à ce nom, et il fallait bien le lui conserver...

Western se rendit en Bretagne, où il avait un vague espoir de connaître enfin le sort des Maillepré. — Il y avait des années maintenant que le duc Raoul et sa famille avaient quitté l'ancien domaine de Kergaz avec le bon paysan Jean-Marie, dépossédé par Compans, pour avoir été trop fidèle.

Western apprit là seulement quelques détails que nous avons vus relatés aux premières pages de son Mémoire. Il s'embarqua pour l'Amérique, afin de rassembler sur les lieux tout ce qui pourrait remplacer les papiers perdus avec son portefeuille.

Le vieil attorney Williams était mort durant l'absence de son fils.

James Western ne trouva pour le recevoir que sa mère en deuil.

La mort de son père avait compromis sa fortune.

James Western aurait eu bien des soins à donner aux affaires de sa famille, mais il avait commis une faute et sa vie était désormais consacrée à réparer cette faute.

C'était la pensée de toutes ses heures. Chacun de ses pas avait le même but. Il aurait cru forfaire en détournant à son profit un seul de ses efforts.

Il confiait ses propres intérêts à des mains étrangères pour s'occuper de sa mission.

. . . .

C'était quelques jours après l'arrivée de James Western à Boston. Le vieux duc, qui avait beaucoup souffert dans la traversée, avait été transporté du navire dans son lit qu'il n'avait pas quitté depuis lors.

Pendant cet espace de temps, il était demeuré comme insensible.

Un matin Western le croyait endormi dans son alcôve et prenait connaissance de papiers enfermés dans un secrétaire qui avait servi au duc avant sa fuite chez les sauvages.

La pièce où ils se trouvaient tous les deux était l'ancienne chambre à coucher de M. de Maillepré.

Le secrétaire était placé sur le même plan que le lit. — Les rideaux en dérobaient la vue au vieillard qui pouvait se croire seul.

Il s'éveilla soudainement de son apathique somnolence, pour la première fois depuis le débarquement.

Au mouvement brusque qu'il fit, Western abandonna son travail et l'observa sans être vu.

Western, en ce moment, dut avoir un bien vif mouvement d'espoir, car la figure d'Oguah s'était soudainement éclairée d'un rayon d'intelligence.

T. II. 11.

Il était évident qu'il reconnaissait la chambre où il se trouvait.

Son regard la parcourait lentement, comptant les meubles un à un et leur souriant avec mélancolie, comme à de vieux amis.

Il sortit une de ses jambes du lit, — puis l'autre.

Il s'assit sur le pied de sa couche. Ses yeux avaient une pensée...

A plusieurs reprises sa main caressa son front incliné.

Western le contemplait avidement. Il suivait avec un intérêt passionné les progrès de cette lueur de raison qui semblait vouloir se rallumer après de si longues ténèbres.

Les mains du vieillard tombèrent, jointes sur ses genoux, sa tête se pencha davantage.

Puis une pensée parut secouer tout à coup cette rêverie, — une exclamation gutturale s'échappa de ses lèvres...

Il se leva brusquement et gagna la porte d'un pas rapide.

Western, étonné, le suivit. — La porte donnait sur un corridor. Le vieillard, arrêté au centre de ce passage, regardait autour de lui avec doute.

A droite étaient les pièces occupées par la famille Western. — A gauche se trouvait la porte de l'appartement qu'avait habité jadis Mme la duchesse de Maillepré.

L'hésitation d'Oguah ne fut pas de longue durée.

Il traversa le corridor dans la direction de cette dernière porte et vint y frapper doucement.

Le silence répondit. — Il y avait des années que cette porte n'avait été ouverte.

Le vieillard redoubla, mais toujours doucement et comme s'il eût craint d'irriter un maître sévère.

James Western le regardait de loin. — Une émotion puissante était sur son visage froid. — Ses yeux, qui ne connaissaient point de larmes, avaient envie de pleurer...

C'est que, à cette même place, il y avait bien longtemps, le duc Jean était venu une fois... Comme aujourd'hui, il avait frappé à cette porte en suppliant, et lorsque cette porte s'était ouverte...

Oh ! Western se souvenait... La figure froide et cruelle de la duchesse avait paru sur le seuil...

Son pied impitoyable avait repoussé le duc qui était à ses genoux et qui priait en pleurant.

Le duc s'en souvenait aussi, ou du moins dans son cerveau, où revenait la démence, il y avait comme un reflet de cette scène funeste...

Il se mit en effet à genoux comme autrefois, et ses mains jointes s'étendirent pour implorer.

Western entendit les sanglots, qui déchiraient sa poitrine...

Sa voix s'éleva sourde, brisée, méconnaissable, et prononça par deux fois le nom de Berthe.

Puis il s'affaissa sur lui-même, privé de sentiment...

Quand il reprit ses sens, cette lueur d'intelligence passagère n'avait point laissé de trace.

Le souvenir de Berthe l'empêchait de recouvrer la raison que Berthe elle-même lui avait arrachée.

CHAPITRE IX

L'APPARTEMENT EN VILLE

James Western avait désormais perdu tout espoir de rappeler le duc à la raison.

Il revint en France avec le peu de papiers qu'il avait pu rassembler, décidé à recommencer la lutte, fallût-il y consacrer le reste de sa vie.

A son arrivée à Paris, il loua le premier étage du vieil hôtel de Maillepré, parce que, même après tout espoir perdu, ceux qui désirent beaucoup s'efforcent encore.

James Western se disait que peut-être ces lieux connus réveilleraient quelque souvenir dans l'âme du duc.

C'était là, en effet, que Jean de Maillepré avait passé son enfance, et l'on sait que la mémoire des vieillards garde plus vifs et plus précis les souvenirs qui datent de plus loin.

M. Williams terminait son mémoire en disant que, comme James Western l'avait craint, cet expédient n'avait eu aucun résultat.

A bout d'espérance de ce côté, ne pouvant retrouver la trace de la famille du marquis Raoul et voyant le terme fatal près d'expirer, James Western avait dû tenter un dernier effort et en appeler à l'équité de la magistrature française...

Avant donc de clore son Mémoire, M. Williams ajoutait que la veille même il avait appris l'existence d'un jeune marquis de Maillepré.

Avant de déposer sa requête entre les mains de monsieur le président de la cour royale de Paris, il allait s'assurer si ce Maillepré était le fils de Raoul.

Il priait Dieu qu'il en fût ainsi et que sa précaution fût inutile, mais il avait cherché si longtemps, — et chaque jour dans Paris donnait naissance à tant d'imposture qu'il ne pouvait s'empêcher de douter.

En tout cas, il était prêt...

M. Williams parapha le Mémoire et le signa du nom de JAMES WESTERN.

. . . .

M. Williams sortit, emportant son Mémoire avec les différentes pièces à l'appui, et se fit conduire au n° 4 de la rue Royale-Saint-Honoré, chez le jeune marquis de Maillepré.

Celui-ci n'avait pas paru à son domicile depuis plusieurs jours. On l'attendait d'heure en heure.

M. Williams fut introduit dans l'antichambre et y trouva un personnage qui, couché tout de son long sur deux banquettes placées côte à côte, dormait profondément.

Ce personnage était l'excellent Nazaire, qui était là depuis la veille, à l'heure où Romée avait fini sa faction.

C'était la deuxième nuit qu'il passait dans l'antichambre de M. de Maillepré.

Et, comme l'expérience est bonne conseillère, cette fois il avait apporté un oreiller et son madras.

Tant de persistance méritait assurément un meilleur

sort, et cependant elle n'avait obtenu jusqu'alors aucun résultat.

Le marquis avait quitté Paris, sans doute ; — en tous cas, ses gens n'avaient pas de ses nouvelles.

M. Williams attendit durant une heure environ, auprès de Nazaire qui continuait à ronfler comme un juste.

Au bout de ce temps, M. Williams appela un valet et lui dit :

— Votre maître n'a-t-il pas quelque homme de confiance auquel je puisse m'adresser ?

— Il y a son homme d'affaires, répondit le valet.

— Qui est cet homme d'affaires ?...

— M. Durandin, avoué, à deux pas d'ici, rue de la Paix n° 10.

— Cet avoué, demanda M. Williams, possède la confiance entière de monsieur le marquis ?...

— Oh ! certainement, répondit le domestique. Il sait les affaires de monsieur le marquis beaucoup mieux que monsieur le marquis lui-même...

Ce valet avait vraiment l'air d'un brave garçon, et l'était peut-être en effet...

— Quant à cela, reprit-il, sans que M. Williams l'interrogeât davantage, M. Durandin est la perle des hommes... Si vous avez quelque chose d'important à dire à monsieur le marquis, dites-le à M. Durandin, ce sera tout de même...

M. Williams remonta dans sa voiture et se fit conduire au numéro 10 de la rue de la Paix, à l'étude de l'avoué Durandin.

Durandin était, nous le savons, un homme d'apparence toute franche et toute ronde ; il avait une habitude profonde des affaires, et son visage était le masque le plus commode que jamais procureur ait pu posséder.

Il savait parfaitement toutes les parties du rôle que jouait le faux marquis de Maillepré ; et le contenu du portefeuille rouge, qui lui avait été communiqué dans le temps, lui avait donné tous les renseignements nécessaires sur la vraie famille du marquis Raoul.

M. Williams l'aborda par des questions. Au premier mot, Durandin flaira un danger et se tint sur la réserve, tout en gardant, comme on dit, le cœur sur la main.

Aux questions de l'Américain, il répondit avec un aplomb triomphant. Il parla de Gaston, des malheurs de sa famille, de ses sœurs, choses qu'un véritable Maillepré ou son représentant pouvaient seuls connaître parfaitement.

M. Williams, défiant d'abord, puis vaincu par cette merveilleuse comédie, laissa entrer la joie dans son cœur et se vit au bout de ses fatigues.

Durandin était pour lui un ami, un frère, le serviteur de Maillepré.

Après une bien longue conversation où l'avoué éleva avec un art infini un véritable monceau de mensonges, le Mémoire et les pièces à l'appui passèrent des mains de M. Williams dans les siennes.

Enfin, M. Williams avait trouvé dans ce Paris si fécond en perfidies un homme franc et sincère, un honnête homme !

Le lendemain même, Durandin le lui avait promis formellement, il devait voir Gaston et Berthe, et Charlotte et Sainte.

Quant au marquis Raoul et à sa femme, M. Williams ou plutôt James Western, avait successivement appris leur mort, en suivant à la piste les Maillepré, dans les divers logements qu'ils avaient occupés depuis 1826.

Comme il n'en parla point, Durandin se garda de prononcer leurs noms. — Se taire est parfois la plus adroite des tromperies...

James Western rentra ce matin-là bien joyeux à l'hôtel de Maillepré...

Lorsqu'il s'assit à son bureau et que son œil tomba sur le portrait du duc Jean, si ressemblant à ce jeune homme qui demeurait de l'autre côté de la cour, Western haussa les épaules, eut un sourire de pitié pour lui-même.

— Peut-on supposer de pareilles folies ?... murmura-t-il.

. . . .

Sainte se trouvait dans une chambre aux élégantes tentures dont les fenêtres fermées de jalousies ne permettaient point de voir ce qui était au dehors.

Sainte était étendue tout habillée sur un lit gracieusement drapé de mousseline et de soie.

Autour de la chambre, il y avait un cordon de peintures gaies et vives, où l'artiste avait prodigué les chairs roses et ménagé parcimonieusement l'étoffe des vêtements.

Tout cela n'était pas d'un goût parfaitement irréprochable. — C'était brillant, c'était luxueux, mais quelque chose jurait parmi ce damas et ces broderies.

Il y avait dans cette tiède atmosphère et au travers de ces molles odeurs une sorte de parfum de mauvais lieu.

M. Burot avait évidemment passé par là. Ces enchantements douteux étaient en grande partie l'œuvre de son imagination érotique.

Il s'était plu à choisir ces peintures, à mêler ces couleurs, à dresser au fond de l'alcôve cette glace indiscrète qu'il ne pouvait regarder sans sourire.

M. Burot avait mis tous ses soins à créer ce boudoir. C'était son œuvre chérie. Il eût volontiers mis au défi tous les Burot de France et de Navarre de rien produire en ce genre qui fût plus parfait.

Réellement, il y avait là une foule de choses utiles et convenables.

Une petite étagère de Boule supportait sur ses rayons quelques douzaines de livres reliés adorablement. Ces livres, dont il ne serait point séant de dire les titres, contenaient sous leur dorure assez de venin en prose et en vers pour damner un million de filles d'Eve...

Sur la table, il y avait des albums qui répétaient au crayon ce qui était chanté dans les livres.

M. Burot était pour cette spécialité un bibliophile de premier mérite.

A part ces séductions, qu'il croyait immanquables, il n'avait point négligé la partie mécanique de son art.

Il y avait là tel fauteuil dont les bras articulés ne demandaient qu'à se rejoindre ; d'autres dont le dossier perfide cédant au moindre choc, tournait sur un axe et rendait toute résistance inutile.

M. Burot avait sur tout cela une collection de plaisanteries ravissantes qu'il débitait volontiers quand il était *entre amis*. Nous avons bien du regret à les passer sous silence.

Sainte venait de reprendre ses sens.

Elle était sur le lit à demi soulevée, et regardait avec surprise les objets inconnus qui l'entouraient.

Les événements de la nuit lui apparaissaient confusément parmi son trouble. — C'était un premier et vague souvenir...

Elle se sentait envelopper dans sa couverture et revoyait en frissonnant la face hideuse de Denisart ivre.

Puis c'étaient des chocs répétés... une nuit sombre... le roulement bruyant d'une voiture...

Puis l'oubli et la mort.

Elle s'interrogeait, la pauvre enfant, et ne pouvait point se répondre ; — elle tremblait, mais elle ne savait pas pourquoi. — Le danger qui l'entourait l'oppressait quoiqu'elle n'en connût point la nature.

Plus elle rappelait ses souvenirs, plus elle y trouvait de doute et d'effroi. — En un moment où la face marbrée de Denisart grimaçait devant elle, un frisson la prit, elle se retourna vers la ruelle pour fuir cette horrible vision.

Mais elle se recula, effarouchée, devant son image que la glace faisait surgir inopinément au fond de l'alcôve.

Elle se leva tremblante et se mit à genoux. — Instinctivement ses yeux cherchèrent autour de la chambre une image sainte à qui adresser sa prière.

Mais partout ses yeux rencontrèrent les peintures d'élite rassemblées par M. Burot. — sa paupière se baissa.

Elle joignit ses petites mains blanches, et du sein de cette retraite souillée une oraison de vierge monta doucement vers Dieu...

A mesure qu'elle priait, un espoir serein semblait descendre sur son front, ses joues, dont la vue des peintures obscènes n'avait pu chasser la pâleur, se couvrirent d'un incarnat léger...

C'est que la fin de sa prière lui avait amené la pensée de Gaston et que Gaston pour elle était désormais inséparable de Romée.

A son insu, son âme naïve parlait à Dieu de Romée et le demandait pour sauveur.

Elle ne s'effrayait point de la place plus grande que le sculpteur prenait dans sa pensée. Elle l'appelait sans défiance et n'avait point pudeur de montrer au ciel son cœur où naissait l'amour.

Car elle aimait. — Gaston n'était plus son seul bonheur. Au dedans d'elle un autre nom résonnait avec harmonie et mettait à sa lèvre un pur sourire...

Sainte restait à genoux sur le tapis épais et penchait sa tête gracieuse qui s'appuyait aux franges de soie de la couverture.

Ces premières rêveries d'amour mettent un voile souriant sur les réalités les plus tristes.

Sainte ne voyait plus ce qui l'entourait ; son rêve l'emportait loin de sa prison dorée, mais infâme. Elle courait devant l'horizon libre ; sa faiblesse s'appuyait à un bras fort ; son cœur se partageait heureux entre son jeune amour et sa tendresse pour son frère qu'un sentiment nouveau n'avait point altérée.

C'étaient de beaux jours, des joies recueillies, un bonheur qui coulait lentement jusqu'au repos de la mort...

Et par de là du tombeau, — car l'extase d'amour va plus loin que les limites de la vie, — Romée encore auprès de Gaston, des tendresses saintes sous l'œil de Dieu, une éternité de caresses...

On entendait dans les chambres voisines le bruit sourd de pas qui foulaient les tapis et les murmures d'une conversation à voix contenue.

Sainte rentra dans les choses du présent. Elle se leva presque consolée, comme si son beau rêve eût été une promesse...

Le jour au dehors était vif et clair. Sainte gagna la fenêtre pour voir où elle se trouvait.

La fenêtre s'ouvrait par un secret, sans doute, car Sainte ne put soulever l'espagnolette mignonne. Elle vit à travers les planchettes inclinées de la jalousie un grand jardin planté d'arbres et au delà les murs d'une maison.

En cherchant bien, Sainte aperçut au-dessus de sa tête une des tablettes de la jalousie qui était relevée ; elle monta sur une chaise et mit son œil à l'ouverture.

L'aspect s'agrandit pour elle et ne changea point. Elle aperçut la cime de grands arbres, et à travers leurs branches dépouillées les derrières de plusieurs maisons inconnues.

C'étaient les maisons de la rue Montaigne.

Sainte allait redescendre lorsqu'une fenêtre s'ouvrit à peu près en face d'elle au delà du jardin.

A cette fenêtre apparut une tête de jeune femme, une

tête charmante, autour de laquelle se jouaient des grappes de cheveux noirs mêlées par le sommeil.

La jeune femme était en peignoir du matin. Elle sourit au beau soleil qui se levait avec elle.

Sainte ouvrait de grands yeux étonnés. Elle regardait de toute sa force incertaine et surprise...

— Est-ce donc elle, mon Dieu !... murmura-t-elle.

Elle frotta ses paupières et regarda encore.

Puis sa bouche émue murmura le nom de Charlotte.

A ce moment, une clef tourna dans la serrure de la chambre. Sainte n'eut que le temps de sauter à terre. Elle se trouva en présence d'une femme d'un certain âge dont le costume tenait un juste milieu entre le costume d'une soubrette et celui d'une dame : robe de soie, bonnet à ramages, bagues à tous les doigts, — mais tablier de percale blanche.

Cette femme avait une figure souriante et basse. Son sourire obséquieux mentait. Elle tenait d'une main une robe d'étoffe précieuse, de l'autre une guirlande de roses et un écrin ouvert.

Dans l'écrin chatoyait une parure de turquoises et de saphirs.

Elle s'avança sans refermer la porte et s'arrêta devant Sainte qui demeurait interdite et confuse.

— Monsieur m'envoie demander à madame, dit la nouvelle venue, si je lui conviens pour femme de chambre.

Sainte la regarda étonnée.

Mme Brunel, c'était le nom de cette femme, fit une révérence leste et approcha l'écrin du cou nu de Sainte, comme pour voir l'effet des pierreries aux reflets bleus, sur la peau satinée de la jeune fille.

Sainte rougit et baissa les yeux.

— Madame, je vous en supplie, murmura-t-elle, pourquoi suis-je dans cette maison et que veut-on faire de moi ?

Mme Brunel fit une seconde révérence.

— On veut faire votre bien, ma belle petite, répondit-elle... on veut mettre de jolies robes sur vos blanches épaules, des fleurs dans vos cheveux et des diamants sur votre front... Ah ! vous avez de la chance !...

— Mais pourquoi m'a-t-on enlevée ? dit Sainte.

Mme Brunel se prit à rire.

— Voulez-vous faire votre toilette tout de suite ? demanda-t-elle au lieu de répondre.

En même temps, elle déposa les fleurs et l'écrin sur un meuble et s'approcha de Sainte en étalant la robe, comme pour remplir son office de camériste.

Sainte se recula, et parmi son trouble un éclair de fierté indigné brilla sous sa paupière.

— Vous ne voulez pas? dit Mme Brunel ; — ce sera pour un autre moment...

Elle déposa la robe auprès de l'écrin et se dirigea vers la porte.

Sainte s'élança vers elle.

— Je vous en prie ! je vous en prie ! murmura-t-elle avec des larmes subitement venues dans les yeux, — laissez-moi quitter cette maison... nous sommes bien malheureux !... Biot me cherche, sans doute... laissez-moi retourner auprès de lui !

— Biot répéta Mme Brunel en souriant, — peu importe qu'il vous cherche, ma belle petite, puisqu'il ne vous trouvera point.

Elle fit en même temps le geste de sortir.

Sainte l'arrêta par sa robe, ses yeux demandaient pitié.

Mme Brunel la regarda un instant avec son sourire faux et froid.

— C'est toujours la même chose, grommela-t-elle, — nous connaissons ces désespoirs-là... Demain, il n'y paraîtra plus.

Elle ajouta tout haut :

— Je ne suis pas la maîtresse ici, ma petite dame... Du moment que vous parlez de nous fausser compagnie, je vais vous envoyer Monsieur.

— Non ! oh ! non, s'écria Sainte avec une terreur instinctive.

Mais Mme Brunel était dehors déjà.

Sainte se retira, effrayée, jusqu'auprès de la fenêtre.

Quelques secondes après, un homme entra dans la chambre d'un air avantageux et vainqueur.

Ce n'était pas encore Jupiter, ce n'était que Mercure.

M. Burot avait son habit le plus bleu, son pantalon le plus gris, son gilet le plus voyant. Ses cheveux ébouriffaient triomphalement leurs touffes crépues.

Sa personne exhalait autour d'elle en gerbe un puissant parfum de tabac, qu'essayait de neutraliser une forte odeur de musc.

Cela produisait un mélange abominable dont M. Burot paraissait sincèrement satisfait.

Il s'avança souriant, l'air bonhomme, le nez au vent, les mains derrière le dos.

— Eh bien ! ma chère enfant, dit-il, — nous voilà toute triste... Nous avons peur, ma parole !... dirait-on pas que nous sommes chez des loups ?...

Sainte regardait avec une défiance farouche cet homme qui tâchait en vain de mettre un voile de bonté sur son visage cynique.

Elle se collait à la fenêtre, ne pouvant fuir plus loin.

M. Burot, qui avait la plus haute idée de ses séductions personnelles, venait là pour entamer la bataille et livrer à son maître une forteresse rendue.

Il s'y prit avec toute l'adresse scientifique que pouvait lui donner son expérience.

Il approcha de la place, traça autour d'elle de savantes circonvallations, et n'oublia aucun des stratagèmes qui font d'un siége en règle le plus bel épisode que puisse présenter l'art militaire.

Métaphore à part, il n'épargna rien, il fut tour à tour suppliant, paternel, impérieux et poète.

Son éloquence trouva des tirades splendides pour décrire les brillants bonheurs du luxe et de la parure.

Il chanta sur un mode hardi les bonheurs sans pareils de la femme libre.

Nous sommes fondés à penser que M. Burot réussissait d'ordinaire dans les expéditions de ce genre. Sans cela son maître n'eût point payé si longtemps ses services.

Sa fatuité d'ailleurs ne pouvait venir que de la fréquence de ses succès.

En cette occasion encore il crut avoir vaincu.

Pendant toute la première partie de son très long discours, Sainte l'écouta immobile, pâle et les yeux baissés.

M. Burot, qui connaissait si bien les femmes, pouvait-il supposer que la jeune fille ne comprenait pas un mot de sa harangue ?...

Il en était ainsi cependant. Durant quelque temps l'ignorance de Sainte lui épargna l'humiliation...

Elle avait vécu jusque-là dans une atmosphère si pure que la honte passait autour d'elle sans qu'elle pût la voir ou la reconnaître.

Mais, à mesure que M. Burot s'échauffait, le vague de sa poésie se précisait. Son éloquence arrêtait ses formes. Ses figures de rhétorique, secouant leurs fleurs surabondantes, arrivaient au réel...

Sainte comprit enfin. Une amère angoisse lui étreignit le cœur...

Elle comprit comme elle pouvait comprendre, — comme comprend la vierge qui ne sait pas, mais dont l'instinct veille...

Ce fut un coup terrible. La honte l'écrasa, ne laissant point de place à la colère, en ce premier instant.

Elle s'affaissa sur un siège voisin et couvrit son visage de ses mains.

M. Burot se frotta la barbe d'un air triomphant.

— Affaire arrangée ! grommela-t-il en ponctuant sa dernière phrase par une pirouette assez bien réussie.

Il prêta l'oreille. — On entendait le bruit d'une voiture roulant sur le pavé.

— Ça s'appellerait arriver à propos ! dit-il.

Une minute se passa. — La sonnette de la porte extérieure retentit.

Burot fit une seconde pirouette encore mieux réussie que la première. Puis il s'élança au dehors.

L'instant d'après, il reparut, précédant M. le duc de Compans-Maillepré, lequel était si bien peint et corseté si artistement, qu'on ne lui eût guère donné plus de cinquante ans.

Burot lui montra Sainte de la main, fit un salut plein d'orgueil et de modestie, et se retira en silence.

CHAPITRE X

L'AMOUR A PARIS

Je vous conjure, ne vous figurez point cet enfant aimable, dodu et rose, ce blond bambin aveuglé galamment par le mythologique bandeau, portant des ailes gris de perle, un carquois, un arc en accolade et des flèches...

Vous savez bien, ces flèches qui piquèrent Didon, qui firent à Calypso cette blessure, mère des *Aventures de Télémaque*, — ces flèches dont l'une perdit Troie, dont l'autre mit le trouble dans la famille de Thésée, connue jusque-là pour ses mœurs honorables..

Ces flèches terribles et douces, prétextes de tant de tragédies !

Non. — Nous avons changé tout cela. Notre amour a des yeux, voire des lunettes. — S'il porte quelque autre chose sur son visage, c'est un masque parfois, parce qu'il faut bien que les hypocrites s'amusent.

Quant à son carquois, il peut avoir gardé quelques flèches ébréchées par hasard, — mais, à coup sûr, la ceinture de Vénus n'a plus de place où mettre les jeux, les ris, les grâces, car vous ne pouvez l'ignorer, nous l'avons bourrée d'or...

Les louis ne valent-ils pas les roses ?

Les tendres violettes ont-elles plus de parfums que les guinées ?...

Les temps marchent. L'univers se perfectionne. L'amour, aux vieux âges que nous ne saurions trop railler, était vraiment un gamin des plus fades. — En conscience, que faire d'un dieu si gras et si blond ?...

Et puis, fi donc ! osait-il bien se présenter vêtu d'une simple bandelette ?...

Nous qui inventâmes la femme libre, le moins que notre pudeur puisse faire, c'est de lui mettre un habit noir.

Cachez ces pieds nus ! Il faut des bottes pour ne point faire rougir Laïs, de nos jours.

Nouez une cravate autour de ce cou gracieux, ou Messaline va vous attaquer, enfant, dans une gazette rédigée par...

Quoi ! Messaline dans le temple ! — Enfant, Messaline, a cinquante ans. Qui se souvient de sa jeunesse, sinon l'affranchi Narcisse ?...

Et Narcisse, je vous l'apprends peut-être, est le portier de ce temple dont je parle, où l'on enseigne au peuple cette religion unique, savoir : qu'il est bon, méritoire, charitable, utile, national, moral, chrétien, patriotique, adroit, politique, indispensable et très spirituel de souscrire aux gros livres que fait faire le maître de l'établissement, — ainsi qu'aux petits livres de cet honnête M. Proprement, homme de balai, appelé par un destin farouche à nettoyer les trottoirs de la littérature.

Dieu n'a-t-il plus de fouet pour l'épaule des marchands !...

Voici donc notre Amour tout de noir habillé. Pauvre petit ! pour passer le frac, il a fallu raccourcir ses ailes. Il est vrai qu'il ne s'en servait plus guère. Tout au plus lui faut-il l'appareil bourdonnant de l'escabot pour suivre les caprices lourds de nos bourgeois bouffis, de nos pédants raides ou trop souples d'échine et des fils de manants, portant titre de ducs qui s'empêtrent dans la voie où voltigeaient jadis ces scélérats de marquis dont ils sont la jalouse caricature...

A tout prendre, peut-être avons-nous bien fait de vêtir la nudité de l'amour. Il a la taille d'un enfant, mais il a l'âge d'un burgrave, et sur sa chair jadis potelée nous découvririons bien des rides...

Ce n'est pas un enfant, c'est un vieux nain.

Un vieux nain cynique et avare qui a le rire de Diogène et qui revend les actions des chemins de fer.

Le frac est peu de chose pour couvrir tant de laideur. — Messaline, prêtez-nous votre voile qui est épais et sait tout cacher, afin que nous le jetions sur les épaules de ce dieu dont la vieillesse fait honte.

Paris est la ville des amours. Les chansonniers l'ont dit et les gens qui dansent la polka le répètent.

Paris est une Cythère immense où le fils de Vénus s'est retiré sur ses vieux jours.

En son honneur mille autels brûlent incessamment un encens douteux. Son culte est une affaire de décence, une sorte de maintien qui sert aux lions très jeunes et aux banquiers hors d'âge comme le livre d'heures servait sous la restauration à d'illustres païens.

C'est à peine si le dieu inconnu qui préside au trot à l'anglaise et que prient les chevaux a autant et de si ferventes adorateurs.

Ces deux divinités, du reste, sont cousines; notre Amour ressemble au dieu des jockeys qui doit être quelque peu maquignon...

C'est une chose terrible de penser que l'Amour a vieilli et qu'en devenant vieux il s'est fait usurier!

Quelque part à Paris, où l'on trouve de tout, vous rencontreriez peut-être l'amour jeune, le bel amour, assoupi par hasard depuis des siècles comme la Belle au bois dormant des contes de fées. — Regardez-le, car vous ne l'apercevrez qu'une fois. Voyez comme son front est divin et digne d'être adoré! comme son sourire est tendre et chaste! combien est pure la belle flamme de son regard! — Regardez-le, fussiez-vous jeune fille; car cet amour, bien qu'il soit sans voile, ne mit jamais le rouge honteux au front immaculé de la vierge.

Mais Paris est bien grand, où se cache ce trésor?

Serait-ce dans ces quartiers heureux où fleurissent les neuf muses? — Là où glisse le pinceau, où le ciseau s'évertue, où la plume trépigne, où l'Opéra danse et chante?...

Toute prima donna eut un cœur avant de valoir son pesant d'or, mais l'art, en notre temps, a pris de l'âge aussi... Euterpe veut être reine et donne ses fiers baisers pour un trône de carton; — Terpsicore, mariée constitutionnellement, capitalise ses bontés; Melpomène, qui a de grands cœurs, tient ses amours en partie double, et prend l'obole de Pan, pour habiller Thalie... Melpomène est une synthèse aussi effrayante que Mapha!... — Apelles met sa maîtresse nue au salon; Phidias fait poser sa femme et la tire à trois cent exemplaires; — Hésiode, qui veut être de l'Académie, met la sienne en hameçon au bout d'une ligne et pêche aux suffrages...

Quant à Sapho, vous savez tous ses allures. Elle s'égare en d'indicibles routes où la suivent Phaon quelquefois, quelquefois Phryné...

Est-ce dans ce noble faubourg qui garda dignement les traditions d'un autre âge? — On n'y aime pas, on s'y marie. Les fortunes et les noms s'y assortissent. Un diadème de baron s'y glisse sous une couronne de marquis. Vingt mille écus de rente y épousent soixante mille francs de revenu...

Le tout fort honorablement. — Mais l'amour est-il le blason multiplié par l'arithmétique?... Saluons bien bas et passons.

Est-ce dans ce quartier de renommée terrible où les bonnes gens de la province envoient leurs héritiers aux écoles? — Nous honorons le Prado, nous respectons la Chartreuse, nous vénérons la Chaumière, mais nous en parlons le moins souvent que nous pouvons...

Est-ce enfin dans ces parages mortels du douzième arrondissement où la misère décime les malheureux riverains de la Bièvre? —Nous le savons, les poètes disent que l'amour s'assied volontiers au chevet de l'indigence ; mais les philosophes affirment que le fils de Vénus ne sait point supporter la faim...

Hélas ! partout, des deux côtés de la Seine, en deçà et au delà des boulevards nous trouverions ce laid amour qui a des rides et qui calcule !

Amour légitime, amour défendu par la morale, amour odieux et criminel aux yeux mêmes de la loi, tous ici se ressemblent !... Il y a des chiffres sous ce front que va ceindre la blanche couronne d'orangers !... Il y a quelque secret intérêt derrière la joue pâlie de cette femme qui se glisse hors du lit conjugal !...

Le fiancé additionne et soustrait durant la messe de mariage ; l'adultère réfléchit. — Cet homme qui vous vole votre femme ne pense pas à votre femme !

On parle d'amour ; on fait des affaires...

Le vice s'assied à la place de la passion.

On aime pour acquérir ou pour monter, — pour conserver, pour se soutenir.

Si quelqu'un de vos amis aime autrement, prenez garde ! c'est un homme qui sort de l'ornière où barbotte le sens commun. — Il vous compromettra !

Notre vertu n'est-elle pas le succès ?...

Le poète fait bien de vaulrer sa lyre dont les cordes d'or vibrent faux en chantant Minerve sur le retour !

Ce jeune héros qui n'a encore qu'une épaulette fait bien de servir de page à la femme de son colonel !

Vous tous charmants garçons que vous êtes, qui arrachez votre part à l'immense gâteau de l'amour, vous faites bien ; soyez bénis ! — Le mal c'est de s'affoler d'une bergère qui n'a ni argent ni crédit ; le mal c'est d'agir en troubadour au milieu d'un siècle de lumières ; le mal, comme disent les gens établis et sachant le monde, c'est de se *casser le cou !*

Une seule chose ici-bas est aussi pitoyable que de s'affubler d'un amour inutile, c'est de manquer d'adresse ou de prudence, de faire un faux pas et de forcer le monde à crier : anathème !

Car c'est un fait incroyable ! le monde constitué comme il est a quelquefois encore le front de s'indigner !...

Il s'attaque à vous surtout, pauvres femmes ! il vous lance ses foudres hypocrites et vous écrase sous le poids de sa réprobation calculée...

Quand Messaline peut, la rusée, elle étouffe la pauvre Madeleine.

Quant aux hommes, il faut qu'ils soient bien étourdis ou bien près d'être vertueux pour avoir quelques dangers à craindre. — Vraiment, n'est-il pas indispensable que chacun fasse son chemin ?...

On ne réprouve en thèse générale que l'amour armé en guerre qui menace et demande la bourse ou la vie.

Parce que cet amour est réellement dangereux, commercialement parlant, et qu'il attaque par la base la sûreté des transactions sentimentales.

Il est, en matière de galanterie, ce qu'est en matière de presse la critique comminatoire.

Nous ne sommes point de ceux qui s'irritent démesurément contre l'injure littéraire et gardent une amère rancune aux grognements hargneux de la critique qui s'enrhume dans sa mansarde.

Bien au contraire, nous avons au cœur une compassion tendre et sans bornes pour nos frères nécessiteux que le besoin contraint à mordre au hasard, sous peine de ne point dîner le lendemain...

Comment garder de la colère contre ce gentleman

qui, voilant à demi son nom obscur sous un pseudonyme inconnu, s'enroue à crier : haro ! sur tout succès qui passe, bat ses flancs maigres, se damne à froid, et travaille comme un hercule pour être payé comme un portier !...

Comment ne pas s'apitoyer douloureusement sur le triste sort de cet autre, bon jeune homme, dit-on, qui a pour maîtresse une vieille revue dont il sert en esclave les haines caduques et les rages édentées !...

Il faut songer que nul ne choisit sa place en la vie, qu'il y a des agents de police et des censeurs...

Il faut songer à la dure obscurité où végètent ces écrivains qui ont peut-être de l'esprit et du talent...

Et loin de s'irriter contre la bave quotidienne que distillent leurs lèvres impuissantes, il faut se dire : Que d'amertume il y a sous ce courroux ! que de détresse derrière cette outrageuse parole ! et que cet homme a faim puisqu'il descend à ce métier-là !...

Il est bien entendu que nous parlons ici seulement de ces bravi de plume qui dénigrent de parti pris et pour un salaire. Nous respectons la conscience sévère du vrai critique, et nous n'eussions jamais songé assurément à parler de lui à propos des condottieri de l'amour...

L'amour de Paris a bien des mystères qu'il n'est point permis de sonder. — A quoi bon, d'ailleurs, descendre dans ces repaires auxquels la police donne tous les ans un jour de célébrité ?

Leur nuit affreuse, soudainement éclairée, épouvante la ville durant une semaine ; — puis l'on se reprend à douter encore et à traiter de chimères les agapes de la rue de l'Oursine et les monstrueuses féeries de la rue du Rempart.

S'il nous plaisait de traiter à fond la matière, nous aurions vraiment bien assez de hontes qui ont le pied verni et ne passent point dans la boue !

Nous pourrions montrer tous les habitants de tous les quartiers, riches et pauvres, illustres et obscurs, cherchant de mille manières diverses à utiliser la passion, à escompter les choses de l'amour.

Les uns le font franchement : vous les foulez aux pieds ; leur nom est un outrage. — Les autres sont ou seront magistrats, tribuns, édiles, sénateurs, quelque jour peut-être consuls... L'un d'eux fut bien empereur!

Et cela est si vrai, — et cette chose a pénétré si énergiquement jusqu'au fond de nos mœurs, qu'elle n'a plus à compter avec la vertu même!

La vertu spécule ; elle spécule vertueusement : l'amour lui est un marchepied presque honnête.

De sorte que, on peut le dire sans paradoxe, pour trouver en ces matières un semblant de désintéressement, il faut descendre jusqu'au vice et choisir le plus affreux de tous, le vice qui corrompt et qui paie.

De sorte que encore, — car il faut être logique, — M. le duc de Compans-Maillepré, dans son *appartement en ville*, pouvait passer pour l'un des adeptes les plus purs de notre amour en habit noir.

. . . .
. . . .

En entrant dans le boudoir où l'art de M. Burot avait rassemblé tant de séduisantes merveilles, M. le duc de Compans-Maillepré ferma la porte derrière lui et s'arrêta chapeau bas à quelque distance de Sainte.

M. le duc était, nous l'avons dit, complétement changé à son avantage. Sa toilette savamment édifiée et les habiles restaurations que son tailleur savait faire au délabrement de sa personne, le *remplumaient* complétement. C'était presque encore un bel homme.

Et puis, quand il voulait, il avait de grandes et élégantes manières. Sa galanterie était bien un peu de l'empire, mais cela lui allait bien.

Il demeura un instant à contempler Sainte de loin.

Sainte avait toujours ses mains sur son visage.

Le duc examina en profond connaisseur les détails fins de son cou et la chute harmonieuse de ses épaules.

Son œil mesura précisément la charmante cambrure de sa taille, et compta les plis qu'arrondissait une gorge de vierge.

Sa bouche eut un sourire gourmand. Ses paupières clignotèrent et il murmura en dedans de lui-même :

— Délicieuse enfant!

M. le duc avait en vérité raison. Bien que les mains de Sainte couvrissent toujours son visage, il était impossible de rien voir de plus gracieux et de plus charmant.

Sa tête s'inclinait doucement sur son épaule, où jouaient, détachées, les boucles transparentes et blondes de ses cheveux.

Il y avait dans sa pose beaucoup de douleur, mais il y avait surtout beaucoup de cet effroi sauvage qui est la joie de Don Juan arrivé à l'âge de monsieur le duc.

Ce dernier en prenait à son aise de cette contemplation, préface muette de l'entrevue.

Il avait mis le lorgnon à l'œil. Il se penchait à droite; il obliquait à gauche, pour se placer bien dans son jour et ne rien perdre d'un spectacle qui le charmait.

Il y avait maintenant de la vie sous les sourcils teints de M. le duc. Les muscles semblaient être revenus sous les chairs affaissées de son visage. Son torse se cambrait. Quelque chose de gaillard surgissait en sa personne et mettait à ses membres vieux des ressorts tout neufs.

Il s'avança d'un pas qui prétendait papillonner, et posait en évidence un mollet, détaché admirablement, mais qui était un accessoire de son bas de soie.

Il arriva jusqu'à Sainte et lui prit la main pour la porter à ses lèvres.

Sainte se leva brusquement et ouvrit tout grands ses yeux épouvantés...

Vous eussiez eu pitié de cette terreur d'enfant si poignante et si vive. Mais M. le duc savait ce qui est friand; il s'extasia devant ces grands yeux farouches; il eût payé ces convulsifs tressaillements au poids de l'or.

Sainte cependant lui avait arraché sa main.

Elle se tenait devant lui, défiante, effrayée. Sous ses longs cils de soie qui se baissaient maintenant glissait un regard sournois et dérouté.

Ces pauvres enfants prises au piége, leur détresse les fait plus belles !

Le duc amortit le feu de son regard et prit un air paternellement caressant.

— C'est un des grands plaisirs de la fortune, mademoiselle, dit-il avec douceur, — que de pouvoir quelquefois réparer les torts d'un hasard injuste, et de changer en bonheur des souffrances qui ne furent point méritées...

Comme on le pense, le duc savait parfaitement cette

leçon. Il la débita du ton convenable avec les gestes assortis.

Il avait du reste plusieurs formules. Il jugeait sur la mine du nouvel oiseau en cage, comme aurait dit M. Burot, quel exorde il lui fallait choisir dans son répertoire.

Il en avait de cavaliers, il en avait d'amphigouriques, il en avait de positifs qui venaient au fait et proposaient un marché en termes de commerce.

Tout cela suivant les circonstances.

L'exorde qu'il employait avec Sainte lui servait vis-à-vis des jeunes filles candides, et c'était celui qu'il aimait le mieux employer...

Sainte ne leva point les yeux ; mais sa frayeur se calma un peu, parce que ceux qui ne savent rien espèrent aisément.

— Il y a longtemps que je vous connais, reprit le duc, et que je sais combien de courage vous mettez à lutter contre l'indigence... Vous ne souffrirez plus, mademoiselle, ni vous ni votre famille... je serai désormais votre protecteur.

M. le duc n'eut pas, dans cette circonstance, à se louer immodérément de son secrétaire. Si M. Burot n'avait point parlé, Sainte, ignorante et sincère, se serait laissé prendre à ces mielleuses paroles ; — mais, mise en garde par l'imprudence de Burot, elle se défiait désormais.

Pourtant il y avait en elle tant de naïve candeur que son cœur fut remué par ce semblant de bonté.

Elle cessa de trembler, et de jolies couleurs roses remplacèrent le rouge épais de sa joue.

Le duc sentit son avantage et poursuivit en s'animant :

— Je sais, ma chère enfant, que vous n'étiez pas née pour la condition obscure où s'enfouit votre jeunesse...

Sainte, à ce mot, leva les yeux sur lui, étonnée.

C'était encore là une phrase toute faite pourtant et qui rentrait dans le discours banal de M. le duc.

Sa grande habitude et l'expérience de toute une vie de combats amoureux lui avaient appris que, sur dix femmes pauvres, il y en a neuf qui prétendent avoir été riches, qui regrettent une noblesse déchue, une opulence éclipsée...

Neuf sur dix, cela suffit pour établir la règle ; mais

encore y a-t-il la chance que la dixième soit une véritable victime du sort...

Aussi cette phrase était magique. Le duc ne se souvenait point de l'avoir prononcée jamais sans succès.

Cette fois encore elle frappait avec une précision qui tenait du miracle. — Sainte, surprise et touchée, en prit confiance. Ses yeux rassurés se relevèrent sur M. de Compans et l'interrogèrent doucement.

Mais ils se baissèrent aussitôt, blessés, parce que M. le duc ne prévoyant pas ce regard soudain, n'avait point eu le temps de composer son visage.

Sainte avait vu sur ces traits plâtrés un sourire cynique, dont sa candeur n'avait pu déchiffrer la signification, mais qui l'avait repoussée énergiquement et rejetée au plus fort de ses terreurs.

Ce sourire lui annonçait l'attaque, et mettait en éveil ces instincts de défense que la vierge porte avec soi.

Le duc se serait mordu la lèvre, si sa lèvre n'eût pas été peinte. Il fronça les sourcils avec colère contre lui-même. — Il fallait changer de batterie ; ce premier assaut était manqué.

Et, à bien réfléchir, peut-être n'était-ce point un mal. Les voies détournées sont longues, et M. le duc avait bien des affaires sur les bras.

D'ailleurs, après celle-ci une autre. A quoi bon faire un énorme prologue pour un drame qui ne devait avoir qu'une scène ?...

— Ma chère enfant, reprit-il en changeant de ton lestement, — je voudrais en vain vous cacher le sentiment qui m'attire vers vous... Vous l'avez deviné dans mes yeux...

Le duc s'interrompit et voulut prendre la main de Sainte qui s'effaça tremblante et pâle dans l'angle de l'embrasure.

— Pourquoi tant de crainte ? s'écria le duc en riant, — tout ce que je vous ai dit est vrai... Vous serez désormais heureuse et riche, mon enfant... La beauté est aussi une providence... et vous êtes si belle !

Il se mit à genoux sur le tapis avec un peu de peine.

— Laissez-moi vous dire que je vous aime, reprit-il ; laissez-moi baiser cette main charmante à chaque doigt de laquelle je veux mettre un diamant...

Sainte cacha l'une de ses mains derrière elle et mit

l'autre étendue sur son cœur qui défaillait. — Deux larmes jaillirent de sa paupière et coulèrent le long de sa joue.

Les yeux de M. Compans brillèrent davantage.

— Que vous êtes délicieuse ainsi, dit-il en gardant son sourire gaillard, — que j'aime ces jolies larmes et qu'il va m'être doux de les sécher !

Il avança ses deux mains qui frémissaient et les referma sur la taille fine de Sainte.

La jeune fille se raidit sur ce premier attouchement. Son sein se souleva. Ses joues devinrent pourpres, il n'y resta plus trace de larmes, — son front se couronna d'une admirable fierté et rayonna durant une seconde de la superbe vaillance de sa race.

Elle était si belle ainsi que le duc demeurait immobile devant elle, balbutiant des mots confus que lui-même n'entendait pas....

Mais c'était une enfant. Il y avait bien de la faiblesse parmi ces élans de fierté. — Durant quelques secondes, elle fut sans peur et capable de résister à toute violence. — Puis ses paupières battirent. — Elle regarda tout autour de la chambre pour ramener son œil furtif sur le duc qui lui barrait le passage. Le sentiment de son isolement l'écrasa. Sa jolie tête se courba de nouveau sous sa détresse, rejetant sur son visage désolé le doux voile de ses cheveux blonds.

— Que tu es belle ! oh ! que tu es belle ! balbutia le duc, dont les mains enhardies essayèrent une caresse.

Sainte chancela comme si on l'eût frappée au cœur. Puis, trouvant tout à coup de la force dans sa terreur désespérée, elle s'élança en avant et parvint à se dégager de l'étreinte du duc qui tomba lourdement sur ses deux mains.

Sainte s'était réfugiée à l'autre bout de la chambre.

Le duc se releva péniblement. Il avait le front violet. Les veines de sa paupière étaient gonflées. Le long de sa lèvre, une ligne d'écume tranchait sur le rouge postiche du carmin.

— Folle que tu es ! dit-il en s'élançant vers la jeune fille, — comment voudrais-tu m'échapper ?...

Ce fut alors entre la victime et le satyre un assaut de vitesse qui, précédant la lutte affreuse, offrait en quelque sorte un côté comique. — Ici comme partout, dans les choses de la vie, le rire était auprès des cris d'angoisse.

La chambre était petite, en effet, et son ameublement calculé donnait tout l'avantage au duc. Mais Sainte était agile et son effroi doublait la rapidité de sa course.

Le duc s'épuisait à la suivre. Il entremêlait, haletant, des mots d'amour avec des paroles de colère.

Sa gorge râlait, son pas bronchait, ses jarrets rigides arrêtaient son élan.

Sainte fuyait, légère comme une sylphide. Elle passait à droite, elle tournait à gauche, trompant la poursuite obstinée de M. de Compans. — Et, tout en fuyant, la pauvre enfant, elle priait Dieu avec une ferveur confuse et appelait la Vierge à son secours.

Dieu et Vierge semblaient l'abandonner...

Ses forces s'épuisaient ; ses sanglots l'étouffaient ; ses larmes l'aveuglaient et allaient l'empêcher bientôt de diriger sa course.

Le duc, qui voyait sa victoire, redoublait d'efforts. Son râle joyeux et ivre était horrible à entendre...

Derrière la porte, dans le corridor, Mme Brunel et M. Burot mettaient alternativement l'œil à la serrure et se divertissaient comme des bienheureux.

— Il l'aura bien gagnée ! disait Mme Brunel.

— C'est égal, répondait M. Burot, je ne ferais pas ce métier-là pour le double de mes appointements.

— Comme il souffle ! écoutez donc !...

— Regardez donc l'eau qui coule de sa perruque !...

— Il l'attrapera...

— Il ne l'attrapera pas !

Et tous deux de rire, les dignes serviteurs.

Il y avait de quoi.

M. le duc, à bout de courage et de force, perdait le souffle et chancelait. Ses yeux rougis et bouffis sortaient de leurs orbites. Il ne priait plus, il menaçait odieusement.

Sainte rendue de fatigue, était à chaque pas sur le point de tomber. Les menaces du duc la tuaient.

Elle courait encore, soutenue par la violence de sa frayeur, mais elle ne savait plus où elle courait.

Pauvre ange ! le démon était le plus fort...

En un moment son regard perdu rencontra la face horriblement décomposée de Compans.

Ce fut le dernier coup... Son cœur se retira ; elle tomba en rendant une plainte.

Le duc vint tomber à côté d'elle et poussa un rauquement hideux...

M. Burot et Mme Brunel battirent des mains derrière la porte.

CHAPITRE XI

LORETTE

M. le duc de Compans était vieux, de fait encore plus que d'âge. S'il avait eu dix ans de moins, nous aurions dû clore la scène à la fin du dernier chapitre et tirer le voile.

Mais il était si complétement épuisé lorsqu'il tomba auprès de Sainte, qu'il n'eut que la force de saisir sa robe à deux mains pour l'empêcher de se relever.

Puis il demeura pantelant, bouche béante, sans voix.

La course désespérée qu'il venait de fournir avait dérangé entièrement l'artifice laborieux de sa toilette. — Il était effrayant à voir, mais il était grotesque.

Il aurait fait pitié, si la sauvage fureur de la passion qui bouleversait ses traits n'eût glacé le cœur.

Sa fausse chevelure s'était dérangée et posait de travers sur son crâne nu le pêle-mêle de ses mèches ébouriffées.

Les gouttes de sueur en tombant de son front avaient marqué tortueusement leur passage sur le fard épais de sa joue.

On voyait les mille rides de ses yeux et de sa bouche, ses sourcils déteints, ses lèvres décolorées.

C'était, appliqué à un vieillard et poussé à son extrême puissance, le risible changement qu'une danse trop enthousiaste opère quelquefois sur le visage refait d'une coquette hors d'âge.

Mais en face de cette pauvre enfant, évanouie à demi

et comme pétrifiée par l'épouvante, vous n'eussiez point eu la force de vous arrêter au côté plaisant de cette scène.

Vous eussiez frémi à voir si près de la vierge sans défense l'œil sanglant du satyre.

— Votre cœur se fût serré, car dans cet œil il y avait un délire furieux, une passion impitoyable.

Nul moyen d'échapper, les mains de M. de Compans se crispaient sur la robe ; — chacun de ses doigts faisait son trou dans l'étoffe légère.

Il reprenait haleine avec une sorte d'emportement, hâtant son souffle, rappelant sa force perdue, essayant à chaque instant de se redresser, et retombant toujours avec pesanteur sur le tapis.

Sainte aussi reprenait haleine, son gracieux visage exprimait une mortelle terreur. Elle était à demi soulevée et s'appuyait sur ses deux mains ; sa gorge haletait ; ses beaux cheveux blonds dénoués tombaient en désordre sur son sein et sur ses épaules.

Son œil grand ouvert était fixé sur le duc, dont le regard menaçant opérait en elle une fascination véritable.

L'épouvante dilatait ses narines, relevait ses sourcils et enflait ses lèvres agitées...

Elle était belle encore, hélas ! trop belle. Le duc à la contempler échauffait sa passion jusqu'au transport ; le sang lui bouillait dans les veines, — et c'était chose hideuse que de voir ses membres agités convulsivement, et comme galvanisés par des secousses incertaines s'efforcer incessamment et se raidir pour donner à ce drame funeste un dénoûment odieux.

Il ne pouvait pas se relever. — Ses efforts insensés l'épuisaient davantage. Ses ongles écorchaient le tapis à travers la robe déchirée de Sainte...

Mais il allait pouvoir. — Ce n'était qu'un répit de quelques minutes...

Derrière la porte, M. Burot et Mme Brunel regardaient et causaient.

— C'était bien la peine de tant se fatiguer ! disait la camériste en haussant les épaules.

— Quant à cela, répondait M. Burot, — et il n'y a pas de plaisir sans peine... Mais est-il drôle avec sa perruque de travers !

— Et ses sourcils blanchis ! dit Mme Brunel qui venait de mettre son œil à la serrure.

— Et son mollet gauche, regardez donc ! ajouta Burot ; — il est descendu sur le talon.

— Ah ! dit la camériste, c'est convenu : il va rester là !

— Il est bloqué, dit Burot dans son jargon aimable, — fait au même, démoli, disparu... — Elle lui fait compter les clous comme une petite intrépide... Le fait est qu'il n'y a pas de plaisir sans peine !

Il poussa Mme Brunel sans façon et se mit à sa place au trou de la serrure.

— Ma parole, poursuivit-il avec admiration, — elle est jolie comme tout ce qu'il y a de soigné !... Comme elle ferait bien dans un comptoir !... Tiens, tiens, ajouta-t-il en frappant sur sa cuisse, — voilà monsieur qui retrouve ses jarrets, il se relève... Ah ! par ma foi, nous allons rire !...

— Laissez-moi voir un peu, monsieur Burot, dit Mme Brunel.

— Du tout ! répliqua le drôle, la loge n'est qu'à une place... et c'est une première représentation...

Le duc était parvenu, en effet, à se mettre sur ses genoux. — Il ne tremblait plus. — L'espèce de paralysie qui avait garrotté ses membres prenait fin. — Un triomphe hideux était sur ses traits.

Sans lâcher la robe de Sainte, il se glissa sur ses genoux et mit son visage enflammé au-dessus du front de la jeune fille.

Puis, il se redressa pour avancer encore un peu.

A ce moment suprême, un nuage passa sur les yeux de Sainte. — Une voix cria au dedans d'elle et lui annonça sa perte. — Mais en même temps tout son être se révolta de lui-même et en dehors de sa volonté. — L'image de Romée passa devant sa vue ; elle se sentit forte soudain.

A son insu sa bouche murmura le nom tutélaire ; et, comme le duc se baissait victorieux, elle se rejeta en arrière d'un mouvement violent, et bondit, délivrée, laissant entre les mains de M. de Compans un lambeau de sa robe.

Le duc poussa un cri de rage...

Avant qu'il eût pu se relever, Sainte s'élança vers la

porte, l'ouvrit et passa comme un trait entre Mme Brunel et M. Burot stupéfaits.

Les deux dignes serviteurs se regardèrent. Burot, qui était un maraud des plus gais, avait bonne envie de rire.

— Bloqué ! répéta-t-il à demi-voix, fait au même, disparu !...

La chambre où ils se trouvaient n'était point fermée comme le boudoir. Il était deux heures après midi, environ. Le soleil entrait dans la pièce à travers la fenêtre grande ouverte.

Sainte s'était précipitée vers cette fenêtre tout d'abord. Son instinct lui disait que le grand jour était une protection.

Assurément ce n'était pas sans raison que M. le duc avait fait retomber des jalousies sur les croisées du boudoir. Les gens comme lui s'arrêtent devant l'œil ouvert d'un témoin, ils ne sont audacieux que derrière le rideau.

En toute autre circonstance, cette fenêtre, qui donnait sur le derrière de maisons habitées, eût suffi à protéger Sainte contre les attaques de M. le duc, — car il pouvait y avoir des regards indiscrets derrière les vitres de ces maisons, et c'est après tout une cruelle avanie pour un pair de France que d'être accusé de rapt comme un vieil instituteur.

Le duc était prudent par nature et sa prudence s'augmentait des rapports de M. Burot, qui n'avait pas été sans lui dire que le secret de son *appartement en ville* commençait à être dans le quartier le secret de la comédie.

On chuchotait ; on prétendait avoir entendu des plaintes ; on faisait sur le duc et sa petite maison les récits les plus romanesques.

Ceci n'étant point dans les habitudes d'un quartier connu pour ses mœurs tolérantes et philosophiques, Burot avait remonté à la source de ces bruits.

Il avait découvert que M. Léon du Chesnel, secrétaire d'ambassade et intime ennemi de M. le duc, demeurait dans la rue Montaigne et se trouvait, suivant son expression, aux premières loges pour inspecter la petite maison.

M. le duc allait donc être forcé encore de transporter ailleurs ses pénates amoureux...

En attendant, il sentait le besoin d'une circonspection extrême et se conduisait comme on fait sous l'œil d'un ennemi.

Ceci, d'ordinaire.

Mais en ce moment M. le duc ne se connaissait plus, la rage le rendait fou. Rien n'était capable de l'arrêter.

Il se traîna, écumant de colère, jusqu'à la porte où la camériste et Burot restaient indécis.

— Saisissez-la, dit-il d'une voix entrecoupée. — Prends-la de force, Burot ! — Arrache-la ! et si elle résiste...

Le duc s'interrompit, étouffé par sa rage.

— Mais, monsieur, dit Burot, il y a du monde aux fenêtres !

Le duc leva sa main tremblante pour le frapper.

— Misérable ! s'écria-t-il, je te dis de me l'amener, de gré ou de force !...

Sainte était montée sur un balcon en saillie qui donnait sur les jardins dont nous avons parlé.

Elle regardait au-dessous d'elle, cherchant un être humain dont elle pût implorer le secours.

Les jardins étaient déserts.

Comme elle relevait les yeux pour interroger les fenêtres qui lui faisaient face, la voix étranglée du duc vint frapper son oreille et l'empêcha de voir.

Elle se retourna vers l'intérieur de la chambre, en ayant soin de tenir, toutefois, le balcon à deux mains.

Burot, cependant, ne se pressait point d'obéir aux ordres de M. le duc. Il faisait force gestes et montrait les maisons de la rue Montaigne...

Mme Brunel appuyait de son mieux ses représentations.

Mais le duc ne voyait rien et n'entendait rien.

La résistance attisait sa colère. Il n'y avait plus parmi l'ivresse désordonnée de son cerveau, ni raison ni prudence.

Il répéta une troisième fois son ordre en l'appuyant de blasphèmes, et comme Burot continuait à hésiter, le duc trouva la force de le pousser rudement et de se diriger lui-même vers la fenêtre.

Sa démarche chancelante, l'étrange état où l'avait mis la lutte, tout cela devait donner à quiconque l'aurait aperçu du dehors l'idée du dernier degré de l'ivresse.

Il avançait cependant. — Sainte se mit à genoux sur le balcon et leva ses deux mains jointes vers le ciel.

De loin, cette femme suppliante et cet homme qui marchait sur elle, la menace à la bouche, devaient avoir l'air de jouer, en plein midi, au beau milieu de Paris, la scène la plus banale de n'importe quel mélodrame.

Or, il y avait des spectateurs...

Au moment où le duc, s'appuyant d'une main à la fenêtre, saisissait Sainte de l'autre afin de l'entraîner hors du balcon, une salve étourdissante de bravos entremêlés de bruyants éclats de rires retentit de l'autre côté du jardin.

On battait des mains avec frénésie, on sifflait, on criait : *bis !*

Les deux bras de M. de Compans retombèrent le long de son corps ; sa figure enflammée devint livide...

La lumière se faisait dans son esprit. Cette secousse venait de mettre fin à sa passagère folie.

Il demeurait cloué à la même place. Ses regards tombaient à ses pieds et n'osaient point se relever.

Sainte, étonnée, ne savait pas si elle devait redouter encore ou se réjouir.

Son œil se fixait sur M. de Compans, atterré, avec un reste d'épouvante.

Burot sifflotait.

Mme Brunel chantait sur tous les tons :

— Je l'avais bien dit !... mais on ne veut jamais me croire !

Et, au dehors, on répétait :

— Bravo ! bravo ! Bis ! bis !

M. le duc leva enfin les yeux... Il aperçut à la fenêtre qui faisait face, — cette même fenêtre où Sainte avait cru reconnaître Charlotte, cinq ou six hommes rassemblés sur un balcon et au milieu desquels se trouvait une femme.

Tous ces gens avaient des lorgnettes de spectacle.

La femme se servait d'une longue-vue, et un homme en robe de chambre, — le maître de la maison sans doute, — regardait à travers un télescope monté sur pivot.

C'était d'un effet renversant. — Le duc eût voulu rentrer sous terre.

. . . .

Nos lecteurs n'ont peut-être pas oublié un personnage qui joua un rôle estimable au prologue de cette histoire : M. Polype, principal locataire de la maison de l'aile Valois au Palais-Royal, où mourut le marquis Raoul de Maillepré, tuteur d'Oguah le grand chef, maître après Dieu de l'hôtel du Sauvage, ami de la police, camarade des filous, commanditaire des marchands de chaînes de sûreté et débitant de petits livres obscènes.

Il y avait, on en conviendra, dans ce faiseur encyclopédique l'étoffe d'un homme très important.

La destinée n'avait point failli à tant de mérite : Polype avait fait son chemin.

A l'aide de ses divers métiers et d'une douzaine d'autres, parmi lesquels il ne faut point oublier celui d'usurier, il avait amassé un capital considérable.

Une fois ce capital acquis, Polype agrandit le cercle de ses opérations, fit un sort à sa femme qui le gênait, parce qu'elle avait de mauvaises manières, ayant été servante d'hôtel autrefois, et se jeta, vers l'âge de cinquante ans, dans la vie dorée de nos fashionables.

Le sort qu'il fit à sa femme, soit dit en passant, fut de lui donner un bureau de mariages, sous le nom de Mme Confiance, *connue par soixante ans de succès*.

Notre récit, nous l'espérons, ne sera pas sans avoir pour lecteur quelque couple heureux sorti des bureaux de Mme Confiance, *connue maintenant par soixante et douze ans de succès*.

M. Polype ne vendait plus guère de chaînes de sûreté. Il avait gardé seulement la meilleure de toutes les cordes de son arc : l'usure ; — il s'était fait banquier.

Les hommes de génie se rencontrent fatalement. M. Polype appliquait à la médiocrité nécessiteuse le système que Denisart voulait appliquer à la misère.

Il s'attaquait au petit commerce. — Il lui prenait tous ses profits, un peu de capital, et lui laissait ses pertes, parce qu'il faut que tout le monde vive.

Du reste, il était parfaitement honorable, retenait les

intérêts en dedans, et vous aurait mis au défi de l'envoyer au bagne.

Le bagne n'est certes point peuplé de saints; mais, en choisissant parmi ses locataires les trois plus vils scélérats, et en additionnant les portions mauvaises de leur nature, on n'aurait point refait M. Polype, la providence du petit commerce parisien.

C'est que les bandits qui travaillent légalement ou à peu près sont mille fois plus noirs que les pauvres diables de brigands qui ne savent pas assassiner les gens sans aller contre un article du code pénal.

Au moral, durant ces sept années, M. Polype avait peu changé; néanmoins il n'était plus exclusivement avare. A l'occasion, il savait jeter l'or par les fenêtres avec le sans-façon d'un homme à qui l'or ne coûte rien, sinon quelques gouttes du sang de son prochain.

Au physique, c'était toujours le même nez triomphant et mobile, expressif, sensitif, frappant, digne, considérable, trait unique au milieu d'un visage ébauché, mais qui valait à lui seul toute une physionomie.

M. Polype était assez mal habillé, comme tous les gens qui marquent : cela lui donnait l'air d'un député. Il avait, pensons-nous, la croix d'honneur...

C'était sur cet homme-là que du Chesnel prétendait s'appuyer pour arriver à la députation.

Le protecteur, il faut le dire, était choisi merveilleusement. — Quelle position, en effet, pour avoir des voix, que de mettre aux électeurs le pistolet sous la gorge !...

M. Polype avait été présenté à Charlotte.

Malheureusement du Chesnel n'avait pu la mettre dans la confidence.

Charlotte avait trouvé M. Polype singulièrement ridicule. — Vive, tranche, étourdie, elle ne savait guère cacher ses impressions.

M. Polype ne put se méprendre et se félicita médiocrement de son succès.

Mais, rien pour rien, M. Polype n'était pas homme à se payer du tintement de l'or ou de la fumée des fourneaux.

Il avait trouvé Charlotte ravissante. — Le marché tenait, mais à condition.

Or, quel biais prendre pour déterminer Charlotte ?...

Ceci fut, la veille de l'enlèvement de Sainte, le sujet d'une conversation entre du Chesnel et l'excellent Durandin.

— Mon ami, dit Durandin, ta femme ne marche pas... nous perdons notre temps...

Du Chesnel, malgré sa bonne envie de conquérir M. Polype, eut un mouvement de joie orgueilleuse en songeant à la vertu de sa femme.

— C'est le diable! répliqua-t-il, — mais je te l'avais bien dit! Charlotte est la sagesse même.

Durandin aimait à tourner ses pouces. Ce n'était pas chez lui une passion, mais un goût très prononcé. — Il tourna ses pouces, épanouit le gros sourire qui fleurissait à demeure sur ses joues fraîches et leva ses yeux ronds sur du Chesnel.

— Mon garçon, dit-il, tu es comme ces bonnes femmes qui voudraient bien voir leur fils major, mais qui ne veulent pas le laisser se faire soldat... Qui veut la fin veut les moyens... Ça me fait de la peine de te voir si fier d'une chose qui te barre la route!...

Du Chesnel demeura un instant sans répondre et haussa les épaules d'un air de mauvaise humeur.

— C'est vrai, murmura-t-il ; mais qu'y faire ?... Je crois n'être pas un sot...

— Prends garde, interrompit Durandin d'un air paterne.

— Quant aux préjugés, reprit du Chesnel, j'en ai bien peu... Mais je sens que j'aurai bien de la peine à me défaire de cette faiblesse-là... Charlotte est si charmante!

— Ah! pas mal! pas mal! dit Durandin ; — c'est une très jolie femme... aussi Polype a mordu, il faut voir!... Mais ce n'est pas le tout...

— Comment faire? dit du Chesnel.

Quoi qu'il en eût, sa figure exprimait nettement sa vanité de mari.

Durandin tournait ses pouces activement et faisait ses observations.

— Ecoute donc, mon cher garçon, reprit-il avec beaucoup de bonhomie, soyons justes... Tu es fier de ta femme parce qu'elle s'est moquée de M. Polype... Il n'y a vraiment pas de quoi... Et, quand j'y pense, pour un mari dans ta position, qui aime sa femme et qui ne veut pas cependant se priver des avantages... Tu m'entends bien... M. Polype est un homme précieux... Son nez me semble avoir des vertus contre la jalousie. Tu y as songé, je parie, diplomate que tu es !...

C'était vrai. Du Chesnel y avait songé, et son égoïsme avait trouvé là une consolation.

Mais en ce moment le souvenir de l'entrevue de M. Polype avec Charlotte était trop récent. — Le contraste entre le vice laid et la belle pureté restait trop frappant au dedans de lui-même. — Il était décidément soucieux, et ce qui lui tenait lieu de conscience se bourrelait d'un semblant de repentir.

Pauvre enfant! murmura-t-il avec un gros soupir.

Durandin baissa les yeux et travailla à rebrousse-pouces.

— Ah! dit-il, mon garçon, tu sais bien que j'ai beaucoup d'affaires... Je devrais être en ce moment chez le marquis dont la position s'embrouille... Si tu fais l'enfant, bonsoir... Adore ta femme, et va te coucher.

Du Chesnel passa le revers de sa main sur son front et se leva pour faire un tour dans la chambre.

— Est-ce fini? reprit Durandin. — Sommes-nous sage?

Du Chesnel s'arrêta en face de l'avoué. Il demeura un instant silencieux, les bras croisés sur sa poitrine.

Durandin le contemplait de son regard le plus placide.

— Allons, dit du Chesnel en se rasseyant, — je vois bien que tu as un moyen à me donner... Finissons-en?

— Ce moyen-là, demanda Durandin, me promets-tu de l'employer?

— S'il est bon... commença du Chesnel.

— Il est bon, interrompit Durandin.

— La moindre chose est de savoir...

— Du tout... oui ou non?

Du Chesnel n'hésita pas trop longtemps.

— C'est bon, dit-il, je te promets de l'employer, ton moyen... Quel est-il?

— C'est, répondit Durandin avec une certaine emphase, tout à fait en dehors de ses habitudes, — c'est Mme Bathilde de Saint-Pharamond.

Du Chesnel laissa échapper un geste de répulsion énergique.

Ce diplomate malheureux était dans une situation violente. Un cercle vicieux lui serrait le cou. — Il voulait bien vendre sa femme, mais il eût voulu en même temps la garder.

Il hésitait à la manière de ces assassins dont le cœur se soulève un peu en délayant le poison.

— Mme de Saint Pharamond ! dit-il à voix basse, — une femme perdue !

— Mon bon ami, répliqua Durandin, — penses-tu qu'une honnête personne donnerait à ta femme le conseil de prendre M. Polype ?...

Du Chesnel se tut, embarrassé.

— Il n'y a pas de milieu, reprit Durandin, — il faut la tourner lestement, la rompre tout d'un coup... Les élections approchent... Il faut que M. Polype soit en mesure de travailler très prochainement... Et quant à moi, pour broyer et réduire en poudre ce calcul vertueux qui se forme au fond du cœur de certaines femmes, je ne connais aucune machine de la force de Mme de Saint-Pharamond.

Du Chesnel avait les sourcils froncés.

— Dans ma maison ! murmura-t-il encore, — une telle femme !

— Je te trouve précieux ! s'écria Durandin, — Bathilde voit la meilleure société... en fait d'hommes. — Elle pourrait te présenter à une douzaine de princes... russes ou polonais... Elle te mettra d'ailleurs en relations avec un monde que tu ne connais pas assez, l'élite, la crème, la fleur de notre aristocratie nouvelle... Prunot, excellent gentilhomme, neveu de l'illustre duc de Pharsale... J. B. S. T. Sanguin, le représentant d'une de nos plus riches industries... Arsène de Montfermeil, qui aurait pu être de Saint-Gervais... Enfin, le jeune et charmant Félicien Chapitaux, qui justement est le parent et l'héritier de M. Polype...

— Mais recevoir cette femme ! murmura encore du Chesnel.

— Ah çà ! mais tu plaisantes !... riposta Durandin sérieusement scandalisé ; — mais cette femme est comtesse, mon garçon... comtesse pour tout de bon... Beaucoup plus comtesse que tu n'es vicomte.

Du Chesnel haussa les épaules...

— Il ne faut pas prendre des airs de douter, poursuivit Durandin ; je suis avoué, je sais son histoire... Elle est la fille d'une marchande de pommes du carré Saint-Martin... Ne ris pas, tu vas voir!... Elle était jolie comme une ange et cousait dans la perfection... Une noble personne du faubourg Saint-Honoré la prit pour demoiselle de compagnie... La marchande de pommes, paraîtrait-il, lui avait donné quelque teinture des manières du beau monde.

« Pendant qu'elle était demoiselle de compagnie, le jeune comte Armand de B***, — tu ne révoqueras pas en doute la noblesse de celui-là ! — devint amoureux d'elle... Bathilde fut plus ou moins sensible à cet amour; mais il lui fallait de la fortune, et le comte était pauvre. Elle attendit.

» On naît lorette, vois-tu bien ; Bathilde était ravissante ! Plusi rs partis se présentèrent. — Elle attendit toujours.

» Le comte, cependant, était attaqué d'une maladie de poitrine ; il dépérissait l ntement et disait à Bathilde que son amour seul pourrait le rendre à la vie...

» Bathilde hésita longtemps ; elle hésita si longtemps que le pauvre comte, arrivé au dernier période de sa maladie n'eut plus la force de sortir et demeura confiné dans son modeste appartement.

» Un jour il vit arriver Bathilde. Ce fut comme si le ciel s'ouvrait. Elle venait lui apporter le bonheur, la vie ; elle venait lui proposer sa main... Comment trouves-tu cela, toi ?... ?

— C'est selon, dit du Chesnel.

— Enfin ?...

— Eh bien ! s'il n'y avait pas quelque faux pas là-dessous, c'est un joli trait !...

— Fi donc ! des faux pas ! s'écria Durandin, Bathilde ne tombe jamais, elle se jette à plat ventre par terre, — voilà tout.

Il fit un geste de dédain.

— Un faux pas ! répéta-t-il, — parlons-nous d'une grisette ou de la fille d'un apothicaire !... on voit bien que tu ne connais pas Bathilde. Celle-là ne devait pas débuter par une chute ; celle-là a le pied sûr et ferme.. Quand elle glisse, c'est qu'elle a voulu glisser !... Non pas, non pas, elle était pure en ce temps comme l'agneau qui vient de naître...

— Alors, dit du Chesnel, elle se conduisit en femme de cœur.

— Assurément, assurément ! grommela Durandin qui mit à tourner ses pouces une activité inaccoutumée. — Assurément, mon bon ami... et aussi en femme d'esprit... Je suis content de voir que tu lui rends justice... Figure-toi qu'avant de se rendre chez le pauvre malade elle était allée chez son médecin et lui avait dit de sa jolie voix douce :

— « Docteur, combien de jours peut vivre encore le comte ?...

— » Huit jours, avait répondu le médecin.

— » Et n'a-t-on aucun espoir de le sauver ?

— » Mon Dieu ! non, madame...

— » Cependant un miracle ?...

— » Madame, il n'y a pas de miracles ; monsieur le comte est un homme mort... »

C'est à la suite de cette conversation qu'elle vint offrir sa blanche main au malade...

— Ah ! diable, dit du Chesnel, je croyais qu'il n'avait pas de fortune ?

— Pas une obole, mais attends donc !... cela ressemble un peu, sauf le mobile, au mariage *in extremis* de notre chère baronne de Roye... Une fois la cérémonie accomplie, le comte mourut comme il voulut, et Bathilde, quittant sa protectrice, alla s'établir dans un superbe appartement du quartier Breda...

Cela fit un bruit énorme. — On ne parla plus que de la charmante comtesse qui avait dix-huit ans, qui mettait son cœur à l'enchère et qui se cachait sous le nom de Saint-Pharamond...

— Oh ! oh ! fit du Chesnel avec estime, — c'est une combinaison !...

— Elle gagna cinquante mille écus dès la première année, reprit Durandin, — maintenant elle a quatre-vingt-mille livres de rente bien et dûment inscrites au grand livre de la dette publique...

— Peste ! fit encore du Chesnel.

— Tu vois bien, reprit l'avoué, qu'elle est en état de donner des leçons.

Du Chesnel parut réfléchir.

Durandin se leva.

— Allons, leste ! dit-il ; habille-toi et allons chez

Bathilde. Elle est bonne enfant... Si tu lui plais, elle viendra au déjeuner que tu donnes demain...

— Le déjeuner que je donne ?... balbutia du Chesnel.

— Sans doute, à Chapitaux, au baron Prunot, à Sanguin, à tous ces messieurs... C'est indispensable... Bathilde ne peut pas venir seule...

Du Chesnel s'habilla pour aller chercher la lorette qui avait gagné quatre-vingt mille livres de rente et qui devait donner des leçons à sa femme.

CHAPITRE XII

LE DÉJEUNER

Le parti de du Chesnel était pris définitivement désormais.

Il s'était marié dans un but ; il fallait que ce but fût rempli.

Qu'importait l'amour étourdi qui était venu imprudemment se jeter à la traverse de ses desseins ?...

Charlotte était belle ; tant mieux ; c'est pour cela qu'il l'avait prise...

Mais cette beauté, au demeurant, ce n'était point pour lui qu'il l'avait acquise ; c'était un instrument, un levier, un moyen. — Du Chesnel, revenu à la sagesse, se reprochait presque d'avoir été prodigue, et d'avoir mangé son blé en herbe, comme Panurge.

Il avait un lingot d'or. Il s'était amusé à le contempler, au lieu de le faire monnayer et de le placer à bons intérêts...

C'était gaspiller follement un capital.

Heureusement il était temps encore. Avec l'aide de l'excellent Durandin, on pouvait réparer les heures perdues. Il ne fallait qu'un petit effort pour vaincre les premières nausées et avaler la coupe d'un trait.

Hélas ! la pauvre Charlotte ne se doutait guère de la

conspiration ourdie contre elle. Elle aimait son mari et elle avait confiance en lui.

Le lendemain même de ce jour où du Chesnel s'était fait présenter chez Mᵐᵉ Bathilde de Saint-Pharamond, Charlotte se leva de grand matin et bien heureuse.

Pour la première fois elle allait voir le monde. Son mari allait cesser de la cacher à tous les yeux, comme un fardeau qui fait honte.

Elle allait se parer, remplir enfin sa charge de maîtresse de maison et présider à un déjeuner brillant, elle qui la plupart du temps attendait en vain son mari auprès de son repas solitaire.

Elle était bien joyeuse, mais elle avair grand'peur, parce qu'elle ne savait pas. — Les choses du monde lui étaient inconnues. L'effet de la solitude se faisait sentir en ce moment : malgré sa hardiesse vive, elle était timide par avance et rougissait rien qu'à la pensée d'entretenir des étrangers...

Mais elle souriait aussi. — C'était bien elle que Sainte avait vue sourire au soleil levant, à travers les barreaux de sa jalousie...

Elle était partagée entre une frayeur d'enfant et les espoirs innocents de sa naïve coquetterie.

C'était pour elle un beau jour, qui tranchait parmi la silencieuse monotonie de son existence...

Le titre de secrétaire d'ambassade pare un lion. C'est qualité fashionable, au dire des articles de journaux qui parlent de Bagnère et de Baden-Baden.

Félicien Chapitaux et ses illustres amis furent très aises de faire la connaissance de du Chesnel.

Quant à Mᵐᵉ Bathilde de Saint-Pharamond, elle allait où on l'invitait, au hasard et sans trop choisir.

C'était une femme charmante qui avait été fort spirituelle, mais que son métier avait comme ahurie.

Elle était lorette jusqu'au fond de l'âme. — C'est-à-dire un être multiple, composé de la fille du peuple et de la grande dame, de la grisette ignorante et du basbleu pédant.

Un être bizare, hybride, pétulant, nonchalant, gracieux, hardi, adorable jusqu'à vingt-deux ans, — hideux à trente.

A l'heure dite, Mᵐᵉ Bathilde de Saint-Pharamond,

escortée de ses chevaliers, fit son entrée dans l'appartement de la rue Montaigne.

Du Chesnel avait préparé Charlotte dans la soirée de la veille. Il avait menti sans doute, car Charlotte reçut la lorette avec un trouble qui ressemblait à du respect.

Il est à croire que, d'après ce que lui avait dit son mari, elle pensait avoir affaire à une dame de haut rang ou tout au moins à une femme du grand monde.

On se mit à table. — Le repas fut assez froid d'abord. — Malgré la grâce naturelle que Charlotte mettait à en faire les honneurs, la glace ne se rompait point.

Durandin et du Chesnel avaient beau prodiguer tout ce qu'ils avaient d'esprit, Félicien Chapitaux, J.-B.-S..T. Sanguin, le baron Prunot et Arsène de Montfermeil lui-même restaient compassés, incertains, presque muets.

Evidemment ces satellites obscurs attendaient le signal de la lorette qui était leur astre.

Celle-ci observait Charlotte qui rougissait sous son regard persistant.

Mme de Saint-Pharamond avait cette beauté *qui plaît aux hommes,* comme disent les vieilles actrices ; sa taille était irréprochable, son visage avait des traits réguliers mais accusés un peu trop fortement. On eût demandé plus d'expression à ses grands yeux que dominait l'arc aquilin de ses sourcils magnifiques. Sa bouche un peu pâle riait aux éclats fréquemment. Quant elle ne riait pas, ses lignes s'effaçaient tristes. Elle ramenait sur un front trop étroit les masses abondantes et fines de ses cheveux noirs disposés en bandeaux.

Ses ennemis disaient qu'elle avait dépassé sa trentième année. — Mais les lorettes jouissant de quatre-vingt mille livres de rente, sans compter les émoluments de leur charge, échappent au terme fatal que que nous avons fixé tout à l'heure.

Elle regardait toujours Charlotte, et sur ses traits fatigués un intérêt vague venait prendre place.

Savait-elle déjà le motif de sa présence à la table de du Chesnel, et plaignait-elle la pauvre enfant pour laquelle se cachait un piège au fond même de l'asile conjugal !...

— Eh bien ! comtesse, dit Durandin en s'adressant à

elle directement, ne voyez-vous pas que votre silence nous rend tristes ?

Bathilde éclata de rire aussitôt comme si un ressort se fût détendu derrière ses mâchoires.

Rire de femme, comme on sait, ne prouve absolument rien ; à plus forte raison rire de lorette. C'est une façon de répondre à ce que l'on n'a point compris ; c'est un moyen de se parer de la gaîté qu'on n'a point ; c'est un biais enfin pour montrer ses dents si elles sont belles...

Bathilde avait de très belles dents.

Après avoir ri, elle tendit son verre et but une rasade gaillardement.

Puis elle parla de choses et d'autres avec une volubilité qui n'était pas sans charmes ; c'étaient des phrases toutes faites, des mots appris, des riens sus par cœur. Mais c'était dit gracieusement, c'était léger et joli. Ceux qui ne l'entendaient qu'une fois devaient la regarder comme une causeuse pleine d'entrain et de verve.

Et voyez l'effet de la vogue sur la gent moutonnière qui porte des gants jaunes et use ses bottes vernies à frotter l'asphalte du boulevard de Gand ! — Félicien Chapitaux et ses nobles amis qui entendaient la lorette tous les jours, ne pouvaient pas se lasser de l'entendre.

Elle était à la mode. C'était la reine des lorettes ; — la lorette unique qui apparaît tous les cent ans, qui s'appelle Delorme, Lenclos, Duthé, et dont l'éphémère triomphe éclabousse en passant les duchesses, les ambassadrices et les danseuses.

Il faut les adorer quand on est Chapitaux. L'esprit pour un baron Prunot est de les trouver spirituelles. Chaque mot qui tombe de leurs lèvres est divin, de par l'autorité de tous les J. B. S. T. Sanguin, qu'ils soient de la maison Sanguin et Cloquart de Lyon ou de toute autre boutique...

En parlant, Mme de Saint-Pharamond buvait fréquemment, non point de ces courtes gorgées qui apaisent d'ordinaire la soif féminine, mais à rasades de lionne qui désaltéreraient un gendarme.

Plus elle buvait, plus elle parlait, et réciproquement. C'était un cliquetis, un roulement, un déluge.

Charlotte, étonnée, l'observait à son tour.

Elle ne savait point le monde et pouvait croire à la

rigueur que c'étaient là les grandes manières. Mais ce qui en elle était digne, décent, délicat, se révoltait contre cette loquacité hardie, contre ces façons gaillardes qui arrivaient à être effrontées.

Elle se taisait, interrogeant du regard son mari, lequel applaudissait du geste et lui répondait par des sourires qui disaient : — Admirez.

Durandin n'avait garde assurément désormais de reprocher à Bathilde son silence. Il ne buvait pas autant qu'elle, mais il buvait assez, comme un avoué prudent qui jouit d'un estomac de philosophe. Son gros et bon visage s'épanouissait, et, entre chaque plat, il trouvait le loisir de tourner un peu ses pouces, ce qui complétait son bonheur.

Félicien Chapitaux faisait des efforts désespérés pour dire des choses agréables. — Sanguin commençait à parler soieries. — Montfermeil, le célèbre dentiste, attaquait indirectement la réputation de Désirabode. — Le baron Prunot; ce débris impérial, racontait les guerres de Napoléon qu'il avait lues dans les *Victoires et Conquêtes*, et tordait sa moustache en disant comment l'illustre épée de son oncle avait gagné la bataille de Pharsale.

Mais chacun avait une oreille pour la lorette qui parlait bals, concerts, escrime, sport, théâtre, pâtés de Strasbourg, filles de députés entretenues, tableaux, chevaux, châteaux, écrins, littérature, Johannisberg et diplomatie.

C'était charmant.

Rien qu'à la voir lever son verre, vous eussiez compris l'enthousiasme de Chapitaux.

Charlotte demeurait étourdie et comme effrayée. — Le vocabulaire de Mme de Saint-Pharamond avait des témérités qui choquaient l'oreille de la jeune femme.

Elle ne comprenait pas toujours, mais elle devinait parfois et se sentait confuse.

Au dessert, l'éloquence de Mme de Saint-Pharamond se fit si profondément excentrique que l'étonnement de Charlotte devint du malaise, puis de la souffrance.

Elle n'osait plus lever les yeux.

Quant on sortit de table, elle s'esquiva. — Son mari tout seul s'aperçut de son absence.

Durandin, en effet, était dans cet état de béatitude

infinie où tombent après le dîner les grosses gens qui ont un excellent estomac.

Quant aux Chapitaux, ils entouraient Mme de Saint-Pharamond qui allumait un cigare.

Du Chesnel avait eu d'abord l'idée de rappeler sa femme, mais le cœur lui avait manqué...

On prenait le café maintenant dans le salon dont les fenêtres s'ouvraient sur un balcon régnant, qui dominait les jardins au delà desquels s'élevait la petite maison de M. le duc de Compans.

Charlotte ne reparaissait point. On était entre homme désormais. La conversation devenait de plus en plus bruyante.

La lorette fumait comme fumaient encore les lionnes en 1833, orgueilleusement et avec la conscience de faire une action héroïque.

Les convives l'imitaient, et du Chesnel, qui avait un fond de tristesse amère, parvenait à s'étourdir.

— Vous avez là une bien belle vue, monsieur le vicomte, dit Chapitaux, qui commençait à épuiser sa provision de choses ravissantes.

— Ce pavillon, ajouta Montfermeil, fait un effet charmant.

— Ce pavillon est une dépendance de l'hôtel de certain pair de France, répliqua du Chesnel.

— Je ne vois pas l'hôtel, dit la lorette.

— Ah! l'hôtel est fort loin d'ici! reprit du Chesnel. — Ce pavillon est un petit temple dédié à l'Amour où sacrifie un duc que vous connaissez tous.

— Qui donc est ce duc? demanda-t-on en chœur.

— Je pense, monsieur, dit Prunot d'un air sévère, que vous n'entendez pas parler du duc de Pharsale, mon oncle?...

— Je n'ai pas l'honneur... commença du Chesnel en saluant le baron.

Puis il ajouta, en se tournant vers le gros de l'assemblée :

— Ceci est un commérage, mais tout le quartier prétend que ce pavillon est le Parc-aux-Cerfs de M. le duc de Compans-Maillepré.

Toutes les personnes présentes connaissaient plus ou moins monsieur le duc.

— Ah bah ! commença Montfermeil, je lui ai arraché dans le temps...

Il s'interrompit et se mordit la lèvre.

— Une dent, acheva Chapitaux.

Cela fit rire J. B. S. T. Sanguin.

— Je croyais, dit la lorette, que monsieur le duc recevait au Marais.

Ceci dans son genre était aussi une naïveté ; mais Mme de Saint-Pharamond ne se mordit point la lèvre. Elle avait fait plus d'heureux que Montfermeil n'avait arraché de dents, — et elle ne s'en cachait point.

Elle avait dû rendre quelques visites au vieil hôtel de Maillepré au temps où monsieur le duc y faisait son appartement en ville.

Tout le monde cependant avait passé sur le balcon, voulant voir de plus près la petite maison de monsieur le duc.

C'était à peu près le moment où ce dernier perdait haleine à poursuivre la fuite désespérée de Sainte.

La chambre où s'entretenaient Mme Brunel et Burot regardant par le trou de la serrure, se trouvait juste en face du balcon.

Le soleil entrait d'aplomb dans cette pièce par la fenêtre grande ouverte. Le regard des convives pouvait, malgré la distance, arriver jusqu'aux dignes serviteurs de monsieur le duc et même à la rigueur distinguer leur manége.

— Il me semble que j'aperçois quelque chose au fond de la chambre, dit la lorette. — S'ils pouvaient nous donner la représentation !...

Tous les cous se tendirent, tous les lorgnons tombèrent en arrêt.

— Ah ! diable, oui, diable, oui ! dit Chapitaux ; il y quelqu'un là, au fond. Si j'avais seulement ma lorgnette d'opéra !...

— A cela ne tienne, répondit du Chesnel, nous pouvons nous procurer des lorgnettes.

Du Chesnel était d'humeur détestable et il en voulait à M. de Compans. En outre, sa tête était échauffée. — L'idée de préparer un scandale lui sourit..

Elle sourit bien davantage encore aux autres convives qui rentrèrent joyeusement dans le salon en se promettant une bonne comédie.

Mᵐᵉ de Saint-Pharamond surtout était empressée, comme si elle n'eût jamais rien vu de semblable...

Du Chesnel cependant mit en réquisition toutes les lunettes de la maison. Il revint bientôt avec son butin consistant en trois lorgnettes de spectacle et une longue-vue dans son étui.

Derrière lui un domestique s'avançait gravement portant une énorme lunette d'approche en cuivre montée sur pivot.

Ce télescope fut salué par d'unanimes acclamations.

Le domestique le plaça au beau milieu du balcon, le braqua sur la fenêtre ouverte et se retira.

Du Chesnel modéra d'un geste le bruit qui se faisait autour de lui.

— Taisons-nous, dit-il, ou la croisée se fermera...

Cet avertissement sage produisit un effet magique. On passa sur le balcon bien doucement et chacun s'occupa de mettre à son point les longues-vues apportées.

C'était un singulier spectacle de voir tous ces gens assemblés tenant en main chacun un instrument d'optique et le braquant sans façon sur la demeure d'autrui. Cela ressemblait un peu à ces réunions d'astronomes bourgeois qui se donnent rendez-vous pour observer en commun, à l'aide de télescopes improvisés, l'éclipse de soleil annoncée.

Tout ce monde regardait sans bruit aucun.

Ils aperçurent distinctement Burot et Mᵐᵉ Brunel.

La lorette devina tout de suite quelle était leur occupation.

— Les drôles sont aussi curieux que nous !... dit-elle, — mais ils sont mieux placés.

Les quatre chevaliers admirèrent l'esprit subtil de leur reine.

Une minute se passa durant laquelle on ne vit rien de plus.

Durandin qui était un homme prudent, ne prenait point ostensiblement part à l'empressement général. Il se tenait à demi caché dans l'embrasure de la fenêtre et regardait à l'œil nu, sans se laisser voir.

Mᵐᵉ de Saint-Pharamond se servait de la longue-vue. Chapitaux, avec une galanterie qui rappelait énergiquement les temps chevaleresques, avait plié le genou devant elle et prêtait son épaule pour lui servir de point d'appui.

Chacun regardait. — L'attention se fatiguait. On allait abandonner ce passe-temps peut-être ; mais à ce moment même, une jeune fille s'élançant entre M. Burot et Mme Brunel traversa la chambre et vint s'appuyer haletante à la fenêtre.

La comédie promise commençait.

— C'est qu'elle est charmante ! dit Mme de Saint-Pharamond.

Tout le monde répéta :

— Elle est charmante !

Excepté pourtant Félicien Chapitaux qui dit en se tournant vers la lorette :

— Elle n'est pas aussi jolie que vous !

— Chut ! fit du Chesnel, n'allons pas éveiller leur attention.

On se tut encore.

On se tut jusqu'au moment où le duc chancelant porta la main sur Sainte agenouillée.

Mais alors l'explosion, pour avoir été contenue plus longtemps, éclata plus foudroyante.

Du Chesnel, lui-même, donna le signal avec une joie méchante.

Ce furent des sifflets, des rires, des bravos, des huées.

La basse-taille militaire du baron Prunot se mariait au baryton de Chapitaux et aux notes sur-aiguës qui composent la voix d'une lorette.

Durandin était rentré dans le salon et tournait ses pouces, étendu dans une bergère, en riant de tout son cœur.

Sur le balcon, les huées, les rires redoublaient au lieu de s'éteindre.

Du Chesnel était le plus ardent de tous.

Le charivari continua jusqu'au moment où monsieur le duc, épuisé par l'effort terrible qu'il avait fait récemment, écrasé sous la honte de l'avanie publique qu'il était obligé de supporter, chancela plus pâle qu'un mort et tomba entre les bras de ses serviteurs.

La représentation était finie. La lorette bâilla et dit :

— Ce n'est pas un dénoûment.

Puis elle permit à Chapitaux de se relever et ralluma paisiblement son cigare.

. . . .

Pendant que monsieur le duc recevait sur la tête ce coup de massue, il remportait ailleurs un petit avantage.

Les domestiques du marquis de Maillepré n'avaient jamais vu tant de visiteurs inconnus venir assiéger la porte de leur maître que depuis sa disparition.

C'étaient d'abord Romée et Nazaire qui, comme nous l'avons dit, se relayaient dans son antichambre ; ce fut ensuite M. Williams.

Denisart y était venu la veille. Nous n'avons pas oublié qu'il avait promis à monsieur le duc de lui rendre bon compte de certain portefeuille rouge, qui devait être en la possession du marquis.

Denisart était venu flairer les êtres, examiner, sentir.

Il avait trouvé dans l'antichambre où on l'avait introduit Romée qui faisait sa faction.

Denisart et Romée ne se connaissaient point. — Le sculpteur attendait un livre à la main, et tâchait de trouver un peu de patience au fond de sa lecture.

Denisart se promenait de long en large dans l'antichambre. L'absence du marquis était déjà une circonstance favorable : cela permettait d'inspecter un peu ; cela donnait tout le temps de se reconnaître.

Denisart lorgnait chaque objet du coin de l'œil. Malgré sa bonne envie, il n'osa point tourner le bouton des portes, mais il mit sa tête hors de la fenêtre et se rendit bien compte des dispositions de la maison.

Puis il sortit en disant qu'il repasserait le lendemain.

Un homme l'attendait dans la rue. C'était un gros garçon, à la figure candide et rose, dont la physionomie ne nous est point inconnue.

En cherchant bien, nous nous souviendrons d'avoir admiré son innocent sourire dans les ateliers de MM. Rohrbach et Malfus, entre l'intrépide Poiret et le sceptique Cachard, dit *Feignant*.

Ce n'était rien moins que l'honnête Pierre Worms, dit *Poupard*, qui avait, dans un moment d'oubli, glissé dans sa poche les deux billets de mille francs de M. Potel.

Si l'on s'étonne de voir un personnage de l'importance de Denisart, philanthrope et ancien professeur, avoir des connaissances comme Pierre Worms, nous rappelerons que Denisart était l'ami du peuple, qu'il avait pour les êtres déchus cette tendresse commune à tous les exploiteurs de réforme ; que, de plus, il n'était pas fier et qu'il n'est si piètre ami dont un homme habile ne puisse tirer bon parti à l'occasion.

Tout Denisart d'ailleurs s'occupe un peu du placement des ouvriers. C'était là une manière de pomper le sang du pauvre qui vaut presque les flatteries illustrées et le fanatisme social par livraisons.

Denisart avait placé Pierre Worms, et ces deux bons cœurs avaient été à même de se comprendre.

Pierre Worms était sans ouvrage depuis le vol tenté au préjudice du père Potel. Denisart n'était pas sans savoir que le brave Alsacien avait d'autres talents que celui de graveur.

Il fut heureux de le trouver en cette occasion, et Poupard fut heureux également d'utiliser honnêtement ses loisirs.

— Eh pien ? dit l'Alsacien, lorsque Denisart fut de retour.

Celui-ci l'attira sous les arcades du Garde-Meubles et lui raconta ce qu'il avait observé.

— Ch'aurais bien fu dout ça dout seul, dit l'Alsacien. — Abrès, messié Ténisart !...

Pierre Worms disait cela de sa bonne voix placide et lente. Ceux qui passaient en ce moment dans les galeries du Garde-Meubles devaient se dire en voyant cette excellente figure auprès de la tête patibulaire du pédant : Voilà un brave homme de provincial qui a de bien mauvaises connaissances !...

Leur entretien fut long. Denisart décrivit le portefeuille rouge suivant les indications fournies par M. de Compans. — On arrêta les bases du marché. Worms reçut quelque argent pour acheter les menus ustensiles que nécessite une expédition de ce genre, et les deux acolytes se séparèrent.

Le lendemain, c'est-à-dire le jour même qui suivit l'enlèvement de Sainte, ce fut Pierre Worms, dit Poupard, qui, à son tour, se présenta chez M. le marquis de Maillepré.

Il était vêtu comme un bon ouvrier endimanché. Il eût fallu être un vétéran de la police de sûreté pour concevoir une ombre de défiance contre cette excellente et débonnaire tournure.

Il demanda à attendre monsieur le marquis. Tant de monde depuis quelques jours en avait fait autant que les domestiques l'introduisirent sans difficulté dans l'antichambre.

Là se trouvait déjà Nazaire qui, couché sur sa banquette, en était à son premier somme.

Il ne s'éveilla point.

Worms le reconnut parfaitement. Un étonnement craintif se refléta sur sa grosse figure.

— Tiaple ! tiaple ! gromela-t-il, messié Tracon !..... Tiaple !.....

Il s'assit sur la banquette et demeura un instant irrésolu.

Puis il se leva et fit le tour de la chambre en reprenant son air d'innocente tranquillité.

En passant auprès de l'une des portes, sa main en toucha le bouton comme par hasard.

Ce fut un coup de baguette. La porte s'ouvrit sans bruit aucun. — Poupard jeta un regard rapide en arrière, puis il franchit le seuil, et la porte se referma comme elle s'était ouverte, sans produire aucun son.

CHAPITRE XIII

PIERRE WORMS, DIT POUPARD

Pierre Worms, dit *Poupard*, se trouvait dans la salle à manger de M. le marquis de Maillepré.

Au moment de franchir le seuil de l'antichambre, ses sourcils s'étaient froncés et sa physionomie avait changé complétement de caractère.

Mais cela avait été l'affaire d'une seconde. Aussitôt la porte refermée il retrouva son calme souriant et sa sérénité.

— Ce marquis-là, murmura-t-il en regardant tout autour de lui, — est choliment pien meuplé !...

Mais il ne s'arrêta point. Il traversa la salle dans sa longueur sans faire plus de bruit que si ses pieds eussent été nus, cela sans se gêner ni faire d'efforts et par le seul effet de l'habitude.

Il allait, du reste, les mains derrière le dos, et vous ne l'eussiez certes point pris pour un intrus.

Le bouton de la seconde porte résista. Pierre Worms plongea la main, sans se presser, dans la vaste poche de sa redingote. L'œil le plus exercé n'eût point aperçu ce qu'il en retira.

Pierre Worms avait de ces mains subtiles et coulantes dont le mouvement éblouit l'œil. Il eût fait un escamoteur de premier mérite.

L'objet qu'il venait de retirer de sa poche grinça doucement à l'intérieur de la serrure et rentra immédiatement avec les doigts de Pierre Worms dans la doublure de sa redingote.

La porte était ouverte.

La pièce où passa le gros Alsacien était le salon de réception de M. le marquis de Maillepré.

Worms eut un bon sourire d'admiration en voyant ces riches tentures de soie et l'or qui brillait partout aux belles moulures des boiseries.

Il tâta les tapis, il palpa les rideaux, il essaya de son poids dodu le siége élastique des fauteuils.

Et il secoua la tête d'un air satisfait, en murmurant :

— C'est choliment choli !...

Après le salon venaient le cabinet de travail et la chambre à coucher du marquis. Pierre Worms y pénétra successivement. Il avait une clef magique.

Il visita d'abord l'une et l'autre de ces pièces en détail, puis il étendit sur le lit du marquis un immense foulard de fil alsacien et l'emplit paisiblement de tous les objets qui pouvaient être à sa convenance.

Il y mit jusqu'aux pantoufles du marquis.

Quand il jugea sa collection complète, il noua le mouchoir par les quatre coins et le paquet disparu sous le revers étoffé de sa redingote.

Quelques menus objets trouvèrent place dans les poches de son pantalon et même dans son chapeau.

Tout en accomplissant cet acte de pillage audacieux,

Pierre Worms gardait son apparence tranquille et débonnaire. La sérénité d'une conscience pure brillait sur la fraîcheur épanouie de son visage.

Quand il fut bien prouvé qu'il n'y avait plus rien à prendre, il songea au but de son expédition et se dirigea vers le secrétaire du marquis, non sans jeter un regard de regret profond à deux magnifiques vases de la Chine où il aurait pu prendre un bain et que par conséquent il ne pouvait mettre dans sa poche.

La serrure mignonne du secrétaire ne résista pas mieux que la forte serrure du salon.

En un tour de main Pierre Worms se trouva en face de trois rayons de palissandre supportant quelques papiers, beaucoup d'or et des billets de banque jetés parmi des bijoux de prix.

L'Alsacien faillit rendre l'âme à la vue de toutes ces richesses, tant il éprouva de joie.

Il mit ses deux mains sur son excellent cœur pour en comprimer les battements. Il eut un grognement heureux et fut quelque temps avant de toucher cet or, afin de prolonger sa jouissance.

Puis tout à coup il y plongea ses deux mains qui frémirent. Il retourna les louis à pleines poignées, il caressa le doux papier des billets, il fit chatoyer les pierres des bagues et revint à l'or qu'il pétrit entre ses doigts en grondant sourdement.

Puis ses poches se gonflèrent de toutes ces richesses entassées pêle-mêle. Il enfournait sans compter, le brave Alsacien, et même lorsqu'un louis égaré roulait sur le tapis, il avait la grandeur d'âme de ne se point baisser pour le relever.

— C'est le brofit du çarçon, disait-il avec sa bonhomie sérieuse.

Et il continuait de bourrer ses poches gonflées.

Le portefeuille rouge était tout au fond d'un tiroir à secret et caché derrière des liasses de papiers.

Pierre Worms le trouva. C'était un chercheur éminemment habile à qui rien n'échappait.

Il commença par l'ouvrir pour voir s'il ne contenait point encore quelques billets de banque, — mais le portefeuille ne renfermait que les papiers enlevés autrefois à James Western.

Pierre Worms n'avait plus de place ; il fut obligé de

jeter avec un douloureux soupir, les pantoufles du marquis pour caser le portefeuille quelque part.

L'expédition était accomplie.

Pierre Worms reprit le chemin de l'antichambre, fermant sur sa route toutes les portes derrière lui avec beaucoup de soin.

Celle de l'antichambre tourna comme la première fois sur ses gonds, et Worms se trouva de nouveau auprès de Nazaire dormant sur une banquette.

L'Alsacien n'avait pas été plus d'un quart d'heure dans son expédition.

Une idée diabolique traversa son cerveau à la vue du sommeil de Nazaire.

— Si ché médaïs quelque jose dans la boche té messié Tracon ? se dit-il.

Il réfléchit un instant, et sa main se glissa sous les revers de sa redingote.

Il avait bonne envie de se venger de Nazaire, mais il fallait sacrifier encore quelques bribes de son butin, et il avait eu déjà la douleur d'abandonner les pantoufles du marquis !...

Le cœur lui manqua.

Il sortit. — Dans la première antichambre où se tenaient les domestiques, il dit en passant :

— Ché réfientrai... brésentez pien mes resbects à messié le marquis... Une autre fois...

Il salua bien poliment et descendit l'escalier.

De l'autre côté de la rue il y avait une voiture. Pierre Worms traversa la chaussée sans se hâter et monta dans cette voiture qui partit au galop.

Denisart était là. — C'était ce matin même que Biot l'avait jeté par la fenêtre d'un premier étage, mais il n'y paraissait guère.

Sauf quelques accrocs à son habit rapé, quelques égratignures aux mains et au visage, le pédant se portait de charme et n'était pas beaucoup plus laid à voir que de coutume.

— As-tu le portefeuille ? demanda-t-il à Worms.

— Ui, répondit l'Alsacien.

Denisart devint blême de joie, parmi les taches rougies que laissait sur sa joue son ivresse récente.

Ce portefeuille le mettait à la tête de mille écus, et,

avec mille écus, Denisart se faisait fort de pomper plusieurs millions de sous...

— Donne, dit-il à Worms avec empressement.

L'Alsacien tira le portefeuille de sa poche, mais il ne le lâcha point.

— Fu m'afez bromis teux cents vrancs, répliqua-t-il.

Le brave Alsacien avait sur lui une valeur d'un millier de louis.

Denisart, au contraire, suivant sa coutume, ne possédait pas une obole.

Cette difficulté soulevée pensa occasionner un sérieux conflit, mais tout s'arrangea, grâce à la bonne volonté de l'excellent Pierre Worms, qui consentit à recevoir un billet de Denisart.

Cet acte fut passé sur le comptoir d'un marchand de vin. Denisart reçut le portefeuille, et Pierre Worms s'en alla retenir sa place pour *Milusse*, afin de jouir au sein de son industrieuse patrie d'une fortune acquise si honorablement.

. . . .

Biot était revenu, comme nous l'avons dit, dans la chambre de l'aïeule sans avoir pu joindre Denisart.

Lorsqu'il était arrivé à l'angle de la rue Culture-Sainte-Catherine, le pédant avait disparu.

A son retour, il trouva la vieille duchesse sans voix, et Berthe réduite à un état de faiblesse qui semblait voisin de l'anéantissement.

Elle respirait avec beaucoup de peine. — Sa tête s'appuyait au dossier de son siége et ses yeux étaient fermés.

Nous savons jusqu'où allait le dévouement de Biot; mais ce dévoûment, pour être absolu et complet, ne donnait point à l'intelligence du brave Breton le ressort et la finesse qui lui manquaient.

Il était facile à étonner. La tendresse de son cœur lui ôtait souvent le sang-froid nécessaire; — et vraiment, dans les circonstances extrêmes et funestes où se trouvaient tous ceux qu'il aimait, Biot ne pouvait, on le concevra, garder un jugement calme et rassis.

De plus habiles que lui auraient perdu la tête.

C'était depuis des années une succession de malheurs continus que la main de Dieu entassait, impitoyable, sur les tristes débris de la race de Maillepré.

Tous étaient frappés à la fois.

On ne savait lequel des enfants du marquis Raoul avait eu, dans ce partage d'infortunes, le lot le plus cruel.

On en était à regretter amèrement ces jours de misère où la souffrance égale était comme une habitude.

Berthe se mourait, nulle main fraternelle n'aidait son agonie. — Pendant que Gaston blessé demeurait captif d'une volonté mytérieuse, Sainte, la pauvre enfant, était enlevée et subissait peut-être le mortel malheur qui menait au tombeau Berthe déshonorée...

Ces idées roulaient confusément et se choquaient dans la tête de Biot qui se sentait devenir fou.

Ses yeux étaient fixes, — son front se plissait à grosses rides sous l'effort désespéré du travail de son cerveau.

Il cherchait un moyen de combattre cette fatalité écrasante ; il s'irritait de demeurer oisif en face de Maillepré à l'agonie.

Il demandait à Dieu, avec une angoisse amère, une inspiration qui pût être le salut de ses maîtres.

Mais en son esprit il n'y avait que ténèbres. Son courage, qui jusque alors n'avait point fléchi, pliait, écrasé sous le désespoir.

Son regard demeurait fixé sur Berthe. — Ses sourcils étaient froncés violemment. De larges gouttes de sueur tombaient sur ses joues.

Au bout de quelques minutes, il s'arracha par un effort véhément à cet état de prostration inerte. — Il descendit précipitamment l'escalier de l'aile droite, ouvrit la porte cochère, et appela l'Auvergnat qui avait mission de le remplacer pendant ses absences.

Il n'avait eu ni le temps ni la présence d'esprit de dépouiller son habit de livrée. Il était nu-tête. — Ses longs cheveux mêlés tombaient en désordre sur son collet galonné. Sa chemise débraillée et gardant les traces de l'effort qu'il avait fait pour soulever Denisart, tombait hors de son gilet ouvert et laissait voir la noire toison de sa poitrine.

Les paisibles passants du Marais qui le virent longer en courant la rue des Francs-Bourgeois se rangèrent avec empressement pour ne point lui faire obstacle, et durent raconter à leurs femmes le danger évité de cette effrayante rencontre...

Biot avait l'air d'un fou furieux.

Il s'était élancé dans la rue et courait tête baissée en se dirigeant vers la place Royale.

Il tourna l'angle de la rue Saint-Louis et vint heurter à tour de bras à la porte du n° 26.

Le triste Jalambot, malgré ses habitudes de lente obéissance, dut obtempérer immédiatement à ce vigoureux appel.

Il ouvrit, et, sur l'injonction de Roxelane, il mit la tête à la porte de la loge pour invectiver l'insolent qui se permettait de frapper si fort.

Mais à la vue du personnage formidable qui passa devant lui comme un trait et se précipita dans l'atelier de Romée, la voix du mari de la reine s'arrêta dans son palais.

— Eh bien ! Jalambot... malheureux ! dit Roxelane, qui donnait à son gros chat des signes non équivoques de passion, — tu l'as laissé passer sans souffler, poule mouillée !...

— Ma petite chérie... commença doucement Jalambot.

— La paix !... Tu ne sais pas te faire respecter, sans cœur !... Les gens passent devant toi sans m'ôter leur chapeau, comme si j'étais à la charité !...

Jalambot se retourna et répondit de ce ton soumis qui désarmerait une tigresse, mais qui ne désarme point les reines mariées :

— Ma bonne petite...

— La paix !... s'écria de nouveau Roxelane, — chaque fois qu'on me manque, tu mériterais de payer pour le monde qui sont malhonnêtes !...

Roxelane s'échauffait en parlant. Si elle n'avait pas tenu son gros chat entre ses bras, son terrible balai eût joué peut-être un rôle dans la conversation.

Mais le matou faisait le galant, lissait ses poils, dressait ses oreilles et la regardait tendrement de ses yeux jaunes endormis.

Le cœur farouche de Roxelane s'amollit. Elle mit un baiser entre les deux oreilles de son chat et donna trève à Jalambot.

Si quelqu'un s'étonne de voir un matou figurer parmi nos personnages, nous répondrons que dans les *Amours de Paris* il eût été malséant d'oublier les sentiments de la portière...

Biot traversa l'atelier de Romée sans prendre garde aux cris de Petit-Louis et de Croquignole, troublés inopinément dans leur partie quotidienne.

Il monta quatre à quatre les escaliers et tomba comme une bombe dans l'appartement du sculpteur.

Romée était au lit. — Il n'était rentré que depuis peu de temps, ayant passé la nuit au poste de la rue Saint-Antoine.

On se souvient qu'au moment où Burot, Denisart et Roby, faisant faction dans la rue des Francs-Bourgeois, vers onze heures du soir, guettaient l'instant favorable pour opérer l'enlèvement projeté, Romée était arrivé tout à coup en sortant de la loge de Biot.

Sa présence avait singulièrement contrecarré les desseins du secrétaire de monsieur le duc.

M. Burot, nous le savons, avait de puissantes raisons pour craindre Romée.

Cette crainte était chez lui si forte qu'en distinguant les traits du sculpteur au clair de la lune, il ne vit rien autre chose à faire qu'à remonter en voiture.

Mais au moment où il touchait le marchepied, il avait entendu le pas d'une patrouille, et une idée diabolique avait traversé son cerveau.

Denisart, cette nuit-là, était prédestiné à une multitude de chutes.

Burot laissa la patrouille s'approcher jusqu'à une cinquantaine de pas. Quand il distingua parfaitement les fournitures et les autres signes que nos soldats ont le soin d'arborer pour ne point prendre en traîtres les voleurs, il saisit Denisart par les épaules et le poussa devant lui jusqu'auprès de Romée.

Denisart, qui était ivre déjà, criait et se plaignait.

Burot enfilait à haute voix un chapelet d'invectives. Cela se termina par un croc-en-jambe qui mit Denisart étendu au milieu du ruisseau.

La patrouille cependant doublait le pas. Burot courut au devant d'elle et requit main-forte contre Romée, qui venait, disait-il, d'assommer son camarade.

Romée voulut se défendre. Le chef de la patrouille, qui était un homme ferme et intelligent, lui coupa la parole au nom de l'ordre public.

Le délit était flagrant. Il est bon que les gens chargés de veiller sur la tranquillité publique aient ce coup d'œil rapide qui voit instantanément le fort et le faible des choses. — On traîna Romée au poste.

On aurait bien pu y mener aussi Burot et ses deux acolytes, mais ces messieurs étaient évidemment des gens paisibles. Ils avaient leur voiture.

Certes, on ne peut pas mettre des maréchaux de France ni même des élèves de l'école Polytechnique à faire le guet la nuit dans nos rues, mais il serait injuste d'exiger un respect absolu pour la jurisprudence du corps-de-garde : un caporal est homme et faillible. — La consigne nous envahit. Sans parler de ce soldat qui mit une balle dans le ventre à un malheureux ivrogne aux prises avec la grille des Tuileries, il suffit de passer une heure sous l'un des vestibules du Louvre pour constater quelque acte de petit despotisme militaire.

Nous avons vu l'autre jour un factionnaire refuser en cet endroit le passage à une pauvre femme boiteuse qui portait trois chemises dans un mouchoir.

Sans chercher beaucoup, on pourrait trouver, ce nous semble, à nos soldats d'autre emploi que de croiser la baïonnette sur de vieilles femmes et de petits enfants.

Mais cela rentre, il faut le dire, dans un ordre de choses parfaitement accepté.

Le peuple, qui est souverain, n'est pas gâté par nos usages. On lui demande un sou pour traverser ce pont historique où il planta en juillet le drapeau tricolore. — Ce jour-là seulement il y passa pour rien...

Aux deux entrées de ces galeries brillantes qui percent les maisons en droite ligne et abrègent le chemin, on a placé des invalides chargés expressément de barrer la route aux gens qui ont le plus besoin de compter leurs pas. — Vous qui avez les bras libres et qui vous promenez, passez ; mais vous qui chancelez sous un fardeau trop pesant, faites le grand tour !...

Il en est de même au Louvre, et la consigne est pire aux Tuileries.

Aux Tuileries, vous n'entrez ni en blouse ni en casquette ; votre costume de travail, ô peuple, est proscrit de ce palais qui est votre conquête !...

Quant à vos plaisirs, le budget subventionne des théâtres, mais ce ne sont pas les vôtres. — Vous n'avez même plus ce jour unique dans l'année où il vous était permis de vous asseoir *gratis* dans les stalles brillantes de l'Opéra ou sur les banquettes classiques du Théâtre-Français.

Vous payez nos chanteurs et vous payez nos tragédiennes. — Vous avez le droit d'être fiers d'elles et d'admirer leur talent sur parole...

L'arrivée de Biot réveilla Romée en sursaut.

Il ne comprit point la première annonce du malheur de Sainte, et se fit répéter deux fois le récit de ce qui s'était passé.

Lorsqu'il comprit, il bondit hors de ses couvertures, et passa ses habits avec une précipitation silencieuse.

— Que faire? mon Dieu, que faire? répétait Biot.

Romée se hâtait et ne répondait point.

Quand il eut fini de s'habiller, son hésitation reparut; il était presque aussi troublé que Biot.

Ce coup le frappait si rudement, que la vigueur hardie et soudaine qui était le propre de son esprit en demeurait comme engourdie.

Il resta un instant devant Biot, immobile et les bras croisés sur sa poitrine.

Leurs regards indécis se croisaient, leurs yeux s'interrogeaient, cherchant avidement une inspiration ou un conseil.

Mais il n'y avait rien en eux que doute et trouble et douloureuse hésitation.

Romée fit enfin quelques pas dans sa chambre et se pressa le front à deux mains, comme pour dompter ses esprits révoltés.

— Il faut agir, dit Biot, — chaque minute perdue est un affreux malheur!...

Romée lui imposa silence d'un geste et continua de suivre laborieusement son travail mental à travers la confusion de son cerveau.

Quand il découvrit son visage, il était vainqueur de lui-même. Son front se redressa plus calme; ses yeux brillèrent d'intelligence et de courage.

Biot se sentit renaître et reprit espoir rien qu'à le regarder.

— Montez en voiture, dit Romée d'une voix ferme et rapide, — faites-vous conduire à la préfecture de police et déposez de ce que vous avez vu.

— C'est vrai, murmura Biot. — Mais vous?...

— Moi, reprit Romée, — il est un fil qui peut me conduire jusqu'à Sainte... J'espère.

Biot se précipita sur sa main et la serra contre sa poitrine.

— Ah ! si vous la sauvez, murmura-t-il d'une voix étouffée par l'émotion, — si vous la sauvez !... je n'ai rien à donner en ce monde, mais chaque jour jusqu'à la fin de ma vie, je prierai Dieu pour qu'il vous fasse heureux !..,

— A l'ouvrage ! dit Romée en lui serrant fortement la main.

Ils descendirent en toute hâte et gagnèrent la rue.

Le soumis Jalambot était resté sur le pas de sa porte pour attendre Biot et lui payer sa dette de récriminations.

Mais Roxelane avait pris pour elle tout le courage de la communauté. — Jalambot n'osa pas.

Biot et Romée se rendirent en courant au boulevard et montèrent tous les deux séparément en voiture.

Biot partit pour la préfecture de police, — Romée se fit conduire au faubourg Saint-Honoré à l'hôtel de M. le duc de Compans-Maillepré.

CINQUIÈME PARTIE

LE SALON DES ANCÊTRES

—

CHAPITRE PREMIER

LA BOITE D'OR

Un quart d'heure après avoir quitté Jean-Marie Biot, Roméo descendait devant la porte cochère du petit hôtel de Maillepré.

Il jeta le nom de monsieur le duc au suisse et passa franc comme un habitué de la maison.

Dans l'antichambre on lui dit que monsieur le duc était absent.

Roméo tomba dans un grand embarras; il avait la certitude que M. de Compans était l'auteur de l'enlèvement de Sainte. Il aurait parié sa vie que l'agent de cet enlèvement avait été cet homme qu'il avait rencontré déjà deux fois, l'une sous le péristyle de l'Opéra, l'autre dans la loge de Jean-Marie Biot, au vieil hôtel de Maillepré.

Bien qu'il ne l'eût point reconnu la veille parmi ces gens à mine suspecte qui rôdaient sous la fenêtre de Sainte, il gardait la conviction que cet homme devait être l'un d'eux.

Mais il ignorait son nom. — A défaut de monsieur le duc, voir cet homme était important, peut-être décisif...

Comment le demander?

Il faisait ces réflexions, immobile au milieu de l'antichambre, et les valets commençaient à le regarder curieusement.

— Il m'importait de voir monsieur le duc, dit-il enfin, car je venais pour une affaire du plus haut intérêt. Mais en définitive, je puis m'ouvrir à celui qui le représente... à son homme de confiance... l'affaire n'admet point de retard.

— Si monsieur veut parler au secrétaire de monsieur le duc ?... dit un domestique.

— Précisément, répondit Romée.

On s'enquit de Denisart, qui était le secrétaire sérieux, mais point de Denisart. — Le pédant attendait en ce moment dans sa citadine Pierre Worms, qui mettait au pillage l'hôtel du marquis de Maillepré absent.

— Monsieur le duc, dit-on à Romée, a bien un autre secrétaire ; mais...

— Faites-moi voir cet autre secrétaire, répliqua Romée.

Cet autre secrétaire était Burot, qui était rentré depuis une heure, après avoir rempli ses fonctions, comme nous l'avons vu, à l'appartement en ville. Il dormait de son mieux pour se refaire des fatigues de la nuit, et ne s'attendait guère aux foudres qui le menaçaient.

Romée monta sur les pas du domestique, qui frappa à la porte de M. Burot.

Celui-ci ne répondit point.

Le domestique se tourna vers Romée d'un air qui voulait dire :

— Je ne puis faire davantage ; — revenez à un autre moment.

Mais ce n'était point le compte du sculpteur.

D'un geste calme et très naturel il écarta le domestique, fit jouer la clef et entra sans façon.

Il referma la porte derrière lui.

— C'est quelque créancier, se dit le domestique ; — ma foi, qu'ils s'arrangent !...

Burot était couché, le visage tourné vers la lumière.

Du premier coup d'œil Romée reconnut son homme.

Il avança un siège, s'assit au chevet et pesa du doigt sur l'épaule du secrétaire.

Celui-ci réparait en conscience le temps perdu et sommeillait profondément.

Mais le doigt de Romée pesait de plus en plus fort et s'enfonçait dans la chair de l'épaule.

Burot gémit, grogna, sauta et finit par se dresser sur son séant en se frottant les yeux.

Burot pris au lit ne paraissait point à son avantage.

Le blanc de l'oreiller encadrait disgracieusement sa figure rouge et osseuse. Pour n'être que laid, le maraud avait absolument besoin de toilette.

Ses yeux clignotants, éblouis soudain par le grand jour, ne reconnurent point d'abord Romée. — Lorsqu'ils le reconnurent, ils se refermèrent, effrayés, et ne voulurent point se rouvrir.

Burot croyait faire sans doute un très mauvais rêve...

Mais le doigt de Romée se remit à la même place sur son épaule et s'y incrusta de plus belle.

Burot essaya un regard timide et poltron.

Ses pommettes devinrent pâles; il trembla sous ses couvertures.

C'est qu'il n'y avait point à s'y tromper : ce n'était pas un rêve. — Romée, l'homme terrible qui avait cassé ses deux dents et sa pipe, — était là devant lui, calme, froid, sévère, plus effrayant mille fois que dans son courroux. Burot se souleva sur le coude à moitié et demeura bouche béante.

L'œil de Romée, qui se fixait sur lui froid et dur, le fascinait.

Romée ne parlait point encore.

A mesure que ce silence se prolongeait, le secrétaire sentait grandir au dedans de lui son angoisse poltronne.

— Il ne bougeait pas; seulement ses yeux épouvantés se baissaient et se relevaient par un mouvement périodique et lent.

Romée ne parlait point encore. — Burot étouffait; ses jambes tremblaient violemment sous sa couverture. — Deux gouttes de sueur percèrent sous ses cheveux et tombèrent sur le collet de sa chemise.

— Je ferai tout ce que vous voudrez, balbutia-t-il avant que Romée eût pris la parole...

— Levez-vous, dit le sculpteur.

Burot sortit du lit et voulut commencer à s'habiller, mais il tremblait tellement et ses yeux étaient si troublés, qu'ils ne pouvaient se reconnaître parmi les différentes pièces de son costume.

Ses bas, son caleçon semblaient être devenus rétifs, il ne savait plus entrer dans son pantalon.

Romée patienta durant une minute.

Au bout de ce temps, il reprit très froidement :

— Dépêchez-vous !

Le pantalon du malheureux Burot s'échappa de sa main, Romée était pour lui la tête de Méduse. Il se fût privé de jouer la poule pendant un an et un jour, à condition d'être débarrassé de Romée.

Ses joues, naguère si enflammées, étaient maintenant livides, et c'était un spectacle grotesque de voir cette face maigre, osseuse, effarouchée se perdre, grosse comme le poing, parmi les énormes touffes d'une chevelure crépue et d'une barbe hérissée.

Il ramassa lestement son pantalon et le passa au plus vite. Sa cravate bleue à fleurs jaunes fut nouée en un clin d'œil ; son gilet ponceau se contenta d'un bouton, et son habit garda la poussière de la veille.

Il prit son chapeau dont il lissa le poil avec le coude et resta devant Romée dans l'attitude d'un enfant sous la férule d'un sévère précepteur.

Romée se leva.

— Suivez-moi, dit-il.

Burot demeura partagé entre sa terreur présente et la crainte de ce qui pouvait se passer s'il quittait son domicile pour se mettre à la merci de Romée.

Il fit sur lui-même un effort héroïque pour prendre son air dégagé d'habitude.

— Ah çà ! dit-il en essayant de sourire, — où diable allez-vous me conduire comme ça ?...

Romée, qui se dirigeait déjà vers la porte, s'arrêta et se retourna.

Le sourire de M. Burot finit en une grimace de détresse.

— Il faut pourtant que je sache où vous me menez !... dit-il d'une voix larmoyante.

Romée ne répondit point et désigna la porte d'un geste impérieux.

— Passez devant, dit-il.

M. Burot eut comme un mouvement de révolte. Il haussa les épaules et planta son chapeau sur sa tête assez carrément. — On eût pu croire qu'il allait se regimber enfin contre ces ordres, infligés avec tant de laconique mépris.

Mais il se courba de nouveau, terrassé sous le regard de Romée.

Il franchit le premier la porte, Romée le suivit en disant :

— Je vous défends de faire un geste ou de parler en traversant l'antichambre... Je serai derrière vous.

Ils descendirent ainsi les escaliers de l'hôtel.

Burot, suivant à la lettre la prescription reçue, franchit l'antichambre la tête immobile et raide, sans oser regarder ni à droite ni à gauche.

Il sentait le terrible sculpteur sur ses talons.

En passant, Romée jeta sa carte à un laquais.

— Présentez mes compliments respectueux à monsieur le duc, dit-il, et prévenez-le qu'il me reverra...

En entrant dans la cour, Burot poussa un gros soupir. Il ne put se défendre de lancer vers la loge du suisse un regard de lamentable détresse.

Le suisse lui ôta son chapeau.

Dans la rue le fiacre attendait.

— Montez, dit Romée.

Burot se sentit perdre pieds en quelque sorte. Jusque alors la présence des gens de monsieur le duc l'avait entouré d'un semblant de protection.

Il allait se trouver seul avec Romée.

C'était terrible !

Il passait beaucoup de gens sur le trottoir ; un instant Burot eut l'idée de prendre sa course en criant ; à l'assassin !

Mais, tandis qu'il hésitait, le doigt de Romée pesa par derrière sur son épaule.

— Montez, répéta tout bas le sculpteur.

Burot monta.

Quand il fut dans le fiacre, Romée vint mettre sa tête à la portière.

— Vous savez parfaitement ce dont il s'agit, reprit-il; toute explication serait superflue... Où allons-nous ?

Burot aurait bien voulu rire, mais ses lèvres crispées ne savaient plus que grimacer douloureusement.

— Où nous allons ? répéta-t-il, en essayant pourtant, malgré le tremblement de sa voix, de se donner un air dégagé, — ma foi ! je n'en sais rien.

— Prenez garde !... dit Romée.
Burot fit aussitôt retraite.
— Nous irons où vous voudrez, murmura-t-il.
— Ecoutez, dit le sculpteur, dont les dents étaient serrées, — j'ai peur de perdre patience !... Vous savez qui je cherche... Elle ne peut être à l'hôtel même de M. de Compans... Où l'avez-vous menée ?...

Certes, le malheureux Burot avait bien plus peur que Romée de le voir perdre patience. — Le sculpteur ne se trompait point, il savait parfaitement ce dont il s'agissait.

Et c'est là justement ce qui rendait terrible le dilemme de sa situation.

D'un côté Romée, et comment résister à Romée dont l'éloquence avait d'invincibles arguments ? — De l'autre côté le duc, qui non seulement tenait les cordons de sa bourse, mais qui était redoutable aussi et savait se venger cruellement.

Burot accusait le ciel d'injustice. — Toutes ces tribulations lui venaient de l'accomplissement de son *devoir...*

Il tardait à répondre.

Romée franchit le marchepied d'un saut, s'assit dans le fiacre en face du secrétaire et ferma brusquement les deux portières, sur lesquelles il rabaissa les stores de serge rouge.

Burot poussa un gémissement. — Il roula ses yeux éperdus autour de cette boîte close où il était pris comme en un piège, et à la merci d'un adversaire impitoyable.

Il se vit assassiné, étranglé, broyé.

Mille fantômes passèrent devant sa vue...

Les stores fermés tamisaient un jour rougeâtre et lugubre.

Burot sentait son cœur se retirer, il lui semblait qu'il nageait dans son propre sang.

Il devinait les poches de Romée pleines de pistolets et de poignards. — Or, il n'était à l'épreuve que des coups de canne.

— Je vous dirai tout, murmura-t-il, — ayez pitié de moi.

— Où allons-nous? dit encore Romée.

Burot donna un regret tendre aux beaux appointements qu'il touchait chez monsieur le duc, et prononça bien bas le nom de la rue et le numéro de l'appartement en ville.

Romée rouvrit la portière et jeta ces indications au cocher. Le fiacre partit aussitôt.

— Maintenant que vous savez la chose, dit Burot, — vous n'avez plus besoin de moi... puis-je m'en aller ?

— Non ? répliqua Romée.

Le secrétaire n'osa pas insister.

Le jour commençait à baisser lorsqu'ils arrivèrent dans la rue de Ponthieu.

Le fiacre s'arrêta devant l'allée qui conduisait à la petite maison.

— Descendez, dit Romée.

Le secrétaire joignit ses mains.

— Vous ne me ferez pas entrer là ! — murmura-t-il, — monsieur le duc me tuerait !...

Romée lui montra le marchepied de cet air auquel le malheureux secrétaire ne savait point résister.

Il fallut bien descendre.

Mais le duc était maintenant tout près, les deux terreurs de Burot s'égalisaient. La crainte inspirée par son maître contrebalançait presque la crainte inspirée par Romée ; il ne savait plus à laquelle entendre...

Et une fois dans l'allée couverte, son pas se ralentit, il finit par s'arrêter tout à fait.

— Allons ! — dit brusquement Romée.

Le malheureux secrétaire tomba sur ses deux genoux.

— Je sais bien qu'il va me tuer ! dit-il ; quel bien retirerez-vous de la mort d'un pauvre homme ?

Romée le releva à la force du bras.

— Marche ! dit-il, en le forçant à reprendre sa route, — tu me serviras d'introduction... Je n'ai pas le temps de faire le siège de ce repaire.

Il tenait Burot par le collet de son habit. Celui-ci, plus mort que vif, se laissa traîner jusqu'à la cour qui précédait la petite maison.

Arrivé là, il jeta un regard timide sur les fenêtres, comme s'il se fût attendu à y rencontrer le visage menaçant de son maître.

Il n'y avait personne aux croisées.

En retombant, le regard de M. Burot rencontra la porte.

Il vit avec une inexprimable surprise que cette porte, constamment close d'ordinaire, était aujourd'hui grande ouverte...

Un instant la curiosité l'emporta chez lui sur la peur.

Il s'élança vers la porte, et aux dernières lueurs du jour il remarqua sur la serrure des traces non équivoques d'effraction.

La boîte de fer de cette serrure était comme broyée ; le pêne brisé montrait les paillettes brillantées de sa cassure.

Burot monta doucement l'escalier, Romée le suivit.

Au premier étage comme en bas les portes étaient toutes ouvertes.

En avançant curieusement la tête, Burot entendit distinctement, parmi le silence qui régnait à l'intérieur, le bruit sec et facile à reconnaître d'un pistolet qu'on arme.

Romée l'entendit également.

Burot se rejeta en arrière comme si le canon de l'arme eût été déjà sous sa gorge.

Romée au contraire s'avança froid et ferme.

Il fit signe à Burot que la retraite lui était ouverte. — Le secrétaire, profitant de cette permission souhaitée si ardemment, sauta d'un bond dans la cour et d'un autre bond dans la rue...

Romée seul désormais entra dans l'antichambre, dont les jalousies étaient fermées et où il faisait nuit complète. Il se dirigea dans les ténèbres vers l'endroit où s'était fait entendre le bruit de la batterie d'un pistolet.

. . . .

Dans le corps de logis du vieil hôtel de Maillepré M. Williams était à prendre son repas.

John Robertson le servait.

C'était à peu près à l'heure où Biot montait en voiture pour se rendre à la préfecture de police.

Le jour marchait déjà vers son déclin.

Toby Grant entra dans la chambre où son maître achevait son repas.

— Je crois que monsieur est malade, dit-il, — je ne l'avais jamais vu ainsi. Depuis une heure il sanglote sur sa couverture en murmurant des mots que je ne puis comprendre.

M. Williams jeta sa serviette et quitta la table aussitôt.

Il se dirigea vers l'ancienne bibliothèque de l'hôtel qui servait de chambre à Oguah et fit signe à ses deux serviteurs de ne point le suivre.

En approchant de la bibliothèque, il ralentit son pas et marcha légèrement pour ne point faire de bruit.

Avant même de franchir le seuil, il put entendre les sanglots du vieillard.

Il entra. — Oguah était couché de tout son long sur la couverture, à plat ventre, les coudes par terre et sa tête soutenue entre ses deux mains.

Il tournait le dos à la porte. On n'apercevait qu'une très faible portion de son profil ; mais entre son bras et sa joue, M. Williams crut voir des larmes abondantes ruisseler sur la paille de sa couche.

Une sollicitude tendre et toute filiale se peignit sur le visage de l'Américain.

Il s'avança retenant son souffle et appuyant son pied sur le sol avec précaution.

Oguah continuait de sangloter et ne savait pas qu'on l'épiait...

Ses sanglots s'entremêlaient de plaintes confuses et de paroles indistinctes...

Parfois il laissait tomber sa tête sur ses deux bras croisés. Son corps, amaigri par la vieillesse, tressaillait au choc d'une immense douleur.

Puis son front se relevait et s'appuyait aux paumes de ses mains. — Il semblait alors contempler un objet placé immédiatement sous ses yeux.

Cet objet, M. Williams ne pouvait l'apercevoir ; les épaules d'Oguah le lui cachaient.

A mesure qu'il avançait sur la pointe du pied, les gémissements du grand chef arrivaient moins confus à son oreille.

M. Williams put bientôt reconnaître que c'étaient des plaintes en langue indienne, des plaintes ou plutôt une sorte de prière mystique entremêlée de soupirs.

M. Williams n'osait s'approcher davantage de crainte d'éveiller l'attention d'Oguah, qui s'irritait lorsqu'il était surpris ainsi dans ses moments de douleur.

Il se bornait à écouter, et il eut un moment de surprise indicible lorsqu'il entendit, au milieu des gémissements d'Oguah, le nom de Berthe, plusieurs fois prononcé en français.

— Berthe ! murmurait le vieillard, en dépouillant les formes emphatiques du langage des Chérokées ; — Berthe ! je te revois toutes les nuits... mes songes te connaissent... et tu es jeune dans mes souvenirs !... Berthe, oh ! Berthe, je t'aime, comme je t'aimais... Tu es toujours ma tristesse et ma joie... Toute ma vie est en toi...

Il se souleva brusquement, sa voix devint creuse et trembla de colère.

— Et cet homme ! murmura-t-il, oh ! cet homme que j'ai tué !... Elle aime sa mémoire !... Le voilà... le voilà !... que ne puis-je le tuer encore !...

Dans le mouvement qu'avait fait Oguah, le regard de M. Williams s'était glissé entre son bras et ses flancs ; il avait aperçu devant lui un objet brillant, dont il n'avait pu distinguer précisément l'espèce.

Avant qu'il pût approcher son lorgnon de son œil, le grand chef remit ses deux mains à terre et couvrit l'objet brillant de nouveau.

— Moi !... reprit-il en frissonnant et en pleurant, — elle me hait !... N'est-ce pas hier qu'elle m'a repoussé du pied?... Son pied brûle encore ma poitrine !...

Il s'affaissa lourdement comme épuisé ; sa tempe toucha la terre.

M. Williams avait suivi ce monologue avec un intérêt avide. — Un instant le nom de Berthe, inopinément prononcé, avait mis en lui de vagues espérances.

Ces espérances s'étaient en quelque sorte affermies en écoutant les paroles d'Oguah, qui semblaient liées entre elles et se rapportaient à des événements sur lesquels le grand chef avait gardé jusque alors un silence obstiné...

Cet homme allait-il s'éveiller de sa longue démence et reprendre la vie où il l'avait laissée vingt ans auparavant !...

M. Williams demeurait immobile, souhaitant ardemment d'autres paroles qui vinssent confirmer son espoir...

Oguah se taisait.

On n'entendait plus sortir de sa poitrine que des sanglots déchirants dont l'effort secouait ses épaules et ses reins.

En un certain moment sa tête fatiguée chercha un appui moins rude sur la paille de sa couche.

Ce mouvement mit à découvert de nouveau l'objet brillant que M. Williams avait aperçu déjà.

Ce dernier braqua aussitôt dessus son lorgnon.

Du premier coup d'œil il reconnut avec un étonnement inexprimable la boîte d'or qu'il avait vue souvent en Amérique entre les mains de Mme la duchesse Berthe, et dont il avait parlé dans son Mémoire.

La boîte était ouverte. — M. Williams distingua et reconnut le portrait de M. le chevalier de Ryonne, tué autrefois en duel par le duc Jean.

Il ne put retenir entièrement un cri de surprise...

Par un geste plus rapide que l'éclair, Oguah cacha la boîte d'or sous la couverture.

Puis, bondissant sur ses pieds avec une agilité qu'on n'eût point supposée à sa vieillesse, il mit ses deux mains sur les épaules de M. Williams, et le regarda en face.

Ses yeux, éteints d'ordinaire, brûlaient et menaçaient terriblement.

— Qu'as-tu vu ?... dit-il de sa voix gutturale et profonde.

M. Williams eut la présence d'esprit de répondre sans hésiter :

— Je n'ai rien vu, si ce n'est mon père qui reposait...

Le grand chef l'interrogea encore un instant du regard, puis les muscles de son visage se détendirent, et ses deux mains retombèrent le long de ses flancs.

— Le sang d'Oguah est rouge, dit-il comme on répète un refrain machinal, — Oguah est un grand chef!

Il s'assit sur sa couverture, prit sa longue pipe et la bourra de tabac.

M. Williams appela John Robertson, qui apporta du feu.

Oguah, suivant son habitude, se mit à fumer en modulant les notes lentes et monotones de son chant indien.

M. Williams fit signe à John de sortir.

Lui-même ne demeura que quelques minutes dans la bibliothèque.

Au bout de ce temps il s'éloigna refermant la porte sur Oguah, qui restait seul.

D'ordinaire on évitait avec soin de livrer ainsi le vieillard à lui-même.

Mais ce que venait de voir M. Williams était pour lui un inexplicable mystère. Il voulait chercher le mot de cette énigme subitement offerte à son intelligence, et qui se liait étroitement au but le plus sérieux de sa vie.

D'où venait cette boîte que la duchesse avait emportée d'Amérique ?

Oguah l'avait donc revue ? elle ou ses enfants ? Où étaient-ils ?

C'était là le secret.

M. Williams voulait tâcher de le surprendre.

L'une des portes de la bibliothèque, celle qui faisait face à la couche d'Oguah, était percée d'un trou rond fermé par un verre. C'était une sorte d'œil de surveillance, comme on en voit dans les collèges et dans les prisons, et qui n'était ici que trop nécessité par la situation morbide du grand chef.

M. Williams, au lieu de se retirer, se mit en observation derrière la porte et introduisit son regard par le trou.

Durant quelques minutes, Oguah continua de fumer et de chanter.

Son immobilité semblait être complète. — Seulement son œil avait des jets furtifs et s'élançait inquiet par dessous sa paupière demi-close, comme s'il eût deviné vaguement la surveillance occulte qui l'entourait.

On entendait du dehors la mesure réglée de son chant, qui tantôt s'élevait plus rauque et tantôt descendait jusqu'à devenir un murmure.

Au bout d'un quart d'heure environ, il déposa sa longue pipe encore allumée, et colla son oreille au sol pour écouter.

Puis il se rejeta brusquement étendu à plat ventre sur sa couverture et reprit la boîte d'or qu'il avait cachée dans la paille à l'approche de M. Williams.

Il la remit ouverte à la même place et replaça au-dessus d'elle sa tête entre ses deux mains.

M. Williams vit comme naguère ses lèvres remuer, ses larmes couler, et tout son corps tressaillir secoué par l'angoisse. — Il entendit même l'écho amorti de ses sanglots,

Mais il ne pouvait plus saisir ses paroles.

Un quart d'heure encore se passa ainsi.

Au bout de ce temps, M. Williams vit Oguah repousser la boîte d'or d'un air dédaigneux, comme font les enfants d'un jouet usé.

Ses yeux avaient repris leur aspect fixe et inerte.

Il se leva et redressa sa grande taille dans toute sa hauteur.

Son regard sembla interroger la porte, — les muscles de son visage se détendirent, et M. Williams entendit un éclat de rire strident qui se termina par un long hurlement...

C'était ainsi que commençaient d'ordinaire les accès de fureur du grand chef.

M. Williams se préparait à entrer lorsqu'il le vit repousser du pied la boîte d'or sous la paille et se jeter à plat sur le plancher pour ramper silencieusement vers la porte.

M. Williams, réprimant son premier mouvement, se colla immobile et muet à la muraille.

La nuit n'était pas encore tout à fait noire, mais les objets se perdaient déjà dans une demi obscurité.

La porte derrière laquelle était M. Williams s'ouvrit sans bruit au bout de quelques secondes. Le grand chef avança la tête en dehors et s'arrêta pour écouter.

M. Williams retenait son souffle.

Oguah, n'entendant rien qui pût l'inquiéter, se reprit à rire et rampa doucement le long du corridor.

M. Williams le laissa prendre l'avance et le suivit de loin en rasant la muraille.

Au bout du corridor était une chambre inhabitée où s'entassaient quelques vieux meubles abandonnés sans doute par d'anciens propriétaires de l'hôtel.

M. Williams n'était jamais entré dans cette chambre, qui donnait sur un couloir étroit et sombre communiquant avec le jardin.

Oguah s'introduisit sans hésiter dans cette chambre, la traversa et pénétra dans le couloir.

M. Williams le suivait toujours, étonné de le voir prendre ce chemin, qui lui était inconnu à lui-même.

De mystérieux soupçons assiégeaient son esprit. — involontairement il se souvenait de cette bizarre ressemblance entre le portrait du duc Jean de Maillepré et ce beau jeune homme qui habitait de l'autre côté de la cour.

Une fois dans le couloir, le grand chef, au lieu de se diriger vers le jardin, y tourna le dos, et poursuivit sa route dans l'obscurité la plus complète.

M. Williams allait de loin sur ses pas, tâtant la muraille humide et le cœur serré par un pressentiment grave.

Au bout d'une minute, il entendit une porte s'ouvrir devant lui, et un peu de jour parut à l'extrémité de la galerie.

Cette porte était celle de la chambre de Gaston ; — car le couloir où se trouvait engagé M. Williams était le chemin que suivait Berthe pour gagner l'issue de la rue Payenne et aussi le chemin que Denisart avait pris la veille pour pénétrer auprès de la pauvre Sainte endormie...

M. Williams, cependant, ne voyait ni n'entendait plus Oguah.

Il hâta le pas pour le rejoindre, traversa un palier, deux pièces désertes, et se trouva dans une chambre tendue de soie, éclairée par une lampe, et au milieu de laquelle Oguah était à genoux, appuyé sur ses deux mains.

Dans cette position, Oguah semblait en arrêt devant une femme parvenue aux plus extrêmes périodes de la vieillesse, qui se tenait immobile et raide dans une haute bergère et ne le voyait pas.

Il régnait dans cette chambre une chaleur étouffante et qui faillit suffoquer M. Williams.

Non loin de la vieille dame, dans une embrasure, il y avait une jeune fille assise sur un coussin et la tête appuyée au lambris. — Cette jeune fille, que le rideau cachait presque entièrement, était vêtue de blanc et pâle comme une statue de marbre.

Elle ne bougeait pas. Elle ne respirait pas. — Elle semblait morte.

CHAPITRE II

ROBY

L'arrivée de M. Williams fit ce que n'avait pu faire l'entrée d'Oguah et attira l'attention de Mme la duchesse douairière de Maillepré.

Elle tourna ses yeux morts vers la porte et dit :

— Jean-Marie, je vous avais défendu de laisser entrer personne auprès de moi...

Comme le matin, cette voix fit tressaillir Oguah de la tête aux pieds.

Western lui-même se sentit ému puissamment. Cette voix réveilla en lui de bien pénibles souvenirs.

Oguah, les yeux obstinément fixés sur la vieille dame, ignorait la présence de M. Williams.

La duchesse, au contraire, n'avait encore aperçu que ce dernier.

Berthe, la pauvre fille, n'avait garde de voir l'un ou l'autre.

Elle s'éteignait ; son souffle faible ne soulevait plus les plis légers de sa robe blanche...

Oguah s'avança sur les genoux et sur les mains jusqu'aux pieds de la duchesse. Il caressa la soie de sa robe en murmurant doucement.

La vieille dame, aussitôt que ses yeux tombèrent sur lui, eut un mouvement d'horreur et se recula tremblante.

La voix qu'elle avait recouvrée lui fit défaut encore. Elle mit ses deux mains devant sa vue comme pour repousser une vision détestée.

Oguah jouait avec sa robe.

Une fois le premier moment de saisissement passé, la duchesse, ranimée par la colère, retrouva la voix pour demander du secours.

— Jean-Marie, dit elle impérieusement, chassez cet homme qui m'a volé... le portrait ! prenez-lui le portrait !...

Avant que la vieille dame eût prononcé ce mot, James Western, averti par son émotion, avait déjà reconnu dans ce débris humain la duchesse Berthe de Maillepré...

Quant à Oguah, ce mot avait réussi à percer la nuit de son intelligence, car il se redressa en poussant une plainte rauque.

— Le portrait, dit-il, — son portrait !

Il saisit entre ses mains robustes le bras desséché de la vieille dame et le serra.

Elle ne cria point. — Son front se redressa hautain et intrépide.

— Jean-Marie ; répéta-t-elle d'une voix calme et dédaigneuse, — je vous dis de chasser cet homme !...

Un grondement se fit entendre dans la poitrine d'Oguah ; il secoua le bras qu'il tenait jusqu'à le faire craquer. Ses yeux roulèrent dans leurs orbites caves.

Western, quoiqu'il ne vît point l'expression effrayante du visage du grand chef, jugea qu'il était temps d'intervenir.

Il s'avança en faisant sonner son pas.

— Pourquoi mon père n'est-il pas sous sa couverture ?...

Oguah se retourna vivement, mais il ne lâcha point la main de la vieille dame. Il soutint le regard de Western sans courber sa tête comme d'habitude.

— Oguah est un grand chef ! dit-il d'un air sombre et mêlant ses souvenirs confus. Oguah veut tuer sa femme comme il a tué le visage pâle !...

— La femme de mon père est aux bords des grands lacs, répondit Western.

Oguah se retourna vers la vieille dame.

— Nous partîmes de la terre des visages pâles, il y a bien des neiges, murmura-t-il d'une voix altérée... Oguah laissa son cœur de l'autre côté de la mer... Oguah n'eut jamais de femme dans son wigwam...

Il s'interrompit et toucha du doigt l'épaule de Mme de Maillepré...

— Que cette femme dise, reprit-il, — ce qu'elle a fait du cœur d'Oguah.

Western gardait le silence, tant il y avait dans cette scène une expression de solennelle justice.

— Qui est cette femme ? demanda tout à coup le

grand chef, en interrogeant la duchesse d'un regard fier.

Celle-ci depuis quelques secondes regardait le sauvage avec une sorte de doute inquiet.

À cette question elle se redressa hautaine et méprisante.

La réponse qu'elle avait faite tant de fois dans sa vie revint machinalement à sa lèvre.

— Qui je suis ? dit-elle en se levant toute droite et en couvrant Oguah d'un regard glacé, — je suis Berthe de Dreux, femme de Jean III de Maillepré, duc de Maillepré, marquis d'Avallon, comte de Pontroy et de Blessac, vicomte de Naye, seigneur de Saint-Thomas-des-Dunes, de Kergaz et de Vesvres, pair de France, chevalier des ordres du roi, prince du Saint-Empire romain et brigadier des armées de Sa Majesté très chrétienne...

Tandis que la duchesse répétait cette liste de noms et de titres orgueilleux avec une lenteur emphatique, Jean III de Maillepré, qui était devant elle, perdait peu à peu le fil de ses vagues souvenirs.

La démence obscurcissait de nouveau son esprit un instant éclairé. Il lâcha la main de la vieille dame et passa ses doigts tremblants sur son front qui était couvert de sueur.

Il se détourna d'elle et secoua la tête en disant :

— Le sang de la femme d'Oguah est rouge... Oguah n'est-il pas un grand chef ?... Ceux qui disent que le cœur est chez les visages pâles, sont des menteurs...

Il traversa la chambre d'un pas silencieux et se coucha sur le tapis auprès de la porte.

Western prit sa place auprès de la duchesse.

— Madame, dit-il d'une voix que l'émotion faisait trembler, — me reconnaissez-vous ?... Je suis James Western, de Boston, le frère de Mme la marquise de Maillepré, votre bru.

— Elle est morte, dit la duchesse d'un ton froid.

— Morte ! répéta douloureusement Western. — Et votre fils Raoul ?

— Il est mort, répondit la duchesse.

— Et leurs enfants, madame ? demanda Western d'une voix étouffée.

La duchesse fit un geste de fatigue.

— Que sais-je ?... murmura-t-elle.

Puis elle murmura en regardant Western en face.
— Pourquoi m'interrogez-vous ?
— Madame, répliqua Western, je vous ai dit que je suis le frère de votre bru... l'oncle de ses enfants que je cherche et à qui j'ai donné bien des années de ma vie.
— Western, répéta la duchesse, comme si elle eût oublié ce nom. — Je me souviens... Cette femme devint Maillepré... Ce fut une mésalliance...
— Je vous en prie, s'écria Western, — dites-moi ce que sont devenus les enfants de Raoul et de Louise !...
La duchesse ferma les yeux et laissa tomber ces paroles.
— N'étaient-ils pas quatre ?... Charlotte... je crois que Charlotte est morte... M. le marquis de Maillepré et Mlle de Naye... je ne me souviens pas... je n'ai point porté le deuil de Sainte... Si Gaston est mort, c'est un grand malheur... parce qu'il était le dernier des Maillepré.
— Morts, morts, tous morts ! s'écria Western, dont le cœur se fendait.
— Le sais-je ? murmura la duchesse. — Il y a si longtemps, que j'ai oublié tout cela... Laissez-moi.
— Par pitié, madame, reprit Western, ne refusez pas de me répondre !... Et Berthe ? Qu'est devenue Berthe ?...
— Berthe ?... c'est moi qui suis Berthe, dit la duchesse.
Puis se ravisant, elle appela de sa voix sèche et impérieuse :
— Mademoiselle de Maillepré !
Un gémissement faible se fit entendre à l'endroit où était couchée Berthe. Western, qui ne l'avait point encore aperçue, s'élança vers elle et souleva le rideau.
Il prit sa main qui était froide.
Berthe avait un beau sourire sur sa lèvre pâle...
A l'attouchement de Western elle entr'ouvrit ses yeux et les referma aussitôt.
Sa bouche murmura un nom que Western ne put comprendre, puis son corps privé de vie glissa le long du lambris et sa tête souriante toucha le tapis.
Elle était morte...
Western s'agenouilla et couvrit son visage de ses mains.

— Mon Dieu, dit-il, — si près de moi !... j'aurais pu les sauver... Vous ne l'avez pas voulu !...

Il croyait assister à la mort du dernier enfant de Raoul.

En ce moment, l'idée de son Mémoire confié à l'avoué Durandin lui traversa l'esprit.

Cet homme l'avait évidemment trompé.

Mais que lui importait maintenant ? A quoi bon poursuivre la lutte ?...

Il n'y avait plus en face l'un de l'autre que M. le duc de Compans et Mme la duchesse douairière de Maillepré.

Un fils adultérin vis-à-vis de sa mère coupable.

James Western était encore agenouillé auprès du corps de Berthe lorsque Biot rentra.

La duchesse douairière s'était assoupie paisiblement dans son fauteuil.

Oguah chantait son refrain sur le tapis.

. . . .

Ce jour-là était le troisième depuis le duel de la butte Saint-Chaumont, c'est-à-dire le jour même où Sainte enlevée avait été conduite dans l'appartement en ville de M. le duc de Compans.

Mme la baronne de Roye avait promis à Gaston de lui rendre l'héritage de Maillepré ; elle voulait tenir sa parole.

Mais Gaston, nous le savons, se croyait loin de Paris. La baronne devait, sous peine d'avouer tout de suite son imposture, retarder l'accomplissement de sa promesse.

Elle avait dit à Gaston que son frère prétendu était à Paris : il fallait le temps d'écrire à Paris.

La baronne, prête à sacrifier à l'amour une fortune payée bien cher, voulait au moins que cet amour ne lui échappât point.

Elle voulait être heureuse, ne fût-ce qu'un jour, heureuse complétement, heureuse assez pour pouvoir défier l'avenir.

Or, si Gaston se doutait que ce prétendu château n'était qu'une maison de Paris, il voudrait sortir sur-le-champ et courir vers Sainte.

Car l'image de Sainte, qui s'était voilée un instant

aux premiers troubles d'un amour fougueux, revenait plus aimée au souvenir de Gaston.

Dès que Carmen n'était plus là pour ployer son esprit et son cœur sous son magique prestige, Gaston se retrouvait avec Sainte, dont le naïf sourire venait éclairer sa solitude.

Ces deux amours avaient désormais chacun sa place en son âme...

Carmen le subjuguait et l'étonnait ; il s'agenouillait devant cette beauté incomparable dont le front de reine se penchait vers lui, et qui lui parlait comme une esclave.

La passion heureuse courait par ses veines comme un élixir puissant et remontait les ressorts détendus de sa jeunesse.

Il se sentait revivre avec ce bel amour ; il se sentait renaître. Son cœur battait mieux dans sa poitrine élargie.

Près de Carmen, il oubliait tout. Il rejetait les ressentiments de son malheur passé ; il fermait les yeux aux promesses nouvelles de l'avenir.

Le présent, il ne voulait voir que le présent. Il se concentrait dans sa félicité possédée et détournait son regard loin des jours futurs, comme s'il eût craint d'y lire encore des menaces.

Quelque chose lui disait que son bonheur serait court...

Il voyait autour de Carmen comme une auréole fatale, et ces regards qui l'enchantaient le faisaient craindre...

Carmen, elle, n'espérait rien et ne craignait rien. Son amour était de ceux qui écrasent et foudroient. Elle aimait jusqu'à ne plus penser, jusqu'à se mourir...

C'étaient de longues heures passées l'un près de l'autre à mêler leurs regards, à confondre leurs âmes.

Gaston, dont la blessure se guérissait rapidement, s'étendait sur le velours d'une chaise longue et Carmen se couchait à ses pieds.

Gaston s'enivrait à la contempler si belle.

Carmen domptée, frémissante, pliait sous la passion qui la rendait pâle et demandait grâce à l'amour.

Leurs paroles échangées tombaient rares, douces

comme des caresses, harmonieuses comme le chant des poètes.

Chaque mot, chaque regard était une jouissance partagée, un désir entendu, une prière exaucée...

Le temps s'arrêtait pour eux ; l'heure ne leur disait point son passage ; ils restaient accablés sous leur fardeau d'amour et prolongeaient le rêve divin de leur extase...

Ils étaient beaux et jeunes. — Dieu donne t-il un jour de bonheur à chaque créature ?...

Quand les cheveux noirs de Carmen ruisselaient sur le front de Gaston, quand son grand œil bleu alanguissait sa flamme voilée, quand la parole expirait sur sa lèvre ardente et que leurs bouches égarées se cherchaient, y avait-il un lendemain ?...

Quelle longue vie vaut une certaine heure ? — Cette heure qui marque l'âme en passant d'un trait ineffaçable et qu'on poursuit en vain, et qui ne revient plus !...

Mais quand ils se séparaient, chose étrange, Gaston se réfugiait en lui-même ; il éprouvait comme un remords.

Cette tendresse ne laissait point au cœur de douces rêveries.

Gaston, en qui la vie revenait avec une sorte de violence lorsque Carmen se couchait à ses pieds, s'affaiblissait dans la solitude et désespérait.

L'image de Sainte évoquée venait avec de muets reproches.

Où allait cet amour que combattait la pensée de sa sœur ?...

C'était comme un mystique avertissement. — Le visage de Sainte qu'il voyait en rêve, n'avait plus son radieux sourire d'ange.

Elle pleurait, elle tendait vers lui ses mains suppliantes et semblait implorer du secours.

C'était une pure et belle tendresse, forte comme la passion, et qui pouvait faire entendre sa voix par dessus la voix de l'amour.

C'était ce sentiment exquis et pur qui croît au fond des nobles cœurs et qui est la sainte puissance de la famille.

Gaston, parmi le trouble impétueux des premières ardeurs de l'amour, laissait une place à ce sentiment protecteur.

Son âme était partagée, et il fallait la présence de l'enchanteresse pour reléguer au second plan la bonne pensée de sa sœur absente.

Quand il était seul et que Sainte revenait prendre sa place usurpée, Gaston se reprochait amèrement son séjour inutile dans la maison de son ennemi.

Sa blessure n'était plus un obstacle ; il se promettait de partir le lendemain avec l'aube.

Mais lorsque l'aube paraissait, ramenant la séduction incarnée sous les traits de la baronne, Gaston oubliait ses remords et apaisait sa colère contre lui-même.

Tout lui était excuse. — Son éloignement de Paris, sa blessure qui n'était point complétement guérie encore : — et l'amour qui le reprenait vainqueur et qui l'enchaînait aux pieds de Carmen.

Carmen aussi craignait la solitude. — Quand elle rentrait seule dans son appartement, après le bonheur de la journée, elle s'accusait de tromper Gaston et pleurait sur le mensonge de sa situation.

La fièvre entrait avec elle dans sa couche ardente ; ses rêves éveillés chassaient le sommeil. Son cœur se brisait contre de fantastiques désespoirs...

Sa vie était-elle un songe ?

Elle comprenait maintenant la portée mystique des paroles de Yahbel la gitana et de Jean Wohr le higlander.

Elle frissonnait en éclairant les ténèbres de cet horoscope inouï :

« Enfant, tu seras beau... mais tu seras plus belle... »

Et quand sa paupière lassée se fermait enfin chargée de sommeil, une voix impitoyable chantait autour d'elle dans la nuit :

> Adam te dira son amour ;
> Ève te cachera sa flamme...

Elle tressaillait douloureusement. Ses yeux fermés voyaient aux deux côtés de son chevet Ève et Adam...

Le visage triste et doux de Marie de Varannes et le regard alangui de Gaston.

Des larmes brûlantes inondaient sa joue...

Elle s'éveillait et criait vers Dieu en implorant pitié !

Mais sa torture continuait. Sa solitude était un enfer où il n'y avait ni consolation ni espoir.

Il lui fallait la vue de Gaston pour faire évanouir ces doutes navrants et pour clore son martyre.

Mais qu'elle était plus heureuse après cette dure souffrance ! que son bonheur lui semblait plus beau et plus pur ! — Plus de doutes, plus de craintes. Son amour sans bornes faisait la lumière jusqu'au fond de son cœur !...

Gaston ne lui parlait jamais de sa promesse, mais, après deux jours passés, Carmen songea qu'il était temps de l'accomplir. Le délai nécessaire pour recevoir une réponse de Paris était écoulé.

Vers trois heures de l'après-midi, Carmen s'arracha d'auprès de Gaston.

— Attendez-moi, dit-elle, je vais bientôt revenir.

Elle sortit après avoir donné son front à Gaston qui le baisa.

Quelques minutes après elle montait en voiture portant son costume d'homme.

Ce n'était plus Mme la baronne de Roye. — M. le marquis de Maillepré se fit conduire à son hôtel.

Il allait y chercher ce portefeuille rouge qui avait été l'occasion d'un meurtre dans la nuit du mardi gras de 1826.

Ce portefeuille était sous clef, au fond d'un tiroir à secret.

Lorsque M. le marquis descendit de voiture à la porte du numéro 9 de la rue Royale-Saint-Honoré, il y avait une heure environ que l'excellent Pierre Worms, dit Poupard, avait fait, dans sa chambre à coucher, la petite expédition que nous avons racontée.

. . . .

Gaston était seul depuis un quart d'heure dans le boudoir de Mme la baronne de Roye.

Le jour était clair encore au dehors, mais, dans cette chambre close où chaque fenêtre avait un voile épais de rideaux, il ne pénétrait qu'une lumière assombrie et confuse.

Gaston, livré à lui-même, était retombé bien vite dans ces pensées tristes que chassait la présence de Carmen.

Il se représentait l'inquiétude désolée de la pauvre Sainte ; il l'entendait gémir, il la voyait pleurer...

Son cœur s'élançait tendre et repentant vers elle. —

Et quelque chose comme une crainte vague passait sur son âme avec le remords.

Gaston ne redoutait précisément aucun danger ; mais Sainte était seule... il ne savait pourquoi son cœur se serrait...

Un bruit soudain de voix se fit entendre dans une autre partie de la maison. C'était une discussion vive. On parlait haut ; les voix s'échauffaient.

On eût dit un conflit entre des valets qui refusent obstinément une porte, et un visiteur impudent qui prétend forcer la consigne.

Gaston ne prenait point garde à ce vulgaire incident.

Le bruit cependant se rapprochait, et si Gaston avait voulu prêter l'oreille il eût entendu très distinctement les paroles échangées.

— Marauds, disait une voix rieuse et mal assurée, — Mme la baronne m'attend... Cette chère amie serait désobligée si l'on ne me laissait point pénétrer auprès d'elle...

Des voix de domestiques répondaient, affirmant que Mme la baronne était absente.

— Ta, ta, ta ! reprenait le premier interlocuteur, nous connaissons ces manières... Je vous dis, marauds, que je viens d'apprendre le secret de Mme la baronne... cette chère amie !... Car elle a un secret que vous ne pouvez pas savoir, vous autres !... Allons, laissez-moi passer, valetaille !

Le bruit redoubla ; la porte fut secouée ; et Roby, s'arrachant des mains de deux domestiques qui voulaient le retenir, fit une irruption brusque dans le boudoir.

Il riait à gorge déployée et ses jambes amollies conduisaient sa marche en zig-zag.

Il était ivre plus qu'à moitié.

Les domestiques s'étaient arrêtés penauds au seuil de la porte que Mme la baronne leur avait interdit de franchir.

Roby se tourna vers eux, riant toujours, et fit mine de secouer son jabot absent, suivant le triomphant usage des grands seigneurs de théâtre.

— Allez, marauds, allez ! dit-il, — fermez la porte, nous voulons être seuls.

Et comme les valets tardaient à lui obéir, il se leva

chancelant, traversa la chambre de nouveau et leur jeta la porte au nez.

Gaston voyait cet intrus avec une parfaite indifférence. Après lui avoir accordé un regard, il s'était repris à ses pensées.

Comme nous l'avons dit, le jour était très sombre dans le boudoir.

Roby s'y croyait seul et maître du terrain.

— Je vais l'attendre, se dit-il, en revenant et en mesurant son pas, comme s'il eût suivi la note d'un orchestre de vaudeville. — Je vais l'attendre, dussé-je coucher ici !... Ah ! ah ! ah ! ce diable de Josépin avait bonne envie de garder son secret... Mais nous avons de l'adresse et son vin est excellent sur ma foi !... Il en a trop bu, le cher garçon !... Il a mis ses lunettes d'or sur son front et bavardé comme une pie... C'est drôle ! c'est, ma foi, très drôle !... Baronne et marquis, marquis et baronne, joli garçon et femme charmante... C'est ravissant !... J'aurais dû deviner cela bien plus tôt... Mais j'ai tant d'affaires !

Tout en poursuivant ce monologue à demi-voix, il riait de tout son cœur et décrivait sur le tapis des courbes imprévues.

— Ce diable de docteur, reprit-il, — c'est devenu un homme parfaitement grave !... Ça n'est plus habitué à boire !... Autrefois, il avait la tête bien plus forte... Si je ne l'avais pas grisé pourtant, j'aurais pu chercher la baronne jusqu'à la fin de mes jours !...

Il rencontra le sofa où Gaston était couché et s'y laissa tomber.

Gaston n'avait rien entendu des paroles entrecoupées et confuses que venait de prononcer l'acteur-poète-inventeur de machines.

— Monsieur, dit-il, je vous prie de choisir un autre siège.

— La voilà ! s'écria Roby, — pardieu, la voilà !... Je savais bien que je mettrais la main dessus, à présent que le docteur m'a donné sa lanterne !... Ah ! ah ! ce matin encore, je me serais laissé prendre à ces habits d'homme... Mais maintenant, impossible !...

Roby s'interrompit, jeta son chapeau sous son bras, tâcha de garder son équilibre le temps de dessiner un salut de théâtre, et reprit en touchant son jabot :

— Madame la baronne, je suis bien votre serviteur.

Gaston le crut fou : il ne lui avait donné aucune attention jusqu'alors et n'avait pu, par conséquent, reconnaître son état d'ivresse.

— Monsieur, dit-il doucement, vous vous trompez, il n'y a ici que moi... Mme la baronne est absente.

— A d'autres, répliqua Roby en tournant sur lui-même et en accompagnant sa pirouette d'un franc éclat de rire. — Nous connaissons cela ; on ne nous en passe plus !... Je viens de voir Josépin, voyez-vous... Josépin m'a tout dit... C'est très curieux !... Voulez-vous bien me permettre de vous baiser la main ?...

Il joignit le geste à la parole.

Gaston le repoussa sans colère, mais avec un commencement de fatigue.

— Monsieur, lui dit-il, voyez mes habits !

— Peuh ! fit Roby, — les habits ne font rien à l'affaire... absolument rien ! Puisque je vous dis que je sors de déjeuner avec Josépin... Regardez-moi un peu d'ailleurs et vous reconnaîtrez Roby comme il vous reconnaît, ma chère dame !... Vous savez bien, Roby, le dindon !... En voilà un déguisement qui était drôle !...

Gaston se retourna sur le sofa et mit sa tête dans la ruelle.

— Quand je dis que je vous reconnais, reprit Roby, je n'en sais trop rien ; car il fait noir ici comme dans un four ! Mais je vous devine... et nous allons causer raison un petit peu.

Il alla chercher un fauteuil et le roula jusque auprès du sofa.

— Figurez-vous, poursuivit-il en s'asseyant, — que je suis dans une position tout à fait pitoyable... ça ne peut pas durer, ma chère dame... un homme comme moi ne peut pas rester l'égal d'un simple Denisart !... Tel que vous me voyez, pour quelques sous, j'ai risqué ce matin la cour d'assises !

— Monsieur, dit Gaston avec impatience, je vous prie en grâce de m'épargner le reste de vos confidences.

— Du tout, du tout ! s'écria Roby, vous avez beau prendre votre voix de contre-alto, ma chère dame... J'ai déjeuné avec Josépin... ma confidence d'ailleurs va vous intéresser... vous serez bien aise de connaître une petite chronique dont M. le duc de Maillepré est le héros...

A ce nom, Gaston fit un mouvement, et se retourna à moitié.

Roby frappa sur ses genoux.

— Je savais bien, dit-il, je savais bien... Mais à part l'intérêt de connaissance, il ne vous sera pas indifférent de savoir jusqu'où le malheur peut faire descendre le mérite !...

Roby leva les yeux au ciel et prit un air fatal.

— Ce matin même, continua-t-il d'une voix creuse, — à l'heure où vous dormiez, madame, j'enlevais une jeune fille innocente pour la jeter aux bras d'un vil débauché !

Gaston eut un mouvement d'indignation et de dégoût.

Roby respira longuement.

— Une jolie petite fille, poursuivit-il en changeant de ton tout à coup, — une petite fille charmante ! seize ou dix-huit ans, blonde, fraîche, douce... un joli petit agneau !...

Gaston n'avait certes aucun soupçon, mais ce portrait lui donnait froid au cœur.

— C'était bien arrangé, dit Roby, qui se complaisait dans son bavardage d'homme ivre et qui s'y grisait davantage en parlant. — Ce diable de Burot est très fort, très fort ! Connaissez-vous le Marais ?... Si vous connaissez le Marais, je peux vous expliquer le plan de la chose...

Involontairement Gaston prêtait l'oreille. — Il tressaillit de la tête aux pieds lorsque Roby continua :

— C'est dans la grande maison qui fait le coin de la rue des Francs-Bourgeois et Culture Sainte-Catherine... Vous voyez ça d'ici ?

Gaston se leva sur son séant, une sueur froide perça sous ses cheveux.

— Vous voyez bien ! dit Roby, que ça vous amuse !... Nous étions Burot et moi dans la rue des Francs-Bourgeois. Denisart a fait le tour par la rue Payenne... et, par la petite porte du jardin...

Gaston mit sa main sur son cœur et eut un gémissement d'angoisse.

— Ça vous ennuie ? demanda Roby.

— Non, répondit Gaston d'une voix étouffée. — Dites... dites !

— Ah ! s'écria Roby en riant, ça ne fut pas long... Denisart avait une échelle de soie... Dix minutes après la petite fille était dans notre fiacre.

— Sainte !... râla Gaston qui souffrit plus que pour mourir.

Un instant son cœur s'engourdit et il demeura immobile, incapable de faire un geste ou de prononcer une parole.

Roby parlait encore, mais il n'avait plus d'auditeur.

Au bout de quelques secondes pourtant, un effort désespéré rendit le ressort aux membres de Gaston.

Il se leva et prit le bras de Roby.

— C'était à une fenêtre du premier étage... donnant sur la rue des Francs-Bourgeois ? prononça-t-il entre ses dents serrées.

— Juste ! répondit Roby.

— Cette jeune fille, poursuivit Gaston, en comprimant de toute sa force sa voix qui voulait éclater, — vous l'avez enlevée ?

— Juste !

— Où l'avez-vous menée ?

— Voilà, dit Roby, — je suis payé pour garder ce secret-là.

— Où l'avez-vous menée ? répéta Gaston.

Sa main se crispait autour du poignet de Roby.

— Savez-vous que vous me faites mal !... dit celui-ci qui cessa de rire.

— Où l'avez-vous menée ? prononça une troisième fois Gaston, de la même voix sourde et menaçante.

Roby poussa un cri de douleur. — Les doigts de Gaston broyaient son poignet, dont les os craquèrent.

Le malheureux essayait en vain de se dégager. Il trépignait et se tordait.

— Je vais vous le dire, s'écria-t-il enfin, — lâchez-moi, lâchez-moi !...

Gaston n'eut garde d'exaucer cette prière, et ce fut parmi les convulsions d'une insupportable douleur que Roby balbutia l'adresse de l'appartement en ville de monsieur le duc.

Gaston lâcha prise alors, et Roby tomba défaillant sur le tapis.

Gaston était épuisé autant que lui. Cet effort l'avait brisé. Sa poitrine retrouvait son oppression haletante...

La raison de Gaston chancelait.

Il laissa Roby terrassé, crier, menacer, blasphémer.

Il fit le tour de la chambre, mettant partout son regard avide et ne sachant pas ce qu'il cherchait.

Son regard rencontra dans sa niche de velours le petit poignard à manche d'or de Carmen.

Il le saisit et le contempla les sourcils froncés, l'œil brûlant.

Puis il le rejeta loin de lui.

— Maillepré, murmura-t-il, ne sait pas frapper avec cela !

Il pressa son front ardent à deux mains comme pour rappeler ses idées qui s'enfuyaient.

— Sainte !... Sainte !... murmurait-il d'une voix déchirante, il faut bien pourtant que je tue !...

Il ouvrit au hasard la première porte qu'il trouva devant lui.

Dans cette chambre où il entra il n'y avait rien qui pût faire arme.

— Tuer ! répéta Gaston, tout en la traversant, — ne suis-je pas loin de Paris !... Oh ! cette femme qui m'a retenu, maudite soit-elle !... Sainte ! mon pauvre ange !... ma sœur ! Je n'étais pas là pour te secourir !... je n'ai point entendu tes cris de détresse !... Tu m'as appelé... je ne suis pas venu !

Il s'affaissa sur un siège ; son front se pencha ; des larmes inondèrent son visage.

Il détestait son amour ; il en demandait pardon à Dieu comme d'un crime...

Sa douleur était de celles qu'on ne décrit point. Son cœur s'engourdissait en une amertume mortelle.

Durant un instant il resta ainsi accablé.

Puis il se leva comme si un choc galvanique l'eût fait sauter sur ses pieds.

La colère vint fouetter son apathie désespérée. — Son œil se ralluma. Le sang revint rougir son visage.

— Qu'importe la distance ! dit-il, — il faut que je parte, dussé-je aller à pied !... dussé-je succomber en chemin !...

Son regard fit rapidement le tour de la chambre et ne trouva point ce qu'il cherchait.

Il passa dans une autre pièce. Celle-ci était fort en désordre. Il y avait sur les meubles des habits d'homme jetés au hasard.

Par terre on voyait une chemise dont le col était teint de sang.

C'était celle que portait le marquis aux buttes Saint-Chaumont.

Dans un coin, les deux épées qui avaient servi au duc se dressaient contre la muraille à côté de leur étui. — Un peu plus loin était la boîte de pistolets.

Gaston ne fit qu'un bond jusqu'à cette dernière.

Il la saisit, l'ouvrit et mit les deux pistolets sous ses vêtements, après s'être assuré qu'ils étaient chargés.

Puis il gagna la porte de sortie.

CHAPITRE III

DUEL SANS TÉMOINS

Les domestiques que Gaston rencontra sur son chemin en quittant l'hôtel de la baronne de Roye, auraient bien voulu lui barrer le passage, mais sa figure bouleversée avait une expression effrayante. — Les domestiques n'osèrent pas.

Gaston descendit l'escalier et franchit la porte cochère.

Il demeura comme abasourdi dès qu'il fut dehors.

Au lieu des arbres et des champs qu'il s'attendait à voir, les arcades de la rue Castiglione étaient devant ses yeux.

Il crut rêver, tant l'idée qu'il était loin de Paris avait pris sur lui d'empire.

Il frotta ses paupières et regarda mieux. — Le mouvement, la vie l'entouraient. Il reconnaissait à cent pas de lui la grille des Tuileries.

C'était bien Paris, Sainte était là, tout près. — Quelques pas le séparaient du salut de sa sœur ou de la vengeance...

— Tant mieux ! tant mieux ! s'écria-t-il en précipitant sa course vers les Champs-Elysées. — Elle m'a trompé... Tant mieux !

Il était tête nue, et il courait, heurtant les passants sous les arcades de la rue de Rivoli. Il serrait de toutes ses forces, sous ses vêtements, les pistolets sur sa poitrine. — Il allait, suivi de loin par les invectives de la foule... Il n'entendait point ses cris et nul choc ne pouvait l'arrêter.

La course essoufflait son haleine oppressée, mais son pas ne se ralentissait point. Il atteignit en quelques minutes le coin des Champs-Elysées où débouche la rue de Ponthieu.

Il se jeta sans hésiter dans l'allée désignée par les révélations de Roby. — Au bout de cette allée, une porte close l'arrêta.

Il y frappa. — Point de réponse.

Il appela. — Point de réponse encore.

La colère impatiente enflait les veines de ses tempes et de son front. Il saisit la porte avec cette puissance passagère que donne la rage, et la secoua. — Mais la porte était solide.

La bouche de Gaston écumait, ses yeux se tachaient de sang.

Il s'éloigna et revint frapper la porte de ses deux poings fermés avec frénésie.

La porte résistait toujours.

Gaston jeta son regard tout autour de lui, cherchant un levier pour attaquer cet obstacle. Dans l'étroite cour où il se trouvait il n'y avait rien qui pût servir à cet usage.

Alors il se mit à genoux sur le sol et gratta la terre avec ses ongles, autour d'un pavé qu'il arracha.

La pierre était dure et lourde. Gaston la souleva à deux mains au-dessus de sa tête et en frappa la serrure.

Il n'y eut pas besoin d'un second coup. La boîte de fer, broyée, s'écrasa, et le pêne brisé sauta hors de la gâche.

Gaston s'élança dans l'escalier en grondant de colère et de joie.

Au premier étage, les portes étaient encore fermées,

mais le succès exaltait les forces de Gaston. — Son pied suffit à briser ce dernier obstacle, et il se trouva en face de Mme Brunel plus morte que vive.

— Monsieur le duc de Compans ? dit-il, — menez-moi sur-le-champ près de lui !

Mme Brunel tremblait. Elle répondit en balbutiant :

— Ceci est ma maison, monsieur, et je ne connais pas de duc.

Gaston la poussa et se fit un passage.

Il n'eut pas besoin de chercher beaucoup pour trouver M. le duc. Celui-ci s'était couché, malade, après la scène du balcon où Félicien Chapitaux, du Chesnel et leurs amis s'étaient faits les témoins de ses honteuses violences. Ce coup moral l'avait brisé plus encore que la fatigue de sa lutte contre Sainte.

Il était au lit depuis plusieurs heures et la jeune fille avait trêve...

Le bruit de la serrure qu'on forçait au dehors, le choc retentissant du pavé, la porte du premier étage enfoncée et jetée au dedans, tout cela prenant M. le duc en un moment de souffrance et de faiblesse morale l'avait rempli d'épouvante.

Il avait sauté hors de son lit en criant à Mme Brunel de défendre le passage.

Mais la cameriste était un garde-du-corps insuffisant. Elle n'avait de courage que contre les pauvres filles confiées à la prudence de ses soins.

Gaston passa et joignit M. le duc qui endossait précipitamment sa robe de chambre.

Au bruit qu'il fit en approchant, M. le duc leva vers la porte son regard effrayé. Il s'attendait évidemment, jugeant le nombre des assaillants d'après le fracas de l'attaque, à voir entrer plusieurs personnes.

La vue de Gaston, qui se présentait seul, sembla le rassurer à demi. — Le jour baissait ; il ne pouvait voir les traits contractés du jeune homme et ce qu'il y avait de menaces terribles sur son visage.

Il ne voyait dans l'ombre de la porte qu'une forme jeune et grêle aux vêtements débraillés, aux cheveux en désordre.

Gaston promenait son regard tout autour de la chambre. — Il cherchait Sainte.

— Qui êtes-vous et que voulez-vous ? demanda M. le duc en faisant un pas vers le nouveau venu.

Gaston ne répondit pas et vint se placer devant lui.

Il avait un pistolet dans chacune de ses mains.

— Où est ma sœur ? dit-il d'une voix sourde et brève.

Le duc aperçut à la fois ses armes et son visage. — Son visage était le plus effrayant des deux.

C'était la colère arrivée à son paroxysme et tout près de toucher la démence.

L'aspect de M. de Campans, cet homme qu'il abhorrait la veille comme l'auteur de toutes ses souffrances, et qui depuis, par un hasard funeste, avait trouvé moyen de l'insulter plus cruellement encore, l'aspect de ce vieil ennemi, tout chargé des dépouilles de sa race, l'avait transporté de fureur.

Sa main tourmentait ses pistolets. Son regard avait soif de sang.

Le duc avait reconnu en lui le jeune homme assis auprès de Sainte aux galeries de l'Opéra.

Le danger se montrait menaçant, — mais le duc recouvrait son calme et combinait ses moyens de défense.

— Monsieur, dit-il, je ne vous demande plus qui vous êtes... Je pourrais vous dire que j'ignore ce dont vous entendez parler... mais...

— Ma sœur ! ma sœur ! interrompit Gaston qui baissa vers le sol le canon de ses pistolets comme s'il se fût craint lui-même.

— Votre sœur est ici, dit le duc, — je ne veux point vous le cacher... Je suis prêt à vous la rendre.

Le regard de Gaston eut une flamme si aiguë que la paupière de M. de Campans se baissa.

— Conduisez-moi vers elle, dit le jeune homme. — Je suis pressé de savoir !...

— Sur mon honneur... commença le duc.

— Marchez devant ! interrompit Gaston, — je ne vous crois pas.

L'orgueil du duc était muet en ce moment. Il prit sans répondre le chemin de la chambre de Sainte.

La pauvre enfant avait essayé de se barricader à l'intérieur ; mais, comme nous l'avons dit, cette pièce était admirablement propre à sa destination.

Malgré les efforts de Sainte, la porte s'ouvrit à la première tentative.

Le duc voulut s'effacer pour laisser passer Gaston.
— Entrez le premier ! dit celui-ci avec rudesse.
Le duc entra.
Gaston était encore derrière la porte.
Il entendit une voix plaintive et pleine de larmes qui criait :
— Ah ! monsieur, je vous en supplie !... ayez pitié de moi !...
Le cœur de Gaston se fendit ; — mais il garda ce calme implacable qu'il avait endossé en présence du duc, comme une armure.

A la suite du scandale grotesque causé par l'*indiscrétion* des convives de du Chesnel, M. Burot et la camériste avaient réintégré Sainte dans le boudoir.

Elle y était seule depuis cette heure ; — son épouvante n'était plus vague comme dans la matinée. Elle savait maintenant une partie de ce qu'elle avait à craindre.

Le souvenir de cette course épuisante où chaque pas avait failli la livrer sans défense aux brutales caresses du vieillard lui ôtait toute force et la faisait mourir.

Elle tressaillait à tout bruit. — Elle était changée comme si une longue maladie eût passé sur elle.

Lorsqu'elle entendit la porte s'ouvrir, sa frayeur fut si poignante qu'elle perdit en quelque sorte la faculté d'ouïr et de voir.

Elle ne reconnut point la voix de son frère, qui ordonnait au duc de passer le premier.

En entrant, Gaston la vit collée au coin le plus reculé de la chambre. — Elle était pâle comme un linceul et son corps charmant tremblait, agité par des secousses navrantes.

Gaston referma la porte derrière lui.

Sainte avait aperçu le duc, puis elle avait baissé les yeux. — Elle n'osait plus les relever.

Gaston s'arrêta et la contempla durant un instant, cherchant à lire dans sa pose et à deviner jusqu'où descendait son malheur...

Mais toute la personne de la pauvre enfant était contre le duc une accusation trop éloquente !...

Celui-ci ne voulut point rester sous le coup de ce silence.

— Mademoiselle, commença-t-il d'un ton respectueux

et soumis qui contrastait fort avec sa conduite de la matinée, — je viens vous demander pardon...

— Ah! monsieur, grâce! interrompit Sainte, — grâce! au nom de Dieu!...

— Mademoiselle... voulut répliquer le duc.

— Taisez-vous! dit Gaston rudement.

Sainte tressaillit. — De fugitives couleurs montèrent à sa joue, — on eût dit qu'un espoir bien doux, mais trompeur, était en elle et qu'elle ne voulait point lever les yeux de peur de le faire évanouir.

Le duc baissa la tête sous le regard impérieux de Gaston et se tut.

Le jeune homme s'avança lentement vers Sainte. — Son cœur s'amollissait à une pitié profonde, mais son œil demeurait austère et froid.

Lorsqu'il eut dépassé le duc, celui-ci fit un mouvement rapide pour s'esquiver.

— Restez! dit Gaston, ou je vous tue...

Le duc frémit de colère, — mais il resta.

Sainte, cependant, à cette voix deux fois entendue, avait levé ses beaux yeux timides.

Une joie subite, immense, avait dilaté son cœur.

Une joie trop grande après cette souffrance mortelle qui la courbait depuis douze heures.

Ce fut un coup de foudre.

Ses couleurs revenues pâlirent; ses yeux se fermèrent; ses genoux trop faibles fléchirent. Elle tomba dans les bras de Gaston qui s'était élancé pour la soutenir.

Mais les blessures que fait la joie portent avec elles leur baume.

Au bout de quelques secondes, Sainte souriait d'un doux sourire et son visage disait l'allégresse vive de son âme...

Le duc demeurait immobile à trois pas de la porte, tenu en respect par le regard de Gaston qui ne le perdait point de vue.

Gaston avait serré sa sœur contre sa poitrine en une étreinte passionnée, mais son œil était toujours sévère et dur.

— Merci! merci! murmura Sainte en joignant les mains — Dieu que j'ai tant prié m'a donc entendue enfin, puisqu'il t'envoie à mon secours.

Elle jeta ses bras autour du cou de son frère et l'entoura d'un long regard ravi.

Elle n'avait plus peur.

Elle se sentait sauvée.

Gaston, lui, espérait. Cette joie lui mettait au cœur une consolation sans prix. Sainte déshonorée eût-elle été joyeuse ?...

Entre le frère et la sœur la scène fut courte.

Au bout de quelques minutes Gaston savait ce qu'il voulait savoir.

Mais le contentement qu'il éprouvait ne se montrait point au dehors.

Il répondit par un baiser unique aux chères caresses de la pauvre Sainte, et se leva toujours froid et austère.

— Attendez-moi, ma sœur, dit-il, je vais bientôt revenir...

Le front de Sainte s'attrista.

Gaston traversa la chambre et dit au duc :

— Suivez-moi.

Le duc obéit.

Gaston retourna dans la chambre où il était entré d'abord.

La nuit était presque venue. Les dernières lueurs du crépuscule éclairaient vaguement les objets.

Gaston désigna du doigt au duc un siège et tous deux prirent place auprès l'un de l'autre.

— Ma sœur est pure, dit Gaston, — vous n'avez plus besoin de me l'affirmer, je le sais... et j'en remercie Dieu, parce que le fils de mon père ne devait point commettre un assassinat... Mais, cette injure enlevée, il reste entre nous, monsieur, trop d'injures mortelles...

— Je ne vous connais pas !... dit le duc étonné.

— Le fait qui nous rassemble vient de votre volonté, non point du hasard, reprit Gaston. Je vous fuyais, moi, parce que mon cœur se soulevait à la pensée de répandre le sang d'un vieillard... Mais ce dernier crime vous jette sur mon chemin.. C'est le jugement de Dieu !... Il faut que l'un de nous meure ici !

La voix de Gaston était basse et ferme. On y devinait l'obstination d'une volonté implacable.

Le duc n'était pas un lâche, mais sa vieillesse amollie par le vice avait perdu de son ressort moral en même temps que mourait sa force physique.

La voix de Gaston, d'ailleurs, et l'expression terrible de son visage avaient de quoi glacer un cœur plus brave.

Le duc se sentit frémir.

— Je ne vous connais pas, répéta-t-il en balbutiant.

Gaston garda un instant le silence.

Il était plongé dans une méditation sombre qui contractait ses sourcils et mettait à son front des rides profondes.

— Monsieur, reprit le duc qui avait profité de ce répit pour rappeler son calme et dont la voix se faisait insinuante, — ma position est ici fort difficile... Je vous ai outragé sans vous connaître... vous voyez que je vous parle avec franchise... ou du moins, j'ai essayé de vous outrager. — Mais, avant votre arrivée même, je vous le jure sur mon honneur, j'avais renoncé à tout dessein sur mademoiselle votre sœur dont l'angélique pureté m'avait fait rentrer en moi-même...

Gaston se taisait.

Le duc prenait courage, — il poursuivit :

— Je ne crois pas que nous nous soyons jamais rencontrés... et quoi que vous ayez pu dire en un moment de trouble, je ne puis penser qu'il y ait entre nous des motifs de haine, à part cet événement malheureux...

Le duc baissa la voix et essaya d'un sourire.

— Tout peut se réparer, vous le savez, continua-t-il, — lorsque l'honneur n'a point reçu la dernière atteinte... Votre sœur, que je vous rends, est aussi pure qu'avant d'entrer dans ma maison... mais à cela ne tienne !... Je suis coupable, je l'avoue, et je suis riche... Je vous supplie, monsieur, de ne point voir en mes paroles une nouvelle offense... elles me sont dictées par un désir sincère et à coup sûr honorable de réparer ma faute... je puis faire la fortune de votre sœur.

Gaston, qui ne l'avait point interrompu, releva sur lui son regard glacial.

— Monsieur le duc, dit-il avec froideur, savez-vous le nom de cette jeune fille que vous avez voulu déshonorer ?

Le duc s'inclina en murmurant une réponse négative.

— Monsieur le duc, reprit Gaston sans donner d'autre signe d'émotion qu'un léger tressaillement de lèvres, — cette jeune fille a nom Sainte de Maillepré.

Les bras de M. de Compans tombèrent. Il chancela sur son siège.

— Sainte de Maillepré, reprit Gaston lentement, — la fille du marquis Raoul, dont vous avez fait mettre le lit de mort dans la rue... la nièce de James Western, qu'un de vos émissaires a poignardé... la sœur du marquis Gaston, qui pleure son père et sa mère morts de chagrin, qui travaille de ses mains et à la sueur de son front parce que vous lui avez volé son héritage, — et qui vous répète, monsieur le duc, qu'il faut qu'ici l'un de nous meure !

Gaston s'était levé et se tenait tout droit devant M. le duc de Compans.

Celui-ci ouvrait des yeux stupéfaits. — Il était atterré sous le coup de ce hasard étrange qui le châtiait par son propre crime. — Il n'avait pas de voix et son sang était pour ainsi dire figé dans ses veines.

Gaston le regardait, et sous le masque de froideur qu'il imposait à son visage il y avait une foudroyante menace.

Ce regard pesait comme un poids de plomb sur la paupière de M. de Compans, qui n'osait point se relever.

Gaston prit ses deux pistolets et les déposa sur une table.

— Ils sont chargés, dit-il, — faites apporter de la lumière.

On n'y voyait presque plus en effet.

Machinalement M. de Compans obéit et appela Mme Brunel.

Personne ne répondit. Mme Brunel s'était enfuie.

Gaston patienta une minute, puis il reprit :

— Monsieur, je suis pressé ; il faut que vous trouviez de la lumière.

Le duc se leva sans mot dire, prit à son chevet un briquet phosphorique et alluma une bougie.

— Il sera fait suivant votre choix, reprit Gaston... les deux pistolets resteront tels qu'ils sont, ou nous ôterons la charge de l'un d'eux...

La bougie allumée éclairait maintenant le visage décomposé de monsieur le duc.

Ses paupières restaient clouées au sol ; ses tempes

avaient des secousses convulsives ; ses lèvres remuaient abaissant les coins rétractés de sa bouche.

— Vous savez bien, monsieur, murmura-t-il, que l'on ne peut pas se battre ainsi sans témoins...

— Je sais que je vous exprime une volonté, monsieur, répondit Gaston, que votre vie m'appartient de toutes manières, et qu'il faut m'obéir.

Ces paroles étaient prononcées d'un ton simple et bref. Il n'y avait pas à penser que la menace pût être vaine...

Si un doute avait pu naître d'ailleurs, un seul regard jeté sur Gaston l'aurait bien vite fait évanouir.

Ses traits exprimaient l'indomptable résolution de sa volonté.

Son front digne et hautain ne laissait percer aucun symptôme de colère. — C'était comme une sentence qu'il portait, — une sentence sans appel.

Le duc avait levé les yeux sur lui à la dérobée et ce seul regard lui avait dit qu'il fallait mettre de côté toute espérance de tromper la justice de Gaston ou de la fléchir.

— Les chances ne sont pas égales, monsieur, reprit-il encore, pourtant ; — c'est ici ma maison... Si le malheur voulait que ce combat vous fût fatal, qui pourrait m'absoudre de ce meurtre ?

— Ne plaidez pas, monsieur ! répliqua Gaston. Si je vous laisse prendre une de ces armes, ce n'est pas pour vous, mais pour moi.

Il reprit ses deux pistolets sur la table et en présenta un par la crosse à M. de Compans.

— Voulez-vous que les deux armes restent chargées? demanda-t-il.

Le duc prolongeait son hésitation.

— Monsieur, dit Gaston dont la voix trahit alors seulement un accès d'emportement tôt réprimé, — songez que je me demande depuis un quart d'heure si ce serait un crime de vous brûler la cervelle.

Le duc fit un pas en arrière, et sa joue devint plus livide.

— Déchargeons l'un des pistolets, dit-il d'une voix sourde.

Gaston souleva le chien de l'une des batteries, retira

la capsule et passa plusieurs fois son mouchoir sur la cheminée, — puis il rabattit le chien.

— C'est fait, monsieur, dit-il, tournez le dos.

Le duc avait suivi d'un regard cauteleux l'opération de Gaston.

Il avait comparé soigneusement les deux armes qui, semblables au premier coup d'œil, avaient cependant entre elles de ces différences insensibles que le fabricant ne peut éviter.

Il tourna le dos.

Gaston changea les deux pistolets de main.

— Choisissez ! reprit-il.

Le duc se retourna et tint ses doigts levés au-dessus des deux armes.

Il hésita. — Les lignes qu'il avait cru reconnaître échappaient maintenant à son trouble.

— Choisissez ! répéta Gaston.

Le duc prit l'un des pistolets.

La pièce où ils se trouvaient était séparée de l'escalier par l'antichambre et du boudoir par cette autre pièce où M. le duc de Compans-Maillepré avait subi les bravos et les sifflets des convives de Léon du Chesnel.

Gaston se retira dans cette pièce. Le duc recula jusqu'à l'antichambre.

Deux bougies allumées étaient placées au milieu de la chambre intermédiaire où devait avoir lieu le combat.

Ne pouvant recevoir de signal, les deux adversaires devaient tirer au moment où ils s'apercevraient.

Le duc parut le premier à la porte de l'antichambre.

Malgré cette hâte, il avait eu le temps de tâter la cheminée de son arme et de voir que la vie de Gaston était entre ses mains...

CHAPITRE IV

MISSION DÉLICATE

Gaston parut à son tour à la porte opposée.

Mais, au lieu de s'arrêter sur le seuil, comme faisait vis-à-vis de lui M. le duc de Compans, il continua de marcher jusqu'au milieu de la chambre.

Arrivé auprès des bougies, il arma son pistolet.

Le duc l'imita.

Gaston abaissa son arme et visa longuement. Sa main était aussi ferme que si elle eût été de marbre.

Le duc ne put s'empêcher de tressaillir, bien qu'il eût la conscience de ne courir aucun danger.

Gaston pressa la détente.

Cela fit un bruit faible et sec.

Gaston jeta son pistolet et croisa ses bras sur sa poitrine.

La lumière des bougies tombait d'aplomb sur son noble visage, où pas un muscle ne tressaillait.

Le duc de Compans eut un sourire cauteleux et cruel.

— Mon jeune cousin, dit-il, voici qui va mettre fin, je pense, à toutes nos contestations de famille... Mais, je vous prie, avant de vous mettre dans ce mauvais cas, n'auriez-vous point dû songer un peu à mademoiselle votre sœur que vous me laissez comme un héritage ?

La balle de M. de Compans eût fait moins de mal à Gaston que ces paroles. — La vue de cet homme odieux qui s'était fait le bourreau de toute sa famille avait mis en lui une pensée de haine si violente et à la fois si profonde que toute autre pensée s'était enfuie devant elle.

C'était bien vrai ! un instant il avait oublié Sainte.

Et puis, il s'était dit : Dieu est juste, — et il n'avait pas douté une seule minute de l'issue de cette bataille, dont le sort était remis au jugement de la Providence.

Maintenant, ses yeux se désillaient ; il voyait la vérité affreuse. — Sainte, qu'il était venu sauver, perdait en lui son unique protecteur.

Elle retombait au plus bas de sa détresse !

Sa vie, à lui, appartenait à cet homme qui allait passer sur son cadavre pour arriver jusqu'à Sainte !...

Un désespoir poignant se peignit sur ses traits.

Le duc riait un rire sec et railleur...

Gaston jeta un regard avide vers le pistolet qui gisait à terre, et fit un mouvement comme pour le ressaisir.

— Ne bougez pas, mon jeune parent ! dit le duc qui abaissa son arme.

En ce moment, Sainte qu'on avait enfermée, et que ses terreurs reprenaient sans doute, se mit à appeler doucement :

— Gaston ! Gaston !...

Celui-ci joignit les mains avec un muet désespoir.

Le duc riait.

— Gaston ! Gaston ! disait Sainte dont la voix devenait plaintive.

Gaston se couvrit le visage de ses deux mains et un sanglot souleva sa poitrine...

Le duc fit deux pas vers lui...

Sur le seuil de l'antichambre, à la place que venait de quitter M. de Compans, une autre figure sortit de l'ombre.

— Gaston, viens, je t'en prie !... disait Sainte qui pleurait.

C'était trop d'angoisses. — Gaston, incapable de se soutenir, se laissa choir sur ses genoux en murmurant :

— Tuez-moi donc vite !...

Le duc ne se pressait point. — Le cas était difficile.

Il était partagé entre la crainte des suites d'un meurtre commis dans une maison qu'on savait être à lui, et le désir ardent de se défaire du dernier des Maillepré.

Mais le désir était plus fort que la crainte.

Le duc s'approcha jusque auprès de Gaston et sembla chercher une place pour frapper à coup sûr.

Il tenait son arme à bout de bras, pendante...

Quand il voulut la relever, son arme résista.

Le duc se retourna pour voir l'obstacle qui la retenait, et se trouva face à face avec cette figure qui l'avait remplacé sur le seuil de l'antichambre.

Il était désarmé. — Romée venait de lui arracher son pistolet...

Monsieur le duc n'avait vu qu'une fois le sculpteur, mais ses traits étaient sans doute restés bien gravés dans sa mémoire, car il le reconnut d'un seul coup d'œil.

— Deux contre un !... murmura-t-il en cachant sa colère effrayée sous une apparence de mépris.

Gaston releva les yeux et poussa un cri de surprise à la vue du sculpteur.

— Ah ! c'est le ciel qui vous envoie ! s'écria-t-il. — Sainte aura du moins un protecteur... Emmenez-la, monsieur, vous qui avez été pour moi un frère ; emmenez-la de cette maison dont l'air souille et déshonore !

— Nous l'emmènerons tous deux, répliqua Romée qui releva le jeune homme et le soutint entre ses bras avec une tendresse de père. — Pauvre enfant ! ajouta-t-il avec un accent de reproche, — voilà deux fois déjà que vous l'abandonnez, Gaston !... Elle vous aime tant... Avez-vous donc le droit de jouer ainsi votre vie ?...

Gaston courba la tête.

— Ma vie est jouée et perdue, murmura-t-il.

— Contre cet homme ?... dit Romée en montrant au doigt le duc avec un dédain écrasant ; — c'est une partie de dupe !... Ecoutez ! votre sœur appelle...

On entendait en effet la voix éplorée de la pauvre Sainte qui criait :

— Gaston ! Gaston !

Romée le prit à bras le corps et l'entraîna malgré sa résistance.

— Nous allons revenir, lui dit-il.

Mais avant de quitter la chambre, il se retourna vers le duc et lui jeta un regard impérieux en montrant la porte d'un signe de tête.

Le duc haussa les épaules et tâcha de sourire...

Romée et Gaston entrèrent dans le boudoir. — Ils n'y restèrent pas plus d'une minute.

Quand ils repassèrent par la chambre où avait eu lieu le combat, Sainte s'appuyait — comme dans ses beaux rêves — d'un côté au bras de Gaston, de l'autre au bras de Romée.

Et comme Gaston avait eu le temps de lui dire qu'il devait deux fois la vie au sculpteur, Sainte avait à l'âme une joie qui payait toute sa longue souffrance...

M. le duc de Compans-Maillepré n'avait pas jugé à propos sans doute d'attendre pour réclamer sa dette.

Romée lui faisait presque autant de peur qu'à Burot. Monsieur le duc s'était retiré.

. . . .

Nous n'avons que les jardins à traverser pour nous introduire dans la maison de du Chesnel.

Nous pensons, en effet, qu'il n'est pas besoin de nous arrêter pour expliquer l'apparition subite de Romée, puisque nous l'avons vu amené jusqu'à *l'appartement en ville* par les propres soins de M. Burot.

La petite fête donnée par du Chesnel était depuis longtemps finie. Chapitaux, Prunot, Sanguin étaient allés exercer ailleurs cet esprit fin et châtié qui distingue si éminemment notre jeunesse argentée.

Du Chesnel cependant n'avait point perdu son déjeuner.

Bathilde de Saint-Pharamond avait donné une leçon à sa femme.

Une leçon de deux heures et qui, à coup sûr, mérite mention spéciale.

C'était quelques minutes après la représentation que M. le duc de Compans-Maillepré avait offerte par la fenêtre aux convives de du Chesnel.

La lorette commençait évidemment à s'ennuyer. Félicien Chapitaux lui semblait insipide, le baron Prunot révoltant, J. B. S. T. Sanguin haïssable.

Son troisième cigare lui pelait la langue.

Durandin s'approcha d'elle et entama une conversation. — Durandin n'était pas un homme brillant, mais, à côté de tous ces Chapitaux, il pouvait sembler un aigle.

Quand il eut parlé pendant cinq minutes et tourné ses pouces durant le même espace de temps, la lorette lui montra ses belles dents en un long éclat de rire.

Du Chesnel les observait de loin d'un air inquiet.

— Ainsi, dit la lorette à l'avoué, — il faut que je lui fasse un éloge poétique et pompeux de ce bon M. Polype?...

— Un éloge épique, répondit Durandin, — tout ce que vous pourrez trouver de plus renversant !... Et puis vous m'entendez bien... la manière de s'en servir...

L'avoué se mit à rire benoitement et tourna ses pouces avec innocence. — La lorette se leva.

Du Chesnel s'était mêlé au groupe des Chapitaux pour cacher son trouble croissant.

Durandin l'appela et lui dit :

— Mon bon ami, voici madame qui voudrait bien dire un petit bonsoir à ta femme...

Assurément il serait difficile de se représenter une position plus triste que celle de ce malheureux du Chesnel.

Il rougit et s'inclina d'un air gauche en balbutiant des bribes de compliments.

Puis il offrit son bras à la lorette qui avait un méchant sourire sur la lèvre.

Le bon Durandin jouait en tout ceci le rôle de compère. Il suivit le diplomate et Bathilde jusque dans la chambre de Charlotte, et se chargea d'emmener le mari.

La lorette et Charlotte restèrent seules.

— Ma chère dame, dit Bathilde en se renversant sur son fauteuil après avoir ajusté lestement les plis bouffants de sa robe, — savez-vous que vous êtes adorablement jolie ?... Quelle bouche charmante ! quel frais sourire !... les beaux yeux ! le gracieux front... C'est vous qui vous coiffez ?... la délicieuse chevelure !... et puis cette taille !... Vraiment je ne connais pas une seule femme, — je dis des plus à la mode, — qui soit à vous comparer.

Devant ce flux de paroles, Charlotte demeurait confuse et rougissait.

Elle était mal à l'aise vis-à-vis de cette femme, dont la hardiesse l'embarrassait et l'effrayait.

Ces compliments effrontés, lancés à brûle-pourpoint l'irritaient et blessaient ce qu'il y avait d'orgueil noble dans son cœur.

Sa figure, comme un miroir mobile, reflétait fidèlement ces sentiments divers.

Bathilde, qui ne cessait de la regarder en face, ne put point se méprendre sur l'effet de son exorde et lut tout couramment sur l'expressive physionomie de la jeune femme.

Mais Bathilde ne savait plus se troubler ou perdre contenance.

— Mon Dieu! ma chère dame, reprit-elle avec un ton de supériorité bienveillante, — je vois bien que votre jolie modestie s'affarouche à s'entendre dire ainsi de grosses vérités. Mais que voulez-vous? je suis franche, moi... J'ai le cœur sur la main... Vous me plaisez : je vous le dis, comme à l'occasion je dirais le contraire...

Charlotte s'inclina froidement.

Elle, si vive, si pétulante de nature, se sentait glacée par cette familiarité précoce.

Ces audaces évaporées la repoussaient. — Elle devenait aussi guindée devant cette femme qu'il était dans son caractère d'être rieuse, liante et bonne.

— Je ne dis pas que nous ne ferons point une paire d'amies... continua la lorette. — Je pense que je suis votre aînée ; c'est à moi de faire les avances... Mais laissons ce sujet : je vous déconcerte... Ah ! ma chère, il faudra perdre ces timidités là !... Nous y tâcherons toutes deux.

La rougeur s'épaississait sur le front de Charlotte. Elle releva ses yeux, où il y avait une fierté digne, et répondit avec douceur :

— Madame, vous ne me déconcertez point... Seulement je ne sais comment répondre aux bontés dont il vous plaît de m'accabler.

— Un peu de moquerie ! dit la lorette, qui éclata de rire aussitôt ; — c'est ravissant !... Mais dites-moi... comment trouvez-vous M. Polype ?

Rien n'annonçait cette question.

Bathilde la fit avec brusquerie pour mieux juger de son effet.

Charlotte la regarda étonnée.

M. Polype ? répéta-t-elle. — Madame, je ne sais vraiment...

— Si fait, ma chère, interrompit la lorette, — vous l'avez vu une fois, cela suffit... Vous le savez par cœur.

Bathilde ramena son corps gracieux en avant et appuya son coude au bras du fauteuil.

Son œil qui ne se détachait point de Charlotte, avait perdu son éclair railleur pour prendre une expression d'intérêt affectueux.

Ce n'était point une feinte. La lorette ne se contraignait plus, même avec les hommes...

— Écoutez, dit-elle, — je suis capable de vous aimer, parce que vous êtes charmante et malheureuse...

— Madame !... interrompit Charlotte, dont les sourcils délicats se froncèrent légèrement.

— Oh ! je vous en prie, s'écria Bathilde, — quoi que je puisse vous dire, ne vous formalisez point !... On ne se fâche jamais avec moi, ma chère, quoique j'en donne sujet bien souvent... Si vous vous fâchiez, vous justement qui n'en avez point de motif, ce serait ingrat, car, sur ma parole, je n'ai d'autre envie que celle de vous servir...

Charlotte la regarda et sentit diminuer un peu ses préventions contre elle. — Néanmoins elle demeura froide.

La lorette reprit gravement :

— Je suis ici, ma chère, pour vous parler de M. Polype... Rien que de M. Polype !...

— Pourquoi ? demanda Charlotte.

— Parce qu'il est indispensable que vous connaissiez les mérites de ce digne homme... Vous l'avez vu... vous savez si le bon Dieu a mis sur son visage une enseigne suffisamment repoussante. Eh bien ! ma chère, ce que recouvre ce masque grotesque et odieux est encore mille fois plus laid, je vous certifie !

— Pourquoi me dites-vous cela ? interrompit Charlotte ; c'est à peine si je connais ce M. Polype...

— Ma chère enfant, je vous expliquerai mes raisons en finissant... Il faut procéder par ordre... Je parle bien souvent pour parler ; mais ici, soyez sûre, mes paroles ont un but... Laissez-moi d'abord vous peindre en pied M. Polype, et nous verrons plus tard...

La figure de la lorette avait perdu cette expression convenue que l'habitude et le métier lui imposaient. Son sourire redevenait à elle ; son regard pétillait d'intelligence et de malice sous l'arc prononcé de ses noirs sourcils.

Charlotte involontairement eut une vague impatience d'écouter et de savoir...

La lorette caressa la fossette mignonne de son menton et donna cours à sa pétulante éloquence.

— Je suis bien certaine, ma chère, dit-elle, que vous n'avez aucune idée de M. Polype et de ses pareils... Il faut passer au plus serré de la foule, et tout connaître, et tout savoir pour se rendre un compte exact du degré d'infamie où peut arriver un homme possédant à peu près figure humaine et récoltant les honneurs du monde pour les hontes qu'il a partout semées...

Je ne vous dirai pas tout, parce que je ne voudrais pas faire rougir ce beau front... et puis parce que je ne sais pas tout peut-être... et puis enfin parce que l'histoire de cet homme, racontée en détail, durerait aisément plusieurs jours...

— Aurais-je donc à connaître cette histoire un intérêt que j'ignore ? demanda Charlotte.

— Oui, ma chère, répondit sans hésiter Bathilde.

Puis elle poursuivit avec une énergie soudaine en détournant pour la première fois ses yeux de Charlotte.

— C'est une pensée misérable !... misérable et lâche !... Figurez-vous, ajouta-t-elle en s'adressant à la jeune femme, que ce Polype a fait tous les métiers...

Il n'est point d'industrie occulte et honteuse où il n'ait plongé jusqu'au coude ses bras avides. Il est arrivé un jour à Paris, jeune, laid, nu, tournant à droite et à gauche ses petits yeux cupides pour découvrir une poche pleine où exercer l'adresse de ses doigts crochus... Il a volé, recélé; s'il n'a pas assassiné, c'est qu'il est poltron comme un lièvre... et c'est ici sans contredit la partie la moins odieuse de sa vie. Chez nous, je vous l'apprends peut-être, ma chère enfant, un homme qui possède dix mille francs et une certaine espèce de cœur recouverte d'une carapace suffisamment impénétrable, a le droit de tuer çà et là, sans crainte de se compromettre, les pauvres gens qui n'ont que mille écus...

Polype et ses pareils ont tué plus de malheureux que le choléra et la fièvre jaune...

C'est leur métier; ils vivent de cela. — Un beau jour on les rencontre dans un équipage. La Bourse les a mis au nombre de ses saints. Demain ils prêteront de l'argent aux rois; — après-demain, si Jérusalem est en vente, il seront empereurs !...

Mais h. or... — Voici Polype dont la puissance est incontestée, et qui promène son ignoble personne dans nos premiers salons de finance, sans qu'aucun nez se bouche au parfum d'usure qu'il répand autour de lui;

— hier Polype logeait le vice, exploitait le vice, vivait du vice ; — hier Polype comptait d'une main avec les voleurs, de l'autre avec la police ; — hier Polype avait une boutique au Temple pour prêter des gros sous à la petite semaine...

Tout cela s'est effacé ; il n'en reste plus de trace — et, à vrai dire, quelle différence y a-t-il entre lui et messieurs tel et tel qui, toute leur vie, ont escompté en grand et n'ont pas eu besoin de passer par les bas grades de l'armée usurière ?...

Ma chère enfant, cet homme, il faut que vous le connaissiez... Il n'a ni cœur, ni âme, ni conscience ! Il laboure la vie humaine comme un paysan laboure son champ. Il taille dans le vif ; il bêche, — et, avec du sang, il fait de l'or...

Tout autour de lui, il y a des larmes, des sanglots désespérés, des cris d'angoisse ; — mais il y a de l'or gagné, de l'or qui vient et s'amoncelle sans celle. Qu'importent les plaies d'où l'on extrait cet or ?...

Savez-vous ?... Sa main ne s'est jamais ouverte pour soulager la souffrance suppliante. Mais il sait être prodigue à l'occasion comme un satrape. Il va donner, une bagatelle, — pour moins qu'une bagatelle, — pour moins que rien, — pour une femme ! le double de ce que reçoivent par an les ministres du roi de France...

Et chacun des billets de mille francs qui composent cette magnifique largesse a été volé sur le nécessaire de dix familles !...

Qu'on ne lui demande pas un jour de délai, une heure de répit ! — Fi donc ! c'est la ruine du commerce ! car la loyauté marchande, c'est l'exactitude ! — Ce pauvre homme qui ne peut pas payer, est par cela même indigne de pardon ! Polype verrait à l'excuser, peut-être, s'il pouvait payer et qu'il ne le voulût point...

Je le connais, madame, je l'ai vu repousser la prière, railler les supplications, fouler aux pieds la misère agonisante !...

C'est l'escompteur le plus escompteur qui ait jamais bravé la pudeur publique ! c'est le banquier multiplié par le fripon, l'usurier fin, retors, avide, le juif qui eût fait concurrence à Judas et offert un rabais sur le prix du sang du Sauveur !...

Bathilde parlait avec une véhémence extraordinaire.

Ses joues s'étaient colorées, son front s'animait, ses yeux brillaient d'enthousiasme et de colère.

Mais tout à coup elle s'interrompit. Son éclat de rire sceptique tomba comme de l'eau froide sur le feu de sa parole.

Elle changea de ton et reprit :

— Ma petite, tout cela veut dire que Polype est un misérable coquin. J'aurais pu employer moins de grands mots pour cela... mais c'est le danger des mauvaises connaissances : je fréquente un journaliste à la mode... Pour en revenir à Polype, — après tout, c'est son métier d'être une sangsue... il ne vaut ni mieux ni moins que bien d'autres... Les millions sont faits pour exploiter les petites bourses, comme les grands fleuves sont créés pour recevoir les ruisseaux... Je connais un homme, voyez-vous, qui rendrait des points à Polype... un homme cent fois plus vil que Polype lui-même !... Je vous donne son nom à deviner...

Charlotte, qui avait d'abord écouté avec un commencement d'intérêt la sortie de la lorette, était redevenue indifférente ; ces choses, exagérées ou non, ne la touchaient point. Le ton violent et emporté de Bathilde empêchait d'ailleurs la conviction d'entrer dans son esprit.

Elle ressentait pour l'usurier millionnaire un éloignement mêlé de dédain que la tirade de Bathilde n'avait pu chauffer jusqu'à la haine.

Il y avait trop de distance entre cette fange et le cœur noble de la fille de Maillepré...

Néanmoins, elle ne put se défendre d'un trouble vague en écoutant les derniers mots de la lorette.

Le nombre des gens qu'elle connaissait était si restreint ! Après un portrait hideux, on lui disait : il y a pis, et l'on ajoutait : Vous le connaissez, devinez son nom...

— Madame, répliqua-t-elle, je crois que vous vous trompez... je vis en cette maison dans une solitude presque absolue.

— Ah ! que c'est bien cela !... s'écria Bathilde, — cloîtrée !...

Elle s'interrompit et ajouta entre ses dents :

— Avant d'être vendue !

Charlotte la regarda d'un air inquiet.

Il y avait une pitié vraie sur le visage ému de Bathilde.

— Oh! c'est que vous êtes bien jolie!... murmura-t-elle.

La froideur de Charlotte redoubla et se teignit d'une nuance de hauteur.

Bathilde garda le silence durant quelques secondes, puis elle poursuivit en approchant son fauteuil.

— Je le répète, madame, il est un homme mille fois plus vil que Polype lui-même... C'est l'homme qui veut jeter aux bras de Polype une femme jeune et pure dont le cœur est aussi beau que le visage... Une pauvre femme qui vous ressemble, madame... qui est seule comme vous... qui souffre... et qui espère en l'amour de celui qu'elle aime...

Charlotte était pâle et tremblait.

— Madame, balbutia-t-elle d'une voix altérée, — je ne vous comprends pas.

— Hélas! pauvre enfant, dit la lorette avec un élan d'effusion réelle, — il faut bien que je vous le dise ; cette femme qu'on veut livrer à M. Polype, c'est vous...

Charlotte sentit son cœur défaillir.

— Et l'homme, murmura-t-elle mourante, — et l'homme qui veut la livrer?...

— C'est votre mari, prononça tout bas Bathilde.

En même temps, elle voulut prendre la main de la jeune femme.

Mais Charlotte la repoussa violemment.

Elle se leva indignée. Sa taille flexible et gracieuse se revêtit d'une royale hauteur.

Elle couvrit Bathilde d'un regard d'inexprimable mépris, et dit avec un fier sourire :

— Vous mentez ; je ne vous crois pas!...

Bathilde secoua la tête lentement.

— C'est bien difficile à croire, en effet, répliqua-t-elle ; l'idée d'une bassesse si profonde ne doit pas entrer tout d'un coup dans une âme noble comme la vôtre, madame... Mais il faut croire, parce qu'il faut vous défendre... Réfléchissez ; pourquoi vous tromperais-je ?

— Je ne sais... je ne sais! s'écria Charlotte dont les larmes jaillirent, — mais je ne vous crois pas! je ne veux pas vous croire!... Laissez-moi, madame, je vous le demande en grâce... Vos paroles me tuent !

Bathilde réfléchit un instant. — Un sourire amer parut sur sa lèvre.

— Peut-être cela vaudrait mieux, pensa-t-elle ; — on n'en meurt pas !

Son regard se posa sur Charlotte qui venait de se rasseoir, accablée...

— Et cependant, se dit-elle encore, — il y a là tant de belle pureté ! Que de larmes la honte mettra dans ces doux yeux qui savaient sourire !

Elle se redressa sur son fauteuil et continua d'un ton résolu, presque dur :

— Madame, j'ai commencé : j'achèverai... Ne m'imposez pas silence, je ne vous obéirais point... Savez-vous qui je suis, moi que votre mari a fait asseoir à votre table ? Je suis une de ces femmes que les hommes tolèrent et ne protègent point... une de ces pauvres folles qui ont acheté le plaisir au prix du bonheur... une de ces créatures dont la seule présence sous le toit conjugal est une insulte grave... Votre mari m'a ouvert la porte de sa maison et il m'a dit, en vous montrant à moi d'un doigt impitoyable : — Toi qui es perdue, montre-lui le chemin !...

— Mensonge ! mensonge !... balbutiait Charlotte atterrée.

— Hélas ! madame, vous me croyez !... reprit Bathilde. — Vous n'êtes pas sans vous souvenir de quelques tentatives maladroites qui ont dû échouer contre votre ignorance... Pour s'être déterminé à m'envoyer vers vous, il faut que M. du Chesnel ait essayé plus d'une fois en vain...

— Mon Dieu ! mon Dieu ! dit Charlotte, il me semble... Mais non, c'est impossible !...

— Vous vous souvenez ! — continua Bathilde. — Et n'était-ce pas hier, d'ailleurs, qu'on vous a présenté M. Polype ?... Le marché est fait... les arrhes sont données... Je suis venue vers vous de la part de votre mari, chargée de vous pousser bien doucement sur la pente qui descend à l'abîme où je suis !

Charlotte se couvrit le visage de ses mains. On entendit durant quelques secondes ses sanglots déchirants.

— Puis ses sanglots se turent.

Elle était renversée sur le dossier de son fauteuil, privée de sentiment...

Bathilde se leva et mit un baiser sur son front pâle.
Bathilde avait l'œil humide...

Elle sortit et dit à la femme de chambre de Charlotte d'aller au secours de sa maîtresse...

Quand elle rentra dans le salon où l'attendaient ses chevaliers, elle avait repris son sourire hardi et ses allures insoucieuses.

Ce qu'elle venait de faire était peut-être une boutade...

Mais on dit que quelque part, dans la poitrine d'une lorette, il y a parfois un cœur.

— Allons, belle dame, dit Chapitaux, — on a apporté votre costume d'amazone... nos chevaux s'impatientent dans la cour.

Durandin s'était approché à pas de loup.

— Eh bien ?... murmura-t-il.

— Elle s'est évanouie, répliqua la lorette.

— Ah bah ! fit Durandin, — ça été jusque-là ?...

Bathilde passa dans une pièce voisine pour endosser son costume d'amazone.

Dès qu'elle fut habillée, elle descendit dans la cour, escortée de ses Chapitaux et reconduite par Durandin et du Chesnel.

Ce dernier était soucieux et inquiet.

— Madame, dit-il tout bas au moment où l'amazone s'élançait sur son fringant cheval, — que lui avez-vous donc fait pour qu'elle se soit évanouie ?...

— Passez, messieurs, s'écria Bathilde, — je fermerai la marche...

Les Chapitaux caracolèrent et passèrent.

Bathilde, restée seule avec Durandin et du Chesnel, se tourna vers eux, et lança au diplomate un regard de dédain amer.

— N'était-ce pas une mission, délicate, monsieur du Chesnel? demanda-t-elle ; — j'ai fait ce que j'ai pu... Et, à cette heure, je puis vous le dire, votre femme sait aussi bien que moi que vous êtes un misérable !

Elle toucha du bout de sa cravache l'encolure de son beau cheval, qui partit au galop...

CHAPITRE V

AFFAIRES DE FAMILLE

Du Chesnel et Durandin se regardèrent.
Le diplomate était foudroyé.
L'avoué ne savait point tourner ses pouces quand il était debout. Il était alors bien plus facile à déconcerter, parce que cela lui ôtait une contenance.
Au bout de quelques secondes, il haussa les épaules et souffla dans ses grosses joues.

— Peuh ! dit-il, — elle a menti...
— Et si elle n'avait pas menti ?... répliqua du Chesnel à voix basse.
— Dame ! répondit l'avoué ; il faudrait voir... ce que dirait ta femme...
— Tout serait perdu ! murmura du Chesnel, — je connais Charlotte... elle va me haïr, voilà tout.
— Ma foi, mon bon, dit Durandin, — tu conviendras avec moi que ce n'est pas là l'important de l'affaire.
Du Chesnel poussa un gros soupir, puis il frappa du pied avec colère.
— C'est toi qui l'as voulu ! s'écria-t-il ; je perds son amour et je n'ai rien en échange !...
— Mon bon, répliqua paisiblement Durandin, — dans ton état, on doit savoir que toutes les négociations ne réussissent pas... On voit de temps en temps des ambassadeurs trahir ceux qui les envoient...
Du Chesnel fit un geste d'impatience.
— À la bonne heure ! à la bonne heure ! reprit Durandin. — Veux-tu que je m'en aille ?
— Non, répliqua du Chesnel ; — c'est toi qui m'as mis dans ce mauvais pas... il faut que tu m'aides..., il faut que tu me conseilles... Comment sortir de là ?
Durandin se gratta le menton.
— Moi, dit-il, si j'étais à ta place, je prendrais les grands moyens.

— Qu'entends-tu par là ?
— J'entends par grands moyens des moyens radicaux... Tu comprends bien... pas de demi-mesures... Il faut trancher dans le vif ; c'est mon opinion.
— Mais que faire ?...
— Ta position est nette... Hier encore tu me disais : Je suis à deux pas d'une culbute... aujourd'hui tu ne dois plus guère en être qu'à un pas et demi... Il faut savoir, mais tout de suite, s'il y a quelque fonds à faire sur ta femme... Dans le cas où il serait bien prouvé qu'elle se refuse à tout accommodement.... Ma foi, mon bon, à la fin d'un siége on renvoie les bouches inutiles !...
— Y penses-tu !... s'écria du Chesnel.
— Assurément j'y pense... Mais, est-ce que tu tiens à causer de cela dans la cour ?...

Du Chesnel remonta l'escalier de sa maison. En traversant l'antichambre, il demanda des nouvelles de Charlotte qui venait de reprendre ses sens.

Durandin et lui s'assirent côte à côte dans le salon.

— Je disais donc, reprit l'avoué, qui se donna sur-le-champ le plaisir de tourner ses pouces, je disais donc que dans un siége...
— Après ! interrompit du Chesnel.
— Eh bien ! c'est tout simple... A quoi te sert ta femme ?... Désormais elle va te détester, te mépriser !...

Du Chesnel laissa échapper un grondement de colère.

— Ah ! fit Durandin, vois-tu bien, tu auras beau te faire du mauvais sang, ça ne changera rien à l'histoire !... Il est donc bien établi qu'elle te détestera... Fort bien. D'un autre côté, maintenant qu'elle est avertie, bonsoir l'affaire Polype !...
— Député !... murmura du Chesnel.
— Oui, oui, c'est mortifiant, j'en conviens... mais c'est comme cela !... Reste à savoir si, dans ta position, une femme qui ne sert à rien n'est pas la chose du monde la plus nuisible et la plus dangereuse...

L'avoué se tut.
Du Chesnel garda le silence.
— Qu'en dis-tu ? reprit Durandin.
Du Chesnel ne répondit point encore.
— C'est que, poursuivit l'avoué, je me souviens de

notre conversation d'hier... La duchesse est jalouse... Léa Vérin est jalouse... Mon cher garçon, tu n'as pas le moyen de garder ta femme, si ta femme ne peut pas remplacer ces deux dames... Tu auras beau te retourner, je te défie de sortir de là !

Du Chesnel était très pâle ; il souffrait visiblement.

— Ah ! je ne croyais pas tant l'aimer !... murmura-t-il.

— Est-ce comme cela ? dit Durandin. — Tombe à ses genoux ! roucoule une petite élégie... Faites votre paix comme deux tourtereaux... je t'offre une place de second clerc dans mon étude.

Du Chesnel leva sur lui un regard fâché.

— Je sais bien que tu as raison, dit-il, mais...

— Il n'y a pas de mais, mon garçon !

— Cependant il faut au moins s'assurer...

— C'est trop juste.

— Si tu te chargeais d'aller trouver Charlotte ?...

Durandin cessa de tourner ses pouces, et fit une grimace de détresse.

— Ah ! mon bon ami, répondit-il, je ne vaux rien pour ces affaires-là !... Que diable veux-tu que je dise à ta femme ?...

— Ce que tu voudras, répliqua du Chesnel avec tristesse, — mais j'ai peur de la voir !... Je ne saurais point soutenir ses reproches... Elle m'aimait tant !

— Il n'y a pas de doute, mon bon... Je conçois ces délicatesses-là... Eh bien ! si tu veux me promettre de te conduire en homme sage, je vais me charger de soutenir le premier feu.

— Je ferai ce que tu voudras, dit du Chesnel.

— Posons nos faits... Voilà deux jours presque entiers que je perds à me mêler de tes affaires... Dieu sait pourtant que celles du marquis auraient grand besoin de moi. A tout le moins faut-il que mon école buissonnière serve à quelque chose... Voici comment j'entends la question : — 1° Si Mme du Chesnel ne sait rien, ou si, sachant quelque chose, elle ne se montre pas trop farouche, il est stipulé que le contrat Polype sera poussé lestement et que l'affaire suivra son cours comme il a été dit entre les parties ; — 2° si, au contraire Mme du Chesnel a été mise au fait par Bathilde... je donne celle-là au diable de tout mon cœur !... et si elle se refuse à tout accommodement, nous convenons que tu la mettras dans un fiacre et que tu la reconduiras séance tenante, là où tu l'as prise.

— Mais... commença du Chesnel.

— Je te dis qu'il n'y a pas de mais !... Sois sûr que, le second cas échéant, ladite dame du Chesnel ne demandera pas mieux que de se retirer chez son frère...

— Je le crains, murmura le diplomate.

— Je l'espère aussi, moi !... dit Durandin ; — est-ce entendu ?

— M. de Naye m'a justement donné sa carte aux buttes Saint-Chaumont, pensa tout haut du Chesnel.

— Comme ça se trouve ! s'écria l'avoué. — Réfléchis bien... on ne posa jamais de dilemme plus logique... Si ta femme t'aime encore, tu la gardes... si elle ne peut plus te souffrir, tu la reconduis... quitte à plaider ultérieurement en séparation de corps... Je me chargerai bien volontiers de la procédure.

Du Chesnel n'hésita qu'un instant. — L'avoué parlait en effet avec une apparence de vérité... Du moment que Charlotte pouvait mesurer le degré de bassesse où était tombé son mari, une séparation devenait nécessaire.

— Fais ce que tu voudras, dit du Chesnel.

Durandin passa dans la chambre de Charlotte.

Celle-ci était seule. Elle avait repris ses sens, mais elle demeurait comme accablée.

L'avoué s'assit auprès d'elle.

L'horreur épique a de la poésie ; l'horreur bourgeoise n'est que hideuse.

Nous tirerons le voile sur cette scène où un brave garçon, très bien couvert, exerçant une profession paisible et sérieusement incapable d'écraser une mouche sans nécessité, retourna le poignard, une demi-heure durant, dans le cœur ulcéré de la pauvre femme.

L'ambassade de Durandin ne présentait au reste aucune difficulté. — Charlotte était fière et vive. Il y avait un fonds de force hautaine parmi sa pétulance d'enfant. — Elle dut faire la moitié du chemin.

Les premières paroles de Durandin la courbèrent sous le sentiment de sa honte. — Jusqu'à ce moment elle avait voulu douter encore. Elle accusait Bathilde de mensonge et ne voulait point croire à tout son malheur.

Désormais le doute était impossible. — Une fois passé le premier moment de douleur accablante, Charlotte se redressa, sa fierté native lui enseigna ce qu'il était bon de penser et de dire.

Elle fut digne, et ferme, et noble. — Elle sut cacher la blessure de son âme désespérée.

— Eh bien ! ma chère dame, dit Durandin après une conférence assez longue, — il me paraît évident que M. du Chesnel et vous, vous ne pourrez jamais vous arranger sur ce point... Or, ce point, c'est le principal... Si je vous ai bien comprise, vous ne seriez pas éloignée de quitter le domicile conjugal...

— Si je savais où trouver mon frère !... murmura Charlotte.

— Ma chère dame, nous le savons... J'ai les pleins pouvoirs de M. du Chesnel... Si vous y consentez, nous allons terminer ce petit conflit à l'amiable, sans bruit, sans secousse et comme il convient à des gens bien élevés... Je vais vous reconduire chez monsieur votre frère.

La paupière de Charlotte trembla, et une larme, en vain retenue, coula sur sa joue pâle.

— M. du Chesnel vous a chargé de me parler ainsi, monsieur ? demanda-t-elle.

L'avoué s'inclina avec une politesse souriante.

Charlotte hésita durant une seconde, puis elle dit en se levant :

— Monsieur je suis prête à vous suivre.

Durandin offrit son bras que Charlotte accepta.

Ils montèrent tous les deux dans la voiture de du Chesnel, qui prit la route du Marais.

Gaston était encore en ce moment avec Sainte dans la petite maison de M. le duc de Compans.

Quand Charlotte rentra dans la demeure de son frère, il n'y avait que la vieille duchesse immobile, insensible sur son fauteuil — et Jean-Marie Biot qui priait, en pleurant auprès du corps blanc et diaphane de la pauvre Berthe expirée.

. . . .
. . . .

M. le duc de Compans était depuis longtemps déjà de retour à son hôtel.

Il était environ neuf heures du soir.

Monsieur le duc ne se ressentait point des fatigues de la journée.

Il avait trouvé chez lui en rentrant une bonne nouvelle, et la joie repose.

Nous le rejoignons dans un cabinet de travail, assisté de Denisart qui a presque pris depuis la veille les manières de favori.

Quant à M. Burot, la poule seule pouvait le consoler d'avoir introduit un intrus dans l'appartement en ville de son maître.

Monsieur le duc avait vraiment une figure toute épanouie. Son valet de chambre avait réparé les avaries supportées par sa toilette. Il était brillant, net, gai, gaillard, — et bien en prenait à la pauvre Sainte d'être désormais à l'abri de ses attaques.

Devant Monsieur le duc, sur son bureau, on voyait, ouvert, le portefeuille rouge soustrait par Pierre Worms, dit *Poupard*, dans le secrétaire du jeune marquis de Maillepré.

Le duc feuilletait l'un après l'autre les divers papiers que contenait le portefeuille.

A chaque nouvelle minute qui passait entre ses mains, son sourire s'épanouissait davantage ; ses yeux clignotaient et retrouvaient des éclairs moqueurs. Il rajeunissait de vingt ans.

C'est que cette trouvaille n'influait pas seulement sur ses rapports avec le marquis. — Le marquis mis hors de combat, quelle force restait aux rodomontades de du Chesnel ? quelle force aux prétentions de madame la duchesse ?

Et encore, et surtout, quel moyen d'établir son origine restait-il à ce jeune Maillepré qui venait de surgir devant lui comme une menace ?...

Cette circonstance donnait au portefeuille une valeur incalculable.

Plus de crainte ! l'horizon s'éclaircissait. Ses ennemis réunis tous ensemble, et ligués même avec les vrais Maillepré, ne pouvaient plus rien contre lui !...

Il allait redevenir un homme ! Il allait commander, parler haut à son tour et jouer de doux rôle de tyran qui est pour certaines natures la souveraine puissance !

— C'est bien cela ! c'est bien cela ! se disait-il. — Ce coquin de marquis avait raison de dire que j'étais en son pouvoir !... C'était une mèche qu'il avait à la main ; si j'avais fait un pas en avant, nous sautions... Voici des actes tout à fait précieux !

Il s'arrêta et ajouta en ricanant :

— Même sous le rapport historique !... Une lettre de Lafayette... un brevet de colonel au service de l'Union... C'est fort beau. Mais j'aime mieux les actes de famille... tout y est... contrat de mariage, procès-verbaux de naissance, rien n'y manque... sauf l'acte de décès du vieux duc !... Ah ! ma foi, je suis enchanté de faire ainsi connaissance avec tous mes jeunes cousins de Maillepré !

Il se tourna vers Denisart, qui l'observait du coin de l'œil.

— Voilà qui est très bien, reprit-il ; on ne m'avait pas trompé, vous êtes un homme de ressource... Combien vous avais-je promis !

— Trois mille francs, monsieur le duc, répondit Denisart avec un profond salut.

— Trois mille francs ! s'écria Compans ; — ce n'est pas assez... Je vais vous en donner six mille et je double vos appointements.

— Ah ! monsieur le duc... commença Denisart dont le nez rouge et les yeux blessés voulurent exprimer un respectueux attendrissement.

Il allait allonger sans doute le caoutchou sonore d'une période universitaire, lorsque le valet de chambre de monsieur le duc entra et annonça monsieur le marquis de Maillepré.

Denisart se retira dans un coin.

Le duc, par un mouvement rapide, rassembla les pièces éparses, contenues naguère dans le portefeuille rouge, et les jeta dans un tiroir qu'il referma à clef.

Au moment où il mettait la main sur le portefeuille lui-même pour le faire disparaître également, on introduisait monsieur le marquis de Maillepré.

Le marquis était très pâle, et peut-être manquait-il quelque chose ce soir à l'arrangement exquis de sa toilette, mais c'étaient là les seuls signes de trouble qu'on eût pu remarquer en sa personne ; son beau visage gardait une expression de hardiesse calme et insoucieuse.

Le duc s'était levé pour le recevoir.

Ils échangèrent un salut.

Le duc souriait : le marquis était froid.

— Monsieur, dit ce dernier, — je me suis absenté de chez moi durant quelques jours... pendant cette absence j'ai été dévalisé d'une façon audacieuse.

— En vérité ? répliqua le duc, — contez-moi donc ça, mon cousin.

Le duc souriait toujours.

Son regard et celui du marquis convergèrent et tombèrent à la fois sur le portefeuille.

— C'est un meuble de famille, murmura le duc en saluant.

— Je croyais bien le reconnaître, répondit le marquis avec une égale courtoisie, — et c'est pour cela que je ne prenais point le souci de vous raconter mon aventure en détail... Vous avez dû, mon cousin, en avoir la première nouvelle?

— J'aurais mauvaise grâce à le nier, répondit le duc.

Dénisart, dans son coin, courbait sa face hypocrite sur une copie commencée et n'osait point lever les yeux.

Il jetait seulement de temps à autre un regard craintif et cauteleux vers le nouveau venu qui lui tournait le dos.

Les sourcils du marquis s'étaient froncés légèrement.

— Nous jouons gros jeu, mon cousin, dit-il.

— Je suis joueur, répliqua le duc.

— Il faut l'être en effet, mon cousin, dit le marquis d'une voix basse mais fortement accentuée, — pour recommencer aujourd'hui la partie qui mit autrefois ce portefeuille entre mes mains.

Le duc eut besoin de faire un effort pour garder son sourire.

— Mon cousin, reprit le marquis, — êtes-vous bien résolu à garder malgré moi ce meuble de famille ?

— Ce n'est pas une question, répliqua M. de Compans.

— Si fait, mon cousin... je vais vous dire pourquoi... Hier je tenais à ce portefeuille comme on tient à la fortune... aujourd'hui les circonstances ont bien changé ; tiens à cette heure mille fois plus qu'on ne tient à la vie... Entendez-moi bien... Ne prenez point de folle confiance par la pensée que j'exagère ou que je veux vous effrayer... Il me faut ce portefeuille... Dussé-je pour cela vous tuer !... dussé-je brûler votre maison, dussé-je !... Mais pourquoi tant de paroles ?... Je vous dis qu'il me le faut.

Le regard du marquis menaçait, hautain et dur. Il y avait sur son visage une indomptable énergie.

Le duc l'avait craint trop longtemps pour demeurer impassible devant cette colère contenue et concentrée.

Mais son adversaire lui-même l'avait dit, c'était une partie engagée ; il avait en main de quoi la gagner : il fallait jouer.

— Mon cousin, dit-il en changeant son sourire railleur contre une apparence de franchise, — je sais parfaitement ce dont vous êtes capable et j'aurais peur de vous... je vous avoue cela tout simplement... si mon intention n'était point de vous traiter de manière à rendre toute guerre impossible... Que vous faut-il ? deux cent cinquante mille francs de rente ?... je vous les donne ; je vends demain la moitié des terres de Maillepré, et je vous en compte le prix, parce que, vous le sentez très bien, entre nous, tout contrat authentique est une impossibilité. — Il me semble que cinq millions sont une rançon acceptable.

Denisart, dans son coin, passait sa langue sur ses lèvres et frémissait de désirs à entendre parler ainsi de millions si près de lui.

— Mon cousin, répliqua le marquis, votre offre peut être très magnifique, mais je ne l'accepte pas.

— Quoi ! la moitié de ma fortune ?...

— Je refuserais également les trois quarts de votre fortune, dit le marquis d'un ton grave et résolu. Je refuserais votre fortune toute entière ! Je vous répète qu'il me faut ces papiers.

— Et moi, je vous dirai, s'écria le duc avec emportement, — que je suis las de subir vos lois ! que je veux bien payer la paix à un prix exorbitant, mais qu'il me faut la paix... Or, tant que vous aurez la main sur moi à l'aide de ces papiers, j'aurai toujours la guerre à redouter...

Le front du marquis était devenu rêveur. Il appuya

son coude sur le bureau de M. de Compans, soutenant sa tête dans la paume de sa main.

Il regardait le duc en face.

— Cet homme à qui j'ai pris le portefeuille il y a sept ans, dit-il d'une voix basse et triste, était à peu près de votre âge.

Le duc tressaillit et jeta autour de lui son œil inquiet.

— N'ayez pas peur, reprit le marquis, — je compte vous donner vingt-quatre heures pour réfléchir... Voyez-vous, poursuivit-il en baissant tellement la voix que le duc avait peine à l'entendre, — il y a bien peu de jours que j'ai appris le remords... C'est un tourment cruel ! S'il me faut tuer une seconde fois, j'en mourrai, je le sais bien... mais j'ai ma tâche désormais en ce monde... il faut qu'elle s'accomplisse, dussé-je être deux fois meurtrier !

La paupière du duc se baissait sous le regard lourd et fixe du jeune homme.

Il semblait combattu violemment et son hésitation creusait les profondes rides de sa figure vieillie.

Le marquis gardait le silence.

Au bout de quelques secondes le duc releva sur lui son œil qui disait les frayeurs de sa haine.

— Mon cousin, murmura-t-il, — sous le poignard levé on cherche à se défendre... repousser le fer par le fer ce n'est point commettre un crime... Pensez-vous donc, vous qui me menacez en face, qu'il me serait si difficile de vous prévenir !

— Non, mon cousin, répondit le marquis. — Celui de vos serviteurs qui a si bien fracturé mon secrétaire, doit savoir le reste de son métier... mais quand j'ai parlé de meurtre, vous savez bien ce que j'ai voulu dire. J'ai pris de l'expérience depuis sept ans, et je tiens le poignard au plus bas de mon mépris... Mon arme est plus simple que cela, et sept ans, vous le savez bien, ne suffisent point à prescrire l'assassinat...

Le duc poussa un gros soupir où il y avait plus de soulagement que d'inquiétude.

Il ne partageait point l'opinion du marquis, et se souvenant de la nuit du mardi gras de 1826, il regardait le poignard comme une arme dont il ne faut point faire fi.

— Mon cousin, dit-il avec un retour de fermeté, — je vous ai soumis mes conditions... Rien désormais ne me fera faiblir.

— Mon cousin, répliqua le marquis, — vous avez vingt-quatre heures pour accepter les miennes.

A ces mots, il se renversa sur son fauteuil. Ses sourcils froncés se détendirent et son sourire charmant reparut sur son visage.

— Parlons d'autre chose, mon cousin, reprit-il avec une gaîté légère, — dites-moi... vous avez été servi à souhait dans cette circonstance... Le drôle qui m'a dévalisé est un véritable artiste... il m'a volé dix mille écus sans gâter un seul de mes meubles, sans déranger une seule de mes serrures... Quant au tiroir à secret où était ce portefeuille, — il étendit la main et toucha le portefeuille rouge ; il le sentit vide ; — aucun désappointement ne vint obscurcir sa bonne humeur revenue, — le tiroir était fermé avec la fameuse combinaison que monsieur Goret et monsieur Chifel, nos deux serruriers héroïques, se disputent depuis dix ans... Le drôle aurait pu gagner les quinze mille francs que ces messieurs offrent si généreusement à quiconque ouvrira leurs serrures.

Le duc ne put s'empêcher de suivre ce mouvement subit de gaîté.

— Je suis heureux, répondit-il avec un demi-sourire, — qu'on ait au moins laissé intacte l'élégance de votre mobilier.

— Oui, oui, reprit le marquis, — cela s'est fait avec un tact prodigieux... Vous me présenterez ce coquin-là, n'est-ce pas, monsieur le duc ?

— Mon cousin, je n'ai rien à vous refuser ; mais je ne le connais pas personnellement.

Le duc prononça ces mots avec tout le dédain convenable.

Puis il ajouta :

— Il faudrait vous adresser à ce bon garçon que voilà dans un coin là-bas... il vous donnerait à ce sujet des renseignements suffisants.

Le marquis se retourna et aperçut le dos de Denisart courbé sur sa copie.

Il se leva et se dirigea vers lui.

Denisart, craignant une correction immédiate, se faisait petit et tremblait comme la feuille.

Le marquis le saisit par une épaule, le força de se lever et lui imprima un mouvement de rotation qui les mit face à face.

Ils se regardèrent.

Denisart, dont le visage était livide de peur, ouvrit de grands yeux stupéfaits à la vue du marquis.

Le marquis lui-même fit un geste de surprise. — On n'a pas besoin de voir trois fois une face ignoble comme était celle du pédant pour s'en souvenir à tout jamais.

Le marquis demeura un instant immobile.

— Ah! c'est toi qui as fait cela! murmura-t-il de manière à n'être entendu que de Denisart; — c'est bien.

Il serra le bras du pédant qui retomba sur sa chaise épouvanté.

— Ma foi, cousin, reprit le marquis en revenant sur ses pas, cet homme a tout à fait le physique de l'emploi... Vous l'avez choisi, je voudrais le gager, sur sa physionomie!

Il prit son chapeau et ajouta en saluant avec tout plein de grâce:

— Monsieur le duc, nous nous sommes expliqués comme de loyaux et bons parents que nous sommes. Je vous prie d'être bien persuadé que, pour ma part, je ne manquerai à aucune de mes promesses... À l'honneur de vous revoir!

Le marquis prit congé. — Au moment de passer le seuil, il se retourna et fit signe à Denisart qui cligna de l'œil craintivement et baissa la tête.

CHAPITRE XI

LA CHAMBRE DU MEURTRE

Depuis sept ans, le Palais-Royal avait subi des changements notables.

Le bassin était creusé, les cages à jours des galeries de bois avaient fait place à ce passage vitré que les Suisses, les Belges et les gens de Cahors s'obstinent à regarder comme le centre du fashion parisien.

Le reste avait progressé à l'avenant. Les restaurants s'étaient multipliés indéfiniment, offrant à la gourmandise provinciale des repas prodigieux pour le modique déboursé de quarante sous. — Le jeu y gardait encore tous ses temples, et Vénus n'avait fait que changer de prêtresses.

Mais la mode l'abandonnait déjà. Quelque chose de triste était sous les longues galeries. — C'était froid. La joie s'y ennuyait. Le vice s'y engourdissait endormi...

Vers huit heures du soir, le lendemain des événements que nous avons racontés aux précédents chapitres, un élégant coupé, débouchant par la rue Vivienne, s'arrêta au perron du Palais-Royal.

Un jeune homme à la tournure leste et distinguée sauta sur le pavé et descendit les marches qui conduisaient à la galerie Beaujolais.

Il traversa le court passage, jetant un regard à gauche sur le Caveau du Sauvage, dont la vogue était alors bien diminuée, et entra tout droit dans le jardin.

Il y avait ce jour-là dans l'air quelque petit vent d'orage politique. — Le peuple s'était attroupé sur les boulevards, et les pompes avaient joué peut-être du côté de la porte Saint-Martin.

Une foule énorme se pressait dans le jardin. — C'est au Palais-Royal, en effet, que se passe souvent la partie bavarde, la partie littéraire de l'émeute.

Ailleurs, on se bat. Au Palais-Royal, on se pousse et l'on cause.

Le jeune homme qui venait de descendre le perron était le marquis de Maillepré.

Il ne venait point là pour parler politique, et ses pensées n'allaient point avec les gasconnades vides qui couraient bruyamment de groupe en groupe.

Sa physionomie était triste et grave.

Il y avait sept ans que monsieur le marquis de Maillepré n'avait remis le pied au Palais-Royal.

Aussi un flux de souvenirs envahissait tumultueusement son esprit. — La foule qui l'entourait aidait au travail douloureux de sa mémoire.

Il se croyait presque au milieu de cette autre foule bariolée, ivre, folle, qui emplissait les jardins le soir du mardi gras de 1826.

Il allait, perçant comme alors la cohue... A chaque instant, son regard se heurtait contre un objet connu, d'où surgissait un remords...

Là, devant le café de la Rotonde, le duc avait jeté à l'oreille du malheureux James Western ce nom qui, comme une parole magique, avait eu le pouvoir de tuer un homme. — Là, c'était le champ de bataille où Western avait combattu les masques et terrassé Josépin. — Plus loin, c'était la porte par où Carmen était sortie pour prendre ses habits de femme. — Plus loin encore, c'était l'entrée du café du Caveau, scène souterraine où s'était passé le prologue d'un drame sanglant !

Le marquis allait et venait, se plongeant avec une sorte de plaisir sombre au beau milieu de ses souvenirs.

Au bout de quelques minutes, il reprit le passage du Caveau, et sortant dans la rue de Beaujolais, il suivit le chemin qu'il avait fait avec Western sept ans auparavant, sous le nom de Carmen, pour gagner l'hôtel du Sauvage.

Le petit passage donnant sur la rue de Valois était toujours aussi noir, aussi humide, aussi froid que jadis. Le marquis en monta les marches huileuses et se trouva au rez-de-chaussée de l'hôtel.

Il y avait longtemps déjà que monsieur Polype avait vendu la propriété de ce fructueux repaire. — Ce n'était plus Mme Polype qui s'asseyait au comptoir de la salle commune, mais c'était une dame de valeur égale pour le moins.

— La chambre est-elle préparée ? lui demanda le marquis.

— Oui, monsieur, répondit la dame ; la chambre rouge au premier : six couverts...

Le marquis gagna l'escalier et monta, précédé par un garçon qui portait une bougie.

Le marquis était pâle. Des gouttes de sueur mouillaient ses tempes froides.

Le garçon ouvrit la porte de la chambre rouge et s'effaça pour laisser la route libre.

Mais, au lieu d'entrer, le marquis recula d'un pas et chancela, comme s'il allait tomber à la renverse.

Quelque vision venait de passer devant ses yeux. Il avait vu, derrière cette porte ouverte, un cadavre étendu sur le plancher...

Ce fut l'affaire d'un instant ; — à l'aide d'un effort violent, son esprit recouvra l'équilibre ; — il entra.

Cette pièce, qu'on appelait la chambre rouge, n'avait en soi pourtant rien de bien redoutable.

C'était une chambre à coucher d'hôtel dont les rideaux fanés pouvaient bien avoir été rouges autrefois, mais ne gardaient plus qu'une couleur indécise et déteinte.

Il y avait des fenêtres à jalousies baissées discrètement, une grande alcôve fermée et un sofa dur.

Au milieu de la pièce se dressait une table recouverte d'une nappe bien blanche où s'alignaient six assiettes avec leurs accessoires.

C'était un souper commandé.

Le marquis demeura debout à quelques pas de la porte. Le garçon mit la bougie sur la table et fit mine de se retirer.

On eût dit que le marquis cherchait un prétexte pour le retenir.

— Cette table est trop près de la fenêtre, dit-il.

Le garçon éloigna la table et se dirigea de nouveau vers la porte.

— Il me semble, dit le marquis, — que nous serions mieux auprès de la cheminée.

— Ce sera comme monsieur voudra, répliqua le garçon qui se mit en devoir d'exécuter le changement indiqué.

Mais avant qu'il eût fait rouler la table, le marquis reprit brusquement.

— C'est bien comme cela... Laissez moi... et dès que ces messieurs viendront, faites-les monter sur-le-champ.

Le garçon sortit et ferma la porte.

Le marquis écouta le bruit de ses pas se perdre dans le corridor. Il avait les yeux baissés et ne les relevait point.

— Un tremblement continu agitait imperceptiblement ses membres.

Sa pâleur était devenue livide. — Ses traits exprimaient de l'horreur et de l'épouvante.

Les difficultés qu'il avait soulevées un instant auparavant, c'était bien pour retenir le garçon. — il avait peur.

Quand il cessa d'entendre le bruit de ses pas dans le corridor, une expression d'angoisse se répandit sur son visage. Son cœur défaillit ; ses jambes refusèrent de le soutenir...

Il gagna en chancelant le sofa et s'y assit pour ne point tomber à la renverse.

Mais le contact de ce siège sembla le brûler ; il se releva d'un bond ; ses cheveux hérissés frémirent...

Sur ce sofa Carmen s'était couchée. — Vis-à-vis d'elle, James Western confiant avait pris son dernier repas...

Le marquis passa le revers de sa main sur son front, où se glaçait la sueur. — Il demeurait debout, n'osant faire un pas, n'osant lever les yeux, — car tout dans cette chambre maudite lui parlait du crime.

Ce parquet poudreux, ses pieds l'avaient effleuré, lascifs et gracieux, dessinant les pas provoquants de la danse espagnole.

Il lui semblait entendre les roulements fréquents des castagnettes qui se mêlaient aux chants avinés des masques faisant orgie à l'étage supérieur.

Par cette fenêtre, fermée maintenant, Carmen avait voulu fuir. — Elle avait noué les draps au balcon, ces draps qu'une main mystérieuse et décharnée comme la main d'un spectre avait arrachés violemment.

Dans cette alcôve, Carmen s'était cachée. — Là, pour la première fois, le remords avait crié au fond de son cœur.

— Cette sueur froide qui inondait maintenant ses tempes avait percé là pour la première fois sans ses cheveux !

A deux pas d'elle, — cette planche, qu'une large fente séparait de ses voisines, Carmen l'avait soulevée...

Et dans le trou noir que recouvrait cette planche, Carmen avait mis le corps de James Western... le cadavre inerte, raidi, lourd de cet homme si plein de vie naguère, et qui venait de prononcer pour elle, inconnue, d'éparoles de tendresse et de pitié !...

La gorge du marquis râlait, ses tempes battaient, tous les muscles de son corps tressaillaient, agités par une fièvre épuisante.

Il aurait voulu fuir, mais ses jambes mortes étaient clouées au sol.

La terreur l'annihilait. — Il eût été incapable de faire un mouvement ou de pousser un cri.

Sa tête s'emplissait de plus en plus de délirantes pensées. — Il avait bravé ses souvenirs ; ses souvenirs le tuaient.

Le fantôme de Western était là, partout, menaçant ou lamentable.

Partout il y avait du sang. De toutes parts gémissaient des plaintes. — Ses yeux avaient beau se fermer, il voyait toujours ce pâle cadavre qui se couchait à ses pieds.

Les forces lui manquèrent à la fin pour soutenir cette lutte terrible. Il s'affaissa, vaincu, sur le plancher... Quelques minutes après, des pas se firent entendre dans le corridor, des pas et des voix. — On approchait.

Le marquis s'éveilla en sursaut de son délire et se releva brusquement.

La solitude fait seule toutes ces terreurs. La raison revient au premier bruit qui annonce l'approche d'un homme.

Lorsque la porte s'ouvrit, le marquis était debout et ne gardait d'autre trace de sa récente détresse qu'un reste de pâleur répandu sur son visage éteint.

Les nouveaux venus étaient Léon du Chesnel, Durandin et le docteur.

Ils entrèrent, du Chesnel en tête.

Le diplomate, vu sa position, tranchait de l'égal avec le marquis ; il présenta sa main. Josépin, au contraire, fit un salut presque respectueux.

Quant à l'avoué, il se comporta en homme d'affaires, c'est-à-dire que de son salut on ne pouvait rien inférer.

Mais les gens qui veulent tout deviner sur les physionomies auraient eu ce soir-là beau jeu avec la bonne et grosse figure de Durandin.

Il y avait du triomphe et de la malice dans son débonnaire sourire. — On aurait pu penser qu'il en savait plus long que les autres sur les motifs de cette réunion, et plus long qu'il n'en voulait dire.

Du Chesnel prit le premier la parole.

— Monsieur, dit-il au marquis, je pense que les lettres adressées à ces messieurs sont semblables à la mienne... Je n'y ai vu qu'une invitation pressante... De plus susceptibles auraient pu y trouver une menace.

— Laisse donc, répliqua Durandin, qui sourit alternativement au diplomate et au marquis ; — tu vois partout des menaces... Le marquis sait que nous sommes ses amis... A quoi bon menacer ses amis ?

Le marquis remercia du geste et désigna des sièges autour de la table.

Les trois nouveaux venus s'assirent. — Involontairement, par la suite de la récente secousse qu'il avait éprouvée et aussi par l'effet que produisait sur lui cette chambre fatale, le marquis gardait une expression grave et solennelle.

Du Chesnel et Josépin remarquèrent cet aspect sévère et prirent une vague inquiétude. — Le lieu choisi avait en effet quelque chose de lugubre et semblait annoncer un retour vers ce crime lointain qui restait comme un pacte étroit entre les six convives du carnaval de 1826.

Ils regardaient tous les deux le marquis en dessous, cherchant à lire sur ses traits quelque chose de sa pensée.

Durandin, lui, ne s'inquiétait pas pour si peu. Sa figure exprimait comme à l'ordinaire la sérénité la plus heureuse. — De plus qu'à l'ordinaire, il y avait dans son sourire une assez forte dose de malice, et son regard fixé sur le marquis avait une arrière-nuance de supériorité.

Deux couverts restaient vides encore, mais l'attente ne fut pas longue, et l'on vit arriver bientôt Denisart accompagné de Roby,

Roby, avantageux, familier, fanfaron et secouant la dentelle illusoire d'un jabot qui n'existait point ; — Denisart, humble, obséquieux et saluant à la ronde en baissant ses paupières soumises.

On servit. — Le souper se traîna silencieux et froid. Il fallut arriver au second service pour voir les convives s'animer un peu et faire honneur aux plats de l'hôtel du Sauvage.

Nous devons faire pourtant une exception en faveur de Durandin, qui dès le potage mangea comme un premier clerc et but comme un procureur.

Roby marcha le premier sur ces traces, puis vint Denisart, qui, réparant le temps perdu avec zèle, fit bientôt revenir son nez à l'état de charbon ardent.

Soit par hasard, soit que le marquis l'eût voulu ainsi, les convives se trouvaient placés à table dans le même ordre que la nuit du mardi gras. Le marquis avait Durandin à sa gauche et Denisart à sa droite ; en face de lui était du Chesnel, flanqué de Josépin et de Roby.

La chaise de Denisart appuyait un de ses pieds, comme alors, sur la planche qui avait servi de couvercle au cercueil improvisé de Western...

Mais cette planche avait été clouée ; elle ne basculait plus.

Au dessert, le marquis repoussa son fauteuil et réclama le silence d'un geste.

— Messieurs, dit-il, entre nous il y a une association que le hasard a frappée d'impuissance... Voici deux d'entre nous que je ne connais pas... Depuis sept ans je ne les avais pas revus.

— Des voyages... interrompit Roby. — Mais j'espère avoir le plaisir, monsieur le marquis, de renouer avec vous pour l'avenir des relations très étroites et infiniment agréables...

— Moi, dit Denisart d'un air timide. — j'ai été pendant quatre ans frapper toutes les semaines à la porte de madame la baronne de Roye... J'ai su seulement hier qu'elle portait encore un autre nom.

— Denisart, répliqua Durandin, — monsieur le marquis ne se souvient plus de t'avoir donné une fois quinze cents francs sous son nom de baronne pour imprimer ta fameuse brochure... Je suis sûr, Denisart, que ton bon cœur n'a pas pu l'oublier.

Le pédant s'inclina avec un faux sourire.

— A Dieu ne plaise, murmura-t-il, que je puisse jamais oublier un bienfait.

Nous n'avons pas besoin de dire que Roby ne se vanta point de l'expédition qu'il avait faite la veille chez madame la baronne et du mauvais succès de cette expédition.

Le marquis reprit :

— Personne n'est ici à blâmer, messieurs... le besoin rapproche... Nous nous sommes tenus éloignés les uns des autres parce que notre intérêt sans doute ne nous rassemblait point... Aujourd'hui j'ai besoin de vous tous... Il faut que je trouve en vous des gens parfaitement dévoués, prêts à tout pour me servir... J'espère que vous m'excuserez de vous avoir rappelé dans ma lettre cette circonstance très malheureuse qui est entre nous un lien indissoluble.

C'était donc une menace, dit du Chesnel entre haut et bas.

— Du tout, du tout, fit Durandin... tu as l'esprit mal fait, mon bon !...

Josépin donna trois coups de doigts sur ses lunettes d'or et ouvrit la bouche pour parler, — mais il ne parla point.

Ceci entrait dans les habitudes du docteur.

— Le fait est, dit Roby, qu'il y a entre nous un souvenir assez désagréable... mais, après tout, monsieur le marquis ou madame la baronne, vous me permettrez de vous dire qu'il y a loin de la nuque de Roby à la guillotine !...

Denisart, le nez dans son verre, buvait timidement et gardait le silence.

— Il y a d'autant plus loin, monsieur, de votre cou à la guillotine, poursuivit le marquis dont la voix se fit sévère, — qu'il vous faudrait me pousser à bout complètement pour que je fisse usage de l'arme terrible que le hasard a mise entre mes mains.

— Bah ! fit Roby, — sept ans, c'est diablement long !... le brave homme n'a point réclamé... personne ne s'est occupé de cette histoire-là... Monsieur le marquis votre accusation aurait l'air de tomber de la lune.

— Sauf la forme, ajouta du Chesnel, je dois dire que je m'associe à l'opinion de Roby...

— La forme, la forme !... grommela Roby, excepté Denisart, qui a le nez plus rouge qu'autrefois, tous ces malheureux-là sont devenus musqués comme des jeunes premiers du Gymnase !

— Messieurs, reprit le marquis, l'intérêt qui me pousse

est excessivement grave... Auprès de cet intérêt, votre vie à tous aussi bien que la mienne n'est absolument rien, s'il faut que je vous le dise... Vous me permettrez donc, s'il vous plaît, d'insister et de vous faire voir que votre sécurité est plus consolante que sage.

Le marquis tira de sa poche un journal et le déplia lentement.

— C'est un numéro du *Journal du Commerce* du mois d'avril 1826, poursuivit-il. — Si quelqu'un de vous veut avoir la bonté de lire à haute voix cet article, marqué à l'encre rouge, je pense que votre avis pourra se transformer et se rapprocher du mien davantage...

Du Chesnel prit le journal avec une certaine précipitation et parcourut l'article d'un regard rapide.

Tandis qu'il le parcourait, son visage pâlissait visiblement.

— Voyons, lis-nous cela, dirent les autres convives.

Du Chesnel communiqua lecture de l'article à haute voix.

C'était un fait-Paris, qui racontait d'une façon succincte un bruit public, entouré d'une certaine consistance, lequel plaçait un meurtre à l'hôtel du Sauvage, rue de Valois-Palais-Royal dans la nuit du mardi gras au mercredi des Cendres de l'année 1826. — On y citait le nom de l'assassiné. Quant aux meurtriers, des soupçons graves, disait l'article, pesaient sur les nommés L. D., E. D., D..t, R..y, et J...n, qui avaient eu cette nuit-là même, au Caveau du Sauvage, une dispute avec le malheureux étranger, dispute où le sang avait coulé.

La lecture de cet article fit un certain effet sur quatre des convives.

C'était un coup inattendu.

Denisart, Roby, le docteur et du Chesnel lui-même ne purent dissimuler leur inquiétude. L'avoué garda sa tranquillité sereine, — son sourire même devint plus joyeux s'il est possible.

Il repoussa son assiette vidée, et, pour la première fois depuis le commencement du repas, il trouva le loisir de tourner ses pouces.

— Messieurs, dit le marquis, vos initiales sont là, c'est un malheur... d'un autre côté, vous ne pouvez ignorer que vos noms sont écrits en toutes lettres et ensemble sur le registre de la police, puisque, dans l'après-midi du mardi gras, vous avez parcouru le boulevard en calèche et masqués... un simple rapprochement établirait ici l'identité... d'ailleurs vous sentez bien que si j'ai eu la précaution de faire insérer cet article prudent, je n'ai pu perdre de vue les témoins nécessaires...

Il se fit un silence de quelques secondes, au bout desquelles du Chesnel s'écria en souriant tout à coup :

— Nous sommes admirables !... Nous en venons aux menaces avant de savoir de quoi il s'agit !...

Ce mot eut un très grand succès, parce que l'on recommençait à avoir peur, — Denisart, Roby et Josépin y applaudirent avec entraînement.

— C'est clair, ajouta le docteur... que M. le marquis dise ce que nous pouvons faire pour lui être agréable, et je suis convaincu que tout le monde ici sera trop heureux...

— Evidemment, évidemment ! s'écria-t-on en chœur.

Roby chercha un v··· déclamer pour la circonstance, mais il n'en trouva point et dut se borner à opiner en prose.

Durandin, aussi insensible à cet enthousiasme pacifique qu'aux récentes menaces de guerre, souriait toujours et semblait un juste que n'atteignent point les passions vulgaires de la foule.

— Je remercie Monsieur du Chesnel, dit le marquis, d'avoir arrêté à propos une discussion inutile et qui pouvait présenter de sérieux dangers... Pour moi, comme pour vous, messieurs, car je sais fort bien qu'en vous perdant je me perds... Mais que ceci ne vous rassure point !... Vous savez quel prix le désespoir met à la vie... Eh bien ! je suis désespéré... Hier, mon revenu se montait au quart d'un million ; aujourd'hui, je suis plus pauvre qu'un mendiant... c'est vous dire assez que je suis prêt à tout...

Durandin témoigna par un signe de tête combien cet argument lui semblait logique.

Josépin et du Chesnel échangèrent un regard d'inquiétude.

Denisart, le nez dans son verre, écoutait sournoisement et ne donnait point signe de vie.

Roby était celui qui se rapprochait le plus de la sérénité de Durandin. — Roby n'avait rien à perdre.

— Tout cela ne nous apprend pas, dit-il, ce que M. le marquis attend de nous...

Celui-ci se recueillit un instant et poursuivit :

— Docteur, vous êtes le médecin de M. le duc de Compans-Maillepré.., vous avez vos entrées à l'hôtel à toute heure... Pour en venir à mon but, je ne pourrais trouver un auxiliaire plus utile que vous.

— Quel est ce but ? demanda Josépin.

— Monsieur du Chesnel, reprit le marquis sans répondre, — vous êtes l'amant de Mme la duchesse de Compans... C'est moi-même qui vous procurai il y a sept ans votre première entrevue...

— Voilà une constance ! murmura Roby ?

— Comme le docteur, continua le marquis, — vous pouvez entrer à l'hôtel à toute heure... de plus vous pouvez faire agir Mme la duchesse... Je compte spécialement sur vous.

— Et qu'allez-vous me demander, monsieur ? dit du Chesnel.

— Monsieur Roby, poursuivit le marquis, je sais que vous êtes lié avec le secrétaire de M. le duc...

— Oh ! lié ! interrompit Roby, — vous m'entendez bien... Lié comme un homme de ma sorte peut être lié avec un Burot !...

— Je compte également sur vous.

— Encore faudrait-il savoir... dit Roby.

— Monsieur Durandin, reprit le marquis, je ne pense pas avoir besoin de dire en quoi vous pouvez me servir ?...

L'avoué fit un petit signe de tête.

— Enfin, monsieur Denisart, dit encore le marquis, bien que votre position ne soit point digne de vos mérites, vous êtes, sans contredit, le mieux placé pour me rendre service...

Denisart ne demanda point ce dont il s'agissait.

Il grommela entre ses dents :

— J'ai la confiance de monsieur le duc, c'est vrai, — mais son bureau a trois serrures...

Durandin sourit bénignement.

— Est-ce qu'on voudrait nous faire participer à un vol ? dit du Chesnel en se redressant avec hauteur.

Le marquis le regarda en face, son œil fixe et froid exprimait une indomptable volonté.

— Je vous ai dit, monsieur, que votre vie et la mienne n'étaient rien auprès de l'intérêt qui me fait agir... s'il faut voler, vous volerez... s'il faut tuer vous tuerez !

CHAPITRE VII

LES CINQ

Le marquis prononça ces dernières paroles d'une voix lente et à la fois incisive.

Les convives en éprouvèrent un choc qui varia suivant les différences de la nature.

Josépin se sentit trembler.

Du Chesnel se révolta et ouvrit la bouche pour protester fièrement ; — mais c'était sur lui que pesait en ce moment la puissante fixité du regard du marquis. — Il baissa les yeux en frémissant, et se tut.

Roby prit des idées noires et perdit sa pose fanfaronne. Le marquis lui apparaissait sous un jour nouveau, et il n'était plus tenté de le provoquer par des attaques étourdies.

Denisart, lui, savait depuis la veille ce dont était cas. Il était partagé entre une énorme frayeur, qui du reste était chez lui mal d'habitude, et une vague espérance de doubler son aubaine et d'ajouter aux six mille francs de M. le duc quelques milliers d'écus pour monter sur un bon pied son égout, nous voulons dire sa maison, et faire couler sur les faubourgs des torrents de caresse à un sou et de flatteries frelatées...

Quant à Durandin, pour un motif ou pour un autre, il était à l'abri de l'émotion.

C'était le grand modérateur qui se chargeait ici de calmer tour à tour les passions ennemies.

En cette occasion, il murmura quelques paroles de conciliation et reprit sa quiétude immobile.

— Messieurs, poursuivit le marquis en modérant l'accent impérieux de sa voix, — j'ai tort de commander ainsi puisqu'il n'est pas en votre pouvoir de me refuser... Ne discutons plus, je vous prie, et convenons de nos faits... Le portefeuille qui renfermait mes titres de famille et tous les papiers constatant mon état de marquis de Maillepré m'a été enlevé. — A l'heure qu'il est, je ne suis plus que Carmen... Vous savez, la petite malheureuse qui dansait dans la boue sur le boulevard du Temple...

Durandin fit une grimace de surprise. — Il ne s'attendait pas à cela.

— C'est un fâcheux accident, dit Josépin.

— Mais je ne vois pas, ajouta du Chesnel, ce que nous y pouvons faire...

Roby écoutait curieusement et Denisart se tenait coi.

Le marquis poursuivit :

— Il n'est pas difficile de deviner l'auteur de cette soustraction... Un seul homme avait intérêt à me priver de mes titres... C'est M. le duc de Compans-Maillepré.

Durandin hocha la tête en signe d'affirmation. — Il réfléchissait.

— Cependant, voulut objecter du Chesnel, si ce n'était pas le duc !...

— Monsieur, répondit le marquis, je ne viens pas ici avec des doutes... Si j'ai menacé, si je me sens résolu au parti le plus extrême, c'est que ma certitude est complète.

Il se tourna du côté de Denisart, qui essayait de prendre un air indifférent et ajouta :

— C'est cet homme qui s'est introduit chez moi... c'est lui qui m'a volé mon portefeuille et qui l'a remis aux mains de monsieur le duc.

— Ta parole !... dit Roby en s'adressant à Denisart.

— Quoi ! misérable, s'écria du Chesnel ; c'est toi qui nous a mis dans ce trou !...

— Malheureux ! ajouta Josépin, j'étais bien sûr que tu finirais mal !

— L'honneur est une île escarpée et sans bords, déclama Roby. On n'y peut plus rentrer quand on en est dehors.

Durandin regardait Denisart en tournant ses pouces et murmurait tout doucement :

— Tiens, tiens, tiens, tiens !...

Du Chesnel, cependant, était dans une véritable colère. Ne pouvant la décharger sur le marquis, il se leva, fit le tour de la table et saisit rudement Denisart au collet.

Josépin imitait assez volontiers du Chesnel. Il le suivit et prit Denisart par le bras.

Roby, qui en ces circonstances n'était pas homme à rester en arrière, s'élança et prit à poignée le jabot du pédant.

Celui-ci était plus blême que la toile de sa chemise, hormis son nez, qui ressortait sanglant au milieu de cette pâleur.

Du Chesnel se mit à le secouer brusquement, et les autres l'imitèrent de confiance.

De sorte que le malheureux pédant, tiraillé en tous sens, houspillé, battu, poussa bientôt des cris de détresse.

La voix du marquis s'éleva et tout rentra dans l'ordre.

— Messieurs, dit-il, ne vous faites pas un ennemi de cet homme !... Il peut vous être très utile...

— A nous ?... demanda du Chesnel.

— Je ne vois pas... commença Josépin.

— Laissez donc parler monsieur le marquis, dit Roby, qui jouait en ce moment le rôle de la force publique et empêchait Denisart de s'esquiver.

— A vous ! répéta le marquis froidement ; — comprenez donc bien votre position, messieurs... la force des choses vous engage tous solidairement envers moi... le plus sage, croyez-moi, est de réunir vos efforts...

— De sorte que, s'écria du Chesnel, — vous prétendez nous rendre responsables du fait de Denisart !...

— Pas tout à fait, répliqua le marquis ; — je prétends user de vous purement et simplement, mais non point vous punir.

Du Chesnel regagna sa place et se rassit en tâchant de contenir sa colère.

— Voici ce que j'exige de vous, reprit le marquis sans élever la voix, mais en accentuant chacun de ses mots : J'ai besoin de mon portefeuille, le 28 novembre... nous sommes au 22, vous avez six jours, c'est bien plus de temps qu'il ne faut.

— Mais, dit du Chesnel, si, en définitive, nos efforts étaient inutiles ?

— Cela vous regarde, messieurs... je ne suis pas votre juge.

Son front s'assombrit. Sa voix devint triste et presque solennelle. Il ajouta :

— Mon but est tel que, si vous ne réussissez pas, il me reste un autre moyen de l'atteindre... ce moyen, c'est de me perdre avec vous et une autre personne encore... Messieurs, si vous voyiez le fond de mon âme, vous sauriez combien m'est aisé le sacrifice de la vie... Écoutez-moi : je suis ici sans colère ni haine... je vous menace sans passion et afin seulement qu'il vous soit bien prouvé que votre salut dépend de vous seuls. Je vous attendrai le 28 novembre jusqu'à midi... à midi, si vous ne m'avez pas fait parvenir le portefeuille avec toutes les pièces qu'il contenait, Carmen ira se mettre entre les mains du parquet... elle avouera son crime... elle nommera ses complices.

Le visage du marquis était effrayant de calme et de résolution sombre.

Les convives, à l'exception de Durandin, étaient sous le coup d'une écrasante terreur.

Ils croyaient à la menace du marquis, — et, rien qu'à voir la résolution indomptable de son regard, il eût fallu être insensé pour douter encore.

— Carmen nommera ses complices, reprit le marquis ; — tous ses complices !... Elle conduira le magistrat au Caveau du Sauvage, et les témoins convoqués viendront dire où fut répandue la première goutte du sang de Western... De là, Carmen se rendra dans la chambre où nous sommes... Elle dira ici était Léon du Chesnel !...

Le marquis désignait la place du diplomate.

— Ici était un M. Roby... Ici le docteur Josépin... celui qui annonçait dans une lettre à M. le duc de Compans-Maillepré l'arrivée du malheureux Western... Ici était M. Edme Durandin.

Même à ce moment l'avoué ne broncha pas et regarda le marquis en redoublant la douceur de son sourire.

Les autres convives étaient atterrés.

— Là, enfin, reprit le marquis, dont la voix vibrait sourdement, — sur cette planche qui recouvrait le cadavre était le siège de M. Denisart.

Le pédant recula instinctivement sa chaise et se prit à trembler en ouvrant tout grands ses yeux éblouis.

Le marquis se leva. Il avait repris son air de gracieuse courtoisie...

— Messieurs, dit-il en saluant à la ronde, j'espère vivement que nous n'en viendrons point à ces extrémités... Vous avez six grands jours devant vous... Pour des hommes habiles et de bon vouloir, six jours c'est assez pour faire l'impossible... Je vous attendrai religieusement jusqu'à midi... D'ici là, je vous en préviens, vous n'aurez point de mes nouvelles... Ni encouragement, ni menace... Vous êtes avertis, c'est à vous d'agir suivant les conseils de votre prudence.

Le marquis prit son chapeau, salua encore de la main et disparut.

Les convives demeuraient immobiles et muets.

Lorsque du Chesnel ouvrit la bouche pour demander une explication ou exposer un doute, le marquis était déjà loin.

Durandin avait jeté sa serviette sur la table et s'était élancé sur ses pas.

Les quatre autres se regardèrent ébahis, déconcertés, pétrifiés...

Le marquis, cependant, avait franchi les escaliers de l'hôtel et descendait cette volée de marches humides qui conduit de la rue Neuve-des-Bons-Enfants à celle de Valois.

Arrivé au milieu de cette rampe usée et glissante qui restait dans l'obscurité la plus complète, il entendit derrière lui une respiration essoufflée et se sentit toucher l'épaule.

— Voilà qui est très fâcheux, madame la baronne, dit derrière lui la voix de Durandin — Où diable avez-vous été vous laisser prendre ces papiers-là?...

Le marquis avait tressailli d'abord, mais il reconnut tout de suite l'organe débonnaire de l'avoué.

— Ils me les rendront, répliqua-t-il?

— Ça pourrait bien être, reprit Durandin. Ma parole! vous les avez fascinés... Du Chesnel lui-même était pris... il était encore, je crois, plus sot que les autres!

Ils arrivaient au trottoir de la rue de Valois.

Le marquis s'arrêta sous le réverbère et se retourna pour regarder en face Durandin :

— Est-ce que vous avez cru que je raillais? demanda-t-il.

— Eh ! eh ! fit l'avoué d'un ton équivoque.
— Ces papiers, poursuivit le marquis avec une véhémence soudaine, — je l'ai dit à eux et je vous le répète... j'y tiens plus qu'à la vie !
— Je conçois cela, dit Durandin. — Deux cent cinquante mille francs de rente et un titre de marquis !... c'est fort aimable... On s'attacherait à moins !
Le marquis secoua la tête.
— Ce n'est ni pour l'argent, ni pour la noblesse... murmura-t-il d'une voix où il y avait un embarras presque timide.
— Ah ! ah ! fit l'avoué.
— C'est parce que... commença le marquis impétueusement.
Il s'arrêta et poursuivit à voix basse :
— Mais à quoi bon vous parler de ces choses ?... l'important, pour vous comme pour les autres, c'est que ma résolution est irrévocable !
— C'est très fort, répartit l'avoué, — très fort, très fort !... Comment, vous allez aller comme cela chez le procureur du roi lui conter votre *meâ culpâ*... dénoncer de pauvres diables qui sont d'assez braves garçons après tout... Je voudrais bien savoir, par exemple, quel avantage vous en retirerez ?
— Ah ! répliqua le marquis avec vivacité, vous ne savez pas tout !... Nous ne serons pas seuls sur la sellette !... Monsieur le duc s'assoira auprès de nous. Et contre lui les preuves accumulées seront terribles !
— De sorte que, murmura l'avoué, nous ferons table rase... et nous aurons la satisfaction flatteuse de nous en aller dans l'autre monde ou au bagne en excellente compagnie !... Monsieur le marquis, je vous croyais moins enfant que cela !
La voix du marquis devint hautaine et sévère.
— Savez-vous donc me juger ?... prononça-t-il lentement. Vous avez dit le mot : il y aura table rase !... Qui sait si je ne travaille point pour qu'un autre, après nous, ait sa place faite au banquet ?
L'avoué réfléchit un instant.
— Ma foi, s'écria-t-il, je ne suis pas fier... J'avoue franchement que je ne vous comprends pas !... C'est toujours comme cela quand il s'agit de poésie... Revenons à la prose. Vous avez été très éloquent ; vous les

avez vaincus, terrassés, écrasés ; ils feront tout ce que vous voudrez : voilà ce qui est certain ; mais vous allez convenir avec moi tout à l'heure que je vous ai donné un puissant coup d'épaule.

— Comment cela ? demanda le marquis.

— En ne riant pas comme un bossu pendant tout le temps de votre discours, madame la baronne.

L'avoué avait ses priviléges ; il était de ceux contre qui la colère est oiseuse et l'indignation ridicule.

Le mécontentement du marquis se traduisit seulement par un geste d'impatience.

— Ecoutez donc, reprit Durandin, — vous m'eussiez excusé vous-même... C'était drôle, ma parole, c'était excessivement drôle !... Ils se croyaient déjà, les pauvres diables, sous le couteau fatal !... Je crois qu'ils auraient accepté les travaux forcés avec reconnaissance.

L'avoué se mit à rire franchement.

— Figurez-vous l'effet, reprit-il, — si je m'étais levé et que j'eusse dit : Mes bons amis, tout cela est très bien, mais monsieur le marquis nous traite comme des enfants... On ne peut pas guillotiner des gens pour le meurtre d'un homme qui jouit d'une santé très passable...

Ils se promenaient côte à côte, de long en large, sur la chaussée déserte de la rue de Valois.

Le marquis s'arrêta brusquement à ces derniers mots et interrogea l'avoué d'un regard stupéfait.

Depuis le commencement de l'entretien, il le croyait ivre, et cette opinion n'avait pas peu contribué à prolonger sa patience, mais en ce moment il le crut fou.

— Vous ne songez pas à ce que vous dites !... murmura-t-il.

— Si fait, répondit l'avoué.

— De qui parlez-vous donc ?

— Parbleu ! du mort en question !... de l'Américain James Western, — que j'ai eu l'avantage d'entretenir avant-hier pendant plus de deux heures...

Le marquis pensait rêver et ne voulait point croire.

— Western !... balbutia-t-il enfin, — James Western !... mais savez-vous que c'est moi qui l'ai tué !

— Oui, répliqua tranquillement Durandin.

— Savez-vous que je suis resté seul auprès de son cadavre !...

— Non, dit Durandin, mes renseignements ne vont pas jusque-là... mais on revient de très loin, et tout ce que je puis vous dire...

Le marquis lui saisit les deux mains par un mouvement brusque. Un doute entrait dans son esprit. — Un doute et une espérance !

— Expliquez-vous ! expliquez-vous ! murmura-t-il d'une voix tremblante.

— Ma foi, répartit Durandin, il y aurait longtemps que je me serais expliqué si vous n'étiez pas devenu invisible depuis trois jours... Je ne m'étonne pas du tout qu'on ait dévalisé votre domicile... Chaque fois que je suis allé vous demander durant ces trois jours, j'ai trouvé dans votre antichambre des figures incroyables... Il y avait un brave homme qui poussait le sans-gêne jusqu'à se faire un lit de vos banquettes, afin de prendre mieux patience et de vous attendre plus commodément...

L'agitation du marquis grandissait jusqu'à devenir épuisante.

— Mais je vous dis de vous expliquer ! répéta-t-il... Parlez-moi de Western... Vous me faites mourir !

— J'y arrive, répliqua Durandin... Mais je veux perdre mon étude, si je ne suis pas allé vingt fois vous demander pendant ces trois jours... Je me présentais au n° 4 de la rue Royale... M. le marquis de Maillepré est absent, me disait-on... Je courais à la rue Castiglione où l'on me répondait ; Madame la baronne n'est pas visible... Ne vous impatientez pas, nous y voilà !... Avant-hier, un brave gentleman se présenta chez moi et me fit sur vous de très nombreuses questions... J'étais ma foi bien loin de deviner le motif de l'intérêt qu'il vous portait ; mais je vis du premier coup d'œil qu'il vous prenait pour le vrai Gaston de Maillepré, à qui, pour une raison quelconque, il gardait une affection paternelle... C'était embarrassant... Je lui dis, bien entendu, que j'avais votre confiance tout entière ; je fis appel à ma mémoire et trouvai moyen de placer dans la conversation tout ce que je sais des vrais Maillepré grâce au contenu du portefeuille rouge... Cela produisit, je vous assure, un excellent effet... La preuve, c'est

que le gentleman, — du diable si je le reconnaissais !
— me remit un volumineux Mémoire en me priant de
m'en servir dans l'intérêt du marquis Gaston, pour
interrompre le délai de trente ans, qui, accompli une
fois, doit changer les droits précaires de monsieur le
duc en une propriété inattaquable... A ce propos, je
vous dirai que cette idée-là n'est point méprisable...

— Mais cet homme, interrompit le marquis avec une
impatience avide, — cet homme !... ne me parlez que
de cet homme !

— Le gentleman ?... à la bonne heure !... Eh bien !
quand il m'eut remis son Mémoire, il s'en retourna
chez lui, je pense... Moi je me mis à lire ledit Mémoire...
Ah ! dame ; voyez-vous, c'est prodigieux !... Il y a là
dedans des choses !... Vous savez bien, le vieux sauvage du Caveau ?... mais si je voulais vous raconter
tout cela, je n'aurais pas fini demain matin... Tout ce
que je puis vous dire, c'est que M. le duc de Compans
est un enfant adultérin qui n'a pas plus de droit que le
Grand-Turc à la succession de Maillepré... mais ce
n'est pas là le plus curieux. Ce qui m'a intéressé au
dernier point, c'est le récit détaillé de votre aventure
avec ce James Western dans la chambre où nous venons de faire un petit souper...

— Mais c'est donc lui ! balbutia le marquis dont la
main tremblante et froide cherchait la main de Durandin.

— Je suis las de vous le répéter ! poursuivit l'avoué.
Il raconte le mauvais parti que lui fit une certaine
Carmen qui lui donna tout bonnement un coup de poignard dans la gorge... Vous n'y alliez pas de main
morte, monsieur le marquis !... et quand je pense que
nous autres, nous étions à danser pendant ce temps-là
avec nos épouses à l'étage supérieur !...

Durandin eut un gros rire.

Le marquis s'épuisait à suivre ce récit. — Ses forces
défaillaient.

— Mais au diable ces souvenirs ! s'écria l'avoué,
— maintenant, je suis un homme établi, je ne soupe
plus, je ne danse plus... mais je m'ennuie. Ah ! dame !...
ne vous impatientez pas... Ce qui va vous paraître très
curieux, c'est la suite ; car vous ne savez que jusqu'au
coup de poignard. Eh bien ! une fois dans le trou,

Western y serait resté jusqu'au jugement dernier, sans ce diable de sauvage qui avait tout vu par l'un des œils-de-bœuf de la chambre où nous venons de faire un petit souper... Vous vous souvenez bien, au moment où vous retirâtes la planche pour nous montrer le cadavre, nous vîmes le pauvre malheureux disparaître et s'abîmer lentement... Il semblerait que c'était le sauvage... un vieux fou très intelligent... qui avait percé en dessous du cercueil improvisé pour se donner la récréation de porter le corps mort chez un médecin. Je ne peux pas vous dire, moi, tout ce qui s'ensuivit... C'est une histoire à faire courir tout Paris si elle est jamais portée devant les tribunaux... En substance, Western guéri retourna en Amérique, revint avec d'autres papiers, et cherche encore les Maillepré, qui sont les enfants de sa sœur... C'est lui qui a signé le Mémoire...

Le marquis joignait les mains avec force. — Sans l'obscurité profonde qui régnait à l'endroit où s'étaient arrêtés les deux interlocuteurs, on eût vu ses beaux yeux humides s'élever vers le ciel avec une reconnaissance passionnée.

— Vous voyez bien, reprit Durandin, qu'il ne tenait qu'à moi de rassurer ces messieurs et de donner à votre beau discours un résultat tout autre !...

— Ces papiers que vous a remis Western avec le Mémoire, dit le marquis au lieu de répondre, peuvent-ils remplacer ceux qui étaient dans le portefeuille rouge?

— Non, répliqua l'avoué. Il manque de quoi établir la filiation du marquis Raoul qui est le père des neveux de ce Western... c'est tout bonnement le principal.

Le marquis baissa la tête et parut se plonger dans ses réflexions.

— Mais, pour n'être pas suffisant, reprit Durandin, — ils auraient pu aider à nous inquiéter déplorablement. Le hasard qui a poussé ce Western chez moi est un coup de la Providence et prouve que cet Américain a décidément du guignon... Les petits Maillepré désormais en effet, à supposer qu'ils existent, ce que j'ignore, n'ont pas l'ombre d'un papier de famille... Je n'hésite pas à déclarer qu'il faudrait un miracle pour les remettre à flot.

Le marquis garda le silence ; sa tête se penchait sur sa poitrine, et ses deux mains à son insu comprimaient les battements de son cœur.

Au bout de quelques secondes, il parut s'éveiller brusquement.

— Le plus profond secret sur tout ceci, s'il vous plaît, monsieur Durandin ! dit-il d'une voix brusquement changée ; — demain je prendrai connaissance de ce Mémoire... Rien n'est perdu à l'égard du portefeuille, puisque ma menace garde toute sa force vis-à-vis des gens que nous avons laissés là-haut... Ils ont peur ; ils agiront... et nous aurons gagné à tout ceci de n'avoir plus à craindre ces petits Maillepré, à qui désormais, comme vous le dites fort bien, il faudrait un miracle pour recouvrer leur héritage... Je vous remercie de votre conduite de ce soir... Vous n'aurez point à vous repentir de m'avoir servi fidèlement.

— Je connais la générosité de monsieur le marquis, murmura l'avoué en s'inclinant.

Ils se séparèrent.

. . . .

A l'hôtel du Sauvage, nos quatre convives étaient restés faisant vis-à-vis les uns des autres une assez triste figure.

Du Chesnel se leva le premier.

— C'est le bagne qui est au bout de tout ceci ! dit-il, les sourcils froncés et les dents serrées.

Il fit le tour de la table et vint se poser devant Denisart.

— Misérable coquin ! reprit-il, si tu ne trouves pas le moyen de rendre ce maudit portefeuille, je te jure sur mon honneur que je te tuerai sans pitié !

Denisart avait la tête baissée et ne la relevait point.

— M'entends-tu ? s'écria du Chesnel en le secouant avec rage.

Le pédant gronda plaintivement.

— Souviens-toi bien de cela ! reprit du Chesnel, — fût-ce sur les bancs de la cour d'assises, je te tuerai !...

Il sortit et jeta violemment la porte derrière lui.

Josépin se leva et vint prendre sa place.

— Mons Denisart, dit-il de sa voix lente et nasillarde, — je ne voudrais pas être dans votre peau... Si ce portefeuille ne se retrouve pas, je vous promets de vous jeter une boulette comme à un chien enragé... N'oubliez pas cela, mons Denisart !

Josépin assura ses lunettes d'or d'un coup de doigt et sortit sans perdre son pas doctoral.

— A nous deux ! s'écria Roby. Ah ! coquin que tu es, tu veux faire finir dans une prison infâme une existence destinée à la gloire !... Tu veux plonger dans les cachots un homme qui était un grand artiste... qui eût été un grand poète... et qui allait doter notre industrie nationale de machines dont la portée ne peut pas se calculer !... Scélérat, crains ma vengeance !

Il fit un geste tragique et gagna la porte de ce pas saccadé qui indique une très grande émotion chez les acteurs de mélodrames...

Denisart, resté seul, envoya son regard cauteleux et craintif autour de la chambre.

Son nez brûlait comme un charbon ardent entre ses deux joues livides.

Son visage exprimait le paroxysme de la frayeur.

Néanmoins, après quelques minutes, son front se rasséréna peu à peu.

Il mit la main dans la poche de sa redingote et en sortit un portefeuille qu'il ouvrit sur la table.

Ce portefeuille de maroquin rouge était celui qu'on avait volé au marquis de Maillepré.

Denisart en retira d'abord six billets de mille francs, prix du vol.

Puis il en sortit l'une après l'autre les diverses pièces que M. le duc avait comptées avec tant de plaisir.

Denisart les compta, lui aussi. — Un sourire ignoble agita les lignes anguleuses de sa face.

— Comme on a de la peine à se faire de petites économies !... murmura-t-il.

CHAPITRE VIII

COMPANS ET MAILLEPRÉ

C'était le 28 novembre 1833, vers cinq heures du soir.

M. Williams était avec ses deux serviteurs dans le salon ducal.

M. Williams portait des habits de grand deuil.

Les deux serviteurs, vêtus de noir aussi, s'occupaient à ordonner la salle comme pour une fête ou une solennité.

La vaste chambre n'était éclairée que par deux lampes placées au centre, sur une table recouverte d'un tapis. — La lumière à peine suffisante se partageait par toute la salle, divisée par le verre dépoli des globes.

Les portraits des aïeux alignaient le long des boiseries le cordon de leurs couples sévères.

Des deux côtés de la table, Toby Grant et John Robertson s'occupaient à placer deux rangs de fauteuils.

Le reste de la salle était tel que nous l'avons vu. — Les rideaux sombres tombaient sur les embrasures en longues draperies ; les corniches et les frises faisaient étinceler çà et là leur dorure séculaire.

C'est à peine si l'on voyait, dans un jour confus, se mêler, rire et boire les groupes flamands du plafond. — La belle ligne de nymphes chasseresses courait à demi éclairée au-dessus des portraits des ancêtres.

Nulle lueur de crépuscule n'arrivait du dehors pour combattre et fausser la lumière des lampes. Les épais rideaux rejoignaient partout leurs franges de soie.

Il y avait une émotion grave sur le visage de M. Williams. — Sa figure austère et pâle, ses vêtemens de deuil, le zèle silencieux de ses serviteurs, tout cela cadrait avec la solennelle magnificence de la salle antique et la majesté des souvenirs.

— Quatre siéges de ce côté, dit M. Williams. — C'est bien.

Puis il ajouta en dedans de lui-même :

— Car ils ne sont plus que quatre !... Berthe est allée avec sa mère... ma pauvre Louise !...

— Monsieur est resté seul, dit Robertson.

— Allez auprès de lui, répliqua M. Williams.

Les deux serviteurs se retirèrent.

M. Williams s'assit à côté de la table.

Il tira de sa poche une lettre timbrée de la veille, mais déjà froissée et lue mille fois.

L'écriture de cette lettre ne lui était point connue.

Elle lui annonçait que le sort des Maillepré allait se décider. — C'était une bataille à soutenir. Les papiers remis à l'avoué Durandin ne suffisaient point en effet pour entamer une lutte judiciaire, vu l'état de démence où se trouvait le chef de la famille. Le personnage, mystérieux pour M. Williams, qui portait le titre de marquis de Maillepré, semblait vouloir, au dire de cette lettre, soit par haine du duc, soit par tout autre motif, appuyer sous main les fils dépossédés du marquis Raoul.

Un conflit grave et que les tribunaux ne pouvaient être appelés à juger était pendant entre ce personnage et M. le duc de Compans.

L'avoué Durandin aurait donc un motif plausible pour assigner un rendez-vous à M. le duc en un lieu plus secret et plus sûr que son étude, — car les choses que M. le duc de Compans et le prétendu marquis de Maillepré avaient à se dire étaient de celles qu'on ne saurait trop cacher.

La lettre engageait M. Williams à faire arme de tout.

Elle promettait vaguement un secours.

Mais elle ajoutait que ce secours pourrait manquer...

Dans la matinée, M. Williams avait reçu une seconde lettre signée par l'avoué Durandin et qui lui annonçait que M. le duc de Compans et M. le marquis de Maillepré se réuniraient dans sa maison, ce jour même, à six heures du soir.

M. Williams savait maintenant où étaient les enfants de Raoul.

Il portait le deuil de la pauvre Berthe. — Il avait embrassé Gaston, portrait vivant de son aïeul et embrassé Sainte, qui lui semblait être Louise remontée sur la pente du temps jusqu'à son âge de vierge.

Il avait retrouvé encore Charlotte, qui ne savait plus guère sourire, et qui réfugiait sa tristesse sous le toit de son frère...

Il avait serré la main de Jean-Marie Biot, cette rustique Providence de la famille, que Dieu avait placé là comme une limite à la souffrance, comme une lueur parmi le désespoir.

Berthe seule manquait.

Il y avait dix jours maintenant que M. Williams était le père de tous ces enfants retrouvés.

Son cœur était à eux tout entier. Il y avait en lui, sous la froide enveloppe de son flegme américain, un trésor de tendresse dévouée et presque maternelle.

Depuis la veille il se préparait à la lutte annoncée.

— Les enfants de Maillepré étaient prévenus, et l'on avait convoqué les rares amis qui s'intéressaient au sort de la famille.

Au coup de six heures, Biot, qui lui aussi portait le deuil, ouvrit à l'avoué Durandin. — Quelques minutes après, M. le duc arriva escorté d'un homme d'affaires.

Tous les trois furent introduits dans le salon ducal, où M. Williams était seul.

Toby Grant les fit asseoir du même côté de la table.

Le duc et Durandin échangèrent un salut.

M'est-il permis de demander, dit M. de Compans en désignant Western, — quelle est la qualité de monsieur pour assister à notre entrevue ?

Avant que Western pût répondre, Durandin prit la parole. — Il avait évidemment sa leçon faite.

— Monsieur est pour moi une sorte de collègue, dit-il

Et il ajouta en se levant :

Monsieur le duc, monsieur Williams... monsieur Williams, monsieur le duc de Compans-Maillepré !

L'Américain et le pair de France se renvoyèrent un salut raide et froid.

Durandin avait sous le bras une liasse de papiers parmi lesquels se trouvait le Mémoire de M. Williams.

Il étala ces papiers sur la table et les rangea méthodiquement.

— Monsieur le duc, dit-il, je vous prie d'excuser le

retard de monsieur le marquis... Nous pouvons parfaitement commencer sans lui : vous savez que j'ai ses pleins pouvoirs.

Le duc approuva du geste.

— Nous n'avons pas ici à manger nos paroles, dit Durandin. — Il paraîtrait, monsieur le duc, que vous avez soustrait frauduleusement à mon client certain portefeuille enlevé autrefois à un Américain du nom de Western.

L'avoué cligna de l'œil en regardant M. Williams. — Celui-ci demeura immobile et muet.

— C'est exact, répondit M. de Compans ; — après ?

Durandin éclaircit sa voix par une toux de Palais.

— Parfaitement ! reprit-il ; — je n'ai pas besoin de demander à monsieur le duc s'il serait disposé à nous rendre les pièces contenues dans ce portefeuille... Je me bornerai à poser en fait que la soustraction opérée par monsieur le duc aurait pu nous causer un dommage irréparable si d'autres pièces n'étaient tombées en notre possession pour compenser la perte des premières...

Le duc jeta un regard curieux, mais où il n'y avait point encore d'inquiétude, sur les pièces étalées devant Durandin.

— Fanfaronnade d'avocat ! murmura-t-il.

— Voulez-vous avoir la bonté de nous communiquer ces pièces ? demanda l'homme d'affaires.

— Tout à l'heure, répondit Durandin, tout à l'heure... Nous avons, messieurs, je veux bien le dire tout de suite, plus d'une corde à notre arc... Dans des circonstances aussi extrêmes que celles où nous a placé monsieur le duc, vous sentez bien que mon client n'a pu me taire aucun secret... Ah ! c'est une magnifique affaire... A défaut des tribunaux civils, nous avons la cour d'assises !...

L'homme d'affaires fit un mouvement étonné. — Le duc fronça légèrement le sourcil.

— Si vous n'avez pas d'autre arme que ces pauvres menaces... commença-t-il.

— Si fait, monsieur, interrompit Durandin ; — nous avons un arsenal complet... Et d'abord, ajouta-t-il en soulevant l'énorme cahier de Western, — voici un petit Mémoire à consulter, signé par un revenant, qui contient des choses vraiment curieuses... Vous souvenez-vous de James Western, monsieur?

— Maître Durandin, répliqua M. de Compans en essayant un air sévère, — veuillez vous renfermer, je vous prie, dans les termes de la question qui nous rassemble!

— Hélas! monsieur le duc, répliqua l'avoué d'un ton d'hypocrite bonhomie, — ce n'est pas ma faute si la question renferme çà et là quelque petit assassinat... Mais n'en parlons pas encore, puisque ce sujet semble ne vous être point agréable... Nous avons, Dieu merci! de quoi nous occuper... Je vous demande la permission de vous dire quelques mots de ce Mémoire.

Durandin feuilleta lentement le gros cahier, entre les pages duquel il avait placé des signets.

M. Williams lui mit la main sur le bras.

— Attendez, monsieur dit-il d'une voix grave, — ce Mémoire intéresse d'autres personnes encore...

M. Williams se leva et gagna l'une des portes de la salle qu'il ouvrit.

Dans la chambre voisine il y avait une réunion assez nombreuse. Pendant que M. Williams entr'ouvrait la porte, un rapide regard plongé au dehors aurait pu reconnaître la franche et spirituelle figure de Nazaire dit Dragon, le joli minois de Mignonne et le rude visage de Jean-Marie Biot.

Romée, le sculpteur, était entre Gaston et Sainte.

— Introduisez les enfants de ma sœur, dit M. Williams, — avec madame la duchesse douairière, leur aïeule!

M. de Compans releva brusquement la tête.

Durandin demeura bouche béante regardant la porte d'un air stupéfait.

En ce premier moment, sa surprise égalait pour le moins celle de monsieur le duc.

Mais ses instructions étaient précises et lui ordonnaient d'agir, quoi qu'il arrivât. — Il n'avait point le droit de s'étonner.

Jean-Marie Biot cependant s'était avancé et se tenait chapeau bas à la droite de la porte.

— Madame la duchesse douairière de Maillepré! prononça-t-il à haute voix.

La vieille dame raide, desséchée, parut sur le seuil.

— Cette solennité inaccoutumée lui causait une vague sensation d'orgueil et de plaisir. — Elle tenait droite sa tête où il n'y avait plus de vie...

Western lui prit la main avec respect et la guida jusqu'au premier fauteuil placé de l'autre côté de la table en face de M. le duc de Compans.

La vieille dame s'assit sans plier son torse inflexible, et promena lentement sur l'assistance son regard de cadavre.

Durandin souriait maintenant dans sa barbe. — Il y avait de la frayeur et de la colère sur les traits de monsieur le duc.

— Monsieur le marquis de Maillepré ! annonça encore Jean-Marie Biot. — Mademoiselle de Kergaz !... — Mademoiselle de Naya !...

Gaston, Charlotte et Sainte, vêtus de noir de la tête aux pieds, s'avancèrent et prirent place sur les trois sièges vides qui restaient auprès de madame la duchesse douairière.

A la vue de Sainte, le duc eut un frisson et pâlit sous la couche de fard qui couvrait les rides de sa joue.

Il se tourna un peu de côté pour ne point rencontrer le regard de Gaston, qui descendait sur lui hautain et grave.

Ce mouvement porta ses yeux sur la vieille dame, dont les prunelles vitreuses et qui ne voyaient point s'attachaient en ce moment sur son visage.

Quelque chose s'émut au dedans de lui, — sa poitrine eut de sourdes angoisses...

Il se pencha vers son homme d'affaire et lui dit d'une voix altérée qui tâchait de railler :

— Ceci est toute une comédie !...

M. Williams s'était remis à sa place. Il régnait dans la salle un silence complet.

Gaston, assis auprès de la vieille dame, avait sur ses beaux traits comme une parure de dignité fière.

Son front gardait sa mélancolie précoce, mais la vie semblait être revenue en lui pour redresser sa jeunesse courbée et chasser de sa joue les menaçantes pâleurs qui l'envahissaient naguère.

Charlotte était bien triste. Plus de vives gaîtés ! plus d'étourderies ! plus de sourires ! — Elle avait beau aimer Sainte et Gaston, elle sentait que son sort n'était point le leur et que le drame qui se jouait aurait pour tous un dénoûment, mais n'en aurait point pour elle...

Sainte avait au front une rougeur timide. Ses beaux yeux s'étaient baissés et son regard ne se relevait parfois que pour glisser du côté de la porte.

C'était là qu'elle avait laissé Roméo...

Mais la porte était close, et Jean-Marie Biot, avec son costume noir, appuyait sa taille d'Hercule aux battants refermés.

Durandin avait examiné chacun de ses nouveaux venus avec une attention curieuse.

Il avait souri à la vue de Charlotte, parce que la pensée lui était venue que du Chesnel pourrait bien être obligé de refaire la cour à sa femme...

Mais le sourire de l'avoué n'avait point sa quiétude ordinaire. Il était loin de comprendre ce qui se passait autour de lui.

Heureusement son sang-froid était à l'épreuve. — Quelques secondes de réflexion l'amenèrent d'ailleurs à penser que tout ceci était une tactique de son client qui voulait reprendre auprès des véritables Maillepré la position que lui contestait désormais M. de Compans.

Pour cela il fallait jeter bas monsieur le duc et relever toute cette famille déchue.

C'était un rude travail. — Mais monsieur le marquis n'avait plus le choix des moyens.

— Monsieur et mesdames, dit l'avoué après un silence et en s'adressant à M. Williams, composent sans doute la famille de Maillepré, dont il est parlé dans ce Mémoire.

M. Williams fit un signe affirmatif.

— C'est fort bien, reprit Durandin ; — ma situation devient difficile et la présence de monsieur le marquis, mon client, me déchargerait en ce moment d'une lourde responsabilité... mais ses ordres sont positifs et je ne suis ici que pour m'y conformer... Veuillez m'écouter, monsieur le duc, ajouta-t-il en se tournant vers ce dernier. — Jamais affaire plus sérieuse n'aura réclamé votre attention.

Il rouvrit le Mémoire et le feuilleta.

— Mademoiselle de Maillepré ! dit en ce moment la vieille dame de sa voix sèche et sans inflexions, veuillez me dire, je vous prie, quels sont ces hommes et pourquoi on les a introduits près de moi...

A ces mots, qui rappelaient trop cruellement l'absence de la pauvre Berthe, Gaston regarda tristement son habit de deuil et les yeux de Sainte se remplirent de larmes...

La pensée de Charlotte était ailleurs.

La voix de madame la duchesse fit sur le duc et sur l'avoué lui-même son effet accoutumé. Ils écoutèrent avec du froid dans les veines ce son qui semblait n'être point de notre monde...

— Madame ma mère, répondit Gaston avec respect, cette assemblée a pour but d'établir nos droits à l'héritage du duc Jean votre époux.

— Un procès ! murmura la vieille dame, qui retomba dans son indifférence morne. — Maillepré gagne toujours ses procès... monsieur le président du parlement n'est-il pas notre cousin ?...

Il se fit un silence que rompit la voix claire de Durandin.

— Ce duc Jean dont vient de parler monsieur, dit-il, partit pour l'Amérique deux ans avant la naissance de M. le duc de Compans-Maillepré ci-présent... Sans cette circonstance, il est bien probable que monsieur le duc n'aurait pas besoin d'ajouter le nom de Compans à celui de Maillepré...

— Que voulez-vous dire ? interrompit le duc.

— Il serait bien étonnant, répliqua Durandin sans s'émouvoir, que la question de M. de Compans fût faite de bonne foi... car il est impossible que ses père et mère adoptifs ne lui aient point appris qu'il est le fils de Berthe de Dreux, duchesse de Maillepré.

— Qui parle de Berthe de Dreux ? prononça la vieille dame comme en un rêve.

— Monsieur !... s'écrièrent à la fois Gaston et le duc, — vous avancez une imposture !

Un avoué qui aurait la faiblesse de s'émouvoir aux démentis qu'il reçoit ne serait pas même digne d'être huissier...

Durandin était positivement incapable de commettre un pareil solécisme. — Mais, lors même qu'il eût voulu se récrier, le temps lui aurait manqué pour cela.

M. Williams, en effet, prit la parole, et dit en s'adressant plus particulièrement à Gaston :

— Le fait est vrai : je m'en porte garant.

Gaston rougit et baissa les yeux.

Le duc était en proie à une agitation fiévreuse. — Ses yeux étaient fixés au sol ; il n'osait plus les relever sur cette femme qui lui faisait face et qui était sa mère...

— Il faut que monsieur le duc fasse bien attention, dit Durandin, que les nouveaux adversaires qui lui arrivent ne changent rien à l'état de la question agitée entre lui et monsieur le marquis, mon client.

— Il me semble pourtant, repartit le duc sans lever les yeux, que ces nouveaux adversaires sont les vôtres autant que les miens.

— Peut-être, répliqua Durandin d'un ton léger ; — en tout cas, je ne défends point leur cause qui ne manquera pas d'avocats, je pense. — Il salua M. Williams.

— Et je me borne à m'appuyer sur les excellents arguments qu'ils m'apportent... Monsieur le duc, nous sommes au 28 novembre et nous avons jusqu'à demain soir pour interrompre le délai fixé par la loi... Croyez-moi, ce Mémoire vaut bien les papiers renfermés dans le portefeuille... Il est signé, lui aussi, du nom de James Western.

— Il est donc bien vieux, ce Mémoire ! dit l'homme d'affaire du duc.

— Il a huit jours de date, répondit Durandin.

Le duc releva la tête vivement.

— C'est impossible ! murmura-t-il. — Il y a sept ans...

— Monsieur le duc, interrompit Durandin, — voici un mot qui, devant la cour d'assises, serait d'un effet puissamment dramatique... Ah ! il y a sept ans !... c'est bien vrai... mais voici une chose diabolique...

Les morts, après sept ans, ressortent du tombeau !...

James Western reparaît et raconte à sa manière votre poursuite dans le jardin du Palais-Royal... le soin que vous mîtes à l'enivrer une heure avant l'assassinat... et d'autres petites circonstances encore.

Le duc combattait énergiquement son trouble. Il avait réussi à reprendre un air dédaigneux et froid.

— Vous cherchez en vain à m'effrayer, monsieur, dit-il.

— C'est, alors, que vous êtes très brave ! répliqua Durandin.

— Si ce Western vivait, reprit le duc, aurait-il attendu sept ans ?...

M. Williams se leva.

— Il ne faut point perdre un temps précieux à discuter sur ce sujet, prononça-t-il de sa voix sévère et calme. — Western vit et il a attendu sept ans... Western, c'est moi.

Le duc tressaillit sur son fauteuil et le regarda ; son âme était passée dans ses yeux.

L'homme d'affaires, qui jusqu'à ce moment s'était borné à écouter, atteignit son calepin. — Il prit une note avec cet air triomphant de l'avocat qui vient de pêcher un sophisme.

— Voici donc la situation, poursuivit Durandin : — mettant à part monsieur le marquis de Maillepré, mon client, dont je réserve les droits et dont je dois croire la conduite tracée d'avance... monsieur le duc se trouve en face des héritiers directs du duc Jean de Maillepré qui viennent réclamer leur patrimoine... A l'égard de cette famille, monsieur le duc a bien des petits péchés sur la conscience... Pour n'en citer qu'un seul, ces enfants se souviennent de leur père jeté sur le pavé une heure avant sa mort.

Gaston tourna la tête en frémissant, — Sainte et Charlotte baissèrent les yeux, — Biot, auprès de la porte, serra ses gros poings et agita ses longs cheveux...

— Outre ces héritiers, poursuivit l'avoué en montrant M. Williams, — voici un redoutable témoin qui, devant la justice civile comme auprès des cours criminelles, vous écrasera, monsieur le duc !

Compans appela péniblement sur sa lèvre un sourire dédaigneux.

— Un témoignage isolé en ces sortes de causes, dit l'homme d'affaires, — est comme non avenu.

Durandin frappa de la main son gros cahier.

— Autre histoire ! s'écria-t-il, le duc Jean n'est pas mort.

Le regard de Compans se fit franchement incrédule.

— Jean-Marie Biot, dit M. Williams, — ordonnez qu'on introduise le duc Jean de Maillepré !

Biot sortit.

Il régna dans le salon ducal un profond silence.

Les trois enfants de Maillepré attendaient, graves et calmes.

M. Williams demeurait immobile, les bras croisés sur sa poitrine, et gardant cette pose raide que donnait l'inflexibilité de son cou, suite de sa blessure.

La face réjouie du bon avoué Durandin exprimait une curiosité espiègle ; il tournait ses pouces vivement et regardait en dessous monsieur le duc.

Celui-ci avait les sourcils froncés. Il venait d'adresser une question à son homme d'affaires qui avait essayé de le rassurer, mais sa figure, malgré tous ses efforts, peignait un embarras violent et des anxiétés croissantes.

— Son regard demeurait fixé avidement sur la porte par où Biot était sorti.

Madame la duchesse douairière semblait être complétement étrangère à cette scène. Ses yeux morts regardaient le vide, — ses lèvres blanches remuaient et ne parlaient point.

C'était, en ce moment d'attente, une absence complète de mouvement et de bruit. — L'austère assemblée des portraits de famille, qui s'alignaient autour du groupe vivant, n'était pas plus que lui muette et immobile.

Au contraire, la vie semblait s'être déplacée ; l'oscillation de la lumière mettait sur les toiles mortes de mystérieuses émotions.

On eût dit que ces visages sévères reprenaient une pensée, et que les voix réunies de tous ces hauts seigneurs allaient s'élever, menaçantes, en faveur du dernier rejeton de leur race.

Biot tardait à revenir.

— Mademoiselle de Maillepré, dit la vieille dame dont la voix retentit sèche et cassée parmi le silence absolu, — ces rayons de soleil me blessent la vue... veuillez me conduire à l'ombre.

La duchesse avait mis sa main devant ses yeux que frappait en plein la blanche et vive lumière des lampes.

Sainte et Gaston se levèrent.

Ils roulèrent doucement le fauteuil de leur aïeule jusqu'à l'extrémité de la chambre qui s'éloignait le plus des lampes.

Dans cette nouvelle position le fauteuil de madame la duchesse se trouvait adossé à une profonde embrasure recouverte de ses rideaux fermés.

A sa droite était une porte qui, dans la symétrie du salon, faisait pendant à celle où veillait naguère Jean-Marie Biot.

Presque au-dessus d'elle, faiblement éclairé par la lumière lointaine, pendait le cartouche contenant le portrait de Berthe de Dreux et du duc Jean de Maillepré.

Gaston et Sainte avaient regagné leur place.

Biot, à ce moment, reparut sur le seuil.

— Monsieur le duc s'est échappé de sa chambre, dit-il.

Au même instant, on entendit dans le jardin et dans les cours des voix qui criaient :

— Oguah ! Oguah !

M. Williams s'élança vers une fenêtre qu'il ouvrit.

Les autres l'imitèrent, parce que les cris redoublaient et que l'on voyait des torches allumées courir partout dans les ténèbres.

Pendant quelques secondes tout le monde fut aux fenêtres, et l'intérieur du salon ducal resta désert.

La porte qui était à droite de madame la duchesse s'entr'ouvrit, si doucement que l'oreille la plus exercée n'eût pu en démêler le bruit.

A la hauteur où paraît d'ordinaire la tête d'une créature humaine, rien ne se montra ; mais, au ras de terre, apparut une grande figure rouge à la peau ridée, aux yeux immobiles, au crâne chauve d'où s'élançait une mince touffe de cheveux blancs...

Cette tête dépassa insensiblement les battants entr'ouverts, — et, peu à peu l'on eût pu voir le corps gigantesque d'Oguah qui s'avançait en rampant dans la salle...

CHAPITRE IX

LE COLLIER ROUGE

La grande taille d'Oguah se glissa sans bruit par la porte entrebâillée. Il rampait sur ses mains et sur ses genoux.

Quand ses jambes eurent dépassé le seuil, il s'arrêta, tourna la tête avec l'inquiète vivacité d'une bête farouche et repoussa du pied la porte.

Dans la cour et dans le jardin on criait:
— Oguah! Oguah!

Le grand chef eut un rire silencieux; — et c'était chose étrange de retrouver sur ce visage presque centenaire la malice espiègle de l'enfance...

Il regarda tout autour de lui avec curiosité. A la vue des personnes rassemblées aux fenêtres et qui lui tournaient le dos, sa bouche s'ouvrit comme pour prononcer une exclamation de surprise, mais, il n'en sortit aucun son.

Il se redressa sur ses genoux. — A son cou, attaché par une cordelette tressée avec la paille de sa couche, pendait un petit médaillon qui retombait sur sa poitrine.

On eût dit une miniature arrachée à la boîte qui lui avait servi d'encadrement.

Il était à trois pas tout au plus de madame la duchesse douairière, assise sur son fauteuil qui touchait la draperie de la dernière embrasure, mais cette partie de la salle était, nous l'avons dit, fort éloignée des lumières. Tout y restait dans un demi jour confus.

La vieille duchesse n'avait point aperçu Oguah et continuait de jeter ses yeux morts dans le vide.

On s'agitait cependant au dehors; la lueur des torches courait sous les arbres du jardin et, de temps en temps, les deux serviteurs de M. Williams prononçaient le nom d'Oguah.

Chaque fois qu'il entendait ce nom, le grand chef avait ce silencieux sourire dont nous avons parlé souvent.

En faisant le tour de la chambre, son regard arriva

au cartouche qui contenait le portrait du duc Jean et de la duchesse Berthe, — son portrait et celui de sa femme.

Son œil eut comme un éclair de raison, et on y aurait pu lire un vague souvenir...

Ce fut l'affaire d'un instant. En continuant sa route circulaire, son regard tomba sur la face terne et immobile de la vieille dame.

Sa paupière battit, et il y eut de nouveau un voile morne sur sa vue...

Il remit ses deux mains sur le tapis et rampa le long de la muraille jusqu'aux pieds de la duchesse qui ne l'apercevait point.

Là, il s'arrêta encore. — Sa prunelle, qu'animait une curiosité d'enfant, monta depuis les derniers plis de la robe de la duchesse jusqu'à son corsage droit et raide, — puis montant toujours, son regard parvint jusqu'aux lignes effacées du visage de la vieille dame.

Sa main se posa sur son cœur, tandis que les rides de son front se creusaient et que ses yeux éteints exprimaient un fugitif élancement d'angoisse.

Sa contemplation dura quelques secondes.

Puis il sembla comparer ces traits flétris aux traits jeunes et brillants qui vivaient sur la toile au-dessus de la vieille dame.

C'étaient les séductions de la jeunesse en sa fleur et les ruines odieuses de la vieillesse...

C'était la beauté splendide auprès d'un débris triste, défiguré par la rouille du temps!...

Quelque rapport mystérieux restait-il entre ces deux visages, ou le grand chef les voyait-il à travers le prisme menteur de sa folie ?...

Une émotion indéfinissable descendit sur ses traits...

Durandin et l'homme d'affaires de monsieur le duc quittèrent les premiers la fenêtre. — Leur exemple fut suivi par le reste de l'assemblée qui vint reprendre place autour de la table.

M. Williams lui-même, après avoir donné l'ordre de garder toutes les issues de la maison, revint s'asseoir auprès de Durandin.

Oguah s'était jeté à plat ventre sur le tapis, au mouvement qu'avaient fait les assistants pour regagner leurs siéges. Son œil interrogeait chacun d'eux avec une timidité sauvage.

Personne ne l'avait aperçu. Quand tout le monde eut repris place, il se glissa sans bruit et disparut derrière les rideaux fermés de l'embrasure.

L'instant d'après, on eût pu voir sa face rouge apparaître encadrée par la soie des draperies juste au-dessus du fauteuil de la vieille dame...

— J'ai peu de choses à ajouter, reprit Durandin, et peu m'importe, à vrai dire, la présence de ce vieillard qui est ou n'est pas le duc Jean de Maillepré, aïeul de M. le marquis... Le principal, c'est que demain matin, je déposerai au greffe de la cour royale ce Mémoire, en faisant le nécessaire pour interrompre les délais... A moins que monsieur le duc de Compans ne juge à propos de transiger, auquel cas j'attends ses propositions.

— Moi, je ne transigerai pas, dit M. Williams.

Gaston le remercia du regard et ajouta :

— Il n'y a point d'arrangement possible entre cet homme et nous !

— Permettez ! répliqua Durandin, qui salua Gaston et M. Williams, — je vous fais observer que je n'ai point mission de parler pour vous, messieurs... je ne représente ici que mon client, M. le marquis de Maillepré... et j'attends la réponse de monsieur le duc.

Celui-ci regarda son homme d'affaires qui avait l'air froid et distrait. — Sa connaissance parfaite de tout ce qui était discussion d'intérêt lui montrait bien en tout ceci ses adversaires en défaut. — Mais d'un autre côté il y avait autour de lui comme un réseau de menaces.

Ces griefs, portés devant un tribunal, pourraient le laisser vainqueur, mais il sentait qu'il serait flétri par sa victoire même.

Il y avait contre lui des accusations accablantes qui seraient prouvées à demi.

Ce n'était pas assez pour la justice, c'était trop pour le monde.

Il hésitait. — C'était chez lui un moment de découragement et de frayeurs.

Cet assassinat que l'on allait lui jeter au visage l'épouvantait.

— Que pensez-vous de cela, monsieur ? dit-il à son conseil.

Celui-ci était un homme d'une cinquantaine d'années, au visage séché, ridé, racorni.

A l'interpellation de monsieur le duc, il releva ses lunettes et consulta ses notes.

— Les prétendus héritiers de Maillepré, dit-il, renoncent à une transaction ; ils font bien... Quand à monsieur le marquis, il en demande une, au contraire, et il a tort... Ce Mémoire ne contient que des allégations vagues, derrière lesquelles il n'y a pas l'ombre d'une preuve. L'accusation d'assassinat jetée au hasard est le meilleur indice de la disette de moyens où sont nos adversaires... D'ailleurs, l'assassiné se porte fort bien, ce me semble... Quant à ce prétendu Jean de Maillepré qui aurait presque cent ans au jour où nous sommes, qu'on nous le montre ou qu'on nous le cache, peu importe, comme l'a dit mon confrère... Ce qui importe, ce sont les faits ; ce qui importe, ce sont les preuves... Où sont vos preuves ?...

Avant que Durandin pût répondre, le duc prit la parole en s'adressant à M. Williams :

— Monsieur, dit-il avec un ton de dignité calme et parfaitement jouée, je possède une immense fortune qui m'est venue par voie collatérale... je deviens vieux et je n'ai pas d'enfants... — Autrefois j'ai pu traiter selon la rigueur de mes droits des gens qui prenaient le nom de ma famille et que je croyais être des imposteurs... Depuis, je me suis repenti et j'ai accueilli avec une facilité trop grande un prétendu Maillepré qui m'avait trompé par d'adroits mensonges.

Le duc s'arrêta et regarda Durandin d'un air sévère.

— Je parle de votre client, monsieur, dit-il.

— Patience, grommela Durandin ; — mon client pourra bien vous répondre !...

— Malgré le chagrin que me cause une première erreur, poursuivit le duc, — il est en moi une voix de justice qui me crie de ne point repousser ces orphelins demandant le bien de leur père... J'aime mieux me tromper encore que de laisser dans l'infortune des gens qui sont peut-être des Maillepré... Je ne veux point connaître les preuves alléguées... parlez, monsieur... fixez vous-même la part de mes biens dont il faut que je me

dépouille : je suis prêt à faire encore ce sacrifice !
La voix du duc avait des inflexions attendries : son visage fardé se masquait d'une hypocrite douceur.
Son homme d'affaires le regarda étonné.
Durandin enfla ses joues. — La surprise paralysa ses pouces qui cessèrent de tourner.
M. Williams hésita. Il se fit un silence.
Pendant ce silence, la figure rouge du grand chef reparut entre les deux rideaux entr'ouverts.
Il avait à la main le médaillon qui pendait à un cordon de paille roulé autour de son cou.
Son regard glissait de ce médaillon aux dentelles de la coiffe de la vieille dame, qui était assise, immobile, au-dessous de lui.
Une grande agitation se montrait sur les traits d'Oguah, dont les rides se choquaient et se mêlaient en un mouvement perpétuel. — Ses sourcils se fronçaient ; sa bouche avait un sourire cruel et courroucé. — La folie qui était dans ses yeux sanglants jetait des menaces exaspérées.
Durandin se leva et s'approcha de M. Williams.
— Il n'y a pas dans toutes ces paperasses, lui dit-il à l'oreille, de quoi tirer un écu de la poche d'un homme... Demandez des millions... et si l'on vous offre cinquante mille francs, croyez-moi, acceptez !
M. Williams se tourna vers Gaston et l'interrogea de l'œil.
Gaston gardait toute la hautaine fierté de son visage.
— Mon neveu, dit M. Williams, je ne puis prendre sur moi de refuser cette offre... C'est à vous de parler.
— Je la refuse, dit Gaston.
Et comme s'il eût voulu prévenir toute tentative ultérieure sur Charlotte et sur Sainte, il ajouta :
— Je refuse pour moi et pour mes sœurs.
Sainte, avec sa douce voix, Charlotte, distraite plutôt que résignée, répétèrent, dociles à un signe de leur frère :
— Nous refusons !
Durandin, au lieu de reprendre sa place, se promenait de long en large devant la porte d'entrée. — Il sentait son rôle fini.
L'homme d'affaires du duc, profitant de cet éloignement, fit rouler doucement son fauteuil et prit, sous le

Mémoire, les pièces qui composaient le dossier de Durandin.

— Réfléchissez ! poursuivit le duc, — vous repoussez une occasion que la Providence n'envoie point deux fois dans la vie... Que demandez-vous ? ma fortune... je vous en donne la moitié dès aujourd'hui... et je vous fais mes héritiers.

— Vous savez bien, monsieur, répliqua Gaston d'un ton froid et péremptoire, qu'entre vous et nous il ne peut y avoir rien de commun !

— A la bonne heure ! s'écria en ce moment l'homme d'affaires de M. de Compans qui repoussa d'un geste dédaigneux le dossier de Durandin... — Votre dignité, monsieur le duc, ne vous permet point de répéter une demande deux fois repoussée... Et vraiment, c'était trop de faiblesse !... je veux dire trop de générosité... Ces pièces vaudraient quelque chose si elles étaient complètes... mais il y manque justement, avec beaucoup d'autres, l'acte de naissance du fils de Jean de Maillepré, et rien n'y parle du duc Jean lui-même... Il n'y a pas de procès possible.

M. de Compans se leva.

— Il y aura pourtant un procès, dit James Western, et nous verrons ce qu'est la justice en France !...

— Bah ! fit l'homme d'affaires, en homme qui connaît intimement la justice.

Le duc lui glissa rapidement quelques mots à l'oreille.

— Pas un centime ! monsieur le duc, répondit l'homme d'affaires ; — n'offrez plus la centième partie d'un centime !... désormais je vous réponds de tout !

Le duc prit aussitôt un air de dignité blessé. — Il était sûr de son fait maintenant et s'applaudissait tout bas de voir refusées ses offres imprudentes.

— Après la manière dont on a accueilli mes offres, dit-il, après les menaces qu'on vient de me faire, ma présence ici ne peut être que déplacée... je me retire... Et quand il vous plaira de commencer l'attaque, je serai prêt à me défendre.

Il se dirigea vers la porte, Durandin se rangea pour le laisser passer.

— Voilà ce qui s'appelle jeter un beau jeu ! grommela t-il. — pourquoi diable le marquis m'a-t-il fait venir ici ?...

La porte, qui s'ouvrit avant que monsieur le duc eût touché le bouton, eût pu être une réponse à la question de l'avoué.

Mᵐᵉ la baronne de Roye, vêtue d'une robe de soie noire et coiffée d'un chapeau dont le voile descendait sur son visage, parut sur le seuil.

— Monsieur le duc, dit-elle d'une voix lente et triste, —vous vous pressez trop de lever la séance...Moi aussi, je dois être entendue... Veuillez reprendre votre place.

Le duc, à la vue de Carmen, avait d'abord froncé les sourcils avec colère. — Puis il était devenu pâle et les mots de sa réponse avaient balbutié confus dans sa bouche...

Parce qu'il venait de reconnaître dans la main de Carmen le portefeuille rouge qu'il croyait être sous triple chef dans son secrétaire.

Durandin, lui aussi, avait reconnu le portefeuille.

Il se frotta les mains avec enthousiasme et s'élança vers le conseil de monsieur le duc.

— Bon, bon, bon ! s'écria-t-il par trois fois, — confrère, remettez vos lunettes, nous allons rire !...

La porte de la chambre voisine, par où était entrée la baronne, restait ouverte.

On voyait maintenant près du seuil Roméo qui tâchait de deviner ce qui s'était passé et regardait la scène avec un intérêt d'amant ; — on voyait la bonne et franche figure de Nazaire et l'œil pétillant de Mignonne qui essayait de passer, curieux, entre Roméo et son fiancé.

— Qu'il vous plaise de porter des habits de femme ou des habits d'homme, — votre présence ici, monsieur, ne peut plus rien changer... Je veux sortir.

— Je veux que vous restiez, dit Carmen.

Le duc demeura un instant indécis, puis il revint sur ses pas avec une répugnance évidente, et reprit sa place.

Durandin était à la sienne déjà.

Les deux jeunes filles et M. Williams regardaient et ne comprenaient point.

Gaston hésitait. La voix de la baronne l'avait ému jusqu'au fond de l'âme. Ses yeux cherchaient à percer le voile épais qui couvrait encore le visage de Carmen.

Celle-ci s'avança jusque auprès de la table et souleva son voile.

Gaston poussa un cri de joie.

Les yeux de Western s'ouvrirent tout grands et ses mains tremblèrent.

Une émotion puissante agitait aussi Carmen qui était pâle et semblait prête à défaillir.

Sa magnifique beauté, en ce moment suprême, avait un caractère de grandeur presque surhumaine.

Elle semblait purifiée dans sa tristesse, et, autour de son front, rayonnait comme une auréole de douleur résignée.

— James Western, dit-elle, me reconnaissez-vous ?

Western détourna la tête et murmura :

— Je crois que je vous reconnais.

— Je bénis Dieu, reprit Carmen, qui vous laissa vivre et mit sa main entre vous et mon crime... Regardez-moi, James Western, mon cœur a bien changé... Je vous rapporte ce que je vous avais dérobé.

Gaston écoutait et se sentait venir froid au cœur.

Le duc avait au front des gouttes de sueur glacée. — Pour lui c'était la mendicité après soixante années d'opulence.

Western, cependant, avait pris le portefeuille, et, comme s'il n'eût point voulu en croire ses yeux, il ne se pressait point de se réjouir.

Durandin, stupéfait, laissa tomber ses bras le long de son corps

Carmen s'avança lentement vers Gaston.

Charlotte et Sainte regardaient avec étonnement cette femme à la beauté merveilleuse, qui avait l'air de tant souffrir et qu'elles ne connaissaient point.

— Gaston, dit Carmen en montrant du doigt le portefeuille que Western était en train d'ouvrir, — voici le nom et les biens de votre père que j'avais promis de vous rendre... La baronne de Roye et le faux marquis de Maillepré ne font qu'un seul et même coupable... Ce coupable c'est moi... Gaston, nous ne nous verrons plus.

Gaston avait les yeux baissés ; son cœur battait. — Une larme était au seuil de sa paupière.

En ce moment on entendit un faible bruit dans la partie de la chambre où l'on avait roulé le fauteuil de madame la duchesse douairière.

Sainte et Charlotte regardèrent.

Madame la duchesse était toujours à la même place,

droite et raide ; aucun changement n'avait eu lieu dans sa personne. Seulement Charlotte et Sainte crurent remarquer autour de son cou comme un collier rouge qui tranchait sur le blanc de ses vêtements...

Elles n'eurent pas le temps de donner leur attention à cette circonstance, parce qu'en ce moment la voix émue de M. Williams s'éleva :

— Merci, femme, disait-il, — du fond du cœur je te pardonne et je te rends grâce !

Puis il ajouta en dépouillant son flegme ordinaire et en joignant ses mains avec passion :

— Enfants, remercions Dieu !... Le but de ma vie est accompli et ma faute est réparée... Gaston, vous êtes ici dans votre hôtel et vous pouvez porter le nom de vos aïeux.

A ces paroles prononcées d'une voix forte, un long cri de joie répondit dans la pièce voisine.

Un homme s'élança poussant Roméo et Nazaire, qui devinaient et applaudissaient, et vint tomber aux pieds de Gaston.

C'était Jean-Marie Biot, que son bonheur rendait fou. Il prit la main de Gaston, la main de Charlotte et la main de Sainte et les pressa réunies contre son cœur.

— Mes enfants chéris ! mes maîtres !... balbutiait-il en riant et en pleurant.

De confiance, le bon Nazaire avait aussi la larme à l'œil.

— Voilà un vieux que j'aime ! murmurait-il en regardant Jean-Marie ; — les aime-t-il, au moins, les aime-t-il !... Allons, Pâlot ! embrasse-le comme il faut, ce vieux-là !...

Mignonne essuyait ses jolis yeux tant qu'elle pouvait.

Roméo avait au cœur bien de la joie, mais bien de la tristesse, parce que Sainte était désormais trop riche...

Quand le regard de la jeune fille vint, humide et souriant, à la rencontre de son regard, il baissa involontairement les yeux.

Et tandis que Nazaire et Mignonne s'avançaient dans la chambre, il resta seul derrière la porte.

Durandin s'approcha de M. Williams et lui tendit la main.

— Comme vous le pensez bien, lui dit-il à voix basse, cher monsieur, je savais parfaitement comment tout cela finirait... j'étais dans le secret... j'espère que je continuerai d'être l'avoué de la famille.

Gaston, triste parmi sa joie, cherchait de tous côtés Carmen ; — mais Carmen avait disparu...

M. le duc de Compans restait immobile à la même place, la tête courbée, le corps affaissé, comme si la foudre l'eût frappé.

Il se leva enfin, chancelant, et prit le chemin de la porte.

Il savait trop bien ce que contenait le portefeuille pour conserver l'ombre d'une espérance en face des Maillepré retrouvés.

Personne ne songea à le retenir.

Arrivé au seuil, il se retourna pour parler, mais sa voix lui fit défaut, et il s'enfuit...

— Voilà une corde de moins à l'arc de du Chesnel. pensa Durandin. S'il savait qu'il a renvoyé de chez lui, en fiacre, cent cinquante mille livres de rente !...

Les Maillepré étaient seuls dans le salon ducal, ou du moins il n'y avait plus autour d'eux que des amis.

Gaston aperçut Romée qui s'appuyait, rêveur, au battant de la porte. Il courut à lui.

— Venez, mon frère, dit-il.

Il l'entraîna, et mit dans sa main la petite main de Sainte.

— Bravo, Pâlot ! dit Nazaire.

Biot regardait tout cela et murmurait des actions de grâces à Dieu.

Parmi tous ces bonheurs, il avait le plus grand de tous. Son cœur s'inondait de joie à voir enfin rayonner tous les jeunes fronts de ses enfants qu'il appelait ses maîtres...

. . . .

C'était une allégresse silencieuse...

Chacun se recueillait en soi et la joie s'échangeait en de muets regards.

On entendit au milieu de ce silence un bruit voilé presque imperceptible d'abord.

C'était comme un chant guttural et sourd qui s'élevait quelque part dans la chambre, on ne savait où.

Les regards cherchèrent. — On n'aperçut rien.

Le chant montait plus distinct et faisait arriver aux oreilles ses notes lentes et monotones.

A mesure qu'il montait, on pouvait reconnaître sa direction et tous les regards se portèrent vers la partie de la chambre où était assise madame la duchesse douairière de Maillepré.

Elle se tenait toujours immobile et droite sur son fauteuil et l'on remarquait encore autour de son cou ce collier rouge qui avait étonné Charlotte et Sainte.

Les deux jeunes filles se levèrent à la fois pour s'approcher de leur aïeule.

Au premier pas qu'elles firent, le chant cessa brusquement.

Sainte, qui arriva la première, s'informa des nouvelles de madame la duchesse.

Madame la duchesse ne répondit point.

Charlotte alors voulut voir ce que c'était que ce collier rouge qui entourait le cou de son aïeule.

Elle y porta la main et recula chancelante en poussant un cri d'horreur.

Tout le monde accourut ; on apporta les lampes.

Lorsque la lumière frappa sur ce prétendu collier, on aperçut deux mains rouges et ridées qui se crispaient autour du cou de la vieille dame...

— Oguah ! s'écria Western épouvanté.

A ce nom d'Oguah, un éclat de rire guttural se fit entendre derrière les rideaux, et les deux mains rouges se retirèrent doucement.

La vieille dame, qui n'était plus soutenue, tomba comme une masse inerte. — Elle était morte depuis longtemps déjà.

Western tira brusquement les rideaux.

Derrière, Oguah était debout et dressait sa grande taille de toute sa hauteur.

Son visage sanglant avait une expression terrible de vengeance satisfaite.

Le petit médaillon attaché par un cordon de paille pendait encore à son cou. — C'était le portrait de monsieur le chevalier de Ryonne.

Tandis que chacun le regardait stupéfait, il montra le corps de la duchesse d'un geste emphatique, et dit :

— Un Chérokée se venge...Oguah est un grand chef!..

Puis il s'étendit sur le tapis et reprit son chant...

FIN DU DEUXIÈME ET DERNIER VOLUME

TABLE DES MATIÈRES

TROISIÈME PARTIE
LES FILLES DE MAILLEPRÉ

Chapitre I.	— Vierge-mère	1
— II.	— L'enfant de Berthe	12
— III.	— Ce que pèse un adultère	23
— IV.	— Cœur glacé	34
— V.	— Après le mariage	45
— VI.	— Pour parvenir	56
— VII.	— Duc et duchesse	68
— VIII.	— Souvenirs de carnaval	80
— IX.	— Onze heures du soir	90
— X.	— Deux heures de nuit	104

QUATRIÈME PARTIE
LE PORTEFEUILLE ROUGE

Chapitre I.	— La baronne de Roye	115
— II.	— Le sourire d'Armide	124
— III.	— Yabhel et Jean Vohr	133
— IV.	— Le bien et le mal	142
— V.	— Du boudoir à l'antichambre	151
— VI.	— Le lever de Biot	160
— VII.	— Deux intrus	169
— VIII.	— Le grand chef	180
— IX.	— L'appartement en ville	191
— X.	— L'amour à Paris	202
— XI.	— Lorette	214
— XII.	— Le déjeûner	227
— XIII.	— Pierre Worms, dit Poupart	238

CINQUIÈME PARTIE
LE SALON DES ANCÊTRES

Chapitre I.	— La boîte d'or	249
— II.	— Roby	263
— III.	— Duel sans témoins	278
— IV.	— Mission délicate	289
— V.	— Affaires de famille	302
— VI.	— La Chambre du meurtre	314
— VII.	— Les cinq	325
— VIII.	— Compans et Maillepré	337
— IX.	— Le collier rouge	349

FIN DE LA TABLE DU DEUXIÈME VOLUME

Imprimerie de DESTENAY. — Saint-Amand (Cher).

www.ingramcontent.com/pod-product-compliance
Lightning Source LLC
Chambersburg PA
CBHW070844170426
43202CB00012B/1933